语言学论丛

语言学与外语教学

祝贺胡壮麟教授90诞辰学术论文集

钱　军———主编

Linguistics and Foreign Language Teaching

Essays Presented to Professor Hu Zhuanglin on the Occasion of his 90th Birthday

北京大学出版社
PEKING UNIVERSITY PRESS

图书在版编目 (CIP) 数据

语言学与外语教学：祝贺胡壮麟教授 90 诞辰学术论文集 / 钱军主编 . —北京：北京大学出版社，2023.3

（语言学论丛）

ISBN 978-7-301-33756-1

Ⅰ . ①语…　Ⅱ . ①钱…　Ⅲ . ①语言学—文集②外语教学—教学研究 - 文集　Ⅳ . ① H0-53

中国国家版本馆 CIP 数据核字 (2023) 第 026064 号

书　　名　语言学与外语教学：祝贺胡壮麟教授 90 诞辰学术论文集
　　　　　YUYANXUE YU WAIYU JIAOXUE: ZHUHE HUZHUANGLIN JIAOSHOU JIUSHI DANCHEN XUESHU LUNWENJI
著作责任者　钱　军　主编
责任编辑　刘文静
标准书号　ISBN 978-7-301-33756-1
出版发行　北京大学出版社
地　　址　北京市海淀区成府路 205 号　100871
网　　址　http://www.pup.cn　　新浪微博：@ 北京大学出版社
电子信箱　liuwenjing008@163.com
电　　话　邮购部 010-62752015　发行部 010-62750672
　　　　　编辑部 010-62754382
印 刷 者　三河市博文印刷有限公司
经 销 者　新华书店
　　　　　720 毫米 ×1020 毫米　16 开本　29 印张　489 千字
　　　　　2023 年 3 月第 1 版　2023 年 3 月第 1 次印刷
定　　价　128.00 元

目　录

课程建设

语用学

语料库语言学

翻译学

文体学

语言哲学

语言学史

序

这本由北京大学出版社出版的《语言学与外语教学——祝贺胡壮麟教授90诞辰学术论文集》，是钱军教授主编的由胡壮麟先生众弟子撰写的纪念文集。与此同时，高等教育出版社出版也将出版胡壮麟先生为庆祝自己九十华诞编撰的文集《昂首登南山》。借此机会，我衷心祝愿先生健康、幸福，永葆学人的青春！

胡先生是一位我们非常尊敬的老师。1996年8月，北京大学澳大利亚研究中心成立，胡先生担任中心主任后，我们经常有一些工作上的联系，对外交流合作方面的事情我经常会向先生请教，得到先生许多帮助与支持。先生对年轻人总是那样和蔼可亲，给我留下难忘的印象。

胡壮麟先生是我国改革开放后首批赴澳大利亚深造的学者之一。在澳期间，胡先生得到国际知名语言学家韩礼德先生的悉心指导，大大开阔了眼界。1981年学成回国后，他率先为北大英语专业的学生开设了应用语言学、文学文体学、英语教学法、英语语体学、系统功能语法、历史语言学、语言学理论和流派、语义学、话语分析、语言测试等多门课程。北大外语学科的语言学课程体系，是通过他的努力逐步完善起来的。

胡先生也是中国最重要的澳大利亚研究专家之一。他的研究对象，涵盖了澳大利亚的语言、语言学发展史、高等教育、文化多样性、外交政策、中澳双边关系，以及澳大利亚在中美澳地缘政治方面的战略等，陆续发表了数十篇论文，并多次在中澳两国学术界举行的高端研讨会上做主旨发言。2016年《跨越太平洋——胡壮麟澳大利亚研究论文集》出版，就集中反映了他在这个领域所取得的成果。他创立的北京大学澳大利亚研究中心不仅是国内高校最早成立的澳研中心之一，也是北大乃至国内高校最早成立的国别研究中心之一。近年来，国别与区域研究在我国快速发展，而胡壮麟先生正是开风气之先者，他所开创的模式、所积累的经验，都值得我们好好研究。

几十年来，胡壮麟先生为国家培养了大批优秀人才。由于他的突出成就和卓越贡献，2005年，胡先生与季羡林等25位先生一起，当选为北京大学人文社会科学资深教授。大家公认，他不愧为我国英语语言学界一代宗师！

这些年，尽管胡先生年事已高，但仍然活跃在学术领域的第一线，多次在各种场合为我国的外语教育改革献计献策。他主持编撰的词典、教材等仍然屡屡获奖，如2020年12月《新世纪汉英大词典》（缩印本）获第八届高等学校科学研究优秀成果奖（人文社会科学）二等奖，2021年10月《语言学教程》（第五版）获教育部"全国优秀教材（高等教育类）一等奖"。此外，就个人荣誉而言，2013年他获得"中国英语教育特殊贡献奖"，2015年获得北京外国语大学颁发的"许国璋外国语言研究奖"终身成就奖，2019年获得"北京大学离退休职工学术贡献特等奖"，2020年被评为"北京大学优秀共产党员"。

2018年9月19日，学校举办了"北京大学离退休职工首届金婚庆典"，胡先生代表全校913对金婚夫妇作大会发言，他深情地说，家庭的幸福和睦，是个人事业成功的后盾，也是社会和谐的基石；2021年6月2日，在北京大学"光荣在党50年"纪念章颁发仪式上，胡先生又代表全校1600多名在党50年的老党员发言，他对党、对国家、对北大有很深的感情，也给中青年的北大学人树立了光辉榜样！

胡壮麟先生特别重视培养、鼓励青年学生。2008年，他在北大外国语学院设立了"胡壮麟青年科研基金"，至今已资助114位学生参与各类科研活动；今年3月，他又向这个基金捐出20万元。此外，在澳大利亚悉尼大学，他设立了"胡壮麟基金"，资助该校语言学系和汉语中心的学生，鼓励悉尼大学的学生学习汉语、了解中国。北京师范大学建立"韩礼德—韩茹凯基金会"时，他也有慷慨捐赠。

以上列举了我所了解的胡先生的一些事迹。无论是为人还是为学，胡先生都堪称学人典范。在他九十华诞和两个文集出版之际，我们不仅仅要总结他的学术成就，更要学习他的精神，让这样的"先生之风"在北大继续发扬光大！

郝 平

2022年4月于燕园

编者说明

著名语言学家、北京大学资深教授胡壮麟先生九十华诞在望，我们编辑了这部学术论文集，以表示热烈祝贺。

胡先生七十、八十华诞的时候，也分别有学术论文集问世——《语言学——中国与世界同步》（2003，外语教学与研究出版社），《语言研究与外语教学——祝贺胡壮麟教授80诞辰学术论文集》（2012，高等教育出版社）。这两部论文集分别收录了胡先生的求索述怀、履历，记录了他人生两个时间段的轨迹和业绩。两部论文集的论文则在一定程度上反映了当时语言学研究的关注点。

这部论文集秉承了既往的风格。与以往不同，在新冠流行的背景下，由于诸多因素叠加的结果，我们选择静静地编辑一部规模适度的论文集。

这部论文集收录了胡先生的履历和27篇论文。论文进行了大致分类。

论文集承蒙各位作者的支持和北京大学出版社张冰女士、刘文静女士相助，谨此深表谢意。

钱　军

北京大学英语语言文学系

2022年2月28日

履　历

胡壮麟，男，汉族，1933年3月31日生于上海。

教育、进修和访学

1938—1944	上海市私立淑英小学学生
1944—1950	上海市私立圣芳济中学学生
1950—1952	北京国立清华大学外语系英语组学生
1952—1954	北京大学西语系英语专业学生
1979—1981	澳大利亚悉尼大学研究生院获优等文学硕士学位
1992.1—1992.10	美国加州大学圣巴巴拉分校语言学系访问学者（ACLS）
1995.9—1996.2	香港中文大学英语系访问学者
1998.8—1998.9	香港岭南大学英语系访问学者
1999.7	新加坡国立大学访问学者
2008.11—2008.12	香港大学教育学院访问学者

工作经历

1954.8—1958.3	中国人民解放军总参二部翻译，参谋
1958.4—1959.11	黑龙江省虎林县八五八农场职员
1959.11—1972.12	中国农业科学院情报室翻译，编译组组长，情报组组长
1973.1—1983.11	北京大学西方语言文学系英语教研室教员、讲师、副教授，英语教研室副主任、主任
1983.11—1996	北京大学英语语言文学系副教授、教授，博导，副系主任、系主任（至1993年5月）

1997.2—2015	北京大学澳大利亚研究中心主任
1997.10—2007.11	北京师范大学外国语言文学学院兼职教授
1999.7—	清华大学外国语言文学系双聘教授
2005.1—	北京大学人文社会科学资深教授

兼职/客座教授（45）

清华大学
北京航空航天大学
北京师范大学
北京外国语大学
中国人民大学
中央民族大学
首都师范大学
中国农业大学
北京科技大学
北京语言大学
北京林业大学
南京师范大学
国防科技大学国际关系学院
苏州大学
中国矿业大学
南京理工大学
江南大学
西南师范大学
重庆大学
四川外国语大学
曲阜师范大学
中国海洋大学
聊城师范学校
山东大学
临沂师范学院
解放军洛阳外国语学院
河南大学
厦门大学
福建师范大学
天津外国语大学
河北师范大学
华北水利水电大学
河北理工大学
华中师范大学
中南民族学院
长沙铁道学院
中山大学
海南大学
内蒙古工业大学
哈尔滨师范大学
牡丹江师范学院
江西师范大学
贵州民族大学
延安大学
上海杉达学院

中国高等学校外语专业教学指导委员会委员，英语组副组长（1987—1997）
中国英语教学研究会副会长（1987—2001）
北京外国语大学中国外语与教育研究中心学术委员会主任（2000—2011）
国家基础教育实验中心外语教育研究中心顾问（2006—　）
教育部国家基础教育课程教材专家工作咨询委员会委员（2010—　）
北京外国语大学中国外语测评中心顾问委员会副主任（2014—　）
中国高校外语慕课联盟顾问委员会学术顾问（2017—　）

国际系统功能语言学学会国际委员会委员（1992—2002）
中国语言与符号学研究会会长（1994—2016）
中国逻辑学会符号学专业委员会名誉会长（2016—　）
中国功能语言学研究会会长（1995—2003）、名誉会长（2003—　）
中国文体学研究会名誉会长（2004—　）
英汉语篇分析专业委员会名誉会长（1995—2015）
中国教育学会外语教学专业委员会STEPSS项目学术顾问（2005—　）

Asian Journal of English Language Teaching 编委（香港中文大学）
Linguistics in Chair 学术顾问（世界图书出版公司）
《北京第二外国语学院学报》特约顾问
《北京林业大学学报（社会科学版）》第一届编辑委员会委员（2002—2022）
《大学英语教学与研究》顾问
《当代外语研究》顾问（2010—2018）
《当代语言学》顾问委员会委员（2006—　）
《疯狂英语（教师版）》高等教育组学术委员
《功能语言学与语篇分析研究》顾问委员会主任
《教材周刊》编委（高等教育出版社）
《教育技术》编委
《教育语言学研究》顾问
《教育语言学在中国读本》顾问
《外国语言文学研究》顾问委员会委员

《外文研究》顾问委员
《外语电化教学》编委（上海外国语大学）
《外语教育研究前沿》编审委员会主任（2008）
《外语教学与研究》编委（2005—　）
《外语研究》特约编委（2006—　）
《外语与翻译》顾问
《外语学刊》顾问（2016—　）
《外文研究》顾问委员会委员
“现代语言学丛书”编委
《语言学研究》编委会主任
《语言文化研究》编委会主任（高等教育出版社）
《语言与符号》编委会主任（高等教育出版社）
《中国外语》编委会主任、学术委员会主任（2014—2024）
《中国语言学》学术委员会委员（北京大学出版社）
《教育语言学研究》顾问（上海交通大学出版社）

全国出国培训备选人员外语考试（BFT）学术委员会顾问
国家基础教育实验中心外语教育研究中心顾问（2006—　）
北京教育委员会英语学科教材编写委员会主编
北京市民讲外语活动组委会顾问（2002—　）
河北省小学、初中《学英语》教材顾问
高等教育出版社（集团）外语出版事业部特约编审（2006）
北京大学出版社顾问委员会委员
北京大学出版社“语言学与应用语言学知识系列读本”主编
北京大学出版社“21世纪英语专业系列教材”编委
北京大学出版社“博雅语言学译丛”顾问委员会委员（2007—　）
北京外国语大学“语言学论丛”主编（1998—　）
清华大学“大中小学英语教学一条龙”实验项目顾问
对外经济贸易大学继续教育学院学术委员会顾问（2002—　）
中山大学功能语言学研究所学术顾问（2005—2010）

北京师范大学功能语言学研究中心名誉主任（2006—　）
世界图书出版公司“西方语言学与应用语言学视野”专家委员会主任
中国电力出版社外语教育出版顾问（2006—　）
北京科技大学功能语言学研究中心顾问（2011—　）
天津外国语大学语言符号与应用传播研究中心学术委员会主任（2012—　）
美中教育机构（ESEC）顾问（2014—　）
世界图书出版公司“中国当代语言学文库”学术顾问（2015—　）
上海交通大学适用语言学研究中心顾问委员会主任（2014—　）
中国阅读英语教育研究院顾问委员会主任（2016—　）
商务印书馆荣誉顾问（2017—　）

1984年任硕士生导师，1985年任教授，1986年任博士生导师。

已培养硕士研究生31名（其中25人在北大和其他高等院校攻读博士学位）：

1983　钟旭辉（外文出版社编辑室主任）
　　　林庆新（香港大学博士，北京大学外国语学院教授）
　　　张世耘（北京大学外国语学院教授）
　　　徐兆彤（中金公司执行总经理）
　　　王鹿鹿（荷兰籍作家）
1985　邓　真
　　　章思英（外语教育与研究出版社副总编辑）
1986　程学如
　　　曾立诚（澳大利亚）
　　　赵际生（美国）
　　　张昭进（加拿大）
　　　冯　坚（新华社外事局纪委书记）
　　　黄桂友（美国佛罗里达州诺维奇大学副校长）
1987　李淑静（北京大学博士，外国语学院党委书记，教授）
　　　李冰梅（首都师范大学博士，教授）
1988　张　薇（美国哥伦比亚大学博士，北京大学外国语学院教授）
　　　冯　莉（北京大学外国语学院副教授）

张　涛（美国南加州西南中文学校校长）
1989 盛　红
1990 丁　波
马爱德（Edward MacDonald，澳大利亚悉尼大学博士，在新西兰任教）
1991 梁　波（北京大学外国语学院博士，副教授）
高晓燕（北京航空航天大学外国语学院副教授）
1992 封宗信（北京大学博士，清华大学人文学院教授）
罗　郁（深圳市枫叶学校副校长）
1993 童智敏
1994 田剪秋（北京大学外国语学院副教授）
胡春春（同济大学德国研究中心副主任，副教授）
1996 高艳丽（北京大学外国语学院副教授）
2015 李驰阳（中国移动企业客户销售部市场经营部主任）
2016 魏爽（新加坡国立大学博士，中央财经大学助理教授）

已培养博士生并获得学位者（26名）：
—北京大学英语系（14名）
高一虹（北京大学教授，博士生导师，原外国语言学及应用语言学研究所所长）
王振亚（北京语言大学教授，博士生导师，退休）
钱　军（北京大学教授，博士生导师）
刘世生（清华大学教授，博士生导师，外语系主任，退休）
王　伟（解放军总政治部处长）
范亚刚（广西师范大学教授）
田贵森（北京师范大学教授，博士生导师，退休）
范文芳（清华大学教授，博士生导师）
杨永林（清华大学教授，博士生导师，退休）
黄　豪（对外经济贸易大学副教授，退休）
李战子（国防科技大学国际关系学院教授，博士生导师）
彭宣维（广东外语外贸大学教授，博士生导师，原北京师范大学功能语言学研

究中心所长）
侯建波（西安外国语大学教授，博士生导师）
田剪秋（北京大学外国语学院副教授）

—北京外国语大学（与胡文仲合作）
陈建平（广东外语外贸大学教授，博士生导师，原党委副书记）

—北京师范大学外国语言文学学院（9名）
高彦梅（北京大学研究员，长聘副教授，博士生导师，外国语言学及应用语言学研究所所长）
程晓堂（北京师范大学教授，博士生导师，原外国语言文学学院院长）
潘章仙（浙江师范大学外语学院教授）
叶起昌（北京交通大学教授，退休）
唐丽萍（浙江师范大学教授，博士生导师，“双龙学者”特聘教授）
杨　敏（中国人民大学教授，博士生导师）
柴秀娟（聊城大学副教授）
杨雪燕（复旦大学教授，博士生导师）
孙迎辉（北京师范大学教授，博士生导师）

—北京大学外院语言所（2名）
梁　波（北京大学副教授）
李寒冰（北京信息科技大学外国语学院讲师）

曾授课程

（1）本科生

基础课（阅读、听力、写作、翻译）
英语语言教学法
应用语言学
文学文体学
英语的语体

话语分析

语言测试

（2）研究生

系统功能语法

英语教学

历史语言学

语言学理论和流派

语义学

语言和隐喻

互动交际

功能语言学

语用学

专著、论文集[①]

1.《语篇的衔接与连贯》，上海：上海外语教学出版社，1994年。

2.《当代语言理论与应用》，北京：北京大学出版社，1995年。

3.《功能主义纵横谈》，北京：外语教学与研究出版社，2000年。

4.《理论文体学》，北京：外语教学与研究出版社，2000年。

5.《认知隐喻学》，北京：北京大学出版社，2004年。

6.《胡壮麟英语教育自选集》，北京：外语教学与研究出版社，2008年。

7.《八十回眸——北京大学资深教授胡壮麟自选文集》，北京：高等教育出版社，2012年。

8.《语言・符号・教育——胡壮麟教授新世纪论文集》，北京：商务印书馆，2015年。

9.《跨越太平洋——胡壮麟澳大利亚研究论文集》，北京：北京大学出版社，2016年。

10.《新编语篇的衔接与连贯》，上海：华东师范大学出版社，2018年。

11.《韩礼德学术思想的中国渊源和回归》，北京：外语教学与研究出版社，

① 履历中部分文献因出版时间早、内部发行等原因，未能找到样书，缺少页码等信息。请读者见谅。

2018年。

12.《认知隐喻学》（第二版），北京：北京大学出版社，2020年。

合著

1.《系统功能语法概论》（胡壮麟、朱永生、张德禄编著），长沙：湖南教育出版社，1989年。

2.《高等学校英语专业高年级英语教学大纲》（高等学校英语专业英语教学大纲工作小组编），北京：外语教学与研究出版社，1990年。

3.《系统功能语言学概论》（修订版）（胡壮麟、朱永生、张德禄、李战子著），北京：北京大学出版社，2005年。

4.《语言学理论和流派》（胡壮麟、叶起昌编著），北京：高等教育出版社，2010年。

5.《系统功能语言学概论》（第三版）（胡壮麟、朱永生、张德禄、李战子著），北京：北京大学出版社，2017年。

主编

1.《语言系统与功能》（主编），北京：北京大学出版社，1990年。

2.《新意识558易用汉语词典》（主编），香港：香港新意识出版社，1996。

3.《全国职称英语等级考试辅导教材》（主编），沈阳：辽宁大学出版社，1997年。

4.《中澳合作的广阔前景》（主编），北京：北京大学出版社，2000年。

5.《英语同义词近义词例解词典》（主编），北京：北京大学出版社，2000年。

6.《语言学教程》（修订版）（主编），北京：北京大学出版社，2001年。

7. 北京市21世纪教材《英语》（主编），北京：北京教育出版社，2001年。

8.《语言学教程》（修订版中译本）（主编），北京：北京大学出版社，2002年。

9.《认识澳洲》丛书（总主编），北京：北京大学出版社，2004年。

10.《语言学教程》（第3版）（主编），北京：北京大学出版社，2006年。

11.《语言学教程》（第3版中文本）（主编），北京：北京大学出版社，2007年。

12.《语言学教程第三版练习册》（主编），北京：北京大学出版社，2007年。
13.《英语综合教程》第二册（总主编），北京：北京大学出版社，2007年。
14.《语言学教程》（第四版）（主编），北京：北京大学出版社，2011年。
15.《语言学教程（第四版）练习册》（主编），北京：北京大学出版社，2011年。
16.《语言学教程》（第四版中文本）（主编），北京：北京大学出版社，2013年。
17.《新世纪英汉大辞典》（主编），北京：外语教学与研究出版社，2016年。
18.《语言学教程》（第五版）（主编），北京：北京大学出版社，2017年。
19.《语言学教程（第五版）练习册》（主编），北京：北京大学出版社，2017年。
20.《语言学教程》（第五版中文本）（主编），北京：北京大学出版社，2019年。

合编

1.《语言学教程》（胡壮麟、刘润清、李延福主编），北京：北京大学出版社，1988年。
2.《英语学习指南》（李赋宁、陶洁、胡壮麟主编），北京：高等教育出版社，1986年。
3.《英语学习百科词典》（胡壮麟、杨镇雄主编），长春：吉林教育出版社，1994年。
4.《英语多科词典》（胡壮麟、方立主编），沈阳：辽宁大学出版社，1997年。
5. *Advances in Systemic Linguistics in China*（胡壮麟、方琰主编），北京：清华大学出版社，1997年。
6.《英语学习指南》（修订版）（李赋宁、陶洁、胡壮麟主编），北京：世界图书出版公司，1999年。
7.《全国职称英语等级考试词典》（COWIN英语教育丛书编写组编，胡壮麟审订），北京：世界图书出版公司，2000年。
8.《语言学高级教程》（胡壮麟、姜望琪主编），北京：北京大学出版社。

2002年。

9.《语言学简明教程》（中文版）（胡壮麟、李战子主编），北京：北京大学出版社，2004年。

10.《语言学简明教程》（英文版）（胡壮麟、李战子主编），北京：北京大学出版社，2004年。

11.《西方文体学辞典》（胡壮麟、刘世生主编），北京：清华大学出版社，2004年。

12. “新课标英语”丛书（胡壮麟总主编），北京：光明日报出版社，2006年。

13. *Proceedings of the 3rd Asia TEFL International Conference.* Editor. 北京：高等教育出版社，2007年。

14.《语言学简明教程》（第二版中文本）（胡壮麟、李战子主编），北京：北京大学出版社，2013年。

15.《语言学简明教程》（第二版英文本）（胡壮麟、李战子主编），北京：北京大学出版社，2013年。

16.《语言学高级教程》（第二版）（胡壮麟、姜望琪主编），北京：北京大学出版社，2015年。

17. “剑桥应用语言学年度评论”丛书（胡壮麟、朱永生、田贵森编），北京：商务印书馆，2016年。

论文

1. “纳特女士介绍的一些教材编写原则和外语教学法”，《语言教学与研究》增刊1，1977年6月，第42-62页。收入胡壮麟：《胡壮麟英语教育自选集》，北京：外语教学与研究出版社，2008年，第181-195页。
2. “谈转换—生成语法”（与方立、徐克容合作），《外语教学与研究》，1978年第5期，第61-72页。
3. “论英语关系结构”，《语言教学与研究》增刊2，1978年10月，第79-93页。收入胡壮麟：《当代语言理论与应用》，北京：北京大学出版社，1995年，第207-218页。
4. “澳大利亚语言学教学情况介绍”，《语言学动态》，1979年第5期，第37-38页。

5. “语用学”，《国外语言学》，1980年第3期，第1-10页。收入胡壮麟：《当代语言理论与应用》，北京：北京大学出版社，1995年，第23-42页。
6. “国外汉英对比研究杂谈（一）”，《语言教学与研究》，1982年第1期，第116-126页；“国外汉英对比研究杂谈（二、续完）”，《语言教学与研究》，1982年第2期，第117-128页。
7. “Some linguistic differences in the Written English of Chinese and Australian Students”,（与Brown，D.F.和Brown, L.B.合作）*LANGUAGE LEARNING AND COMMUNICATION*, Vol. 1, No.1, 1982. pp.39-52. 收入胡壮麟：《胡壮麟英语教育自选集》，北京：外语教学与研究出版社，2008年，第196-209页。
8. “韩礼德”，《国外语言学》，1983年第2期，第60-62页。收入胡壮麟：《当代语言理论与　应用》，北京：北京大学出版社，1995年，第43-50页。
9. “系统语法，生成语法和从属语法的大融合——赫德逊的子项从属语法简介”，《1983年哈尔滨生语法讨论会论文集》，黑龙江大学，1983年，第219-225页。收入胡壮麟：《当代语言理论与应用》，北京：北京大学出版社，1995年，第79-90页。
10. “浅谈我国外语教学中的阅读课”，《教学研究》，1984年第1期，第1-6，9-10页。收入胡壮麟：《当代语言理论与应用》，北京：北京大学出版社，1995年，第219-229页。《胡壮麟英语教育自选集》，北京：外语教学与研究出版社，2008年，第259-267页。
11. “韩礼德的语言观”，《外语教学与研究》，1984年第1期，第23-29页。
12. “威廉·哈斯”，《国外语言学》，1984年第4期，第56-59页。收入胡壮麟：《当代语言理论与应用》，北京：北京大学出版社，1995年，第91-97页。
13. “谈康拉德的《黑暗的内心深处》”，《国外文学》，1984年第4期，第18-26页。收入胡壮麟：《当代语言理论与应用》，北京：北京大学出版社，1995年，第242-250页。
14. “Differences in mode”, *JOURNAL OF PRAGMATICS*, No.8, 1984. pp.595-606.
15. “‘光明使者’与‘白人奴隶’——谈谈《黑暗的内心深处》中的库尔茨”，《外国语言文学》，1985年第1期，第42-45页。收入胡壮麟：《当代语言理论与应用》，北京：北京大学出版社，1995年，第251-257页。

16. “语音模式的全应效果——试析狄伦·托马斯一诗的语音模式”，《外语教学与研究》，1985 年第2期，第14-18页。收入胡壮麟：《当代语言理论与应用》，北京：北京大学出版社，1995年，第233-241页。
17. “英语应用文介绍”，《大学生》，1985 年总第3期，第148-163页。
18. “韩礼德的功能语法”，《现代英语研究》，1986年第1期，第50-58页。
19. “英语学习与电脑”，载李赋宁等主编：《英语学习指南》，北京：高等教育出版社，1986年，第482-490页。收入胡壮麟：《胡壮麟英语教育自选集》，北京：外语教学与研究出版社，2008年，第303-311页。
20. “语言学在英语系扎根”，《外语教学与研究》，1987年第2期，第2-3页。收入胡壮麟：《当代语言理论与应用》，北京：北京大学出版社，1995年，第230-232页。
21. “第八届国际应用语言学会议”，《外语教学与研究》，1987年第4期，第19页。
22. “《高等学校英语专业高年级英语教学大纲》简介和说明”，《外语界》，1988年第3期，第40-44页。收入胡壮麟：《胡壮麟英语教育自选集》，北京：外语教学与研究出版社，2008年，第220-224页。
23. “Working for an English Syllabus for English Majors in China’s Tertiary Institutions”, *APPLIED LINGUISTICS ASSOCIATION OF AUSTRALIA OCCASIONAL PAPERS* No. 10. 1988. pp.16-22. 收入胡壮麟：《胡壮麟英语教育自选集》，北京：外语教学与研究出版社，2008年，第210-219页。
24. “韩礼德”（合著），《中国大百库全书·语言文字·》，1988年，第127-128页。
25. “语用学”（合著），《中国大百库全书·语言文字·》，1988年，第496-497页。
26. “语义功能与汉语的语序和词序”，《湖北大学学报（哲学社会科学版）》，1989年第4期，第53-60页。
27. “第16届国际系统语法大会介绍”，《国外语言学》，1989年第4期，第164，179-181页。
28. “韩礼德语言学的六个核心思想”，《外语教学与研究》，1990年第1期，第2-8，80页。收入胡壮麟：《功能主义纵横谈》，北京：外语教学与研究出版社，2000年，第28-39页。

29. “语篇语用学札记”，《北京大学学报》，1990年英语语言文学专刊，第51-58页。收入胡壮麟：《功能主义纵横谈》，北京：外语教学与研究出版社，2000年，第172-184页。

30. “现代汉语言语类型及其修辞功能”，《修辞的理论与实践》，北京：语文出版社，1990年，第173-183页。收入胡壮麟：《功能主义纵横谈》，北京：外语教学与研究出版社，2000年，第233-243页。

31. “Speech at the Concluding Panel Discussion”, *PROCEEDINGS OF SYMPOSIUM ON INTENSIVE ENGLISH TRAINING IN CHINA* (1987), Beijing：Tourism Education Press, 1990. pp. 285-287.

32. “系统语言学在中国的进展”（合著），《语言系统与功能》，北京：北京大学出版社，1990年，第1-11页。

33. “语气与汉语的疑问语气系统”（合著），《语言系统与功能》，北京：北京大学出版社，1990年，第88-107页。

34. “小句与复句”，《语言系统与功能》，北京：北京大学出版社，1990年，第130-141页。

35. “澳大利亚和新西兰讽刺诗四首”，罗绍书编：《外国百家讽刺诗选》，贵阳：贵州人民出版社，1990年，第121-123，218-219，282页。

36. “高等学校英语专业高年级英语教学大纲研讨会侧记”，《外语界》，1991年第1期，第8-10页。

37. “王力与韩礼德”，《北京大学学报：英语语言文学专刊》，1991年第1期，第49-57页，载张谷，王辑国编：《龙虫并雕，一代宗师——中外学者论王力》，南宁：广西教育出版社，1993年，第200-216页。收入胡壮麟：《功能主义纵横谈》，北京：外语教学与研究出版社，2000年，第40-55页。

38. “功能主义纵横谈”，《外国语》，1991年第3期，第3-10页。收入胡壮麟：《功能主义纵横谈》，北京：外语教学与研究出版社，2000年，第12-26页。

39. “澳大利亚文学”，《文学百科大辞典》，北京：华龄出版社，1991年，第

803-807页。

40. “新西兰文学”，《文学百科大辞典》，北京：华龄出版社，1991年，第807-808页。

41. “有关日语主位的若干问题”，《外国语》，1992年第1期，第3-9，82页。收入胡壮麟：《功能主义纵横谈》，北京：外语教学与研究出版社，2000年，第56-67页。

42. “《位与非位》评介”，《国外语言学》，第1992年第1期，第7-10页。

43. “九十年代的语篇分析”，《北京大学学报（哲学社会科学版）》，1992 年2期，第48-51，87页。胡壮麟：《功能主义纵横谈》，北京：外语教学与研究出版社，2000年，第148-155 页。

44. “评Pike的位学理论”，《北京大学学报（英语语言文学专刊）》，1992年第2期，第46-49页。收入胡壮麟：《功能主义纵横谈》，北京：外语教学与研究出版社，2000年，第98-104页。

45. “Wallace Chafe”，《国外语言学》，1992年3期，第44-49页。

46. “韩礼德——哈桑的接应模式和汉语话语接应问题”，北京市语言学会编：《语言研究与应用》，北京：商务印书馆，1992年，第199-215页。收入胡壮麟：《功能主义纵横谈》，北京：外语教学与研究出版社，2000年，第244-259页。

47. “大学外语教育”，《学者论大学生的知识结构和智能》，北京：北京大学出版社，1992年，第139-148页。收入胡壮麟:《胡壮麟英语教育自选集》北京：外语教学与研究出版社，2008年，第137-145。

48. “Aspects of Present-day Australian English”, The First Conference on Australian Studies in China, March 8-12, 1988.in Hu, Wenzhong ed. *COLLECTED PAPERS ON AUSTRALIAN STUDIES IN CHINA*. Xiamen:Xiamen University Press. 1992. pp. 249-263. 收入胡壮麟：《当代语言理论与应用》，1995年1月，第193-206页。《胡壮麟英语教育自选集》，北京：外语教学与研究出版社，2008年1月，第249-258页。

49. “语言规划”，《语言文字应用》，1993年第2期，第11-20页。收入胡壮麟：《胡壮麟英语教育自选集》，北京：外语教学与研究出版社，2008年，第87-101页。

50. “认知与语篇产生”，《当代语言学》，1993年第2期，第1-6页。收入胡壮麟：《功能主义纵横谈》，北京：外语教学与研究出版，2000年，第316-325页。
51. “语音系统在英语语篇中的衔接功能”，《外语教学与研究》，1993年第2期，第1-8，80页。
52. “美国的语言问题和语言政策”，《北京大学学报》，1993年英语语言文学专刊，第13-22页。收入胡壮麟：《胡壮麟英语教育自选集》，北京：外语教学与研究出版社，2008年，第102-116页。
53. “第20届国际系统功能语法会议”，《当代语言学》，1993年，第42-43页。
54. “A semantic-functional approach to word order in Chinese,” Keqi, Hao *et al.* eds. *Proceedings of the International Conference on Texts and Language Research, 29-31 March, 1989,Xi'an China*, Xi'an: Xi'an Jiaotong University Press. 1993. pp.29-31.
55. “语言的可证性”，《外语教学与研究》，1994年第1期，第9-15页。收入胡壮麟：《功能主义纵横谈》，北京：外语教学与研究出版社，2000年，第118-129页。
56. “Acquisition in College English education”, *LANGUAGE AND COMMUNICATION REVIEW*, No.1, 1994. pp.15-23.
57. “巴赫金与社会符号学”，《北京大学学报（哲学社会科学版）》，1994年第2期，第49-57页。收入胡壮麟：《功能主义纵横谈》，北京：外语教学与研究出版，2000年，326-339页。“美国的双语教育”，《外语与翻译》，1994年第1期，第41-45页。
58. “可证性，新闻报道和论辩语体”，《外语研究》，1994年第2期，第22-28页。收入胡壮麟：《功能主义纵横谈》，北京：外语教学与研究出版社，2000年，第203-219页。
59. “大学英语教学中的习得”（与封宗信、罗郁合作），《外语教学与研究》，1994年第4期，第44-49页。转载高远等编：《英语教学的理论与实践——1994年北京应用语言学、外语教学研讨会论文集》，《大学英语》增刊，1995年2月； 载戴炜栋主编：《中国外语教学环境下的二语习得研究》，上海：上海科学技术出版社，第202-209页。收入胡壮麟：《胡壮麟英语教育自选集》，北京：外语教学与研究出版社，2008年，第146-15页。

60. “英汉疑问语气系统的多层次和多元功能解释”，《外国语》，1994年第10期，第1-7页。收入胡壮麟：《功能主义纵横谈》，北京：外语教学与研究出版社，2000年，第244-259页。

61. “入其门而得其道”，《英语函讯报》，1994年2月15日，第1版。

62. “Social and cultural ramifications of English education in China”, in The English Language and Literature Association: *Proceedings of the 1994 ELLAK International Symposium*, 1994。收入胡壮麟：《胡壮麟英语教育自选集》，北京：外语教学与研究出版社，2008年，第53-70页。

63. “An evidentalistic analysis of reported argumentation”, *The Proceedings of the Fourth International Conference of Argumentation. Amasteram*. 1994. pp.102-119.

64. “肯定成绩，总结经验，提高教材评估工作的科学方法性——记全国高校英语专业教材评估会议”，《外语界》，1995年第1期，第11-16页。收入胡壮麟；《胡壮麟英语教育自选集》，北京：外语教学与研究出版社，2008年，第225-234页。

65. “汉语的可证性和语篇分析”，《湖北大学学报（哲学社会科学版）》，1995年第2期，第13-23页。收入胡壮麟：《功能主义纵横谈》，北京；外语教学与研究出版社，2000年，第271-289页。

66. “英语专业精读教材评审工作的回顾”，《北京大学学报：英语语言文学专刊》，1995年，第115-121页。

67. “有关语篇衔接理论与多层次模式的思考”，《外国语》，1996年第1期，第1-8页。收入胡壮麟：《功能主义纵横谈》，北京：外语教学与研究出版社，2000年，第185-202页。

68. “Lyle F. Bachman谈语言测试的设计与开发”，《外语与外语教学》，1996年第3期，第10-16页。收入胡壮麟：《胡壮麟英语教育自选集》，北京：外语教学与研究出版社，2008年，第290-302页。

69. “语法隐喻”，《外语教学与研究》，1996年第4期，第1-7，80页。收入胡壮麟：《功能主义纵横谈》，北京：外语教学与研究出版社，2000年，第340-352页。

70. “美国功能语言学家Givon的研究现状”，《当代语言学》，1996年第4期，第1-10页。收入胡壮麟：《功能主义纵横谈》，北京：外语教学与研究出版社，2000年，第130-146页。
71. “我国文体学研究现状”，许嘉璐等编：《中国语言学现状与展望》，北京：外语教学与研究出版社，1996年，第355-365页。收入胡壮麟：《功能主义纵横谈》，北京；外语教学与研究出版社，2000年，第161-171页。
72. “英汉对比研究的动向”，《中国海洋大学学报（社会科学版）》，1997年1期，第60-67页。载潘文国、杨自俭编：《共性·个性·视角：英汉对比的理论与方法研究》，北京：上海外语教出版社，2008年，第252-263页。收入胡壮麟：《功能主义纵横谈》，北京：外语教学与研究出版社，2000年，第290-302页。
73. “乔姆斯基语篇劝说力剖析”，《外语与翻译》，1997年第1期，1-6页。收入胡壮麟：《功能主义纵横谈》，北京：外语教学与研究出版社，2000年9月，第220-233页。
74. “东亚人学英语——记国际“双语教育”电子论坛的一次讨论会（上）”，《福建外语》，1997年2期，第1-4页。收入胡壮麟：《胡壮麟英语教育自选集》，北京：外语教学与研究出版社，2008年，第41-52页。
75. “东亚人学英语——记国际“双语教育”电子论坛的一次讨论会（下）”，《福建外语》，1997年3期，第7-11页。
76. “传统·创新·团结——贺《外语教学与研究》创办四十年”，《外语教学与研究》，1997年第3期，第5-7页。
77. “高吉亚斯修辞学与柏拉图真修辞学”，《外语与外语教学》，1997年第4期，第4-8，55页。
78. “语言·认知·隐喻”，《现代外语》，1997年第4期，第49-57页。收入胡壮麟：《功能主义纵横谈》，北京：外语教学与研究出版，2000年，第353-364页。收入胡壮麟：《英语教育自选集》，北京：外语教学与研究出版社，2008年，第22-26页。
79. “开发电子邮件的研究功能”，《现代外语》，1997年增刊：《外语教师上网手册》，第97-102 页。
80. “有关语言教学的看法和信息”，《语言文字应用》，1997年增刊， 第

65-68页。

81. “外语教学中的文化政治影响——记国际‘双语教育’电子论坛的一次讨论会”，1997年。收入胡壮麟：《语言·符号·教育》，北京：商务印书馆，2015年，第455-466页。

82. ELT Reform in China - To Meet the Challenge of the 21st Century”in Lin Maosung &Leung Yaonam (eds.) *The Proceedings of the Sixth International Symposium on English Teaching”,* Taipei: Lihe Publishing Company. 1997. 收入胡壮麟：《胡壮麟英语教育自选集》，北京：外语教学与研究出版社，2008年，第71-84页。

83. “有关语用学隐喻观的若干问题”，《外语与外语教学》，1998年第1期，第7-11页。收入胡壮麟：《功能主义纵横谈》，北京：外语教学与研究出版社，2000年，第365-374页。

84. “系统功能语言学近况”，《外国语》，1998年第1期，第1-5页；载余渭深等编：《语言的功能——系统、语用和认知》，重庆：重庆大学出版社，1998年。收入胡壮麟：《功能主义纵横谈》，北京：外语教学与研究出版社，2000年，第68-78页。

85. “一部用法与搭配相结合的新型词典——评《新世纪英语用法大词典》”，《外语界》，1998年第2期，第53-54页。收入胡壮麟：《胡壮麟英语教育自选集》，北京：外语教学与研究出版社，2008年，第313-315页。

86. “语篇分析任重道远”，《外语研究》，1998年第2期，第1-4页。收入胡壮麟：《功能主义纵横谈》，北京：外语教学与研究出版社，2000年，第156-160页。

87. “英语的最近变化”，《山东外语教学》，1998年第4期，第2-8页。收入胡壮麟：《胡壮麟英语教育自选集》，北京：外语教学与研究出版社，2008年，第235-248页。

88. “Between用法众人谈”，《外语与外语教学》，1998年第10期，第20-21页。收入胡壮麟：《胡壮麟英语教育自选集》，北京：外语教学与研究出版社，2008年，第272-275页。

89. “十年含辛，执着创新——评汪榕培、卢晓娟编著的《英语词汇学教程》”，《外语与外语教学》，1998年第10期，第28-30页。收入胡壮麟：

《胡壮麟英语教育自选集》，北京：外语教学与研究出版社，2008年1月，第316-320页。

90. “英语改革势在必行”，王景和编：《英语教学名家谈》，吉林：吉林教育出版社，1998年，第52-53页。

91. “当代符号学研究的若干问题”，《福建外语》，1999年第1期，第1-9页。载陈治安，刘家荣主编：《语言与符号学在中国的进展》，成都：四川科学技术出版社，1999年，第i-v页。收入胡壮麟：《功能主义纵横谈》，北京：外语教学与究出版社，2000年，第375-390页。

92. “反思与前瞻——纪念《马氏文通》发表一百周年”，《解放军外国语学院学报》，1999年第2期，第1-5页。收入胡壮麟：《功能主义纵横谈》，北京：外语教学与研究出版社，2000年，第303-314页。

93. “四位中国学者关于《系统功能语法概论》的讨论：胡壮麟先生的答复”，《福建外语》，1999年第3期，第6-8页。

94. “科学理论新发现和语言学新思维——兼评Goatly协和语法”，《外语教学与研究》，1999年第4期，第1-6页；载朱永生主编：《世纪之交论功能》，上海：上海外语教育出版社，2002年，第35-45页；收入胡壮麟：《语言·符号·教育》，北京：商务印书馆，2015年，第155-167页。

95. “《结构功能语言学——布拉格学派》评介”，《解放军外国语学院学报》，1999年第5期，第116-117页。

96. “系统功能语法与汉语语法研究”，载马庆株编，《语法研究入门》，北京：商务印书馆，1999年，第252-302页。

97. “隐喻与文体”，载姜治文主编：《外国语言文学研究》，重庆：重庆大学出版社，1999年，第22-36页。载王守元等编：《文体学研究在中国的进展》，上海：上海外语教育出版社，第55-69页。

98. “关系”，载赵世开主编，《汉英对比语法论集》，上海：上海外语教育出版社，1999年，第254-291页。

99. “评语法隐喻的韩礼德模式”，《外语教学与研究》，2000年第2期，第88-94页；载黄国文主编：《语篇·语言功能·语言教学》，广州：中山大学出版社，2002年，第95-102页。

100. “千淘万漉虽辛苦，吹尽狂沙始到金——访我国著名语言学家胡壮麟教授”，董晋之整理：《英语教师》，2000年第5期，第4-6页。收入胡壮麟：《语言·符号·教育》，北京：商务印书馆，2015年，第602-617页。

101. “博导访谈：访胡壮麟教授”，《外语教学与研究》，2000年第6期。第456-460页。收入胡壮麟：《胡壮麟英语教育自选集》，北京：外语教学与研究出版社，2008年，第11-18页。

102. “‘辨证施治’与‘唯物辩证法’”，《外语与外语教学》，2000年第8期，第1页。收入胡壮麟：《胡壮麟英语教育自选集》，北京：外语教学与研究出版社，2008年，第19-21页。

103. “East Asia Crisis and Australia”, in Hu, Zhuanglin *et al.*[eds.] *A Bright Prospect of Sino-Australian Cooperation*, Beijing: Beijing University Press, 2000. pp. 219-225.

104. “The West Review: from the Discussion Paper to the Final Report”, in Hu, Zhuanglin *et al.* [eds.] *A Bright Prospect of Sino-Australian Cooperation*, Beijing: Beijing University Press, 2000. pp.252-286.

105. “Aspects of Australian Immigration”, a paper presented at the 7th National Australian Studies Conference held in Xi’an Foreign Languages Institute in October, 2000.

106. “《功能语法导论》导读”，载韩礼德：《功能语法导论》，北京：外语教学与研究出版社，2000年，第13-31页。

107. “肯尼斯·派克”，载胡壮麟：《功能主义纵横谈》，北京：外语教学与研究出版社，2000年，第80页。

108. “中小学英语教材的新突破”，《中国教育报》，2000年12月19日。收入胡壮麟：《胡壮麟英语教育自选集》，北京：外语教学与研究出版社，2008年，第329-331页。

109. “语篇分析在教学中的应用”，《外语教学》，2001年第1期，第3-9页。

110. “功能主义的文体观”，《外语与外语教学》，2001年第1期，第2-8页。

111. “语言和计算机”，《外国语言文学研究》，2001年第1期，第1-6页。

112. “关于英语语法教育的再认识”，《外语论坛》，2001年第1期，第6-14页。收入胡壮麟：《胡壮麟英语教育自选集》，北京：外语教学与研究出版社，2008年，第276-289页。

113. “走近巴赫金的符号王国”，《外语研究》，2001年第2期，第10-15页;收入王铭玉、李经纬主编：《符号学研究》，北京：军事谊文出版社，2001年，第10-15页。

114. “导读”，载胡壮麟 、Johnson：《应用语言学百科词典：语言教学手册》，北京：外语教学与研究出版社，2001年，第25-31页。

115. “为中学生量身定做”，《北京书讯》，2001年5月。

116. “Discourse Analysis and Pragmatics”, in Ren Shaozhen *et al.* eds. *Grammar and Discourse. Proceedings of the International Conference on Discourse Analysis*. The University of Macao Press. 2001. pp.23-32.

117. “Prospects of China’s ELT in the 21st Century”, 北京大学英语系编：《中国大学英语教学研究》，北京：北京大学出版社，第1-9页。

118. “里查兹的互动理论”，《三峡大学学报（人文社会科学版）》，2002年第1期，第50-54页。

119. “‘如何操作’型语篇文体特征的变异”，《英语研究》，2002年第1期，第2-9页。收入胡壮麟：《语言·符号·教育》，北京：商务印书馆，2015年，第3-9页。

120. “语境研究的多元化”，《外语教学与研究》，2002年第3期，第161-166页；载《语言文字学研究》，2002年第8期，第104-109页。收入胡壮麟：《语言·符号·教育》，北京：商务印书馆，2015年，第19-30页。

121. “对中国英语教育的若干思考”，《外语研究》，2002年第3期，第2-5，9页。载孙有中主编：《英语教育与人文通识教育》，北京：外语教学与研究出版社，2008年，第155-161页；收入胡壮麟：《胡壮麟英语教育自选集》，北京：外语教学与研究出版社，2008年，第3-10页。

122. “雷迪的传导隐喻”，《山东师大外国语学院学报》，2002年第3期，第1-6页。

123. “中国英语教学中的‘低效’问题”，《国外外语教学》，2002年第4期，第3-7页。收入胡壮麟：《胡壮麟英语教育自选集》，北京：外语教学与研究出版社，2008年，第157-164页。

124. “在教育技术变革下的外语教学——《现代教育技术与现代外语教学》一书评介”，《外语电化教学》，2002年第6期，第60-64页。收入胡壮麟：

《胡壮麟英语教育自选集》，北京：外语教学与研究出版社，2008年，第321-328页。

125. “计算符号学”，《外语与外语教学》，2002年第9期，第1-5页。收入胡壮麟：《语言·符号·教育》，北京：商务印书馆，2015年，第168-182页。

126. “漫话英语学习”，载吴龙森主编：《专家学者谈如何学英语》，北京：世界知识出版社，2002年，第112-122页。

127. “语篇语言学”，载杨自俭主编：《语言多学科研究与应用（上册）》，南宁：广西教育出版社，2002年，第281-314页。

128. “有关系统语言学主位分析的论争”，载向明友、徐玲编：《大学英语语言教学与研究》，上海：上海外语教育出版社，2002年，第10-28页。

129. “Interpreting the Gang of Nine”, Lee c. Owens and Rosita Holenbergh (eds.) *Beyond Thirty: Australia-China Educational Exchange Retrospect and Prospect, Proceedings of the Thirtieth Anniversary International Conference*. 5-6 December, 2002 at The University of Sydney.

130. “语法化研究的若干问题”，《现代外语》，2003年第1期，第3-8页。

131. “诗性隐喻”，《山东外语教学》，2003年第1期，第3-8页。

132. “在中国环境下说英语”，《大学英语》，2003年第2期，第2-4页。收入胡壮麟：《胡壮麟英语教育自选集》，北京：外语教学与研究出版社，2008年，第268-271页。

133. “一个英语教师的独白”，《外国语》，2003年第5期，第1-10页。载束定芳主编：《外语　教育往事谈》（第二辑）。上海：上海外语教育出版社，2005年。

134. “关注《大学体验英语》”，胡壮麟等，《中国大学教学》，2003年第8期，第39-41页。

135. “求索述怀”，载钱军编：《语言学——中国与世界同步》，北京：外语教学与研究出版社，2003年，第1-10页。

136. “在‘大学英语教学座谈会’上的讲话”，《英语辅导报》，第43期（总第143期），2003年4月28日。收入胡壮麟：《胡壮麟英语教育自选集》，北京：外语教学与研究出版社，2008年，第165-168页。

137. “主位的类型学研究”，载杨忠、张绍杰主编：《语篇·功能·认知》，吉林：吉林人民出版社，2003年。收入胡壮麟：《语言·符号·教育》，北京：商务印书馆，2015年，第31-44页。

138. “力争与世界同步的中国语言学”，《中华读书报》，2003年6月18日。

139. “我与《外语研究》”，《外语研究》，2004年第1期，第2-3页。收入胡壮麟：《胡壮麟英语教育自选集》，北京：外语教学与研究出版社，2008年，第27-28页。

140. “Individualization, Collaboration, Modularization, and Hypertextualization in College English Teaching Reform”, *Foreign Languages in China*, No.1, 2004. pp.49-55.

141. “系统语言学的语类研究”，北京大学语言学研究所编，《语言学研究》，2004年第2辑，第3-12页。

142. “超文本小说——一种基于电子技术的新文学体裁”，《外国语言文学研究》，2004年第2期，第1-9页。收入胡壮麟：《语言·符号·教育》，北京：商务印书馆，2015年，第199-216页。

143. “论中国的双语教育”，《中国外语》，2004年第2期，第4-8页。收入胡壮麟：《胡壮麟英语教育自选集》，北京：外语教学与研究出版社，2008年，第125-134页。

144. “大学英语教学的个性化、协作化、模块化和超文本化”，《外语教学与研究》，2004年第5期，第345-350页。

145. “超文本及其语篇特征”，《山东外语教学》，2004年第5期，第3-8页。收入胡壮麟：《语言·符号·教育》，北京：商务印书馆，2015年，第183-198页。

146. “口述·读写·超文本——谈语言与感知方式关系的演变”，《外语电化教学》，2004年第6期，第2-8页。载熊学亮、蔡基刚主编：《语言界面》，上海：复旦大学出版社，2005年；载孟华主编：《三重证据法》，长春：吉林大学出版社，2009年，第31-49页；收入胡壮麟：《语言·符号·教育》，北京：商务印书馆，2015年，第217-234页。

147. “英语教材编写应体现教改要求”，《现代教育报：教材周刊》，2004年6月5日。

148. “个性化，协作化，模块化和超文本化——谈《大学英语课程教学要求》的基本理念”，《英语教学通讯》，2004年6月22日，第5页。收入胡壮麟：《胡壮麟英语教育自选集》，北京：外语教学与研究出版社，2008年，第169-179页。

149. “大学英语教材编写思路”，《现代教育报·教材周刊》，2004年6月25日。

150. “对《大学英语课程教学要求》的辩证思考”，《教材周刊》，2004年10月29日第4版。

151. “全国功能语言学历届研讨会（1989-2003）的见证”，《外语艺术教育研究》（功能语言学与语篇分析专号），2004年9月，第89-94页。载黄国文、常晨光、丁建新主编：《功能语言学的理论与应用》，北京：高等教育出版社，2005年。收入胡壮麟：《语言·符号·教育》，北京：商务印书馆，2015年，第19-30页。

152. “文体学研究在中国的进展”（胡壮麟，刘世生），载王守元等主编：《文体学研究在中国的进展》，上海：上海外语教育出版社，2004年，第3-18页。

153. “Crimes in Australia and China”, in Chen Zhengfa ed. *Looking Back and Forward—Selected Papers of the 8th International Conference of Australian Studies in China.* Anhui: Anhui University Press. March 2004. pp.31-52.

154. “外语教学理念的发展”，《基础教育外语教学研究》，2005年第1期，第21-25页。转载于《中学外语教与学》，2005年第6期，第4-9页。收入胡壮麟；《胡壮麟英语教育自选集》，北京：外语教学与研究出版社，2008年，第30-40页。收入胡壮麟：《语言·符号·教育》，北京：商务印书馆，2015年，第505-518页。

155. “系统功能语言学的概率理论”，《外语艺术教育研究》，2005年第3期，第7-15页；转载于《中国外语》，2007年第3期，第15-17页；载张克定、王振华、杨朝军主编：《系统·功能·评价》，北京：高等教育出版社，2007年，第1-13页。

156. “关于《认知隐喻学》的对话”，《中国外语》，2005年第4期，第17-20页。载胡壮麟：《语言·符号·教育》，北京：商务印书馆，2015年，第

235-245页。收入刘援主编：《学论经纬——《中国外语》创刊十周年文集》，北京：高等教育出版社，2015年，第67-75页。

157. “China’s English Education Reform: Trends and Issues,”《中国外语》，2005年第6期，第4-10页。收入胡壮麟：《语言·符号·教育》，北京：商务印书馆，2015年，第486-504页。

158. “新世纪的大学英语教材”，《外语与外语教学》，2005年第11期，第24-27页。收入胡壮麟：《语言·符号·教育》，北京：商务印书馆，2015年，第519-528页。

159. “English for All”, in Learning Express, *21st Century*, March 2, 2005.

160. “道路交通标志的正确译法（一）”，《英语学习周刊》，2005年4月15日，第11页。

161. “20年后，汉语会比现在更吃香”，《羊城晚报》，2005年6月4日。

162. “《语法化》导读”，载Paul J.Hopper and Elizabeth Closs Traugott：《语法化》（第二版），北京：北京大学出版社，2005年。

163. “《语言艺术的学与教》导读”，载Strickland *et al.*：《语言艺术的学与教》北京：北京大学出版社，2005年。收入胡壮麟：《胡壮麟英语教育自选集》，北京：外语教学与研究出版社，2008年，第332-339页。

164. “全国功能语言学历届研讨会（1989-2003）的见证”，载黄国文、常晨光、丁建新主编：《功能语言学的理论与应用——第八届全国功能语言学研讨会论文集》，北京：高等教育出版社，2005年，第1-9页。

165. “Aspects of Australian Immigration,” 载杜瑞清主编:《中澳合作的新篇章》，西安：西安交通大学出版社，2005年，第147-157页。

166. “倾听吾师心声”，《外语教学与研究》，2006年第3期，第227-230页。

167. “意义的多模态构建——对一次PPT演示竞赛的语篇分析”，《外语电化教学》，2006年第3期，第3-12页。

168. “博客———种新的网络交流方式”，《外语与翻译》，2006年第4期，第1-8页。收入胡壮麟：《语言·符号·教育》，北京：商务印书馆，2015年，第246-259页。

169. “Globalization and Australia: Significance and Issues”, in Zhang Qiusheng and Li Kairong eds: *Australia and Globalization: Selected Papers of the Ninth*

International Conference of Australian Studies in China. Jilin: Jilin People's Press. May, 2006. 369-384.

170. "通过隐喻意识进行英语词汇教育"，台北世新大学第15届英语教学大会（2006年11月）论文。收入胡壮麟：《语言·符号·教育》，北京：商务印书馆，2015年，第535-548页。

171. "学术规范和学术创新——记第三届中国外语教授沙龙会议（2006）"，收入胡壮麟：《语言·符号·教育》，北京：商务印书馆，2015年，第528-534页。

172. "社会语言学研究中的多模态化"，《语言教学与研究》，2007年第1期，第1-10页。收入胡壮麟：《语言·符号·教育》，北京：商务印书馆，2015年，第318-334页。

173. "计算机中介交流的社会语言学思考"，《外语电化教学》，2007年第2期，第3-13页。收入胡壮麟：《语言·符号·教育》，北京：商务印书馆，2015年，第291-317页。

174. "习得与学得"，《中国外语》，2007年第2期，第1，65页。收入胡壮麟：《语言·符号·教育》，北京：商务印书馆，2015年，第570-573页；载刘援主编：《学论经纬——《中国外语》创刊十周年文集》，北京：高等教育出版社，2015年，第78、80页。

175. "思辨笃行，传承致远——著名语言学家胡壮麟教授对我国语言学与外语教学的反思与寄语"，《疯狂英语》，2007年第3期，第4-7页。

176. "PowerPoint——工具，语篇，语类，文体"，《外语教学》，2007年第4期，第1-5页。载刘世生、吕中舌、封宗信主编：《文体学：中国与世界同步——首届国际文体学学术研讨会暨第五届全国文体学研讨会文选》，北京：外语教学与研究出版社，2008年。收入胡壮麟：《语言·符号·教育》，北京：商务印书馆，2015年，第266-275页。

177. "从多元符号学到多元智能"，《外语与翻译》，2007年第4期，第1-8页。收入胡壮麟：《语言·符号·教育》，北京：商务印书馆，2015年，第276-290页。

178. "解读韩礼德的Appliable Linguistics"，《四川外语学院学报》，2007年第6期，第1-6页。载于黄国文主编：《功能语言学与语篇分析研究》，北京：高等教育出版社，2009年。收入于胡壮麟：《语言·符号·教育》，北京：商务印书馆，2015年，第71-86页。

179. “谈语言学研究中的跨学科倾向”，《外语教育与研究》，2007年第6期，第403-408页。载苗兴伟、刘振前主编：《外语研究的跨学科视野》，北京：高等教育出版社，2010年，第2-12页。收入胡壮麟：《语言·符号·教育》，北京：商务印书馆，2015年，第56-70页。

180. “雪泥鸿爪念旧事，教学相长寄后人——北京大学英语系胡壮麟教授访谈录”（孙继成、　沈弘整理），《中国大学教学》，2007年第10期，第7，13-16页。

181. “From Literacy to Multiliteracies”, *Beijing Forum 2007: Language Identity and Language Change in Collision and Dialog Btween Civilizations (1)*. pp.84~101. Beijing Forum Organizing Committee. 收入胡壮麟：《语言·符号·教育》，北京：商务印书馆，2015年，第549-569页。

182. “From Literacy to Literacies”, in *Language Literacy and Language Change in Collision and Dialogy Between Civilizations*. Beijing Forum Organizing Committee. 2007.11.2-4/

183. “《外语教学理论与实践》贺词”，《外语教学理论与实践》，2008年第1期，第1-2页。

184. “系统功能语言学的社会语言学渊源”，《北京科技大学学报：社会科学版》，2008年第2期，第92-97页；载王旭、徐富美主编：《社会语言学与功能语法论文集》，台北：文鹤出版有限公司，2007年，第1-12页。收入胡壮麟：《语言·符号·教育》，北京：商务印书馆，2015年，第87-99页。

185. “让巴赫金给巴赫金定位——谈巴赫金研究中的若干问题”，《北京大学学报：哲学社会科学版》，2008年第2期，第120-127页。转载于《高等学校文科学术文摘》，2008年第3期，第94-95页；《文艺理论》，2008年第9期，第108-114页。

186. “作为外语的汉语教学”，《中国外语教育》，2008年第2期，第3-12页。收入胡壮麟：《语言·符号·教育》，北京：商务印书馆，2015年，第602-617页。

187. “行为主义学习理论为何批而不倒？”，《英语教师》，2008年第4期，第4-7，17页。收入胡壮麟：《语言·符号·教育》，北京：商务印书馆，2015年，第591-601页。
188. “谈 Siemens 的连接主义”，《外语电化教育》，2008年第5期，第3-9页。收入胡壮麟：《语言·符号·教育》，北京：商务印书馆，2015年，第574-590页。
189. “闲话‘整合’”，《中国外语》，2008年第5期，第19-23页。载李红、余谓深主编：《外国语言文学研究集萃》，成都：四川大学出版社，2009年；收入胡壮麟：《语言·符号·教育》，北京：商务印书馆，2015年，第335-347页。
190. “功能语法导论（第三版）导读“，2008年，北京：外语教学与研究出版社，第I-xxv页。收入胡壮麟：《语言·符号·教育》，北京：商务印书馆，2015年，第100-124页。
191. “《功能语法导论》（第三版）导读”，载M.A.K. Halliday:《功能语法导论》（第三版），北京：外语教学与研究出版社，2008年。
192. “语篇的评价研究”，《外语教学》，2009年第1期，第1-7页。收入胡壮麟：《语言·符号·教育》，北京：商务印书馆，2015年，第125-139页。
193. “对语言象似性和任意性之争的反思”，《北京大学学报：哲学社会科学版》，2009年第3期，第93-102页。
194. “我国外语教育六十年有感”，《中国外语》，2009年第5期，第5-9页。载庄智象主编：《中国外语教育发展战略论坛》，上海：上海外语教育出版社，2009年。转载于《语言文字学》，2010年第1期，第62-67页。
195. “Reflections on the Argument over Iconicity and Arbitrariness，”《当代外语研究》，2010年第1期，第5-13页。
196. “The Image Iconicity in the Chinese Language”, *Chinese Semiotic Societies*, Vol.3, No.1, September, 2010, 40-55. 收入胡壮麟：《语言·符号·教育》，北京：商务印书馆，2015年，第348-372页。
197. “多模态小品的问世和发展”，《外语电化教学》，2010年第4期，第3-9页。收入胡壮麟：《语言·符号·教育》，北京：商务印书馆，2015年，第373-388页。

198. “桂诗春先生的治学之道——贺诗春先生八十华诞”，《中国外语》，2010年第5期，第4-7页。
199. “认知符号学”，《外语学刊》，2010年第5期，第20-25页。
200. “Interviewing Professor M.A.K. Halliday by Hu Zhuanglin and Zhu Yongsheng”，《中国外语》，2010年第6期，第17-24页。
201. “拓展语言学知识，训练思辨能力”，《英语教育周刊》，2010.7.12，A10。
202. “谈语法研究中的本位观”，《外国语》，2011年第1期，第2-8页。收入胡壮麟：《语言·符号·教育》，北京：商务印书馆，2015年，第140-152页。
203. “发展中国特色的语言理论研究——纪念高名凯先生诞生100周年”，《当代外语研究》，2011年第3期，第1-9页。
204. “谈多模态小品中的主体模态”，《外语教学》，2011年第4期，第31-40页。收入胡壮麟：《语言·符号·教育》，北京：商务印书馆，2015年，第389-400页。
205. “谈中国外语教育30年”，《天津外国语大学学报》，2011年第4期，第1-7页。收入胡壮麟：《语言·符号·教育》，北京：商务印书馆，2015年，第618-632页。
206. “谈程雨民先生语言研究的基本轨迹——庆贺程雨民先生八五华诞”，《当代外语研究》，2011年第9期，第1-4页。载熊学亮主编：《中国特色的语言学研究——程雨民先生85岁诞辰学术思想研讨会论文集》，上海：复旦大学出版社，第1-10页。
207. “An Interview with M.A.K. Halliday后记”，黄国文、常晨光、廖海青主编:《系统功能语言学研究：群言集》，北京：高等教育出版社，2011年。
208. “认知文体学及其与相邻学科的异同”，《外语教学与研究》，2012年第2期，第163-172页。
209. “《八十回眸》自序”，《中国外语》，2012年第2期，第12-16，22页。
210. “人·语言·存在——五问海德格尔语言观”，《外语教学与研究》，2012年第6期，第803-814页。收入胡壮麟：《语言·符号·教育》，北京：商务印书馆，2015年，第418-436页。

211.“超学科研究与学科发展”，《中国外语》，2012年第6期，第16-22页。载刘援主编：《学论经纬——《中国外语》创刊十周年文集》，北京：高等教育出版社，2015年，第242-254页。收入胡壮麟：《语言 · 符号 · 教育》，北京：商务印书馆，2015年，第407-417页。

212.“积极话语分析和批评话语分析的互补性”，《当代外语研究》，2012年第7期，第3-8页。

213.“鞠躬尽瘁，一代英才”，胡壮麟：《八十回眸：北京大学资深教授胡壮麟自选文集》，北京：高等教育出版社，2012年，第166-172页；载王路江主编，司富珍执行主编：《梳理逻辑之美：方立教授纪念文集》，北京：北京语言大学出版社，2012年，第9-15页。

214.“谈《系统功能语言学研究现状和发展趋势》”（代序），黄国文、辛志英编著：《系功能语言学研究现状和发展趋势》，北京：外语教学与研究出版社，2012年。转载于《中国外语教育》，2013年第2期，第70-74，81页。

215.“我国认知符号学研究的发展”，《当代外语研究》，2013年第2期，第6-10页；收入胡壮麟：《语言 · 符号 · 教育》，北京：商务印书馆，2015年，第437-450页。

216.“系统功能语言学家的超学科研究”，《外语与外语教学》，2013年第3期，第1-5页。

217.“第40届国际系统功能语言学大会开幕式致辞”，2013年，载黄国文主编：《功能语言学与语篇分析研究》（第7辑），北京；高等教育出版社，2019年，第7-10页。

218.“让符号学与语言学‘联姻’——《现代语言符号学》评介”，《中国社会科学报》，2014年1月20日，A08版；《语言符号学通讯》，2014年第2期，第29-31页。

219.“系统功能语言学的认知观”，《外语学刊》，2014年第3期，第44-50页。

220.“自然与文化的对立统——谈生态符号学研究的理论核心”，《外语研究》，2014年第4期，第1-5页。

221.“贺冠连先生七十五寿辰”，《当代外语研究》，2014年第6期，第5-7

页。

222. “词典编纂与语言学”，《当代外语研究》，2014年第8期，第8-14页。

223. “The Study of Cognitive Semiotics in China”, *Chinese Semiotic Studies*, 10(2), 2014. pp.181-194.

224. “On the Chief Modes of Multimodal Prose”, *Language and Human Sciences*, vol 10.3 2014,207–219.

225. “论当代符号学研究的学科地位”，《语言学研究》第15辑，北京：高等教育出版社。2014年，第75-83页。

226. “对中国外语教育改革的几点认识”，《外语教学》，2015年第1期，第52-55页。

227. “韩礼德的中国梦”，《中国外语》，2015年第6期，第15-19页。

228. “高等教育国际化任重道远——读《高校全英语教学模式（EMI）的超学科研究》”，《外语研究》，2015年第6期，第53-55页。

229. “语言学与外语教学的结合——纪念许国璋先生诞辰100周年”，《当代外语研究》，2015年第11期，第2-5页。

230. “The Standardization of Chinese Characters—An Eco-linguistic Perspective.” *Chinese Semiotic Studies*, 11(2), 2015. pp.123-133.

231. “韩礼德学术思想的中国渊源和回归”，《外语研究》，2016年第5期，第9-13页。

232. “谈符号学研究的适用性”，《语言与符号》（第1辑），北京：高等教育出版社，2016年，第5-12页。

233. “发展与展望：中国符号学研究今昔谈——北京大学胡壮麟教授访谈录”（胡壮麟、吕红周），《语言与符号》（第1辑），北京：高等教育出版社，2016年，第139-143页。

234. “对‘语言生活’的认识和期待”，《当代外语研究》，2017年第1期，第1-4页。

235. “论英语语法的哲学意蕴”，《疯狂英语》理论版，2017年第3期，第6-8页。

236. “读者·作者·编委”，《外语教学与研究》，2017年第4期，第496-497页。

237. “中小学英语教学的改革和发展”，中国教育报刊社人民教育家研究院《人民教育学论坛》第4辑，2017年12月，第14-23页。
238. “英语语法及其发展史”，《北京第二外国语学院学报》，2017年第5期，第5-16页。
239. “美国新世纪的语言规划和语言政策”，《浙江外国语学院学报》，2018年第2期，第1-8页。
240. “My Teacher M.A.K.HallIDay’s Personality and Academic Attitude”，《澳大利亚研究》，2018年第2期，第164-173页。
241. “不忘初心，改革开放——高等教育改革40周年有感”，《当代外语研究》，2018年第3期，第10-11页。
242. “多模态的碎片化时代”，《外语研究》，2018年第5期，第1-6页。
243. “吾师韩礼德先生的为人和治学”，《浙江外国语学院学报》，2018年第5期，第12-15页。
244. “Fragmentation from the semiotic perspective”，*Language and Semiotic Studies*，Vol.4,No.4,2018. pp.1-12.
245. “语言学与中国外语教学四十年”，《外语教学与研究》，2018年第6期，第803-805页。
246. “我在新北大早年的那些事”，载蒋朗朗主编：《精神的魅力2018（一）》，北京：北京大学出版社，2018年，第80-86页。
247. “改革开放开启了我的语言学之道”，载庄智象主编:《往事历历，40年回眸：1.知名外语学者与改革开放》，上海：上海教育出版社，2018年，第3-8页。
248. “初入燕园的印象”，载《历史的节点——120年历史分合中的北京大学（1898-2018）》，北京大学校报编辑部，2018年5月4日。
249. “新时代中国外语教育再出发”，《山东外语教学》，2019年第1期，第45-46页。
250. “从语言视角看智能多元化及其融合”，《外国语言文学》，2019年第2期，第115-127页。
251. “一位勇攀学术高峰的奇才”，《当代外语研究》，2019年第3期，第16-18页。载刘玉梅、赵永峰主编：《为人为学，为师为友——庆贺王寅教授七十华诞》，上海：上海外语教育出版社，2019年，第10,19-21页。

252. “为人 为学 为师 为友”，《当代外语研究》，2019年第3期，第16-36页。

253. “外语教育要为国家战略服务”，《语言战略研究》，2019年第4期，第4页。

254. “隐喻翻译的方法与理论”，《当代修辞学》，2019年第4期，第1-9页。

255. “多元文明交融下的国家语言战略”，《中国外语》，2019年第5期，第4-9页。

256. “The study of metaphoric competence in China”, *Language and Semiotic Studies,* 5(3), Aug.2019. pp. 134-144

257. “坚守信念，服务国家——从外语实践到语言教育与研究”，载王定华、曾天山主编：《民族复兴的强音——新中国外语教育70年》，北京：外语教育与研究出版社，2019年。转载于《外语教育研究前沿》，2019年第3期，第3-7页。

258. “回首往事，倏忽七十载——新中国第一批大学生的追忆”，载邱水平主编：《我和我的祖国——北大老同志庆祝新中国成立70周年回忆文集》，北京：北京大学出版社，2019年，第291-301页。

259. “我所经历的新中国外语教育”，《21世纪报：英语教育》，2019.4.1，第298期。

260. “对外语学科人才培养的若干认识”，《当代外语研究》，2020年第1期，第5-8页。

261. “语言学跨学科研究与外语教学”，《外语界》，2020年第4期，第3-4页。

262. “亦‘文’亦‘语’，教研相长——点赞黄源深教授的治学之道”，《当代外语研究》，2020年第5期，第9-15页。

263. “语用学与隐喻研究——西方古典隐喻中的语用学思维”，《当代修辞学》，2020年第6期，第6-13页。

264. “美中澳三角关系中的澳大利亚”，孙有中主编：《澳大利亚研究》第3辑，北京：社会科学文献出版社，2020年，第167-174页。

265. “教育国际化的战略举措——《中国高校教师全英语教学（EMI）能力研究》评介”，《山东外语教学》，2021年第1期，第132-135页。

266. “后韩礼德时代功能语言学的发展趋势”，《当代外语研究》，2021年第1期，第44-53页。
267. “系统功能语言学视野中的体认语言学”，《浙江外国语学院学报》，2021年第1期，第1-7页。
268. “浅析‘语音隐喻’的有关特性”，《中国外语》，2021年第4期，第26-31页。
269. “新世纪语言研究的趋向——《韩礼德全集》第11卷评介”，《外语研究》，2021年第5期，第1-5页。
270. “在党的外语教育政策下成长”，载王定华、杨丹主编：《人类命运的回响——中国共产党外语教育100年》，北京：外语教学与研究出版社，2021年。
271. “中国符号学人王铭玉——《符号学论略——镂金文集》”，《语言与符号》第7辑，北京：北京航空航天大学出版社，2021年，第3-6页。
272. “季羡林先生：语言学人的坚强后盾”，《21世纪英语教育》，2021年10月1日16副刊。
273. “物质与意义：新世纪符号学的两个维度”，《天津外国语大学学报》，2022年第1期，第1-8页。
274. “外语教育视野下的教育语言学”，《浙江外国语学院学报》，2022年第1期，第24-28页。
275. “中国功能语言学的先行者——庆贺陈望道《修辞学发凡》问世90周年”，《当代修辞学》，2022年第2期，第14-18页。
276. “中国外语教育政策面面观”，《外语电化教学》，2022年第4期，第3-8页。

序/前言/跋

1. “[英]弗雷德里克·托·伍德著：《英语介词习语词典》”序，北京：知识出版社，1983年。
2. “牛津大学出版社：《牛津进阶英汉双解词典》”序，香港：牛津大学出版社，1987年。
3. “[美]Rosemary Courtney：《朗曼英语短语动词词典》”前言，北京：世界图书出版公司，1989年。
4. “朱晓慧：《大学英语六级词汇指南》”序，北京；民族出版社，1990年。
5. “王守元：《英语文体学教程》”序,济南：山东教育出版社，1990年。
6. “[美]Tom McArthur：《朗曼当代英语分类词典》”前言，北京：世界图书出版公司，1991年。
7. “朱晓慧：《大学英语动词专题突破》”序，武汉：华中师范大学出版社，1993年。
8. “朱文俊：《现代英语语言与文化研究》”序，北京：北京语言学院出版社，1994年。
9. “关于《读者的选择》”（[美]鲍多因：《读者的选择》序）北京：世界图书出版公司，1994年。
10. “胡百熙：《执笔忘字的救星北京话与八（广）州话对照》”序，新意式出版社有限公司，1995年。
11. “林汝昌：《外语教学多学科研究》”序，北京：北京理工大学出版社，1995年。
12. “卓如飞、刘扬：《英语构词一点通》”序，长春：吉林大学出版社，1996年。
13. “李立，陈治安：《语言·文化·外语教学》”序，重庆：西南师范大学出版社，1997年。
14. “简清国、林茂竹：《外研社建宏英汉多功能词典》”书评，《文汇报》1997年5月22日。
15. “胡文仲等:《大学英语》”书评，《光明日报》1997年5月29日。
16. “侯国金：《新世纪英语教学理论与实践》”序，北京：中国地质大学出版社，1997年。
17. “杨镇雄主编：《英语理解语法》”序，长春：吉林科学技术出版社，1997年。
18. “[美]M.A.克拉克等：《英语精选读本》”序，北京：世界图书出版公司，1998年。
19. “张德禄：《功能文体学》”序，济南：山东教育出版社，1998年。
20. “余谓深等：《语言的功能：系统、语用和认知》”序，重庆：重庆大学出版社，1998年。

21. “刘世生：《西方文体学论纲》”序，济南：山东教育出版社，1998年。
22. “郭鸿：《英语文体分析》”序，北京：军事谊文出版社，1998年。
23. “张朝宜：《文化像座冰山——语言与文化的探索》”序，北京：军事谊文出版社，1999年。
24. “田祥斌：《英汉歧义与文学》”序，北京：中国环境科学出版社，1999年。
25. “陈治安、刘家荣：《语言与符号学在中国的进展》”序，成都；四川科学技术出版社，1999年。
26. “李战子：《语言的人际元功能新探——自传话语的人际意义研究》”序，北京：军事谊文出版社，2000年。
27. “蓝鹦鹉中学英语听读文库”序，北京：北京出版社，2000年。
28. “顾嘉祖：《新世纪外国语言文学与文化论集》”序，南京：东南大学出版社，2001年。
29. “李应潭：《现代英语联想记忆词典》”序，北京：学苑出版社，2001年。
30. “李运兴：《语篇翻译引论》”序，北京：中国对外翻译出版公司，2001年。
31. “赵艳芳：《认知语言学概论》”序，上海；上海外语教育出版社，2001年。
32. “范文芳：《语法隐喻理论研究》”序，北京：外语教学与研究出版社，2001年。
33. “高一虹：《‘1+1>2’外语学习模式》”序，北京：北京大学出版社，2001年。
34. “朱永生、严世清：《系统功能语言学多维思考》”序，上海：上海外语教育出版社，2001年。
35. “钱军：《句法语义学——关系与视点》”序，北京：人民教育出版社，2001年。
36. “华泉坤等：《英语典故词典》”序，北京：商务印书馆，2001年。
37. “毕多：《GRE考试词汇解析》”序，北京：外文出版社，2001年。
38. “王寅：《语义理论与语言教学》”序，上海：上海外语教育出版社，2001

年。

39. “国家外国专家局培训中心：《全国出国培训备选人员英语考试培训教材 BFT Level One》”序，北京：世界图书出版公司，2001年。
40. “张后尘、胡壮麟：《99中国外语博士论坛》”序，北京：外语教学与研究出版社，2001年。
41. “唐祥金：《现代英语教学论——理论与实践研究》”序，北京：学苑出版社，2001年。
42. “Richard M. Hogg ：《剑桥英语史》（六卷本）”序，北京：北京大学出版社/伦敦：剑桥大学出版社，2002年。
43. “张威，邓天颖：《澳大利亚传媒》”序，北京：北京大学出版社，2002年。
44. “《牛津英汉双解词典（全新第三版）》”序，牛津：牛津大学出版社，2002年。
45. “肖文科：《大学财经英语阅读》”序，北京：外语教学与研究出版社，2002年。
46. “弗朗斯·凡·爱默伦、罗布·荷罗顿道斯特著：《批评性论辩——论辩的语用辩证法》”序，北京：北京大学出版社，2002年。
47. “杨永林：《中国学生英语色彩语码认知模式研究》”序，北京：清华大学出版社，2002年。
48. “玛丽安娜·塞尔斯-穆尔西亚，黛安娜·拉森-弗里曼：《英语教学语法》”序，北京：北京大学出版社，2002年。
49. “向明友、徐玲：《大学英语语言教学与研究》”序，上海：上海外语教育出版社，2002年。
50. “程琪龙：《逼近语言系统》”序，南京：东南大学出版社，2002年。
51. “彭宣维著：《语言过程与维度》”序，北京：清华大学出版社，2002年。
52. “李战子：《话语的人际意义研究》”序，上海：上海外语教育出版社，2002年。
53. “余士雄：《高级英汉词典》”序，北京：外语教学与研究出版社，2002年。
54. “田贵森：《禁忌语的功能研究》”序，石家庄：河北教育出版社，2003

年。

55. “彭宣维：《语言导论新编》”序，北京：清华大学出版社，2003年。
56. “王松美、王萱：《英语口语考试入门》”序，北京：北京腾图电子音像出版社，2003年。
57. “王松美：《英语教学新理念》”序，北京：国际文化出版公司，2003年。
58. “傅似逸：《高校英语应用文写作教程》”序，北京：北京大学出版社，2003年。
59. “（学英语）教学与国际交流专业委员会：《小学英语教学论坛》”序，石家庄：河北教育出版社，2003年。
60. “张德禄，刘汝山：《语篇连贯与衔接理论的发展及应用》”序，上海：上海外语教育出版社，2003年。
61. “Clive Upton 等：《牛津当代英语发音词典》”序，北京：外语教学与研究出版社，2003年。
62. “徐竹生：《英语谚语大词典》”序，南京：江苏教育出版社，2003年。
63. “汪立荣：《语法理论与英语研究》”序，长春：吉林人民出版社，2004年。
64. “鲁苓：《语言 言语 交往》”序，北京：社会科学文献出版社，2004年。
65. “王铭玉：《语言符号学》”序，北京：高等教育出版社，2004年。
66. “胡庚申：《国际交流语用学——从实践到理论》”序，北京：清华大学出版社，2004年。
67. “杨永林：《社会语言学研究：功能·称谓·性别篇》”序，上海：上海外语教育出版社，2004年。
68. “西方语言学原版影印系列丛书”总序，北京：北京大学出版社，2004年。
69. “王守元等：《文体学研究在中国的进展》”序，上海；上海外语教育出版社，2004年。
70. “程晓堂：《基于功能语言学的语篇连贯研究》”序，北京：外语教学与研究出版社，2005年。
71. “李冰梅：《英语词汇学教程》序”，北京：北京大学出版社，2005年。
72. “迈向21世纪的语言学”总序，上海：上海外语教育出版社，2005年。
73. “王寅：《认知英语学探索》”序，重庆：重庆出版社，2005年。

74. “语言学与应用语言学知识系列读本”总序，北京：北京大学出版社，2005年。
75. “《牛津进阶英汉双解词典》第3版增补本”序言二，牛津：牛津大学出版社，2005年。
76. “麦克米伦出版公司：《麦克米伦高阶英汉双解词典》”序，北京：外语教学与研究出版社，2005年。
77. “潘章仙：《中国英语变体中的语言和文化认同》”序，北京：北京大学出版社，2005年。
78. “张德禄：《语言的功能与文体》”序，北京：高等教育出版社，2005年。
79. “《牛津进阶英汉双解词典》第四版”序。香港，牛津大学出版社，2005年。
80. “新课标英语丛书”序，北京：光明日报出版社，2006年。
81. “刘润清、文旭编著：《新编语言学教程》”序，北京：外语教学与研究出版社，2006年。
82. “叶起昌：《走向话语的意识形态阐释:以超链接文本为分析对象》”序，北京：北京交通大学出版社，2006年。
83. “唐丽萍：《批评性跨文化阅读的主体间评价研究》”序，北京：北京大学出版社，2006年。
84. “刘宇红：《认知语言学：理论与应用》”序，北京：中国社会科学出版社，2006年。
85. “高登亮等：《语境学概论》”序，北京：中国电力出版社，2006年。
86. “王振光：《潜意识下的英语奇迹》”序，北京：北京大学出版社，2006年。
87. “王寅：《认知语言学》”序，上海：上海外语教育出版社，2007年。
88. “《英语综合教程》总序，”北京：北京大学出版社，2007年。
89. “Foreword”, Proceedings of the Third Asia TEFL International Conference. Beijing : Higher Educational Press, August, 2007。
90. “韩礼德文集”总序，北京：北京大学出版社，2007年。
91. “吴一安等：《中国高校英语教师教育与发展研究》”序，北京：外语教学与研究出版社，2007年。
92. “南京师范大学外国语言文学学科博士生导师文库”总序，上海：复旦大学出版社，2007年。

93. “胡壮麟：《胡壮麟英语教育自选集》”跋，北京：外语教学与研究出版社，2008年。

94. “文秋芳：《文秋芳英语教育自选集》”序，北京：外语教学与研究出版社，2008年。

95.《外语教学理论与实践》贺词，《外语教学与研究》2008年1期。

96. “孙迎辉：《中国学生‘建立学术研究空间’过程探究——英语专业硕士论文‘前言’部分的语类分析》”序，北京：国防工业出版社，2008年。

97. “马壮寰：《索绪尔语言理论要点评析》”序，北京：北京大学出版社，2008年。

98. “钱军：《英语词的构成与搭配》”序，北京：商务印书馆，2008年。

99. “钱冠连：《钱冠连语言学自选集——理论与方法》”序，北京：外语教育与研究出版社，2008年。

100. “侯国金：《语用学大是非和语用翻译学之路》”序，成都：四川大学出版社，2008年。

101. “Vilem Mathesius：《普通语言学基础上的当代英语功能分析》”序，北京：世界图书出版公司，2008年。

102. “董启明：《新编英语文体学教程》”序，北京：外语教学与研究出版社，2009年。

103. “胡文仲：《和胡老师谈学英语》”贺词，北京：外语教学与研究出版社，2009年。

104. “王正元：《概念整合理论及其应用研究》”序一，北京：高等教育出版社，2009年。

105. “王媛：《透视新课程理念下的英语教学设计》”序，北京：北京出版社，2009年。

106. “Preface to Xueyan Yang: Modelling Text as Process”，Continuum, 2010.

107. “苗兴伟：《语言学基础教程》”序，北京：北京大学出版社，2010年。

108. “王寅：《构式语法研究》（上下卷）”序，北京：上海外语教育出版社，2011年。

109. “张华：《澳大利亚社会与文化》”序，北京：北京大学出版社，2011年。

110. “赵永青、姚振军：《<语言学教程>纲要与实践》”序，北京：北京大学出版社，2011年。

111. “刘援等：《体验式外语教学理论与实践》”序，北京：高等教育出版社，2012年。

112. “P.H. 马修斯：《缤纷的语言学》”前言，南京：译林出版社，2013年。

113. “杨敏：《爱国主义语境的话语重构》”序，北京：中央编译出版社，2013年。

114. “孙毅：《认知隐喻学多维跨域研究》”序，北京：北京大学出版社，2013年。

115. “叶起昌：《语言之社会规范说与自然说——索绪尔与海德格尔语言观对比研究》”序，北京：北京大学出版社，2013年。

116. “张薇：《英语数字素养评价研究》序”，北京：北京大学出版社，2013年。

117. “陈香兰：《语言与高层转喻研究》”序，北京：北京大学出版社，2013年。

118. “《朗文当代高级英语辞典》（第5版）”序言二，香港：培生教育出版公司，2013年。

119. “王铭玉：《现代语言符号学》”序，北京：商务艺术馆，2013年。

120. “张勇先：《英语发展史》”序，北京：外语教学与研究出版社，2014年。

121. “《朗文当代高级英语辞典》（第5版）”序言二，北京：外语教学与研究出版社，2014年。

122. “梁波：《英语语音与听说词汇》”序，北京：北京大学出版社，2014年。

123. “罗维亮、杨岗：《课件工程》”序，北京：清华大学出版社，2014年。

124. “钱军：《英语词的意义与用法》”序，北京：商务印书馆，2014年。

125. “西方语言学前言丛书”总序，北京：北京大学出版社，2014年。

126. “黄衡田：《英语辞格辨析》”序，武汉；华中科技大学出版社，2015年。

127. “胡加圣：《外语教育技术——从范式到学科》”序，北京：外语教学与研究出版社，2015年。

128. “高彦梅：《语篇语义框架研究》”序，北京：北京大学出版社，2015年。
129. “赵玉荣：《日常自发性会话中叙事活动的三维分析》”序，北京：中国社会科学出版社，2015年。
130. “《新世纪英汉大词典》”序，北京：外语教学与研究出版社，2016年。
131. “侯建波：《英语指称语的焦点化心理空间模型分析》”序，北京：中国社会科学出版社，2015年。
132. “刘援：《学论经纬——《中国外语》创刊十周年文集》”序，北京：高等教育出版社，2015年。
133. 商务印书馆、牛津大学出版社：“《牛津进阶英汉双解词典》”第5版序，北京：商务印书馆，2016年。
134. “外语学术核心术语丛书”总序，北京：外语教学与研究出版社，2016年。
135. “剑桥应用语言学年度评论系列丛书”总序，北京：商务印书馆，2016年。转载于《21世纪报：英语教育》2017年4月1日（第278期）。
136. “中国外语教育研究丛书”总序，南宁：广西教育出版社，2016年。
137. “曲长亮：《北美历史文化实践教程》”序，北京：世界图书出版公司，2017年。
138. “罗少茜、曾玲：《青少年外语读写能力培养》”序，南宁：广西教育出版社，2017年。
139. “许葵花：《多义化识解的多维度研究》”序一，北京：清华大学出版社，2018年。
140. “张勇先：《英语语言文化概览—英语发展史研究》”序，北京：中国人民大学出版社，2018年。
141. “范文芳、庞建荣：《英语听说教学论》”总序，南宁：广西教育出版社，2018年。
142. “李颖：《中国高校教师全英语双语教学能力研究》”序，北京：高等教育出版社，2019年。
143. “田海龙、潘艳艳：《多模态话语分析——理论探索与应用研究》”序，北京：北京航空航天大学出版社，2019年。

144. “陆丹云：《21世纪美军外语新战略研究》”序，北京：时事出版社，2019年。
145. “黄远振：《英语阅读教学与思维发展》”总序，南宁：广西教育出版社，2019年。
146. “黄必康：《英语散文史略》”序，北京：外语教学与研究出版社，2020年。
147. “陆丹云：《系统功能语言学视阈下的中国小学生作文个性化分析模式研究》”序，上海：上海外语教育出版社，2020年。
148. “邹为诚：《基础教育英语教材国际比较研究》”序，南宁：广西教育出版社，2020年。
149. “唐磊等：《日语教学论》”总序，南宁：广西教育出版社，2020年。
150. “琼·拜比：《语言、使用与认知》”序，北京：商务印书馆，2020年。
151. “周晓康：《吟唱古诗学文化》”序，北京：北京大学出版社，2020年。
152. “[美]道格拉斯·A.奇比：《法语在英格兰的六百年史（1000-1600）》”序，北京：商务印书馆，2020年。
153. “[英]诺曼·费尔克劳：《语言与全球化》”序，北京：商务印书馆，2020年。
154. “[英]乔纳森·卡尔佩珀、[澳]迈克尔·霍：《语用学与英语》”序，北京：商务印书馆，2020年。
155. “[加] J.-P. 维奈、J. 达贝尔内：《法语英语文体比较》”序，北京：商务印书馆，2020年。
156. “王任华、赖良涛：《隐喻的认知符号学研究》”序，北京：商务印书馆，2020年。
157. “程晓堂：《核心素养下的英语教学理念与实践》”序，南宁：广西教育出版社，2020年。
158. “付安权：《信息技术与外语教育——理论和实践》”序，南宁：广西教育出版社，2020年。
159. “崔刚：《外语学习的心理与神经理论》”序，南宁：广西教育出版社，2021年。
160. “王铭玉：《符号学论略——镂金文集》序一”，北京：北京大学出版社，2021年。

161. “钱军：《英语结构入门》”序，北京：商务印书馆，2021年。

162. “孙毅：《汉英认知辞格当代隐喻学一体化研究》”序，北京：科学出版社，2021年。

163. “丁建新：《韩礼德研究》”序，北京：商务印书馆，2022年。

164. “[澳]David Rose、[澳]J.R. Martin：《语篇类型与读写教学》”序，北京：外语教学与研究出版社，2022年。

翻译

1.《唐诗三百首新译》十一首，许渊冲等编，北京：中国对外翻译出版公司/香港：商务印书馆（香港）有限公司，1988年。

2.《外国百家讽刺诗选》三首，罗绍书编，贵阳：贵州人民出版社，1990年。

3. “‘也’在三个平面上的体现：多义性或抽象性”，见戴浩一、薛凤生主编：《功能主义与汉语语法》，北京：北京语言学院出版社，1994年。

4.《唐诗三百首》二首，吴均陶主编，长沙：湖南出版社，1997年。

5.《懂英语》，Eugene A. Nida著，胡壮麟、黄倩译。北京：北京外语教学与研究出版社，1998年。

6. “Lin Lanying”, by Wang Bing, in Lily Xiao Hong Lee. *Biographical Dictionary of Chinese Women—The Twentieth Century 1912-2000*. 2002. New York: M.E. Sharpe Inc.

审校/审订

1. 方立等译：《语言学和语音学基础词典》，北京：北京语言学院出版社，1992年。

2. 方立等译：《语言要略》。北京：北京外语教学与研究出版社，1993年。

3. 刘润清等译：《朗曼语言学词典》，太原：山西教育出版社，1993年。

4. 邹臻主编：《研究生听说英语教程》，北京：北京大学出版社，1996年。

5. 张朝宜主编：《文化像座冰山——语言与文化的探索》，北京：军事谊文出版社，1999年。

6. 王松美、王萱：《英语口语考试入门》，北京：北京腾图电子音像出版社，2003年。

7. 朱亚莉等主编：《英语》第一册，第二册，第三册，（北京市各类中等职业学校试用教材），北京：外语教学与研究出版社，2003-2004年。
8. “马丁文集”总序，上海：上海交通大学出版社，2010年。

杂文

1. “入其门而得其道”，《英语函授报》，1994年2月15日。
2. “圣塔巴巴拉校园巡礼”，《开放日报》，1994年4月11日。
3. “往事拾遗”，《上海市时代中学校庆一百二十周年纪念册》，1994年。
4. “斯人已去，遗风永存——追思外语界的良师益友许国璋先生”，载王克飞编：《许国璋先生纪念文集》，北京：外语教学与研究出版社，1996年。
5. “默默来时路——英语系胡壮麟先生访谈记”（撰稿人：王悦），北京大学研究生会/MBA联合会组编：《北大名教授访谈记》，北京：机械工业出版社，1998年。
6. “一生辉煌”，载董燕萍，王初明编：《中国的语言学研究与应用——庆祝桂诗春教授七十华诞》，上海：上海外语教育出版社，2001年。
7. “求索述怀”，钱军编：《语言学——中国与世界同步》，北京：外语教学与研究出版社，2003 年。
8. “在大学英语教学改革座谈会上的讲话”，《英语辅导报》2003年4月28日，第41期。
9. “认识钱瑗“，《香港文学》，2004年10月号。载杨绛编；《我们的钱瑗》，北京：生活·读书·新知三联书店，2005年。
10. “追随先生五十四年”，载北京大学外国语学院编：《李赋宁先生纪念文集》，北京：北京大学出版社，2005年。
11. “倾听吾师的心声”，《中华读书报》2006年2月6日。转载于《外语教学与研究》，2006年第3期，第227-230页。
12. “胡壮麟：语言的生命力在于交流”（郭彪整理），《中国教育》，2007-11.03。
13. “孜孜不倦的求知者”，载《徐通锵先生纪念文集》编委会编：《求索者——徐通锵先生纪念文集》，北京：商务印书馆，2008年。
14. “A single spark can start a prairie fire”, We Band of Brothers. The University of

Sydney. Sept., 2010.

15. “拓展语言学知识，训练思辨能力——北京大学胡壮麟教授专访”（黄瑞明），《21世纪报英语教育周刊》，2010年7月12日A4。
16. “我国高校澳研中心的楷模”，张勇先主编：《澳大利亚研究纪念文集》，北京：外语教学与研究出版社，2010年。
17. “我国系统功能语言学的一位先驱者—胡壮麟教授访谈录”（胡壮麟、于晖），黄国文等编：:《系统功能语言学研究群言集》，北京：高等教育出版社，2011年。
18. “爱吾清华——访著名语言学家胡壮麟学长”（采访人：魏莉薇，包雨苗整理），本书委员会编：《百年清华 百年外文 1926-2011——清华大学百年华诞暨外国语言文学系建系85周年纪念文集》，北京：清华大学出版社，2012年。
19. “胡壮麟”，张宜著：《历史的旁白——中国当代语言学家口述实录》，北京：高等教育出版社，2012年。
20. “鞠躬尽瘁，一代英才”，王路江主编：《数理逻辑之美——方立教授纪念文集》，北京：北京语言大学出版社，2012年。
21. “胡壮麟教授谈‘读书之乐何处寻’”，（采访人：任真如），北京大学新闻网，2015.4.10.
22. “博观而约取 厚积而薄发”（文/程蓉），《君子志道——北大：那些人，那些事》，北京：北京大学出版社，2016年10月。
23. “发展与展望：中国符号学研究今昔谈——北京大学胡壮麟教授访谈录“（胡壮麟、吕红周），《语言与文化研究》（第五辑），2016年，第3-9页；转载于《语言与符号》（第2辑），北京：高等教育出版社，2017年，第139-143页。
24. “斯人已去,遗风永存”，《以不息为体，以日新为道——怀念桂诗春先生》，北京：外语教学与研究出版社，2017年。
25. “中国符号学研究今昔谈”（吕红周整理），《上海语言学通讯》，2017.01.17。
26. “对中国符号学之展望——胡壮麟访谈录”（胡壮麟、彭佳），蒋晓丽、赵毅衡主编：《传播符号学访谈录》，成都；四川大学出版社，2017年。

27. “在我国建立教育语言学正当其时”，俞理明著：《教育语言学研究》（上），武汉：华东师范大学出版社，2018年，III-IV。
28. “筚路蓝缕，以启山林——胡壮麟先生学术思想与治学心得访谈”（李战子、胡壮麟），《英语研究——文字与文化研究》第十辑，上海：上海交通大学出版社，2019年。
29. “学无止境，贵在超越”，黄新炎编著：《聆听：外语界前辈的声音》（第二辑），上海：上海外语教育出版社，2019年，第182-183页。
30. “坚守信念，服务国家——从外语实践到语言教育与研究”，《外语教育研究前沿》，2019年8月，2（3），第3-7页。
31. “贺词”，康志峰主编：《翻译研究与教学》，2020第1期。
32. “Theories and Practices of Language Education: An Interview with Prof. Zhuanglin Hu”（Liangtao Lai and Zhuanglin Hu, *International Journal of TESOL Studies*, 2021(3): 80-90.
33. “同命运，共呼吸”，《21世纪英语教育》，2020年11月1日，第4版。
34. “征途漫漫，初心不改——胡壮麟教授语言学与外语教育再回顾学术访谈”（李战子，胡壮麟），《浙江外国语学院学报》，2022年第1期，第6-13页。
35. “‘十四五’规划胡壮麟教授访谈录”（中国人民大学江晓丽整理）。2023年。

奖励

1957年 原总参谋部二部先进工作者。

1993年 北京市1993年优秀教师。

2012年9月2日 获Griffith 大学/北京大学共同颁发的“澳大利亚研究成果奖”。

2013年10月18日 教育部高等学校英语专业教学指导分委员会颁发“中国英语教育特殊贡献荣誉证书”。

2015年11月 北京外国语大学许国璋语言研究评奖委员会颁发“许国璋外国语言研究奖终身成就奖”。

2017年2月24日 商务印书馆授予“荣誉顾问”证书。

2019年12月 获“首届北京大学离退休职工学术贡献特等奖”。

2020年7月1日 被评为北京大学优秀共产党员。

2021年6月2日 “北京大学‘光荣在党50年’纪念章”获得者，代表1600名50年党龄的老党员发言。

1986年 “Differences in Mode”（*JOURNAL OF PRAGMATICS*, No.8, 1984），获“北京大学1986年社会科学优秀论文二等奖”。

1988年《英语学习指南》，获“北京大学社会科学著作二等奖”。

1992年《语言学教程》，获“国家教委优秀教材一等奖”。

1992年《系统功能语法概论》，获“全国第二届优秀教育图书二等奖”。

1995年《语篇的衔接与连贯》，获“华东地区大学出版社优秀图书二等奖”、“北京大学第三届优秀教材奖”。

1996年 “巴赫金与社会符号学”，获“第三届《北京大学学报》优秀论文奖”。

1996年 “语言·认知·隐喻”，获“北京市哲学社会科学优秀成果二等奖”。

2004年《语言学教程》（修订版），入选2004年“北京高等教育精品教材”。

2005年《系统功能语言学概论》，入选“北京高等教育精品教材”。

2008年《系统功能语言学概论》，北京市“第十届哲学社会科学优秀成果教材一等奖”。

2008年《语言学教程》（第三版），入选“2008年北京高等教育精品教材”。

2009年 “普通语言学教学实践”获“北京大学教学成果奖一等奖”。

2009年 “北京大学‘普通语言学：课程建设与教学成果’”获“北京市教育教学成果（高等教育）一等奖”。

2012年《体验式外语教学理论与实践》（参加者）获“国家社会科学基金一般项目优秀奖”。

2020年12月《新世纪英文大词典》（缩印本）获“第八届高等学校科学研究优秀成果奖（人文社会科学）二等奖”。

2021年《语言学教程》（第五版）获教育部“全国优秀教材（高等教育类）一等奖”。

去国外和中国港澳台地区访问和参加国际会议

1. 1979年 澳大利亚悉尼大学，澳大利亚应用语言学会议。

2. 1980年 澳大利亚阿德莱德大学，ANZAC 会议。宣读论文。

3. 1984年1月 北京大学代表团，访问香港中文大学和香港大学。

4. 1987年8月 澳大利亚悉尼大学，第8届世界应用语言学大会。宣读论文。第14届国际系统功能语言学大会。

5. 1989年6月 芬兰赫尔辛基大学，第16届国际系统功能语言学大会。宣读论文。

6. 1993年7月 加拿大维多利亚大学，第20届国际系统功能语言学大会。宣读论文。

7. 1994年6月 荷兰阿姆斯特丹大学，第3届国际论辩学大会。宣读论文。

8. 1994年10月 韩国汉城英语教学国际会议。宣读论文。

9. 1997年10月 中国澳门大学，第4届话语分析国际会议。宣读论文。

10. 1997年10月21日-11月6日 北京大学澳大利亚中心代表团，访问澳大利亚和新西兰。

11. 1997年11月12-20日 中国台湾师范大学，第6届英语文国际研讨会。宣读论文。

12. 1999年7月 新加坡国立大学，第26届国际系统功能语言学大会。宣读论文。

13. 2000年7月 中国香港科技大学，英语教学研究国际会议。宣读论文。

14. 2002年12月 澳大利亚悉尼大学中国教育中心。宣读论文。

15. 2003年10月 德国佛兰克福书展。

16. 2006年3月 中国香港城市大学，韩礼德学术研究中心学术研讨会。宣读论文。

17. 2006年10-11月 中国台湾第15届国际英语文教学研讨会、元智大学讲学、社会语言学研讨会。宣读论文。

18. 2007年4-5月 澳大利亚格里菲斯大学，学术研讨会。宣读论文。

19. 2007年12月4-8日 中国香港城市大学，韩礼德学术研究中心学术研讨会。宣读论文。

20. 2008年11月18日-12月8日 香港大学教育学院访学。

21. 2009年6月9-13日 加拿大多抡多大学，第7届语言与文学象似性国际会议。主题发言。

目前研究方向涉及：国外语言学、功能语言学、语用学、文体学、语篇分析、英语教学法、语言规划、符号学、认知与隐喻、中小学英语教学、多模态语言学、澳大利亚研究等。

话语分析

系统功能语言学与学科话语特征描写

国防科技大学　李战子*

[提　要] 本文通过回顾和综述韩礼德在《科学语言》中对科学话语的研究，指出韩礼德从学科话语的词汇语法特征入手是破解学科教育困境的有效路径。受到这一研究路径的启发，文章还简要探讨了在对外交话语深度研究中可以借鉴的一些思路。

[关键词] 韩礼德；学科话语；科学语言；学科教育；词汇语法层面；外交话语

1. 引言：韩礼德系统功能语言学与学科话语

询问学习语言学的入门者对于系统功能语言学的印象，回答往往是：这是一套复杂的语法系统！的确，其中的系统图令一些初学者望而却步。一套繁复的理论为什么在外语教学界多年来广受欢迎，以胡壮麟教授等为代表的中国功能语言学者在教育教学研究中给出了答案（胡壮麟等，2017）。重温韩礼德先生对科学话语的深入研究可以发现，他对学科话语特别是科学话语的特征描写

---

* 李战子，国防科技大学国际关系学院教授，博士生导师。1996–1999年于北京大学英语系读博，师从胡壮麟教授，获英语语言文学专业博士学位。目前担任教育部高等教学外语专业指导委员会英语分委员会委员，发表学术论文80余篇，出版学术专著、译著和教材多种。研究方向：功能语言学、话语分析、军事外交。Email：lisamoyu@163.com。通信地址：210039 国防科技大学国际关系学院。

本文基于笔者在《浙江外国语学院学报》2018年第5期发表的《从学科话语特征破解学科教育的困境——韩礼德（科学语言）对话语深度研究的启示》，此次做了修改和更新，标题等做了调整。

深耕细作，对于学科教育的困扰，韩礼德试图从学科话语特征的系统功能语言学描述来破解，这对于当今的科学教育和各类学科教育依然深具启发。

关于学科话语，目前各种各类话语涌动，大多指的是话语的内容，也就是功能语言学中的概念意义。研读《韩礼德文集》十卷，笔者深感功能语言学对学科话语的最大贡献，是真正地从语言学的角度对话语的体系和结构进行了深研。以科学话语为例，早在1995年，笔者读到了韩礼德参加西安交通大学学术会议时所做的一个主旨报告发言，论述了科学话语的主位推进模式，当时深受启发。直到《韩礼德文集》出版，得以把他对科学话语的十余篇论文从头再读。虽然，一些文章主旨略有重叠，但是他对主要观点做出了清晰而深入的阐述，并且紧扣科学教学中遇到的困境。在韩礼德学科话语思想的启发下，笔者提出对外交话语也应该做这样的深研，并写了《建设军事外交话语权》等文章（李战子，2017a，2017b）。韩礼德开创的系统功能语言学对话语的研究，有助于学习者从最基本的词汇语法资源开始对话语特征进行把握，并且可以避免笼统地论述“话语”。

在以下对韩礼德描述科学话语的论点进行重述之前，值得强调的是，韩礼德的关注点是基于学习者如何掌握学科话语，以及教师如何教授学科话语，因此他的语法理论和话语分析并非仅仅意在建立语法学本身，他对学科教育中语法学的作用深具洞察力，这也是为什么他在《科学语言》一书中的写作清晰明了，论述没有什么晦涩之处。

联系到在学生学术论文写作中，为什么会有重复率偏高、需要靠查重来降重的现象？因为他们没有掌握这种话语，在写作毕业论文之前，没有进行话语的有效训练，所以他们的论文往往呈现出几种声音：一是原封照搬的，二是削足适履的，三是改头换面的，再就是用自己的不成熟的学术语言作为黏结剂的。

韩礼德学术思想的深邃，在于他没有去追求一些很噱头的东西。无论是批评话语分析，还是语言的意识形态和权力建构等等，他在《科学语言》的论文中都有所涉及，但只是点到为止。这些，他的传人马丁和麦席森等，都已经在新韩礼德学派洋洋大观的著作中得以体现。韩礼德立足于语言本体之中，他的分析是真正的有助于学生学习和教师教学的。同时作为一个卓有远见的社会语言学家，他指出了学科话语的重要性，认为这会为学科未来的面貌带来改变的契机。

2. 韩礼德论科学语言和科学教育

2.1 将科学话语特征落实在词汇语法层面具体而细微考察

韩礼德提出应该在所有的层面上对科学话语的特征加以解释，即词汇语法层面、语义层面和社会符号（即情景和文化）层面。但正如他自己所说，他更关注微观方面，尤其是科学语篇小句层面的语法（韩礼德，2015:196）。他认为最主要的工作是在小句层面完成的，意义是在小句层面产生出来的。作为语法学家和语言教师，韩礼德非常关注儿童是如何理解科学语言的。他举了来自小学教科书的例子：

Some animals protect themselves with bites and stings.

Some animals rely on their great speed to escape from danger. (ibid:198)

他问道，“这种新的，既严谨、周密，又在一定程度上经过设计的科学知识语言和儿童最初所学的基于常识的语言之间有着怎样的区别呢？”他坚持认为，“在儿童学习有关科学的各类学科知识的同时，如果能明确地给他们讲授一些有关科技语言本质方面的知识，包括它的一般总体结构和语法结构，那将会对儿童有很大的帮助”（ibid：212）。的确在我们的学科教育中，学科话语特质似乎还没有受到特别的关注，这方面还可以有大量工作可做。下文中我们将以外交话语为例做一说明。

科学英语是否更加复杂？对此韩礼德从两方面做了区分：如果从词汇密度（单个小句中词汇的数量）和名词成分的结构（名词词组和名词化）来看，的确很复杂；但如果从句子结构（一个句子中小句的数量以及它们之间的相互依赖性）来看，就比较简单，因为很多句子只含一个小句。同时，由于科学英语是面向专家的语言，因此显示出语篇和逻辑方面的相互联系，并造成很多局部的歧义。这些歧义出现的地方有：名词串，造成名词之间的语义关系含混；关系型动词中，这些动词的意义常常不确定，并可以有两种解释。例如：higher publicity means more supporting services.（Ibid:170）这里的mean就可以表示bring about, is brought about by, requires。

对于科学领域，特别是学习科学的过程，语言学家能做出怎样的贡献？《科学语言》一书见微知著，从系统功能语言学的精细分析中解答了科学语言对科学知识是如何进行建构的，并且在青少年科学学习的过程中，这种关于科学话语的认识能起到怎样的助推作用。

科学话语的特征不是任意的，韩礼德说，“科学话语发展起来是为了满足科学方法、科学论争和理论的需求，它们适合专家，同样的道理，它们会对新手造成困难。从那个角度看，学习科学和学习科学的语言是一回事。”（Halliday, 2007：138）我认为，他把这件事有点推到了极致，“学习科学和学习科学的语言是一回事”这一论断，对很多人来说可能是比较难以接受的。其实他只是在一个带有夸张的意义上这么说，强调在学习科学的过程中，理解科学语言的特质是多么的至关重要。在《科学话语》中，韩礼德在多篇文章中谈到了科学话语中术语的特征和功能，例如，在第四章“科学知识的语法构建：英语小句的框架”（2015）中。毫无疑问，他是从科学语言的微观层面，即科学话语的小句语法，用功能语言学的术语来说，就是从“词汇语法”层面来考察的，这是具体而细微的研究，也是对科学语言最落在实处的探究。

2.2 注重发生学中人的成长和发展

个体发生学（ontogenesis）本意是指生命个体从原处的受精卵发展为成体的过程，系统功能语法借用该词，并把它解释为“儿童话语形式的发展”（Halliday, 1998；朱永生等，2015）。韩礼德谈到了根据其发展历史的三个方面来看待科学语言：系统的演变、作为学习者的人的成长和发展以及每个语篇的展开方式。所有这些都受同一个基本原则的制约，即具有一致性的小句形式首先出现，这就使得它在最终被重构为名词词组后仍然非常容易理解（ibid：213）。原来，种系发生学、个体发生学和语篇发生学等三个genesis在“论科学英语的语法”中就有提到！系统功能语言学认为，意义的生成就是可以从这三个不同的发生学维度来研究的（朱永生等，2015:28）。韩礼德说自己是语法学家，但语法学家并非在真空中研究语法，他很关注儿童对科学语言理解中会遇到的困难，“作为学习者的人的成长和发展”才是语法分析的价值所在。同时，他关注科学话语发展的未来，这一点在眼下网络科普话语大行其道的时候就更容易理解了。

2.3 注重历时的语篇发展考察

韩礼德从乔叟《论星盘》的话语出发，细数了其语篇特征，认为它代表了一种技术性的、原始性的科学语篇。这种语篇最初出现在古典希腊语中，然后通过中世纪时期的古典拉丁语进入英语中。语篇中包含了技术名词，包括具体的技术类名词和抽象的科学类名词，还包含扩展了的名词词组，尤其是数学类的名词词组，包含了各类推动论证的小句复合体，还有一些用来说明研究中的时间和所从事的科学活动的过程类别，如关系过程、物质过程和心理过程，分别说明“观察、思考和从事”，从而构成了科学英语的词汇语法格局（ibid：155）。

他接着考察了牛顿的一篇《论光学》文章（写于1657—1687年，出版于1704年）。在牛顿创立的实验语篇中，韩礼德发现牛顿用行为描述取代了乔叟的适用指导型话语，简单来说，就是用i did that 取代了you do this。在及物性过程方面，牛顿也是用物质过程表示“做”，用心理过程表示“观察和推理”，而观察的结果却常常用投射小句来表达，如I observed the length of its refracted image to be many times greater than its breath...（ibid：155）。韩礼德对牛顿的代表性文章还分阶段进行描述和观察，例如他指出，“在描述实验的结果时，牛顿常常使用含有扩展和投射小句的复杂小句复合体，这种小句复合体的形式为I observed that, that I did a, x happened. 但涉及数学的部分表现出另外一些复杂性：一个单句中虽然只有三个成分，但其中的名词词组却很长，很复杂，就像下面的例子……显示的那样”（Ibid：157）。

接下来他分析了牛顿五十年之后的一个科学家，即约瑟夫·普利斯特里在20世纪60年代《电学的历史和现状》一书中的话语，特别是其中的语法隐喻如何影响整个语篇的模式构造过程，以及主位和信息推进、前景化和背景化的周期性交替等。我认为这是他分析科学语篇时最具说服力的一些概念和方法。

可见韩礼德具有历时的话语观，通过对不同时期代表性科学话语的词汇语法特征具体而细微的考察，得出了令人信服的结论，这对于科学写作显然是非常具有指导性的。韩礼德语篇分析颇具历史意识，这在当今的话语分析中值得借鉴。只有看到话语发展的由来和变化，才能更好地理解当今话语的形态并预测话语未来的走向。

有意思的是，韩礼德所描述的科学话语中概念和分类在文章中不够凸显的情况在新媒体时代的今天已经被超越了很多。例如，他在书中图示了一篇文章中提取的分类和组合关系，认为文章的逻辑关系不够清晰。而ppt的模板专门为概念的分类和概念间的关系而设计，分类（taxonomy）从文章中被提取出来，在幻灯片中得到了凸显，事情正在走向另一个极端。由于ppt专门从事这些分类或组合关系，这个关系被泛滥了，让听众麻木了，将一切关系都变成了分类或组合关系，换言之，使其他一些因果或更复杂的逻辑关系都带上了简单化或分类化的倾向。这可能是韩礼德当初研究科学话语时不曾料到的。

谈到21世纪以来话语的发展变化时，韩礼德指出，知识是如何构架的、如何分发的，这些都发生了变化，跨学科之间被划分了主题的界限，人们交换意义时使用的话语虽然在形式上还是书面语的，但更加具有对话性和互动性，就是之前属于口语的特征。……我们可以观察到在更高层面上语义的交汇形成了，在那个层面上，不同的语类碰撞在一起，他们的语法也有冲突（Halliday, 2007:133）。

这个十余年前的观察在现如今新媒体话语大行其道的情形下来看，是非常有预见的。历时的语篇发展考察使韩礼德对话语走向的预测更加有据可循。

2.4 语言资源观：研究科学英语特质，为母语和外语的科学学习者铺路架桥

在发表于巴基斯坦英语教师协会编写的《教育论丛》（1989）的《科学英语中的若干语法问题》一文中，韩礼德更加深入浅出地论述了他关注并精细研究科学英语的初衷。学习科学知识的学生中有一些人会感到生物、物理和数学这些理科学科模糊难懂，很令人生畏，不仅外语学生，而且母语学生也会遇到同样的困难。老师找原因时，注意到其实这些学科所用的语言或者说科学语篇是造成困难的根源。有人说是“行业用语”拒人于门外，其实不然。一般人都认为是专业术语难理解造成了科学语篇的难懂，但韩礼德却运用系统功能语言语法对科学语篇进行了词汇语法层面的细致考察，提出“如果语言难以理解，那也不是因为在用词方面造成了问题，而是因为科学知识本身就难。这才是问题的根源”（Ibid：173–174）。他一再谈到了科学语篇的作者——科学工作者为确立威望和权威所做的词汇语法选择。同时他一再强调，“我们需要放弃我们对科学语言词汇的纠缠”，“与其说是由词汇引起的理解上的困难，倒不如说是由语法引起的”（ibid：174）。这可以说是韩礼德对科学语言研究的独特贡献——落实到词汇语法（功能语法中的lexico-grammar）层面，而非停留在术语或者词汇层面。他非常理解老师们为什么经常强调技术词汇，因为和语法相比，词汇更容易谈论。但其实专业术语的困难也不在其本身，而在他们之间的复杂关系！他列举了一些词汇语法难点，如连锁定义、专业分类、特殊表达、词汇密度、句法模糊性、语法隐喻、语义不连续性（Ibid：175）。其中的每一条都大大超越了人们对科学语篇的普遍看法，如人们常说的大词多、术语多等等。直到现在，不了解功能语言学的人们还有很多是这样看待科学语篇的吧。

当然，“这些语法资源并不是科学语篇的作者发明的，科学家们所做的只是利用英语中已经存在的资源，发现它们并使它们实现自己本身的修辞功能，即创造出一个逻辑严密、行文流畅的语篇”（ibid：165）。他总结出科学语篇的以下特征：名词性成分的一个功能是形成技术类别，即技术范畴、方法范畴和理论范畴；另一个功能是总结和打包过程表达式，即背景化（已知信息作主位）和前景化（述位为新信息）。动词性成分的功能之一是使名词化过程相互关联，其中外向型是彼此之间的关联，内向型，是和我们对它们的解释之间的关联；功能之二是呈现名词化的过程，是作为事件来呈现的（ibid：165）。

系统功能语言学的这种语言资源观对于学科教育是非常有益的，如果能为学习者和教师系统梳理各学科话语中的语言资源，即词汇语法资源（例如在某个学科中，某种表达最为常用，某些评价性词汇经常出现并且具有特定的分级等），这会大大帮助学习者掌握学科话语的特质。

3. 从科学话语到外交话语

在第四章中韩礼德还谈到Doric and attic style，即日常话语和科学话语的区别。韩礼德举例说明并讨论了科学话语的以下七个特点：（1）相互交织的定义；（2）技术术语分类系统；（3）特别的表述；（4）词汇密度；（5）句法含混；（6）语法隐喻；（7）语义不连贯（ibid：162）。

语法隐喻的两个明晰的元功能环境——一是语篇意义的，即通过打理话语中的信息流动，创造出合理的论争；一是概念意义的，即创造出有序的关于抽象技术构造的分类体系。对于前者来说，是压缩信息密度、控制信息流动的过程，对于后者，则是概括、凸显关键信息的过程。如果我们从长远的观点来看科学话语，我们可以看到具体文本中的语篇特点逐渐成为科学话语的普遍特征。技术术语通常不是被直接创造出来的，不是孤立于话语的，它们从话语中来，随着学科的宏观话语的展开而出现（Halliday, 2007:87）

韩礼德在《科学语言》一书中关注的是儿童在学习科学的过程中，受到了科学语言怎样的困扰，如定义相互纠缠、词汇密度过大等等。同样的，在学习外交的过程中，外交语言给我们的印象，有类似科学语言的地方，当然还有其他的特点。认识外交话语的特点，有助于我们在学习外交政策时更好、更快地掌握它的特征，也有助于我们对外交话语权的认识，这也是做好外交翻译的基础。

因此我们认为，可以考察外交话语在权威版本的外宣文本中的变迁，其中考察术语的形成也很有意义。术语不是直接创造出来的，不是孤立于话语的，而是随着外交话语大语境的展开而逐渐压缩和结晶。

我们以《中国关键词》中关键词的构成类别和评价做一简要归纳。该书旨在以国外受众易于阅读和理解的方式，阐释中国理念，解读中国思想、中国政策和中国发展道路。梳理《中国关键词》中的关键字构成，我们看到了一些特定的汉语抽象名词构成方式，具体可分为两类，这两类也会有交叉。一是通过限定，即“中国”开头的：**中国梦，中国精神，中国特色社会主义**，还有数字限定，如**四个自信、四个全面、九二共识**，这时后面的形容词就会因为这个数字限定成为名词，**四个自信、四个全面**这样的关键词最好是真正重要的关键词，便于记忆和传播，但不宜过多，否则会给解释和传播带来压力。

另一大类关键词构成是运用了凝结过程，中心词为战略、理念、原则等，从名词词组构型上就可以一目了然地看出是概念或理念的提升和凝结，很适合作为关键词传播。例如，制（度）：民主集中制、人民代表大会制度、区域自治制度；战略：网络强国战略、国家大数据战略；观：总体国家安全观、中国的核安全观、交流互鉴的文明观；关系：构建中美新型大国关系、提升中欧全面战略伙伴关系、中非全面战略合作伙伴关系；原则：和平共处五项原则、共同但有区别的责任原则；体：人类命运共同体；精神：丝绸之路精神等等。这些构造体现的凝结和结晶的过程，从话语的发展来看，我们也看到结晶前的形态，也可以试图去预测结晶后内涵的变化，或结晶后的变体。

回到韩礼德对科学话语的研究，他认为科学语言的出现不仅记录知识，而且创造了新的知识。科学英语中大量的专业词汇并不是偶然出现的，语法隐喻从语篇内部的语境看，有助于论证的展开：从社会文化的语境看，则有助于构建一个各个技术术语相互联系的框架，而一个能浓缩大量知识、能抽象运作的框架，对于科学话语则起到承载论点的建构作用（韩礼德，2015:51）。同样的，外交中的术语或形成中的术语进入中国关键词的汇集也是至关重要的一步，它们逐渐构建一个术语之间相互联系的框架，从而为中国外交话语的构建打下牢固的基础。正是基于这样的认知，笔者曾撰文梳理以“正确的义利观”为例的术语构型和翻译（李战子，2017a），希望为术语翻译在语篇和社会文化情景中的观察和研究提供一种思路。

在一部代表性的外交研究专著《中国外交六十年》的第六章“民族主义和中国外交”中，作者们分析了改革开放前政府话语中的民族主义及其在中国外交中的地位，基本是从词频的角度来定义话语，例如，看1949—2006期间《人民日报》所发文章中使用“国际主义”一词的文章在不同的年代区间分别有多少篇，在哪一年最高，同时使用“爱国主义”（民族主义在这一时期的曲折表达）的文章篇数是如何变化的（王逸舟、谭秀英，2009：208）。这样的研究很能说明外交话语的变迁和理念的消长，但对于学习者学习和掌握外交话语的行文，特别是如何撰写外交研究论文，我们还需要像《科学语言》中那样对学科话语在词汇语法层面的细致描述。

学习外交论文写作，对于研究生同学来说，就是学习话语的方式。在笔者看到的一些论文中，有的同学不假思索地提出一些论断，缺乏对话性，还有的在知识性话语和思辨性话语之间跳跃，没有做到话语的融合，有的只有材料的堆积，有的只有观点的堆积。充满对话和思辨同时基于事实和材料的外交论述话语应该怎样打造，这时，像新韩礼德学派的马丁等人分析历史话语那样，为学生深度解剖外交话语的话语语义特质就会更有帮助。

4. 话语深度研究与学科教育的切入点

韩礼德对科学语言的论述为学科发展提供了广泛的思路。他曾列举教育语言学的范围，包括教材编写、教材语域研究、课堂话语、课堂语类以及模态间的学习过程等，还有从学习者角度来看的语法使用和语域变体等（赖良涛，2015:31）。这种把语篇作为研究对象的研究路径，胡壮麟在《韩礼德学术思想的中国渊源与回归》一书中做过溯源，指出这不是伦敦学派的专属，在这方面迈出第一步的是王力先生，他的《中国现代语法系统》分析了《红楼梦》等古典名作的语言，具有确定的时代、地域和材料。韩礼德谈到他博士论文选用《元朝秘史》作为分析对象的原因，是因为该著作既有历史语境，又有语言的共时状态（胡壮麟，2018：12）。

语篇/话语作为研究对象的另一重含义是学科教育本身也是以学科话语为基础的，“知识不是用语言编码的某种其他存在物，其本身就是由语言构成的，无论常识性知识还是学校教育传递的知识都是如此。……韩礼德从建构主义视角对知识本质的论述，其更大的意义在于为教育内容（即知识）研究开辟了一条基于语言的道路。”（赖良涛，2015：32–33）

韩礼德《科学语言》为我们梳理了话语深度研究与学科教育关联的词汇语法的方方面面，希望本文对外交话语特质的思考也能对外交学科教育有所助益。

参考文献

Halliday, M. A. K. 2007. *The Language of Science*. In Webster, J.(eds.), Beijing: Beijing University Press.

郭鸿，1992，英语作为外交语言的文体特征。《外语研究》（4）：24–29。

（英）韩礼德，2015，《科学语言》。北京：北京大学出版社。

胡壮麟、朱永生、张德禄、李战子，2017，《系统功能语言学概论》（第三版）。北京：北京大学出版社。

胡壮麟，2018，《韩礼德学术思想的中国渊源和回归》。北京：外语教学与研究出版社。

赖良涛，2015，《教育语言学——一个社会符号的模式》。北京：外语教学与研究出版社。

李战子，2017 a，一带一路话语建构[EB/OL]，中国社会科学院网。http://ex.cssn.cn/zt/zt_djch/ydylgjhzgflt/ydylzjjd/201706/t20170601_3536128.shtml (2017-6-1检索)。

李战子，2017 b，建设中国军事外交话语权。《外语研究》（2）：16–21，112。

孙吉胜，2015，《“中国崛起”话语对比研究》。北京：世界知识出版社。

王逸舟、谭秀英，2009，《中国外交六十年（1949—2009）》。北京：中国社会科学出版社。

中国外交出版发行事业局、中国翻译研究院，2016，《中国关键词》。北京：新世界出版社。

朱永生、吴格奇、赵玲莉，2015，系统功能语言学对语篇发生学的研究。《当代修辞学》（6）：28–36。

Coming to Terms with Disciplinary Education via Analyzing Discourse Features
—Re-reading Halliday's *The Language of Science*

Abstract: By reviewing Halliday's contributions to the study of the language of science in his work *The Language of Science*, the paper discusses Halliday's fruitful approach to the scientific discourse via analyzing the lexico-grammatical features, and takes this as an effective means of coming to terms with disciplinary education. The paper also briefly explores how Halliday's work can inform an in-depth study of diplomatic discourse.

Keywords: Halliday, disciplinary discourse, disciplinary education, the language of science, lexico-grammatical level, diplomatic discourse

结构共建的类型及行动取向

北京大学　高彦梅*

[提　要] 自然会话中，参与者会在某些时刻接过前面说话人的词汇、句式或序列结构，将结构完成或将原本可以结束的简单结构延伸为复杂结构。Lerner（1991: 442）指出，说话人正在建构的话轮的句法特征通常可以为其他参与者提供系统性机会，使其在可能的结束之前参与结构建构。那么前面话语中的哪些词汇句法特征提供了这样的机会呢？共建的判定标准是什么？依据自然口语语料，本文观察和分析了汉语自然会话中的共建类型，归纳其判定标准，并探究其对行动取向的影响。研究发现，汉语中的共建结构包括从短语到序列等大小不同的单位。共建的判定标准是可辨识性和可投射性。结构共建在认知、行动和情感三方面对交流有影响。符合预期的共建体现了互动双方或多方的结盟和亲和性趋同的行动取向。

[关键词] 结构共建；句式特征；序列；行动取向

1. 引言

结构共建（structural co-construction）是互动语言学、会话分析、认知功能语言学等领域近年来共同关注的话题。自然会话交流中的结构共建是

* 高彦梅，北京大学外国语学院研究员、长聘副教授、外国语言学及应用语言学研究所所长。研究方向：系统功能语言学、语篇语义学、评价与互动研究。Email: ymgao2013@126.com。通信地址：100871 北京大学外国语学院。

一个互动过程：说话人在自己的话轮内部启动一个结构前件（a preliminary component），在说出后件之前其他人介入，将正在构建的结构完成或者将原本可以结束的结构延伸为较为复杂的结构。Sacks（1995：651–652）注意到，会话参与者在交流进行中一直处在一种在线语言加工状态，会对其他人的话语进行句法分析，并在可能的时机参与到话轮的建构。他提出了话轮共建的两种情形：（1）完成正在建构的不完整句子结构；（2）延伸现有的结构使其成为复杂句式。Obana & Haugh（2015：2）指出：共建包括各类会话现象，是会话参与者在“互动交流中联合说出一个连续的话语流”。

以往有关结构共建的研究中学者们提出了多个名称，包括“联合产出”或“合作产出”（joint productions 或collaborative productions, Sacks, 1995；Ono & Thompson, 1996）、“共同参与完成”（Co-participation completion, Lerner & Takagi, 1999）、“共建的话段”（co-constructed utterances, Helasvuo, 2004）、“联合话段结构”（joint utterance constructions, Hayashi, 2003）、“合作话轮序列”（collaborative turn sequences, Lerner, 1987, 1991, 2004）、“跨越说话人的复合贡献”或“分裂的话段”（“cross-person compound contributions” or “split utterances”, Purver *et al.*, 2009），等等。从这些不同的名称我们可以感觉到学者们在共建单位认识上的分歧。这些分歧启发我们思考这样的问题：（1）会话中参与者在共同构建什么？是词组、句子、复杂句，还是话轮、话段、行动序列？（2）共建的判定标准是什么？（3）结构共建对交流有哪些影响？为了回答这些问题，本文首先回顾以往跨语言研究中关注到的共建单位，并结合汉语实例观察汉语口语中的同类现象；然后探讨共建判定标准；之后结合互动语言学的结盟（alignment）和亲和性趋同（affiliative convergence）行为探讨共建对互动交流行为的影响；最后指出共建研究中存在的问题。

2. 共建单位

Sacks（1992）将共建分为两个大的类别：完成与延伸。在英语中，由于句子结构对动词的严格要求，一个句子是否完整是可以通过“谓语+伴随短语”或动词的出现与否来判断的（Thompson & Couper-Kuhlen, 2005）。但汉语句式结构非常灵活，对动词的要求不像英语那样具有强制性，因此一个句子是否完整，一个话段是否结束，通常无法依据主谓结构和动词来确定。那么，会话中哪些情况下可以看作是共建完成？哪些情况下可以看作是共建延伸？这就是本文关注的第一个问题：互动中的结构共建都涉及哪些结构，我们如何判定一个结构正在被两个或多个参与者共建？

会话分析和互动语言学领域通常将话轮建构单位（turn construction unit，简称TCU）作为会话分析的基本单位。Schegloff（1996: 55）指出，话轮建构单位可以包含可能结束的话轮，在可能的结束时，会向下一个说话人过渡。Selting（2000:478）将这一解释简化为："话轮建构单位是一个依据话轮转换确定的会话单位，即潜在的完整话轮"。同时她强调，话轮建构单位不是依据语言单位确定的。换言之，话轮建构单位与语言单位之间不存在一一对应关系。也就是说，一个完整的话轮不一定是一个完整的小句、复合句等。因此，关注会话交流中的共建，便无法依据话轮展开。

虽然无法依据语言结构成分来确定话轮，但有关话轮共建的研究基本是围绕语言结构展开的（Lerner, 1987, 1991, 2004）。Sacks等（1974: 702）列举了英语中的话轮构建结构的常见类型，包括句子（sentential）、小句（clausal）、短语（phrasal）、词汇（lexical）、句式结构（constructions）等等。这些结构的固定性和完整性使其具有了可投射性（projectability），即可以在听者那里唤起完整结构（可能结束话轮）的预期。缺乏这种投射性的结构通常不会唤起共建。

Kim（2002: 1292）认为共建包括两个部分：前件成分（First/Preliminary Component）+ 最终成分（Second/Final Component）。Selting（2000）归纳了联合话轮建构序列的三个要素：前件、预设的完成（a pre-emptive completion）、确认位置（a receipt slot）。三个要素各自具有不同的功能。前件的功能是投射：向听话人预示某一结构启动以及该结构的整体形式和可能的选择。预设的完成：其功能是作为共同预期的选项潜势，同时隐含下一个话轮出现的位置（Lerner, 1989）。确认位置：其功能是前件启动者告知对方其所参与完成的成分是不是预设完成的成分。说话人可以接受听话人共建的成分也可以拒绝接受该成分（Lerner, 2004: 230）。

迄今为止的跨语言共建研究涉及由小到大的多个单位，包括短语、小句、复合句；超越句子的序列结构包括列举、讲述（telling）、解释等等。这样的共建结构在我们的汉语口语交流中也是存在的。

短语单位。会话参与者可以联合构建词组和短语结构，如名词词组、动词短语或介词短语，如例（1）。在本文的例子中，共建结构中的前件，即启动共建的成分由下画线标出，共建的成分由粗体和下画线标出，→代表目标行，在本文中表示正在共建的结构。

（1）PKUC018 娱乐明星最上镜封面

1 Z：都有谁上榜？

2 W：最… 　　前件

3→Z：最**上镜**… 　　延续

4→W：最**上镜封面**。　　预设的完成

5 Z：肯定有Angela啊，然后还有谁啊？

两个人正在看杂志的封面，Z询问都有谁上榜，W说出一个“最”，然后Z接着说“最上镜”，最后由W完成“最上镜封面”这一短语。两个人联合构建的是一个带副词修饰的定中结构：ADV + Modifier + NP。在完成这个短语（2–4）之后，Z才开始回答自己在话轮1提出的问题。在这个共建例子中，只有Kim（2002）提到的两个要件：前件和预设完成，没有出现Lerner（2004）提到的确认位置。Luke（2019）也发现了共建动词词组的情形，即前面一个人说：“……所以也就给她试练[一练]”，第二个说话人同时说：“[就是]练一练手”（这里的[ ]表示重叠）。

简单句式单位。简单句式指的是包含谓语成分的句式结构。在汉语中动词不是构成句子的必要成分，但谓语成分通常是需要的，不论是由哪一类词来充当。汉语中的谓语可以是名词性成分，也可以是形容词性、副词性、动词性成分。绝大多数小句包含完整的主语+谓语结构。例如：

（2）PKUC012 母校的咖啡厅

33 A：……我们、我们学校就是感觉有些地方好破好破，你知道吗，

34 　然后有些地方又搞得好奢侈，

35 　就是它、你说、它在一个学校里…… 　　前件

36 →B：是比较小资吗？　　　　　预设的完成

37 A：嗯、还行吧，反正。　　　　确认

两个人正在谈论A原来学校的状况。A试图解释自己的母校有些地方很破旧，而有些地方搞得比较奢侈。在这个句式结构的启发之下，B在听到A说“它在一个学校里”之后，马上接过话题，询问“是比较小资吗？”两个人的句式结构连起来就成了“它在一个学校里是比较小资”。Li（2013）认为，提问具有插话介入功能。在这里，B通过提问尝试理解A所说的“好奢侈”的真正涵义，使用了判断句式“是+ADJ”加语气助词。这样的尝试得到了A的认同，A回答“还行吧，反正”，表达了减量同意。类似（2）这样的构建在英语中是较为常见的，如Sacks（1995: 652）的例子转录如下。

（3） A: They make miserable coffee.（A：他们制作很糟糕的咖啡。）

→B: —across the street?（B：街对面吧？）

B通过添加介词短语across the street将A的句子建构为一个完整的带地点状语的句子：They make miserable coffee across the street, 完成了S + V + O + ADV结构。

复合句式单位。复合句式的共建是目前跨语言研究中关注最多的一类共建结构。Lerner（1991）注意到，由于复杂结构的前件通常可以投射后面话语的发展轨迹，因此常常被听话人识解为比较确定的共建机会。例（4）中的Vincent在前面Amelia重复两次条件句式后，尝试将第二个条件句的主句补充完整。

（4）PKUC003 家乡与前途

74 Amelia: 所以我并没有想好以后去哪儿、干什么，什么都没想好。

75　　我觉得这个还是随缘吧，

76　　就是……我也是想的，

77　　如果我要是在北京有男朋友的话，那或许我会留在北京；

78　　但是呢，我要是一个人的话，单身在这儿的话……　前件

79 → Vincent: 啊对，[**超麻烦。**]　　　　共建

80 Amelia: [太累了，]太累了。 预设的完成

Amelia在假设自己将来毕业后可能的情况。她先假定可以留在北京的前提，后面又假定不留的前提。在她说出第二个条件“我要是一个人的话，单身在这儿的话……”后，Vincent帮助补充到“啊对，超麻烦”。这个补充似乎不是预设的完成，因此Amelia在自己的话轮又纠正为“太累了，太累了”。关于Vincent话轮开头的“对”的功能，Xie（2019）认为应该属于承接话轮或抢夺话轮的标记。这一点是否影响后面的成分帮助完全前面的句式结构，有待进一步讨论。

词组、小句和复合句内部的共建和添加属于内部延伸（Internal expansions, Auer, 2005），因为这些成分都是浮现的句法结构中不可或缺的构成成分。除此之外，还有一些不在句子范围内的共建和添加延伸，即序列共建。

序列单位。目前跨语言研究文献中讨论较多的序列共建是列举（listing practice, Jefferson, 1990; Lerner, 1994; Bertrand & Priego-Valverde, 2017）、讲述（story sequence, Lerner, 1992）和解释（explaining, Lerner & Takagi, 1999）。此外，Sacks等（1974: 711）还提到结束序列（closing sequence）和插入序列（insertion sequence）等。

列举序列。列举序列通常包括至少三个成分。Jefferson（1990）认为列举结构在形式上至少有三个部分（a three-part form），并且在完成前可以被辨识为列举正在进行（list-in-progress）。列举的成分可以是词组、短语或者是较长的述谓结构、动宾结构等。Fang（2019）在对话中发现，会话双方可以联合列举名词串：前一个人说“会不会有什么灾害，洪水啊，什么的，或者[天黑啊]”，后面的人同时说出“[泥石流啊]”。Lerner（1994）发现，在英语中，会话参与者可以参与列举形容词词组和并列句，如例[5]。

（5）[GTS:3]

1 Louise: first of all they hit rain.（露易丝：开始他们赶上了雨。） 前件

2 Ken: Mm hm（肯：嗯哼）

3 Louise: then they hit hail.（露易丝：接着赶上冰雹。）第二成分

4 →Ken: and then they hit snow,（肯：后来又赶上雪。）可能的完成

（Lerner, 1994: 24）

在这个片段中，Louise首先启动了列举序列，因为first of all通常出现在三个以上的列举序列。对于这个启动，Ken只回应了Mm hm。接着Louise继续建构他的序列第二成分then they hit hail。到这里，序列的完整框架已经建立起来，即一方面列举，另一方面限定了恶劣天气，这就投射了后面可能出现的其他恶劣天气现象，所以Ken在第二个列举成分出现后，果断地跟进为and then they hit snow。Ken的共建成分从顺序到句法结构完整地延续了前面两个步骤所投射的序列形式。汉语中也有类似的序列标记，如“首先/原来……后来”。例如：

（6）PKUC003 家乡与前途

1 Sophie: 哎，那你以前有没有想过，比如说，学生物啊，或者是……

2 Vincent: 我原来小时候还真想当科学家，　　前件

3 但我首先想当一个数学家……

4 →Sophie: 嗯，后来……　　第二成分启动

5 →Vincent: 后来学了英语了。　　预设的完成

在这个片段之前，两个人在讨论Vincent借的一本书《普通昆虫学》，Sophie好奇一个学语言学专业的研究生怎么会读昆虫学的书籍。所以她的询问“那你以前有没有想过学生物？”启发Vincent追溯起小时候的理想，即“想当科学家”。在这时，他自己启动了一个讲述序列“我首先……”，这个前件标记投射了一个至少包括两个阶段的讲述序列：首先……然后/后来，为Sophie的参与提供了机会。Sophie说出“后来”准备延续下去。不过话头马上被Vincent接过去，用“学了英语了”结束了该序列。

共同讲述。讲述序列的启动通常发生在对过去事件的回顾。说话人启动讲述模式，或者以故事形式开头（prefaced initation），然后后面其他说话人介入，参与故事的叙述。讲述序列虽然可以有多种多样，但故事的主线会追随讲述者共享知识中的经历主线展开。例如Lerner（1992）的例子。

（7）[Greeting: Thanksgiving]

1 B: Dave remember when we usetta wear the same size shoe?

（B：戴维记得我们以前穿同一码的鞋吗？）

2 （.）

3 →D: ye（hh）ah an we bought ah pair of shoes=es=same time?

（D：呀哈哈我们俩同时去买鞋那次吗？）

（Lerner, 1992:257）

B通过是非问题启发Dave回忆他们以前穿相同号码鞋子的岁月。这个序列马上被D辨识到，所以在B提出问题后，D马上回应说“我们同时去买鞋那次吗？”

共建解释。解释序列活动通常会涉及至少两方：解释者（explainer）和被解释者（explainee）。Lerner & Takagi（1999:67）发现，在英语中[ANYTIME X, THEN Y]这样的结构模式可以为会话参与者提供机会参与解释序列构建。在他们的例子中，父亲向孩子们解释他刚刚起草的合同，两个孩子和母亲在提问，当父亲解释道“We take care of all of our business, but any time we go contrary to any of the rules here”时，他启动的“anytime we go...”投射了后面的负面结果，所以大儿子Kerry便接着说下去“=ih takes unanimous vote”，将解释序列结束。Kerry在前面是被解释者之一，在这里变成了参与解释的共同解释者。

新互动句法的浮现与发展。在互动过程中，参与者对交流如何进行都有不同程度的决定权。这样的决定权使每个人都可以按照自己的意图决定和引导谈话轨迹。此时，前面说话人的话语可能成为后面说话人建构自己新话题的基础。Haugh & Obana（2015）发现日语会话交流中存在一种转型的接续现象（transformative continuation）：后面说话人通过使用话语标记て+いはれる，将前面的话语（可能是完整结构或可以延伸为复杂句式的结构）扭转为引用话语的情形。在这样的建构过程中，新话段一方面在句法结构上与前面话语具有关联，另一方面也为更多的结构出现打开了空间。Ono & Laury（2019）集中讨论了基于前面结构衍生和发展的新结构，他们称之为“互动句法结构”（interactional syntax）。Auer（2005: 23）将这类情形称为“外部延伸”（external expansions）：当一个序列或一个句法轨迹到达终点后，更多的材料可以以一种添加的方式延伸已经完成的序列或结构。延伸意味着在“之后”

（afterwards）说出更多的话，或者说，添加的内容需要与前面的结构有某种联系。请看下面的例子。

（8）PKUC053 知网

33 D: 还有个本科学历。

34 但你写个本科毕业论文不知道知网吗？

35 W: 但觉得他真的，我觉得他应该本科也是…… 前件

36 → D: 代写，找枪手的。 预设完成

37 W: 我觉得可能是。 确认

38 → D: 自己上百度文库，给了几块钱。 相关延续

39 W: 我觉得是。

40 → D: 然后就下一篇。 继续

在这个片段中，两个人正在谈论当时新闻里面提到的一名博士生博士论文抄袭的事情。此前，W讲到自己每次写期末论文时都会将绝大部分精力用在文献阅读和分析上面。这让她对新闻里面提到的涉嫌抄袭的博士生居然不知道知网的情形感到非常困惑。所以她猜测他的本科论文也有可能不是自己写的。W在自己的话轮启动了一个猜测句式“但觉得他真的，我觉得他应该本科也是……”。这是一个可以自足的句子，即省略了后面的“抄袭或找人代写”。D清晰地感觉到了这里的结构没有完成，因此接着补充“代写，找枪手的。”这样的结构即可以看所是完成前面W的省略结构，同时也可以看作D对已经完成结构的延续。这样的延续不是在结束这个复合句式时可以判断的，而是根据后面D自己的延续推断的：她没有就此结束复合句和话轮，而是在W的验证“我觉得可能是”的鼓励之下，继续下去的。后面D对自己话语结构的延续基本构成了一个简短的解释序列：代写、找枪手的操作就是：“自己上百度文库，给了几块钱”，“然后就下一篇”。这样的延续一直得到了W的肯定和鼓励。

综合跨语言研究和汉语研究来看，目前互动语言学领域的共建单位可以依据从小到大的结构形式分为：词组、简单句式、复合句式、序列（列举、解释、讲述等等）。除此之外，在互动相关原则基础上，学者们还观察到了外部延伸现象，即在构建基础上延伸出的与共建句式结构相关的新互动句法结构。

3. 共建单位判定标准

结构共建研究中有两个关键概念通常与判定标准紧密相关：可识别性（recognizability）和可投射性（projectability）。

可识别性，或称可感知性（perceptibility），指说话人将自己的话语设计成接受者可以识别的某个具有可延续成分的结构。在这样的结构中，前件的出现往往投射出后面可能的后件出现。说话人可以设计和引导接受者将该结构识别为可延续的结构，并鼓励其参与结构共建。跨语言研究发现，英语的是非问句都会投射回答中yes/no为必然选项；多种语言的特殊问句中的信息位置（information slot）也常常预示着相关信息（searched for item）为最偏好回应（preferred responses）（Shegloff & Lerner, 2009）。

可投射性。关于投射，以往研究主要有两种认识：（1）会话参与者的投射能力和语言（或其他表意体系如面部表情、体态等）结构的投射能力；（2）会话参与者的活动取向或行动事实。

会话参与者的投射能力包括说话人的预设能力和听话人的识解能力。说话人根据自己对语言的掌握和对听话人认知能力等因素的判断启动前件。这时他可以有两种选择：（1）无意识地启动前件，自己准备完成后件；（2）有意识地启动前件，引导和鼓励听话人参与完成后件。听话人的投射能力体现在对前件启动的识别和对是否参与建构做出决定。一旦决定参与共建，则需要即时选择可以填充后件空当的合适选项，并且在完成后会期待前面的说话人对自己共建的适宜性做出反馈。概括地讲，会话参与者的投射能力体现的是一种框架性知识，是来自互动各方对相同词汇语法结构、相同序列、相同语类（genre）、相同社会活动类型等的共同预期。

语言结构的投射能力指语法结构本身可以唤起完整结构的能力（Thompson & Couper-Kuhlen, 2005）。在这方面，词组和短语的投射力是较弱的，投射时间也最短。词组的构建通常具有较强的语境依赖，需要从上下语境或交流场景中寻找线索。简单句式和复合句具有较强的句法投射性，前件的启动可能投射后面成分的词类和句法属性，鼓励接受者参与共建相关结构，如例（2）中的“它在一个学校里……”。Lerner & Takagi（1999）指出，复合话轮建构单位会在最后一个成分出现之前投射出“有两个成分的结构在构建”的信息。这样的复合结构在设计上具有以下特点：包括一个前件；同时预示后面还有一个位置留给最后的成分以及该成分的形式，如“IF + THEN”。超越小句和复合句结构的序列通常投射能力更强，时间也更长，如问题–回答序列、列举序列、讲述序列、解释序列等。序列通常会在开始阶段出现较明晰的结构信息，如故事开头部分的楔子（story preface）、列举序列中的序列标记first, then，汉语的“首先/原来”等。

有些学者将投射看作是会话参与者的活动取向或行动事实。Raymond and Zimmerman（2016: 717）用投射来指参与者面对一个具有外部序列组织单位的活动时的取向。这类活动会包括：（1）一个可辨识的开始；（2）一个可投射的结尾；（3）整个投射过程；（4）一个可辨识的（可能）结束形式。另有一些学者将投射看作是行动事实。Auer（2005: 8）认为，“人类交流依赖投射的可能性；人类语言的语法为互动参与者提供了沉积的共享方式来组织互动中的投射。”每一个投射都有一个时间跨度（time-span）。投射轨迹（trajectory of a projection）一词被用来指“从投射开始直至结束或解决中间发展的时间过程”（Auer, 2005: 8）。在他看来，投射是一种事实：单个行动或行动的一部分预示其他行动的可能性。作为行动事实的投射可以成功也可能无效。成功的投射体现在后面说话人按照双方预期提供被投射成分，如前面提到的词组、小句和复合句共建中的后件成分。无效的投射体现在投射成分没有出现或话题转移。投射的成功或失败通常会对交际有影响。成功的投射可以促进参与者之间的行动一致、立场结盟和情感共鸣；投射失败轻则影响启动者的思维轨迹、重则引发面子威胁以及后续交流的顺利发展。

4. 行动取向：共建对交流的影响

共建是一种交流行为：谈话过程中参与者帮助对方建构话语。这种共建活动有其特有的认知、行为和情感效果。

成功的共建具有积极的**认知效果**。在认知加工层面，得到确认的共建对于话语理解是比较省力的，因为满足说话人预期的答话可以使交流各方减少注意力聚焦程度。此外，这样的共建还可以帮助激活和建构共享知识。Kim（2002: 1309）指出：共建可以为交流各方“提供共建知识以共同构建抽象图示”。在前面例（2）中，A在自己话段建构了一个对比："我们学校就是感觉有些地方好破好破""然后有些地方又搞得好奢侈"。这一对比为会话参与者提供了共建"奢侈"评价的知识，也为后面共建中的"小资"启动了纵聚合语场。

行为和立场上的**结盟与分歧**。共建是合作行动。Tomasello（2008:6）指出："人类交流从本质上讲是一项合作，是在以下两种场景下进行最自然最流畅的操作：（1）假定拥有共同的概念基础；（2）假定具有合作交流动机。"共建行为本身会对群体内部关系产生影响。共建可以是符合预设三成分结构的，也可能是对起始结构做调整的。符合预设完成成分的共建体现的是紧密的合作、立场的结盟和亲和性趋同行为。Luke（2019）认为，结构共建就是行为对齐和立场一致。例如：

（9）PKUC015 古装戏

41	A：	而且我觉得《X》的剧情好雷啊	陈述评价
42	B：	呃没看啊，	
45	A：	就是剧情真是不咋地，	继续评价
46		一点都不咋地，	重述评价
47	B：	就是看人呗，	
48	A：	对，就、诶，感觉那个，有时候好弱智啊，	
49		就是、哎呀、不合常理你知道吗，	
50		不像《Y》的剧情，你就觉得有一种	启动前件
51	→B：	就是扣人心弦的感觉，	预设完成
52	→A：	对，扣人心弦，然后又合情合理，	确认位置
53		然后又有一种源于事实又高于事实的感觉。	

在这个片段中，A主导了对话的发展方向。在自己的话轮（41），她对《X》的剧情给出了较强的负面评价："好雷"。在B表示没有看过后，她又对剧情的负面评价添加了多个解释：剧情不咋地、一点都不咋地。B在接下来的话轮尝试寻找该剧的看点"就是看人呗"后，A在继续加强负面评价（"好弱智""不合常理"）后，启动了一个对比复合结构，"不像《Y》的剧情，你就觉得会有一种"，这里的"有一种"激活了有关"感觉"的框架知识，预示后面是与前面《X》完全不同的感受。这一启动引导B寻找与前面评价相对立的评价"扣

人心弦”。这样的共建终于与A形成了一致的评价立场，于是A用“对，扣人心弦，然后又合情合理”来确认了B的共建的可接受性。

在行为上，一致的行为通常在互动各方行为上表现出更多一致和结盟的特点：不用为预期之外的偶发现象采取额外行动。Kim（2002：1307–1312）认为，共建有三个方面的行为预期：（1）共建中的社会行为包括提供共识基础（grounds）、邀请听话人采取后续行动；（2）寻求对方的确认或征求对方意见；（3）后者表示同意或不同意。当说话人对自己所说的信息没有把握、不确定的时候，他可以通过声调或拉长声音等手段给听话人留出时间参与话语建构。如果听话人对相关信息了解清楚时，其参与共建可以消除前面说话人的疑虑。

共建也可以不是趋同的，有些时候会产生**分歧**。Gregoromichelaki等（2011）观察到一种“恶意延续”（hostile continuations）或称“迂回的建议”（devious suggestions）：前面说话人给出前件（可能自足也可能未完成），这时后面说话人承接前件中的结构，在后件位置说出反预期的句法成分。这样的成分在结构上是可以接受的，但在立场和情感方面是违反预期且伤面子的，如例（10）和（11）。

（10）（A and B arguing:）（A和B争吵）

A: In fact what this shows is（A：实际上这件事表明）

B: that you are an idiot.（B：你是个白痴。）

（11）（A mother, B son）（A母亲，B儿子）

A: This afternoon first you’ll do your homework, then wash the dishes and then

（A：今天下午首先你要做功课，接着洗盘子然后）

B: you’ll give me £10?

（B：你给我10英镑？）

（Gregoromichelaki *et al.* 2011: 209）

在（10），B的结构是符合主语从句预设的：what... is that...。但A的意图显然是希望讲客观事实，而不是攻击对方。B的回应属于恶意攻击，是对A的侮辱而不是承接A的客观立场。在例（11），妈妈叮嘱儿子做这做那，儿子接过序列，反过来建议妈妈付钱，将母亲的叮嘱序列扭转为讨价还价。

在情感方面，成功的、立场一致的共建可以在交流各方之间唤起群体归属性情感共鸣，可以在即时交流过程中促进参与者结成紧密的纽带（social bonding）。转型的共建存在较大的不确定性，可能是对前件的善意纠正或调整，也可能是利用前件对说话人展开攻击。前面例（2）、（4）、（8）、（9）都是亲和性回应（affiliative responses），即符合预期的共建，所以在情感方面是和谐一致的。Lerner（1994）在调查教师指导学生进行读写练习时发现，教师经常采用列举序列，引导学生使用刚刚学会的新句式结构。这样的序列可以帮助学生强化新习得的结构形式。参与序列共建比单独开启话轮所需要的努力要小，因此学生们不需要为争取话轮而感觉过度紧张。恶意延续的共建会对交流各方带来情感上的挑战和分歧，在即时场景中可能带来临时性的关系僵持，如例（10）和（11）。

5. 结语：共建研究存在的问题

结构共建包括内部共建、序列共建和外部延伸。共建的判定标准是可辨识性和可投射性。共建会在认知、行动和情感方面对交流产生积极或消极的影响。符合预期的共建可以帮助构建结盟立场、唤起群体归属性情感共鸣、促进和谐社会关系的建构。消极共建不仅涉及面子威胁，严重的可能会引发不和谐社会关系的发生。

目前共建研究依然存在三个尚未很好解决的问题。（1）缺乏词组和短语层面的共建判定标准。由于汉语词组和句式比较灵活，判定词组和短语成分的共建存在困难，如名词词组、动词词组、介词短语等。（2）在本身具有自足性句式结构之后的添加，应该看作是共建、延伸，还是独立新结构？如例（8）中不断添加的延续成分本身也构成了一个解释序列。（3）互动句法结构的判定还需要进一步探讨。在哪些情况下，我们可以将共建所产生的结构看作是新浮现的互动语法结构？

合作共建不仅仅是日常社会活动中的常见现象，同时也是人们可以设计和调配的资源。共建活动可以广泛运用于语言教学实践。Lerner（1995：112）的调查发现，教师主导的列举序列是一个“合作学习”（cooperative learning）语言的有效方法，为学习者提供了不断涌现的机会，使学生可以轻松地积极参与教学活动。汉语交流中的共建现象研究起步较晚，很多相关问题都有待进一步展开，如多模态交流中共建机会的判定等等。期待今后更多的研究在相关领域展开。

参考文献

Auer, P. 2005. Projection in interaction and projection in grammar. *Text* 25(1): 7–36.

Bertrand, R. & B. Priego-Valverde. 2017. Listing practice in French conversation: From collaborative achievement to interactional convergence. *Discourse* 20: 3–33.

Fang, Di. 2019. Collaborative completion as speech act alignment in Chinese conversation. 16th International Pragmatics Conference Hong Kong Polytechnic University, June 9–14, 2019.

Ferrara, K. 1992. The interactive achievement of a sentence: Joint productions in Therapeutic Discourse. *Discourse Processes* 15(2): 207–228.

Gregoromichelaki, E., Kempson, R., Purver, M., Mills, G. J., Cann, R., Meyer-Viol, W. & P. G. Healey. 2011. Incermentality and intention-recognition in utterance Processing. *Dialogue and Discourse,* 2(1): 199–233.

Haugh, M. & Y. Obana. 2015. Transformative continuations, (dis)affiliation and accountability in Japanese interaction. *Text and Talk* 35(5): 597–619.

Hayashi, M. 2003. *Joint Utterance Construction in Japanese Conversation.* Amsterdam: John Benjamins.

Helasvuo, Marja-Liisa. 2004. Shared syntax: The grammar of co-constructions. *Journal of Pragmatics* 36(8): 1315–1336.

Jefferson, G. 1990. List-Construction as a task and resource. In G. Psathas (eds.), *Studies in Ethnomethodology and Conversation Analysis*. Lanham (Maryland): University Press of America, Inc. 63–92.

Kim, Haeyeon. 2002. Collaborative turn completion in Korean Conversations. *Language Research* 38(4): 1281–1316.

Lerner, G.H. 1987. *Collaborative Turn Sequences: Sentence Construction and Social Action.* Unpublished Ph. D. Dissertation, University of California at Irvine.

Lerner, G.H. 1989. Notes on overlap management in conversation: the case of delayed completion. *Western Journal of Speech Communication* 53(2): 167–177.

Lerner, G.H. 1991. On the Syntax of Sentences-in-Progress. *Language in Society* 20(3): 441–458.

Lerner, G.H. 1992. Assisted storytelling: Deploying shared knowledge as a practical matter. *Qualitative Sociology* 15(3). 247–271.

Lerner, G.H. 1994. Responsive list construction: A conversational resource for accomplishing multifaceted social action. *Journal of Language and Social Psychology* 13(1): 20–33.

Lerner, G. H. 1995. Turn design and the organization of participation in instructional activities. *Discourse Processes* 19: 111-131.

Lerner, G. H. & T. Takagi. (1999). On the place of linguistic resources in the organization of talk-in-interaction: A co-investigation of English and Japanese grammatical practices. *Journal of Pragmatics* 31 (1): 49–75.

Lerner, G. H. 2004. On the place of linguistic resources in the organization of talk-in-interaction: Grammar as action in prompting a speaker to elaborate. *Research on Language and Social Interaction* 37 (2): 225–256.

Li, Xiaoting. 2013. Language and the body in the construction of units in Mandarin face-to-face interaction. In Beatrice Szczepek Reed & Geoffrey Raymond (eds.), *Units of Talk—Units of Action*. Amsterdam: John Benjamins. 343–375.

Luke, K. K. 2019. On the collaborative production of TCUs in Mandarin conversation. 16th International Pragmatics Conference Hong Kong Polytechnic University, June 9–14, 2019.

Obana, Y. & M. Haugh. 2015. Co-authorship of Joint Utterances in Japanese. *Dialogue and Discourse* 6(1): 1–25.

Ono, T. & R. Laury. 2019. Co-construction as over-syntacticization of interaction. 16th International Pragmatics Conference Hong Kong Polytechnic University, June 9–14, 2019.

Ono, T. & S. A. Thompson. 1996. Interaction and syntax in the structure of conversational discourse: Collaboration, overlap and syntactic dissociation. In E. Hovey and D. Scott (eds.), *Computational and Conversational Discourse*. Berlin: Springer. 67–96.

Purver, M., Howes, C., Gregoromichelaki, E. & P. G. T. Healey. 2009. Split utterances in dialogue: A corpus study. In *Proceedings of the 10th Annual SIGDIAL Meeting on Discourse and Dialogue (SIGDIAL 2009 Conference)*, pp. 262–271. Association for Computational Linguistics, London, UK.

Raymond, G. & D. H. Zimmerman. 2016. Closing matters: Alignment and misalignment in sequence and call closings in institutional interaction. *Discourse Studies* 18(6): 716–737.

Sacks, H. 1967/1992. *Lectures on Conversation*, vol. II. In G, Jefferson (ed.), Oxford: Blackwell.

Sacks, H. 1992. *Lectures on Conversation* (*Vol.2*). Oxford: Blackwell.

Sacks, H. 1995. Utterance completion; Co-producing an utterance; Appendor clauses. In H. Sacks & G. Jefferson (eds.), *Lectures on Conversation*. Vol. 1 and 2. Oxford: Blackwell. 647–655.

Sacks, H., Schegloff, E. A. & G. Jefferson. 1974. A simplest systemic for the organization of turn-taking for conversation. *Language* 50(4):696–735.

Schegloff, E. A. 1996. Turn organization: one intersection of grammar and interaction. In E. Ochs, E. Schegloff & S. A. Thompson (eds.), *Interaction and Grammar*. Cambridge: Cambridge University Press. 52–133.

Schegloff, E. A. & G. H. Lerner. 2009. Beginning to respond: Well-prefaced responses to Wh-Questions, *Research on Language & Social Interaction* 42(2): 91–115.

Selting, M. 2000. The construction of "Units" in conversational talk. *Language in Society* 29 (4): 477–517.

Thompson, S. A. & E. Couper-Kuhlen. 2005. The clause as a locus of grammar and interaction. *Discourse Studies* 7 (4/5): 481–505.

Tomasello, M. 2008. *Origins of Human Communication*. Cambridge: The MIT Press.

Xie, Xinyang. 2019. Dui (Right) as a responsive token of co-producing sentences in Chinese conversations. 16th International Pragmatics Conference Hong Kong Polytechnic University, June 9–14, 2019.

Structural Co-constructions: Types and Action Orientations

Abstract: In conversations, participants often jointly produce a lexical, syntactic or sequential unit by either completing it or expanding it into a complex unit. Lerner (1991:442) noted that the "syntactic features of turn-constructional units-in-progress" can provide "a systemic opportunity for talk by another participant before possible completion has been reached." Then what lexical and syntactic features provide such opportunities? What criteria do speakers follow in co-constructions? Based on a corpus of naturally occurring conversations, we firstly summarize the types of structural co-constructions in Chinese conversations and explore the criteria to define structural co-construction. Then we examine the impact of such co-constructions on communication. It is found that the units under co-construction range from phrases to syntactic structures, compound formats and sequences. The criteria for identifying co-constructions are recognizability and projectability. Structural co-construction has significant impact on communication. Those who meet the expectations manifest stance alignment and affiliative convergent orientation among participants.

Keywords: structural co-construction; syntactic features; sequence; action orientation

尼日利亚英文报刊对命运共同体话语建构的评价分析

浙江师范大学　唐丽萍*

[提　要] 本文基于评价理论，分析尼日利亚英文报刊对命运共同体话语建构的评价立场。研究发现，其传播大致分为三个阶段：2015年至2017年为媒体关注初期，2018年为报道高峰，2019年渐趋平稳向上。政治和经济议题显著，特别是中非关系、对非投资援助、中非合作论坛和"一带一路"倡仪。尼媒评价立场总体非常积极，具体体现在对中尼/非合作表达欣喜和感激，对理念的创新性、科学性及其世界意义高度赞赏，对共同推动构建命运共同体充满信心与决心，对美西方国家无端抹黑中非合作严词驳斥。但是，尼媒亦不时流露对中尼/非关系的疑虑。本文据此对促进命运共同体话语在尼/非传播以及理解新时代中尼/非关系提供借鉴与参考。

[关键词] 命运共同体话语；尼日利亚英文报刊；评价立场；评价理论

---

* 唐丽萍，浙江师范大学教授、"双龙学者"特聘教授、博士生导师。研究方向：批评话语研究、系统功能语言学、语料库语言学。Email: tangtlp@zjnu.cn。通信地址：321004 浙江师范大学外国语学院。

本文为国家社科基金项目（项目号：19BYY065）的阶段性成果。

1. 引言

推动构建人类命运共同体，是习近平新时代中国特色社会主义外交思想的重要内容，也是我国新时代对外传播的核心议题和话语源头，对于提升我国负责任大国形象，助力中国战略机遇期，促进世界和平与发展，具有重大意义。目前，该理念的国际传播研究多为围绕概念内涵、战略意义和传播路径的宏观讨论（例如，刘肖、董子铭，2017；陈伟军，2019），仅有少数学者（高金萍、余悦，2020；许涌斌、高金萍，2020；周晓蕾，2021）对在美、德、韩等他国媒体的传播及报道倾向开展了零星的实证研究。“中非合作已经成为中国推进全球新型合作体系与人类命运共同体建构的特殊观察窗口与最佳实验平台，深刻影响着中国外交的未来发展走向”（刘鸿武、林晨，2019：51）。本文聚焦于非洲第一大经济体尼日利亚，基于评价理论（APPRAISAL theory, Martin, 2000; Martin & Rose, 2003; Martin & White, 2005），分析尼媒对命运共同体话语建构的评价立场，为提升该话语在尼/非传播效果和理解新时代中尼/非关系提供依据和借鉴。

2. 文献综述

中非关系是中国外交“基础中的基础”。2013年3月，习近平就任国家主席后首次出访的行程中就包含了非洲，指出“中非从来都是命运共同体”，提出“真、实、亲、诚”的对非政策理念和正确义利观，为中非关系发展指明了方向。2018年9月，习近平主席在中非合作论坛北京峰会进一步提出，“共筑更加紧密的中非命运共同体，为推动构建人类命运共同体共同树立典范”，为提升中非关系树立了新的宏伟目标。中非命运共同体作为人类命运共同体的重要组成部分，具有极其重要的历史地位、典范作用和世界意义（吴传华，2020）。十八大以来，“中非合作论坛”等已有机制和“一带一路”等新倡议作为命运共同体的实践平台持续推进，中非关系在新的历史起点上全面快速发展，各领域合作不断取得丰硕成果。大量文献（例如，Deych, 2018; Morgan, 2019; Shelton, 2016; Tang, 2021; 马汉智、程恩富，2018；张虹，2018）表明，中国在非影响力显著增加，总体上受到非洲国家的欢迎和好评，而一些西方国家却总在制造中国"威胁国际秩序""搞新殖民主义""设置债务陷阱"等负面言论，也有一些非洲媒体在跟风渲染。追踪非洲国家媒体对命运共同体话语的传播情况及其态度立场，便尤为紧迫和重要。然而，目前相关研究尚极其匮乏。

评价理论是20世纪90年代初，James R. Martin等学者在系统功能语言学（Halliday & Matthiessen, 2004；胡壮麟等，2017）内部发展起来的人际元功能拓展框架。该理论对评价性语义资源进行了全面、系统而精密的分类，包括"态度""介入"和"极差"三大子系统，如图1所示。其中"态度"为中心子系统，根据被评价对象是情感、行为还是事物，进一步划分为"情感""判断"和"鉴赏"三个范畴。每一个"态度"范畴在评价极性上，有积极和消极之分；在实现方式上有显性和隐性之分，以"韵"（prosody）的方式彼此呼应，相互晕染。介入系统关系到评价者采取强势还是温和的姿态，就态度意义与潜在的分歧立场进行协商。根据是否留出协商空间，划分为"众声"和"单声"，进而又根据留出协商空间的大与小，将"众声"进一步划分为"打开对话"和"关闭对话"。"极差"则主要涉及评价意义的强弱程度。上述各评价范畴均可做进一步精密划分，篇幅所限，不再赘述（详见Martin, 2000; Martin & Rose, 2003; Martin & White, 2005）。

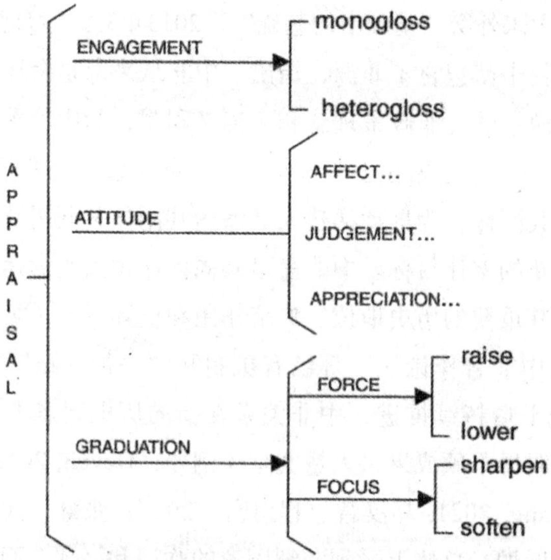

图1　评价理论概观（Martin & White, 2005: 38）

近30年来，评价理论已广泛应用于媒体语篇（例如，Bednarek, 2006；唐丽萍，2016）、政治语篇（例如，Li & Zhu, 2020；李战子、胡明霞，2016）等多种语类的话语分析。Bednarek（2006: 32）认为，评价理论为评价性语言分析提供了“最为系统、细致而详尽的框架”。Thompson（2014: 48）认为，该理论是分析态度立场的“最为成熟的框架”。鉴于该理论对语言评价功能强大的描述能力和阐释能力，本文择其为分析框架，以期展示语言学理论和方法在研究我国重大现实意义课题中的独特优势。

3. 语料收集与关注度分析

尼日利亚是现非洲人口最多的国家，也是非洲最大的经济体。本文选择聚焦于尼日利亚，正是由于其区域重要性和中尼关系①的重要性。笔者借助LexisNexis数据库，以尼英文报刊为语料来源，以“命运共同体”各种可能的英文译法“community with/of（a）shared/common future/destiny”为检索词，收集截至2019年12月31日之前至少1次提及该理念的文章，共获得语料81篇，总计71022词次。语料包括新闻报道、署名文章、社论、演讲文稿、访谈实录五类文章，分布在9家英文报刊（如表1所示）。其中，除了《投资非洲》为商业杂志之外，其他8家媒体均为地方性或全国性日报。这些媒体主要面向政治、商业精英和受教育人群，对于设定政治议程，主导外交舆论具有影响力。

表1 语料来源分布

语料来源	文章篇数	文章字数
《投资非洲》（*Ventures Africa, VA*）	17	16220
《太阳报》（*The Sun, TS*）	15	16217
《每日信报》（*Daily Trust, DT*）	15	14177
《下午新闻》（*P.M. News, PMN*）	12	6173
《国民报》（*The Nation*）	12	9904
《尼日利亚论坛报》（*Nigerian Tribune*）	3	2799
《编年史新闻》（*News Chronicle*）	3	2684
《先锋报》（*Vanguard*）	3	2228

① 关于中尼关系，详见中国驻尼大使馆网站(http://ng.china-embassy.org/zngx/, 2021-9-16检索)。

（续表）

语料来源	文章篇数	文章字数
《领导者报》（*Leadership*）	1	620
总计	81	71022

经分析，尼媒对于命运共同体话语的关注大致可分为三个阶段：2015年至2017年处于起步阶段，2018年进入报道高峰，2019年渐趋平稳向上，如图2所示。

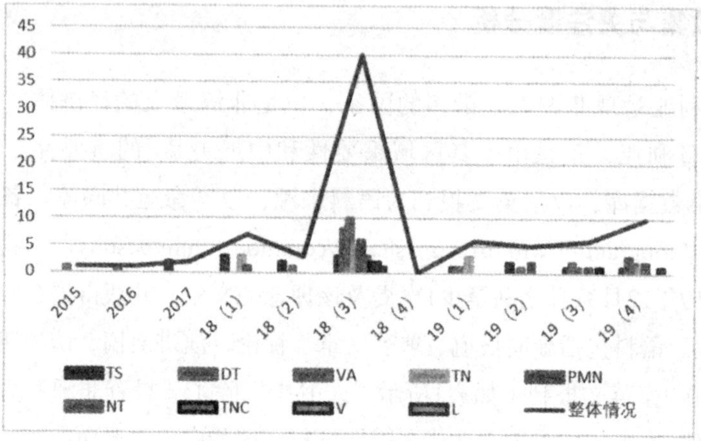

图2　关注度分布情况

根据本研究语料，起步阶段的三年间仅有4篇文章提及命运共同体理念。关注的起点可溯至2015年5月4日，《投资非洲》报道中国工商银行与赤道几内亚签署投资协议，其中援引习近平主席“中非从来都是命运共同体”的论断。2016年7月29日，《每日信报》报道首届亚非青年联欢节在京举行，其中提及李源潮副主席勉励亚非青年培养命运共同体意识，为构建合作共赢的新型国际关系而努力。该理念进入尼媒视野，主要源自对我国国家领导人有关中非关系主张的关注。2017年报道量仍然很少，仅有2篇，但显现出一些可喜的迹象。一是开始有友华人士撰文提及该概念。4月26日，尼智库“中国研究中心”主任查尔斯·奥努奈居（Charles Onunaiju）在《太阳报》发表文章，讨论“一带一路”倡议与中非合作，其中提及“一带一路”倡议坚持“共商共建共享”原则，目的是构建命运共同体。另一个可喜的迹象是，尼媒开始更加有意识地关注该理念。11月29日，《太阳报》报道第三届中非政党理论研讨会在京举行。在这则不到200词的消息中，三次提及该理念：第一次是提及该研讨会的主题是探讨中非政党在构建中非命运共同体中的责任和使命；第二次是提及中共中央对外联络部部长宋涛在开幕式上，对十九大报告中包括该理念在内的新思想和新方略进行宣介；第三次是转述宋涛表达中共愿与非洲政党保持密切联系，携手共建中非命运共同的庄严承诺。这说明，尼媒进一步认识到该理念的重要性，应该是由于其关注到中共十九大把该理念提升至国家基本方略之一的高度，从而对此后中国举办主场多边外交而积极宣介该理念的努力予以密切关注。

2018年，特别是在第三季度，达至报道高峰（总计40篇）。这主要是由于9月3日至4日，中国成功举办了以“合作共赢、携手构建更加紧密的中非命运共同体”为主题的中非合作论坛北京峰会。如图2所示，所有9家媒体都参与了报道。它们聚焦中国对非政策，特别是提供600亿美元配套资金、农业援助项目、尼总统峰会之行及其收获以及各国政要言论等进行了密集报道。此外，尼专家学者（*TS*, 1/7; *TN*, 1/9; *TN*, 3/13; *TS*, 3/15; *TS*, 3/28; *TS*, 5/15; *TS*, 8/29）和驻尼大使周平剑（*DT*, 7/21; *DT*, 8/25）围绕中非合作论坛、“一带一路”倡议、中尼/非合作等议题，发表了一系列署名文章。《太阳报》（9/13）和《国民报》（9/14）还在峰会召开之后，分别刊发了社论。总体来看，媒体参与广度和报道数量大幅增加，主要是由于受到北京峰会这一媒介事件的成功驱动。

2019年，报道总量降至27篇，媒体来源降至6家。关注度较上一年有所回落，但总体呈平稳向上的趋势：各季度发文量均在5篇以上，第四季度达至10篇。新闻议题主要包括中国对尼承诺援助（*PMN*, 9/26; *TNC*, 9/27）、第二届“一带一路”国际合作高峰论坛（*TS*, 4/29）、首届中非和平安全论坛（*VA*, 7/22）、中国国庆阅兵（*PMN*, 10/1; *DT*, 10/12）等。尼专家学者继续围绕“一带一路”和中尼/非关系，积极发表署名文章（*TS*, 4/29; *TS*, 5/9; *DT*, 9/5; *TS*, 10/9; *TN*, 10/11; *V*, 10/16）。周平剑大使就一个中国原则（*TN*, 1/5; *TS*, 1/6; *DT*, 1/12）和新中国70年成就和经验以及中尼关系积极撰文（*DT*, 10/5），并接受《每日信报》专访（10/5）。总体来看，命运共同体理念在尼媒中已经获得一定关注度，并呈平稳向上之势，但是，对于该理念仍然缺少深度的阐释和回应，不少文章仅是简单提及。

4. 评价立场分析

本文接下来基于评价理论，对尼英文报刊[①]表征命运共同体理念以及中尼/非合作的评价语义资源开展细致、深入的分析。

4.1 积极评价

总体来看，尼媒对于命运共同体理念和中非合作予以高度赞赏，集中体现在三重评价意义。

一是基于“情感”范畴，特别是“满意”和“愉快”子范畴，以无可置疑的“单声”姿态介入，明确而坚定地表达各方积极正面的情感。例如，国际组织（the UN Secretary）、非洲国家元首（President Cyril Ramaphosa of South Africa, Burkina Faso President, President Weah）、尼日利亚总统（President Buhari）、官员（Nigeria's Minister of State for Foreign Affairs Zubairu Dada, Edo State governor Obaseki, the Nigerian CAS, Air Marshal Abubakar）、智库专家（the Centre for China Studies, Charles Onunaiju, Sheriff Ghali Ibrahim）等，对中国通过“一带一路”倡议和中非合作论坛分享其巨大发展成就（its commitment to sharing its success, remarkable development），对尼/非提供资金、技术等各种支持（signed 13 deals worth $ 10bn, investment, infrastructure projects, technical assistance, Modular Refinery project, all their support, Abuja rail mass transit project, continuous support），提供人道主义援助（humanitarian assistance）、军事援助（military assistance）和农业援助（agriculture assistance），以及为尼/非经贸（economic relations, trade, bilateral trade cooperation）创造便利的、可持续的发展机遇（creating the enabling and sustainable economic development, economic recovery, boost trade in Africa, massive boost, quantum leap, grown tremendously, reach greater heights, give practical effect, provide an avenue），表达欣喜（excited, enjoy, very happy, cheering news, good news, profoundly good news）和感激（hailed, comment, commends, appreciates, deeply appreciates, reiterated the appreciation, send our gratitude, thankful, thankfully）。

二是从“鉴赏”范畴，特别是“价值”子范畴，赞扬命运共同体理念的

---

① 鉴于本节分析重点在于通过尼媒观察尼日利亚对命运共同体话语的评价立场，语料不包括中国国家领导人、官员、驻外使节发表的署名文章、演讲全文和访谈实录。

创新性、科学性和世界意义。这集中体现在尼专家学者所撰写的署名文章（例如，*TS*, 2018/1/7; *TS*, 2019/5/9）。从介入方式上，呈现三个特点：一是通过名词所有格等方式（President Xi's advocate, China's bold vision, China-championed notion, China-driven framework, China's dutiful commitment, at the behest of the Chinese leadership），强调这是源自中国国家主席习近平为核心的领导集体提出的“倡议”“理念”和“远大愿景”，是中国对世界“尽职担当的承诺”；二是通过“否定”介入，在承认存在质疑之声的同时，以强势姿态将其断然否弃：这“并非”（was not, not, is not, without）“草率、轻易”（not lightly arrived, a happenstance）的“空洞的政治辞令”（largely vacuous rhetoric of any political gathering），“并非”要“破坏或损害国际关系的核心价值”（disrupting or harming the core value of the international system）；三是通过“单声”（is, has already）或“关闭对话”（would certainly, therefore）姿态介入，明确而坚定地赞扬这是源自“重要历史关头”（a key historic juncture）“对中国和国际现实严密、科学的审问”（thorough and scientific interrogation of China's and international realities），“科学”（scientific response）地解决“人类共同利益和主权国家行为体之间日益突出矛盾”（vexed contradictions of the accelerating convergence of human interests across national borders and the iron-clad national sovereignty by State actors, harness the contemporary convergence of human shared aspirations across state boundaries）的“敏锐的理论探索和创新”（acute theoretical exploration and innovations），而且已经通过中非合作论坛和“一带一路”倡议进入从理念到行动、从规划到实施的关键阶段（has already been outlined in the Belt and Road Initiative of international cooperation, has entered the crucial stage of execution and implementation），并盛赞这两大机制提供了“对话协商”（dialogue and consultation）、“互利双赢”（mutual benefits and win-win cooperation）的“有意义的平台和机制”（meaningful platform and mechanism），是在以“实实在在”的“合作”“成果”造福中非人民（tangible and practical outcomes, tangible benefits to the two peoples, tangible improvement, tangible results, tangible cooperation）。

三是从“评判”范畴，特别是“坚毅”子范畴，宣示共同构建命运共同体的信心与决心，如例（1）所示。

（1）a. It is important that current and future development cooperation contributes to peace, security and to building a “community of shared future for mankind.”（*VA*, 2018/9/3）

b. Ramaphosa concluded his speech by saying that FOCAC’s mission extends beyond China and Africa, because “together we are working to build a community of a shared future for mankind”.（*PMN*, 2018/9/3）

例（1）a为《投资非洲》所刊发的联合国秘书长古特雷斯（Guterres）在中非合作论坛北京峰会致辞全文的节选。古特雷斯将“构建‘人类命运共同体’”与“和平”和“安全”并置，作为世界“当前和未来发展合作”的终极目标。“It is important that”作为“意态化”（modulation）的情态隐喻式（Halliday & Matthiessen, 2004: 618），其言语功能在于号召各国行动起来共同推动构建人类命运共同体。自2017年2月10日，“人类命运共同体”理念写入联合国社会发展委员会“非洲发展新伙伴关系的社会层面决议”以来，已多次写入联合国决议。这是中国外交理念影响力得到历史性提升的生动写照。古特雷斯在中非合作论坛北京峰会的致辞，再次说明实现共赢共享的中国方案符合世界人民追求和平发展的共同利益。

例（1）b为《下午新闻》报道南非总统拉马福萨在北京峰会发表致辞所刊发消息的节选。拉马福萨在致辞结尾，从“价值”范畴，将中非合作论坛的使命升华为“已超越中非之间的合作”，并以“辩护”（because）姿态介入，从“坚毅”范畴予以肯定，坚定而有力地宣示“我们是在一起努力构建人类命运共同体”。拉马福萨使用第一人称复数主格“we”以及副词“together”，强调中非是命运休戚与共的“内群体”（in-group）。而从这篇报道的标题（China not practicing “colonialism” in Africa President Ramaphosa）来看，那些无端指责中国“在非洲搞‘殖民主义’”的“言说者”便是与“我们”对立的“外群体”（out-group）。尽管在报道内容中，拉马福萨并未明确提及是“谁”在无端指责中国，而是将其模糊化为“诋毁我们的人”（our detractors），并且通过名物化（nominalization, Halliday & Matthiessen, 2004: 656–657）隐喻式（allegations, view），令“诋毁者”内隐其中，但是他对其义正词严予以驳斥的态度是明确而坚定的（dismissed allegations, refutes the view）。那么，无论是论坛峰会的现场听众还是《下午新闻》的读者受众，应该都能够心照不宣地思而得知，是美西方国家无端指责中国在非洲搞“殖民主义”，是与中非利益相悖的“外群体”。

4.2 消极评价

在本研究语料中，没有发现对关于“命运共同体”理念本身的消极评价，但是存在少量攻击或质疑中非关系的话语，主要通过“心理”或“言语”过程投射。总体来看，主要存在两重评价意义：一是从“安全感”范畴，表达疑惧与担心（worry, worried, worrying, raising alarms, raising concerns, growing concern, sovereignty concerns, more concerned, fear, rouse fears, caution, doubt, scary-looking, poses significant threat, threaten, apprehension）；二是从“正当性”范畴，攻击中国搞“新殖民主义”（colonization, domination of the continent, “China’s neo-colonialist intentions” “colonialism”, new colonialism），是“掠夺性做法”（“predatory practices” “predatory action”, dumping ground, have “stringent” economic conditions, put recipient countries at a disadvantage, its continuous infiltration of the African market），令非洲国家陷入“债务陷阱”（mounting debt, “debt burden”, overreliance on Chinese financing, Chinese lending tied to global infrastructure development, debt risk, debt load）。

从评价源的表征来看，一是明确负面言论来自美国政府及其官员（Washington, U.S Secretary of State, Rex Tillerson, U.S National Security Adviser, Mr. John Bolton, a former U.S deputy assistant Secretary of State for human rights, American politicians, 16 American Senators）、学者（Lina Benabdallah, an assistant professor of politics and international affairs at Wake Forest University, China Africa Research Initiative at Johns Hopkins University）、媒体（*Voice of America*（*VOA*）, *The New York Times*）或是其他西方国家（Western critics, Luke Patey, a senior researcher at the Danish Institute for International Studies）；二是通过名物化模糊评价源，但从上下文可推知攻击言论来自美西方国家（skepticism, doubts and outright misrepresentation, outlandish innuendoes, concerns and curiosity, some forces around the world, allegations, our detractors）；三是通过名物化模糊评价源，但从上下文可推知包括来自尼日利亚等非洲国家的批评质疑之声

（criticisms, attacks by critics, experts, concerns, the entire world）。

当评价源为前两种表征方式时，文章多针对美西方国家无端抹黑中国的言论，予以严词驳斥。这从例（1b）拉马福萨的批驳中，已可见一斑。再如例（2）所示：

（2）a. Before his departure on his current five-nation African tour, U.S Secretary of State, Mr. Rex Tillerson delivered a lecture at George Mason University, Virginia on the outline of the vision and issues of Africa-U.S cooperation. Among many other issues, he **grudgingly admitted** that "Chinese investment does have the potential to address Africa's infrastructure gap" but **added a curious caveat** that "its（China）approach has led to mounting debt and few, if any jobs in most countries".

b. Not only does this **fly in the face of reality**, it leaves one wondering if Tillerson was **adequately or properly** briefed on issues of China-Africa cooperation.

c. Last year, in June 2017, a **prestigious U.S-based** global management consulting firm, Mckinsey and Co issued a report of its **elaborate filed research** on China/Africa with a title of Dance of the Lion and dragons: How are Africa and China emerging, and how will the partnership evolve? On page 40 of the **highly rated report**, it observed that "a walk through China factory or construction site almost anywhere in Africa will confirm what our research finds," that "Chinese enterprises overwhelming employ local workers. At the more than 1000 companies we surveyed, 89 percent employees were African, adding up to more than 300000 jobs for African workers. Scaled up across the more than 10000 Chinese firms in Africa, these numbers suggest that Chinese-owned business employ several million Africans."（*TN*, 2018/3/3）

例（2）为《国民报》刊发的题为“美、中、非：蒂勒森之行”署名文章的前三段。作者为“中国研究中心”主任奥努奈居。2018年3月，美国时任国务卿雷克斯·蒂勒森访问尼日利亚等非洲五国，行前在乔治·梅森大学就美非关系新框架发表演讲①。其中有一段话从“正当性”和“安全感”范畴，对中非合作肆意抹黑。例（2）a很好地说明了奥努奈居如何运用“再语境化”（recontextualization, Wodak & Meyer, 2016: 27-32）策略批驳其谬论。蒂勒森演讲中提到：“Chinese investment does have the potential to address Africa’s infrastructure gap, but its approach has led to mounting debt and few, if any, jobs in most countries”。其用意在于通过“意料之外”（but）介入，将所提及的中国对非投资的“价值”彻底否弃，而最终否定中国在非投资的“正当性”。奥努奈居通过添加负载情感意义的投射动词词组“grudgingly admitted”，一方面强调“中国投资确实具有解决非洲基础设施差距的潜力”，这是连美国政府都不得不承认的事实；一方面揭露美国对中非合作嫉妒衔恨的阴暗心理。而通过添加引述小句“but added a curious caveat that”，则一针见血地指出，蒂勒森所谓“在多数非洲国家，中国做法增加了债务负担，却没提供多少就业机会”的警告，恰恰暴露了美国眼红中非合作的恐惧心理。而且，奥努奈居将蒂勒森原话中的“but”有意省掉，以示拒绝接受其关于中国的负面言论，同时巧妙地在其拆分之后的两句引语之间添加“but”，从而创造了新的“意料之外”的话语效果：蒂勒森明知中国投资对非发展建设至关重要，居然还警告非洲国家对中国投资保持警惕，真是令人“匪夷所思”（but, curious）。接下来在第二段例（2）b，奥努奈居充分利用“评判”资源，从“诚实”范畴，谴责蒂勒森罔顾事实（fly in the face of reality），从“能力”（adequately）和“正当”（properly）范畴，质疑谴责蒂勒森未能充分或正确地了解中非合作的事实。随后在第三段例（2）c，奥努奈居引用来自“美国的”（U.S -based）、“久负盛名”（prestigious）的麦肯锡公司的研究报告，以权威（highly rated report）、翔实（elaborate filed research）的数据，对蒂勒森的抹黑言论予以批驳。根据该报告：通过走访中国在非洲的工厂或工地，几乎都可以证实“中国企业雇用的绝大多数都是当地工人。在我们所调查的1000多家公司中，89%的员工是非洲人，总共为30多万非洲工人提供了就业岗位。在非洲有超过1万家中国公司，这

---

① 蒂勒森演讲全文见https://sn.usembassy.gov/secretary-state-rex-w-tillerson-remarks-george-mason-university-march-6-2018/(2021-5-1检索)。

些数字表明中国企业雇用了数百万非洲人”。麦肯锡公司位于美国，为政府和企业高层提供专业咨询服务，在世界上享有“顾问界高盛”之称，奥努奈居引用其数据驳斥蒂勒森的谬论，无疑是强有力的。

当评价源为第三种表征方式时，字里行间便会流露出尼日利亚等非洲国家对于中国对非政策和实践的疑虑与警惕。其评价策略十分微妙复杂，如例（3）所示：

（3）**Our** relations with the **Chinese** must be on equal terms as well as a win-win situation for all the parties. While it is good to be part of the **Chinese** One Belt, One Road Initiative, **we** must ensure that the belt and the road actually pass through **our** territory in such a way that **we** should benefit maximally. The government should also resist the **temptation** to make Nigeria a **dumping ground** for all manner of **Chinese** products. The government's main focus should be how to industrialise the country. **We** should aim at manufacturing some of the goods **we** need. The excessive reliance on imported goods is stifling the economy and slowing **our pace** to industrialisation. In spite of **criticisms**, the Afro-Sino relations should be deepened and sustained.（*TS*, 2018/9/13）

例（3）为《太阳报》以“布哈里中国之行”为题所刊发社论的结尾部分。社论作为代表报纸编委会集体就当前重大问题所发表的评论，具有舆论风向标的作用。整体来看，文章洋溢着对布哈里总统北京峰会之行签下100亿美元大单以及加强尼中合作（consolidated the Nigeria/China cooperation, benefited from its partnership with China）的“喜悦”（cheering news）与“满意”（commend）之情。但是在文章结尾处所流露的负面情绪，应予以关注。应该说，对中国负面评价的表达是极尽委婉的。首先，总体呈现一种“积极^消极^积极”的三明治式评价模式：消极评价被夹裹于对尼加入“一带一路”意义的肯定（good）和对深化和保持中非关系的肯定性呼吁（should be deepened and sustained）之间。这在一定程度上起到了弱化对中国疑虑情绪的效果。其次，具体到位于中间夹心层的负面评价，通过使用名物化（temptation, criticisms），令“使尼日利亚成为中国产品倾销市场”的“诱使者”以及“受批评者”，均在文字表面隐而不显。当然，读者可能会自行推知所指是“中国”。但是，这与明确剑指中国的批评毕竟是有区别的。显然，该社论在小心翼翼地拿捏涉华言论中的负面评价，这反映出尼媒对于与中国合作的渴望与高度重视。但是，亦应看到，这段话通过密集使用第一人称复数代词（our relations, we must, our territory, we should, we should, we need, our pace），无形中将包括该家媒体及其读者在内的所有尼日利亚人构建为具有共同利益的“内群体”，而强调“中国人”（the Chinese）是“外群体”，从而将防备、排斥的负面态度内隐其中。而且，这段话通过大量使用中高值情态动词（must ensure, should benefit, should also resist, should be, should aim, should be）实现“提议”（proposal）言语功能（Halliday & Matthiessen, 2004: 111），强力号召尼日利亚人（we）和政府（the government）一道采取行动，确保其在对华交往中“利益最大化”（benefit maximally）。

5. 结论

研究发现，尼日利亚英文报刊对于命运共同体话语的传播，大致分为三个阶段：2015年至2017年处于起步阶段，2018年进入报道高峰，2019年渐趋平稳向上。相关报道主要集中在政治和经济议题：中非关系、对非投资援助、中非合作论坛和“一带一路”。评价立场总体非常积极：对中非合作充满欣喜和感激之情，对理念的创新性、科学性及其世界意义高度赞赏，对共同推动构建命运共同体充满信心与决心，对美西方国家无端抹黑中非合作严词驳斥。但是，尼媒对中尼/非关系的疑虑不时有所流露。总体上，尼媒运用各种评价策略，积极建构和传播了中国负责任大国形象。

命运共同体话语在尼传播已经获得一定关注度，并呈平稳向上之势。这主要得益于以下三个方面：一是我国国家领导人、官员、驻外使节积极借助国内外重要场合和国际媒体予以宣介阐释；二是我国积极开展以命运共同体理念为主题的主场外交，设定媒介议程；三是尼知华友华人士在当地媒体积极撰文发声。但是，亦应看到，尼媒对于命运共同体理念及其话语的传播尚主要停留在政府官员和专家智库等精英阶层，今后仍需着力进一步激发其阐释和回应的深度，并着力贴近当地普通民众，讲好传播命运共同体话语的中国故事。

关于中尼/非合作，既要看到尼日利亚等非洲国家对与中国合作的渴望与期盼，又要看到其不同程度的具有追求自身利益最大化的政策逻辑。特别是在美西方国家无端抹黑、离间中非关系的蛊惑下，这种不合逻辑、不切实际的过高期待，以及由于自身与中国实力悬殊而担心于己不利的敏感脆弱的心理，都有可能被放大甚至被利用。但是，只要在合作共赢的道路上，秉持义利相兼、以义为先的正确义利观，中尼/非命运共同体就一定能够在推动构建人类命运共同体的伟大进程中，发挥好示范引领作用。

参考文献

Bednarek, M. 2006. *Evaluation in Media Discourse: Analysis of a Newspaper Corpus*. New York: Continuum.

Deych, T. L. 2018. China in Africa: A case of neo-colonialism or a win-win strategy?. *Outlines of Global Transformations: Politics, Economics and Law* 11(5): 63–82.

Halliday, M.A.K. & C. M. I. M. Matthiessen. 2004. *An Introduction to Functional Grammar (3nd ed.)*. London: Hodder Arnold.

Li, T. & Y. F. Zhu. 2020. How does China appraise self and others? A corpus-based analysis of Chinese political Discourse. *Discourse & Society* 31(2): 153–171.

Martin, J.R. 2000. Beyond exchange: APPRAISAL systems in English. In S. Hunston & G. Thompson (eds.), *Evaluation in Text: Authorial Stance and the Construction of Discourse*. Oxford: Oxford University Press. 142–175

Martin, J.R. & D. Rose. 2003. *Working with Discourse: Meaning Beyond the Clause*. London: Continuum.

Martin, J.R. & P. R. R. White. 2005. *The Language of Evaluation: Appraisal in English*. Basingstoke and New York: Palgrave Macmillan.

Morgan, P. 2019. Can China's economic statecraft win soft power in Africa? Unpacking trade, investment and aid. *Journal of Chinese Political Science* 24 (3): 387–409.

Shelton, G. 2016. The FOCAC process and Sino-African strategic partnership. *China Quarterly of International Strategic Studies* 2(2): 259–276.

Tang, L. P. 2021. The putative addressee in the persuasion of diplomatic discourse: China's communication efforts through South African English-language newspapers. *Discourse & Communication* 15(4): 458–475.

Thompson, G. 2014. Affect and emotion, target-value mismatches, and Russian dolls: Refining the appraisal model. In G. Thompson & L. Alba-Juez (eds.), *Evaluation in Context*. Amsterdam & Philadelphia: John Benjamins Publishing Company. 47–66.

Wodak, R. & M. Meyer (eds.), 2016 *Methods of Critical Discourse Studies* (*3rd ed.*). London: Sage Publications.

陈伟军，2019，人类命运共同体构建与中国价值观的国际传播。《新闻界》（3）：92–100。

高金萍、余悦，2020，美国媒体视域下“人类命运共同体”理念的呈现。《新闻爱好者》（3）：15–18。

胡壮麟、朱永生、张德禄、李战子，2017，《系统功能语言学概论》（第三版）。北京：北京大学出版社。

李战子、胡明霞，2016，基于语义重力说和评价理论的评价重力——以傅莹《中国是超级大国吗？》演讲为例。《外语研究》（4）：1–6，112。

刘鸿武、林晨，2019，中非关系70年与中国外交的成长。《西亚非洲》（4）：50–72。

刘肖、董子铭，2017，“人类命运共同体”思想对外传播的“时度效”研究。《中国出版》（11）：26–29。

马汉智、程恩富，2018，中非经贸关系不是“新殖民主义”。《当代世界》（5）：46–49。

唐丽萍，2016，《美国大报之中国形象的语料库语言学方法辅助下的批评话语分析》。北京：高等教育出版社。

吴传华，2020，中非命运共同体：历史地位、典范作用与世界意义。《西亚非洲》（2）：12–21。

许涌斌、高金萍，2020，德国媒体视域下的“人类命运共同体”理念研究——语料库辅助的批评话语分析。《德国研究》（4）：151–167，191。

张虹，2018，南非媒体视角的“一带一路”。《中国外语》（3）：66–71。

周晓蕾，2021，人类命运共同体与“中韩命运共同体”：对韩国舆论的分析。《国际论坛》（1）：119–136，159–160。

An APPRAISAL Analysis of Discursive Construction of Community with a Shared Future in the Nigerian English-language Press

Abstract: This article aims to explore the evaluative positioning in the discursive construction of Community with a Shared Future in the Nigerian English-language press by drawing on APPRAISAL theory. It is found that its dissemination has seen three stages of media attention: early stage from 2015 to 2017, peak in 2018, and stable upward trend from 2019 onwards. It is characterized by the salience of political and economic issues, particularly on China-Africa relations, China's aid and investment to Africa, Forum on China-Africa Cooperation, and Belt and Road Initiative. The Nigerian media's profile of evaluative positioning is very positive, which is specifically represented by its expression of happiness and gratitude to China for the beneficial and tangible China-Nigeria/Africa cooperation, its appreciation of the innovativeness, scientificness and global significance of the concept, its confidence and determination in jointly building a community of shared future, and its refutation of the US and other Western countries' ill-grounded allegations against China on its cooperation with Africa. However, the doubts and misgivings about China-Nigeria/Africa cooperation are still present in the Nigerian media. Accordingly this article sheds some light on promoting the dissemination of the discourse of Community with a Shared Future in Nigeria/Africa and understanding China-Nigeria/Africa cooperation in the New Era.

Keywords: the discourse of Community with a Shared Future, Nigerian English-language press, evaluative positioning, APPRAISAL theory

唯物史观视域中的话语历史分析法

中国人民大学　杨敏*

[提　要]　批评话语研究学家Wodak与其合作者们创立并且践行的话语历史分析法，强调阐释的历史语境性、话语的社会实践性、诉求的公平正义性等，无不显示出与唯物史观的深刻渊源。本研究从话语历史分析法的历史批评观、历史语境的历时维度观、历史语境的共时维度观、话语实践观和正义观剖析了Wodak的唯物思想。这种注重历史、注重实践、客观正义的批评话语研究方法，对于促进语言学的人文进步具有重要的现实意义和深远的历史意义。

[关键词]　唯物史观；话语历史分析法；历时维度；共时维度；话语实践；正义观

“马克思创立的唯物史观，是人类对历史探索的最光辉的结晶”（陈先达，2017：1）。唯物史观对20和21世纪的社会科学研究产生了巨大而深远的影响，语言学领域的批评话语研究也显示出与马克思主义的深刻渊源。著名的批评话语分析学者Fairclough（Fairclough & Graham, 2002）认为马克思运用唯物史观审视和批判资本主义的意识形态，这种解读社会的方式就是一种话语批评，

---

* 杨敏，中国人民大学外国语学院教授，博士生导师。研究方向：批评话语研究、系统功能语言学、社会语言学、文体学。Email：yangmin@ruc.edu.cn。通信地址：100872 中国人民大学明德国际楼 716。

本文属于中国人民大学重大项目“法律话语的身份建构”（20XNL016）的阶段性成果。

把马克思称为批评话语分析学家。

批评话语研究领域的三大代表人物之一，维也纳学派的Ruth Wodak，鲜明地提倡结合历史语境进行话语批评。她与其所属的维也纳学派于1986年创立的话语历史分析法（Discourse-historical Approach，简称DHA），早已成为批评话语研究领域的重要方法之一。DHA话语分析法强调阐释的历史语境性、话语的社会实践性、诉求的公平正义性等，无不显示出与唯物史观的深刻渊源。本文将对DHA话语历史分析法的唯物史观特征进行探讨。

1. DHA的历史批评观

DHA最初是批评话语分析学家Ruth Wodak及其维也纳研究小组在分析奥地利1986年总统大选期间的反犹话语时提出的。多年来，Wodak把话语批评当作社会实践，以问题为中心，运用DHA从社会历史语境、互语、互文、上下文语境再到话语形式，抽丝剥茧般地分析和揭示话语里面的群内/群外关系、民族歧视、排外等意识形态，揭示语言与政治、现实与历史、话语与身份之间的关系，再以她的政治智慧，给出社会问题的改革建议。这种话语实践性和历史分析性相结合的唯物史观思想在国内外语言学界都不多见，为中国语言学者们的入世实践提供了一个模板。

DHA认为，在对文本和话语进行阐释时，需要充分考虑使其形成的历史维度，注重对言语、文本、语类、话语之间互文性和互语性的考察，以及对语言外社会变量、情境框架和历史背景的考察，以了解话语实践中的元素如何随着社会政治语境的变化而变化（Reisigl & Wodak，2009，2016；Wodak，2015c）。在DHA话语批评中，任何语言使用的实例都是特定语境影响下的产物。这体现了唯物史观里的实践论和唯物论的影响。

另外，DHA认为，历史维度是由话语—语篇、人种志、社会学、政治学、心理学和语言学等维度构成，反过来这些维度也由历史构建（Catalano & Waugh，2020）。显然，这是唯物史观对历史的辩证认识观。冯景源（2014：132）认为，马克思的唯物史观包括两方面内容：一方面是关于社会在一定历史阶段上各因素之间的关系，即生产力、生产关系、政治上层建筑、社会意识形态等因素的相互关系和运动，是社会结构理论，是横断面；另一方面是社会形态怎样运动和如何发展，即历史的分期及其规律，是垂直面。DHA坚持在具体分析历史语境时，需要历时与共时的互文性（Reisigl & Wodak，2009，2016；Van Leeuwen & Wodak，1999；Wodak，2015c；Wodak *et al.*，2009）。这与唯物史观的“横断面”与“垂直面”的概念异曲同工，是现实的空间与历史的时间的统一。

2. 历史语境的历时维度观

“在马克思那里，唯物史观的制定是一个历史过程。‘从后思索’是马克思采用的‘溯源法’，即从历史形成的各个部分或环节来理解整体”（冯景源，2009：30）。DHA也是这样对历史语境进行历时维度的研究。研究话语的过程中，历史语境被具体定义为“话语事件的历史以及与话语主题相关的历史”（Reisigl & Wodak，2001：41）。Wodak分析反犹、右翼民粹话语、排外话语时，会追溯该偏见话语产生的历史背景、政党背景和个人集体记忆，为发现和理解话语中的偏见内容和形式提供全面、客观的参考依据。

2.1 历史背景

1986年，为揭示围绕奥地利新选总统“瓦尔德海姆事件”的日常话语中的反犹偏见，Wodak等来自语言学、心理学和历史学科的六位学者组建了研究小组。语言学家分析话语特征时，参阅、提炼历史学家提供的奥地利反犹史信息。例如，研究小组在对媒体话语、市民讨论等书面和口头话语进行具体分析之前，首先提供了有关奥地利战后新反犹主义兴起的历史背景：战后初期，奥地利为构建“纳粹受害者”形象对纳粹历史保持沉默，公开发表反犹言论成为禁忌，一些反犹人士利用暗指、隐喻等多种隐蔽方式，既宣传了反犹思想又同时规避了指责；负罪感、害怕犹太人报复或索要财产、使反犹言行合法化等新的动因，促成更多反犹策略出现（如淡化纳粹事件、指责受害人为凶手等）；反犹思想一直存在，公开反犹事件时而涌现；至“瓦尔德海姆事件”时尤其私域话语充斥清晰可辨的反犹思想（Wodak，1991；Reisigl & Wodak，2001）。

Wodak（2001）借助史料中提及的反犹史实和诱因，甄别出奥地利日常反犹话语中常现的“谋害基督”“不诚实、狡猾的犹太人”“世界阴谋”“犹太特权阶层”“犹太人渴望报复”等传统刻板印象和新兴偏见，对反犹话语的命名、强化/弱化、述谓和论辩等话语策略以及直接和间接的语言手段（如特性词、隐喻、暗讽、前提等）进行了深刻的揭露，表现出对历史语境的高度依赖以及处理历史语境信息的细致客观。

2.2 集体记忆和个人记忆

DHA关注的历史语境不仅指向针对特定主题的史实，还包括针对特定主题的国家叙事、集体记忆和个人记忆建构史。在由Wodak（2009）创立的“话语、政治、身份”研究中心资助下，“历史的话语建构”项目研究公共和私人话语如何建构国防军第二次世界大战时在歼灭战、大屠杀中的所作所为，并进行国防军罪行展览。研究者采用多维论证法，搭建由历史学家、政治家和语言学家等组成的跨学科团队，收集各类语料包括国防军士兵的书信和日记，对奥地利国防军士兵进行的问卷调查，对参观“国防军罪行展”的人士、尤以其中经历第二次世界大战和纳粹时期的60岁以上老人为主进行的采访，20世纪50年代前后奥地利内阁、议会、新闻界围绕“战争受害者福利法案”展开的讨论，媒体对国防军的报道，教科书，纪录片以及围绕“国防军罪行展”的争论和电视剧集等，对有关国防军罪行话语建构中的霸权叙事和不同利益群体选择的不同叙事进行分析。在此项目中，DHA学者将德国和奥地利有关国防军的集体记忆史纳入历史语境，诠释了“历史不仅指过去的事，还包括对过去事的记载以及人的历史认识”（宁可，2004：145–150）的观点。

Heer & Wodak（2008）与合作者们秉持“历史是一种叙事，叙事者因各自利益的不同采取不同的叙事视角的历史观”，考察有关国防军罪行的话语间的矛盾和冲突以及集体记忆对个体记忆的影响。总之，将针对某一主题，如国防军罪行史的集体（包括国家）叙事，作为分析公共和私人领域话语建构的历史背景和参考依据，体现了DHA唯物史观历史语境的新内涵。

3. 历史语境的共时维度观

除了追踪话语事件所内嵌的历史背景和初发历史源头的尽可能所有信息，以进行阐释历史语境的历时维度之外，DHA还通过追踪某个具体时间段话语经历的变化探讨历史语境的共时维度，即唯物史观里的历史横断面。具体研究方法是探索特定话语与其他话语联系与变化的方式，即互文、互语和语境重构。互文性指不同文本之间借助相似话题、主要行动者、事件、观点等建立的联系；互语性即某一文本内不同场域的话语之间以各种方式相互联系的特性；语境重构指话语中某一成分脱离原有话语、进入新的话语并获取新含义的过程（Reisigl & Wodak，2016：23–61）。

3.1 社会、政治历史情境制约的互文研究

Wodak运用互文研究分析了大量歧视话语案例。例如，奥地利自由党党徒芭芭拉·罗森克兰斯，2010年3月被该党推选为奥地利总统候选人（Wodak & Richardson，2012）。2010年3月的广播采访中，为了支持其他党徒质疑第二次世界大战毒气室是否存在的言论，芭芭拉声称挑战第二次世界大战毒气室的存在属于“言论自由”。在另一场采访中，关于集中营毒气室的存在问题，她回答说，作为奥地利人，她的历史知识来源于1964—1976年的学校，并且强调教科书的不可挑战的权威性。而事实是，20世纪60至70年代的奥地利教科书，较少提及第二次世界大战和纳粹罪行，报告的仅仅是发生在远处国家的战争。芭芭拉·罗森克兰斯的言论是极右党员的暗语，建立在与其他党徒话语互文和“精心谋划的模棱两可”论式上，是对近代史的修正性观点，尤其代表对纳粹党的正面评价。所以，剖析这种狡辩言论适用于揭露世界上发生过类似罪行并且想回避该罪行的任何一个区域、任何一个年代。

3.2 同一事件内不同话语主体的互语研究

Wodak与合作者们运用场域语体交叉重合的互语性，发现诸多文本和话语中的矛盾之处与不合理之处（Van Leeuwen & Wodak，1999）。1992年颁布的《居民法》，目前受到争议，因为它把居民分成不同群体，为家庭团聚限制了配额和条件：比如外国工人、年龄、最低资格等条件苛刻，很难达到；标准的可读性比较模糊，难以阐释。同时，一份标题为《<居民法>实施》的文件甚至规定，在奥地利出生的孩子不能自动获得国籍；如果父母或者父母的一方离开奥地利，这个孩子必须跟随离开。总之，同一移民法案话语事件中，《居民法》与《实施》文件两个不同场域的语体之间的互语是，这些移、难民不能给奥地利增添负担。另外，在一份被称作《通知》的文件中，为家庭重聚设置的条件包括，房子需要为每个家庭成员提供“大约”10平方米，或者“依据”该建筑条款规定平方米数。“大约”和“依据”为阐释预留了空间，通过语境重构、信息重组、重新阐释而用作反驳申请人获得居住资格的辩式。互语的概念分析，把不同的背景放进了共时框架，因此很容易发现，《居民法》和其他文件为机构拒绝移难民家庭团聚的话语提供了合法性。

3.3 利益、冲突驱动的语境重构

Bernstein认为语境重构作为一个过程，不仅包含某些话语部分和方面例如论点、思想和概念的“运动”，而且是建立某种话语层次结构的战略过程（Wodak & Ludwig，1999：11–19）。这种带有唯物史观的思想影响到Wodak对语境重构概念的理解。Wodak在分析特定话语实践例如国家身份话语、政治话语和历史建构话语中，多次用到语境重构概念的逻辑（Heer & Wodak，2008；Wodak，2009/2011；Wodak，2015）。具体阐释时，Wodak与其合作者区别了涉及语境重构的四个典型转变形式：增加元素、删除元素、元素换序、元素替代（Van Leeuwen & Wodak，1999：83–118）。

例如，为了考查背景各异、冲突不断的欧盟成员如何就重要决议达成共识，Wodak等采用共时视角研究了一份就业政策文件如何经提议、草案、会议讨论最终定稿的过程（Wodak & Weiss，2001）。他们采用民族志研究方法，深入欧盟内部，收集了包括该就业政策文件的所有书面版本、会议讨论录像和访谈在内的多类数据，重点比较了该就业政策文件各书面版本的变化，分析语境重构过程中出现的增添（如增添“全球化威胁社会凝聚力”论式）、删除（如删除前稿中的“全球化是自然趋势”的隐喻）、换序（如某语言成分由主位变为述位）和替换（如以表物质过程的动词替换表心理过程的动词描述他者）四种转换策略及其他话语策略（如论辩策略、弱化策略等），总结出四种对立的语境重构倾向：精确/模糊，静态/动态，简单/复杂，论辩/一般性陈述。通过语境重构研究可以发现就业政策文件在不同语境中的演变，体现了决策制定者间利益、价值、立场和观点的冲突以及互相妥协让步的过程。

“由于我们有对时间的经验但没有对时间的再现，所以用空间形象来刻画时间近乎人类的自然选择”（张文喜，2013：95）。语境重构中，“篇章在时空不同的语境中移动，导致转变，其本质依赖语境之间的不同关系，新旧元素（包括单词、论点、主题等）混合以及斗争导致霸权；焦点不应该是单一的话语事件，而是一系列事件；霸权斗争需要重新分配语境”（Wodak，2013：21–65）。

通过互文、互语和语境重构的共时分析，断裂的、非连续的历史与现实连缀成为可以把握的连续性总体语篇，缩小现实与历史、话语与环境、历史与

话语之间的界限，跨过难以逾越的时空鸿沟，填平因时间和距离造成的意义缺席，从而将语篇的新意义填充到历史事件的连续体中，使历史成为有待意义填充的话语对象，从而反思历史，评价现实，预测未来，突显了文本历史对文本意义的影响，突破了结构主义语言学仅关注语言系统或结构的局限，很好地体现了DHA与唯物史观的渊源。

4. DHA的话语实践观

科学的实践观是唯物史观的核心概念之一。唯物史观认为，劳动创造人本身，人类劳动创造了历史。物质不断发展变化，不变的是人类改造外部世界的物质实践活动。正是实践，一方面为人类的自我生存、自我发展提供了最终的动力；另一方面也为改变、创造和真正理解对象世界提供了现实的基础。因此，实践与人类世界是辩证关系，实践是整个人类世界得以存在的根据和基础（杨耕、赵剑英，1988）。

作为话语分析的方法，DHA视话语为一种社会实践。Wodak（2001）明确阐述，话语实践与其所属的活动场域之间存在辩证关系。这就意味着特定的话语事件和框定它的情景、机构和社会结构之间存在一种辩证关系：话语既构成社会，又由社会塑造（Fairclough & Wodak，1997；Reisigl & Wodak，2001；Pollak，2008）。

Wodak（2001）认为，话语实践用几种方式建构社会：第一，话语实践在特定社会条件的生产中起决定作用，帮助建构集体主体例如种族、人种和民族；第二，话语实践永久化、再生产或者公正化某个社会现状，例如与该社会现状相关的被种族化的身份；第三，在改造社会现状（例如种族化的概念）中话语实践是工具；第四，话语实践也解构社会现状（例如种族概念）。从这里可以鲜明地看到DHA的唯物史观：话语实践构建社会关系和社会身份，同时可以改变社会现状。

在一项关于奥地利移民合法化话语的研究中，Wodak与合作者从《移民法》、解释该法实施的文件、移民申请文件等话语实践中，解析出八项话语社会实践的元素，包括活动、参与者、活动指征、时间、地点、工具和材料、服装和装束、资格等。这些元素在不同的语境，会按照删除、增添、替换、换序等方式重新组合起来，找到话语中隐含的合法性和去合法性（Van Leeuwen & Wodak，1999）。这些话语实践既反映出奥地利政府对于移民合法化所做的各种限制，又被那些文件在特定的历史时期对特定主题知识的表征所建构。这种表征和建构“形成了某种知识形式或预设，可以用来支配主流文化与社会实践”（Baxter & Judith，2003：7）。

5. DHA的正义观

马克思主义的唯物史观不仅建立了科学的社会历史解释框架，还确立了以人的发展为核心的价值取向（陈新夏，2013）。马克思主义正义观体现在以每一个人的全面而自由的发展为核心、分配正义与生产正义相统一的思想中（冯颜利，2017）。Wodak的DHA话语历史批评法在一定程度上履行了唯物史观的正义逻辑。

Wodak（2015a）多次强调，DHA研究以问题为导向，不在于仅仅对社会提出批评，还在于寻找解决问题的方法和途径。例如，Wodak建议包括应该用公平薪酬、平等机会、全民福祉等政策来应对目前的政治环境中存在着的焦虑和恐惧；“幸福”、包容的政治才应该是目标，而不是越来越严格的“我们”和“他们”之间的二分；设置、支持和传播平等、多样性和团结的框架和议程，而不是落入右翼民粹主义蛊惑人心的政治陷阱等多条建议。这些批评和建议表现了Wodak以每一个人的全面而自由的发展为核心、分配正义与生产正义相统一的马克思唯物史观的正义感。

更难能可贵的是，Wodak不仅关注和揭露欧美社会话语中的不平等，对于2020年暴发的新冠病毒被称作“中国病毒”的事件，Wodak直接斥之为“替罪羊”策略，认为与欧美的右翼极端分子、反犹主义和排外话语等对弱势群体采取的歧视话语策略如出一辙，是把社会问题推给弱势群体，寻找“替罪羊”（王敏、孙志鹏，2020）。

从历史的过往梳理和发现事实不是唯物史观的目标，其真正的意图是发现历史事件背后的原因，以揭示历史的逻辑规律。在Wodak（2015）看来，右翼民粹主义政党“反犹”并不是真的反对犹太人，而是实现其政治目的的手段。为了更好地实现反智主义，对社会进行划分，达到获取选票的目的。右翼民粹政党利用语言建立恐惧：对于全球化的恐惧、对随之而来的民族主义崛起的恐惧、对目前主流政党未能解决的一些重大的社会问题的恐惧等。他们将这种恐惧引向类似于“犹太人”的少数族群，宣称都是因为“他们”，“我们”才要面对这些问题和困难的。

Wodak通过话语分析让公众了解并正视话语中蕴含的对弱势群体的歧视和不公，呼吁和调动相关人员改变现行的话语实践、解决现存的社会问题，实现社会的公平、公正和透明，再现了唯物史观中的正义观对话语批评的影响。

6. 结语

广阔开放的历史的时间和空间，为Wodak以及DHA学者们的话语实践研究创造了信息的确切性、阐释的深刻性和对未来的延展性。这种被唯物史观所观照的历史观，使得Wodak在批评话语研究学者中与众不同，取得优异的学术成果。

没有历史，现在和将来便无法得以理解或规划；历史的经历和记忆总是影响现在。Wodak与其科研团队创立并实践的DHA批评话语研究法，闪耀着唯物史观的智慧光辉，以思想家对社会历史和现实的深刻思考超越了语言学的只重形式、放逐意义的局限性，对于促进语言学的人文进步具有重要的现实意义和深远的历史意义。批评话语研究既要走向现实的深处，也要走向历史的深处。

参考文献

Baxter& Judith. 2003. *Positioning Gender in Discourse: A Feminist Methodology*. New York: Palgrave Macmillan.

Catalano, T. & L. Waugh. 2020. *Critical Discourse Analysis, Critical Discourse Studies and Beyond*. Switzerland AG: Springer.

Fairclough, N. & P.W. Graham. 2002. Marx as critical discourse analyst: The genesis of a critical method and its relevance to the critique of global capital. *Estudios de Sociolinguistica* 3(1): 185–229.

Fairclough, N. & R. Wodak. 1997. Critical discourse analysis. In van Dijk, T. A. (eds.), *Discourse as Social Interaction*. London: Sage. 258–284.

Heer, H. & R. Wodak. 2008 Introduction: collective memory, national narratives and the politics of the past. In Heer, H., Manoschek, Walter., Pollak, A. & R. Wodak (eds.), *The Discursive Construction of History: Remembering the Wehrmacht's War of Annihilation*. London: Palgrave. 1–13.

Pollak, A. 2008. The Myth of the "Untainted Wehrmacht": The structural elements of Wehrmacht mythology in the Austrian press since 1945. In Heer, H., Manoschek, W., Pollak, A. & Wodak, R. (eds.), *The Discursive Construction of History: Remembering the Wehrmacht's War of Annihilation*. Hampshire and New York: Palgrave Macmillan. 132–154.

Reisigl, M. & R. Wodak. 2001. *Discourse and Discrimination: Rhetoric of Racism and Anti-Semitism*. London: Routledge.

Reisigl, M. & R. Wodak. 2009. The Discourse–Historical Approach. In Wodak, R. & M. Meyer (eds.). *Methods of Critical Discourse Analysis* (*2nd ed.*). London: Sage. 87–121.

Reisigl, M. & R. Wodak. 2016. The Discourse–Historical Approach. In Wodak, R. & M. Meyer (eds.). *Methods of Critical Discourse Analysis* (*3rd ed.*). London: Sage. 23–61.

Van leeuwen, T. & R. Wodak. 1999. Legitimizing immigration control: a discourse-historical analysis. *Discourse studies* 1(1): 83–118.

Wodak, R. 1991. Turning the tables: Antisemitic discourse in post-war Austria. *Discourse & Society* 2(1):65–83.

Wodak, R. 2001. The Discourse–Historical Approach. In Wodak, R. & M. Meyer (eds.), *Methods of Critical Discourse Analysis* (*1st ed.*). London: Sage. 63–94.

Wodak, R. 2009/2011. *The Discourse of Politics in Action*. Basingstoke: Palgrave Macmillan.

Wodak, R. 2013. Editor's introduction: Critical discourse analysis-challenges and perspectives. In R. Wodak (ed.). *Critical Discourse Analysis Volume I*. London: Sage. 21–65.

Wodak, R. 2015a. *The Politics of Fear: What Right-Wing Populist Discourses Mean*. London: Sage.

Wodak, R. 2015b. European identities and the revival of nationalism in the European Union, a discourse historical approach. *Journal of Language and Politics* 14(1): 87–109.

Wodak, R. 2015c. The Discursive Construction of Strangers: Analyzing Discourse about Migrants and Migration from a Discourse-historical Perspective. *Migration and Citizenship* 3(1): 6–10.

Wodak, R., de Cillia, R., Reisigl, M. & K. Liebhart. 2009. *The Discursive Construction of National Identity* (2nd *ed*). Edinburgh: Edinburgh University Press.

Wodak, R. & G. Weiss. 2001. "We are different than the Americans and the Japanese!" a critical discourse analysis of decisionmaking in European Union meetings about employment policies. In E. Weigand & M. Dascal (eds.), *Negotiation and Power in Dialogic Interaction*. Amsterdam: John Benjamins. 39–63.

Wodak, R. & J. Richardson. (eds.), 2012. *Analyzing Fascist Discourse: European Fascism in Talk and Text*. London: Routledge.

Wodak, R. & C. Ludwig. (eds.), 1999. *Challenges in a Changing World: Issues in Critical Discourse Analysis*. Wien: Passagen Verlag. 11–19.

陈先达，2017，《走向历史的深处：马克思的历史观研究》。北京：北京师范大学出版社。

陈新夏，2013，《唯物史观与人的发展理论》。南京：江苏人民出版社。

冯景源，2009，唯物史观研究需要摆脱单一文本解读的模式——探寻唯物史观“原生态”的方法论原则。《中国人民大学学报》（1）：29-35。

冯景源，2014，《唯物史观的形成和发展史纲要》。北京：中央编译出版社。

冯颜利，2017，基于生产方式批判的马克思正义思想。《中国社会科学》（9）：5–16。

宁可，2004，什么是历史？——历史科学理论学科建设探讨之二。《河北学刊》（6）：145–150。

王敏、孙志鹏，2020，从“后真相”到“后羞耻”：民粹主义媒体话语是如何进入欧美主流话语体系的？——基于对露丝·沃达克的专访。《国际新闻界》（8）：110–124。

杨耕、赵剑英，1988，关于历史唯物主义理论基础的历史沉思。《中国人民大学学报》（6）：55–62。

张文喜，2013，《重建历史唯物主义历史总体观》。北京：中国人民大学出版社。

The Discourse-historical Approach Based on Historical Materialism

Abstract: The Discourse-historical Approach (DHA) established and practiced by Critical Discourse Studies (CDS) experts, Wodak and her collaborators, emphasizes historical analysis, discourse practice, pursuit of justice and so on expressing a deep relationship with historical materialism. This research analyzes Wodak's historical materialism thoughts from the perspectives of historical criticism, diachronic and synchronic dimensions of history, discourse practice views and justice views. This CDS methodology has a profound sense in promoting humanity research in the field of linguistics.

Keywords: Historical materialism, the Discourse-historical Approach (DHA) , diachronic dimensions, synchronic dimensions, discourse practice, justice views

语篇生成中语法隐喻的逻辑构建修辞

——以“I Have a Dream”为例

聊城大学　柴秀娟*

[提　要] 语法隐喻与谋篇功能的关系是近年来研究的热点问题。理论上，基于谋篇功能的非本源本质，阐释了谋篇功能与概念、人际功能，以及与概念语法隐喻、人际语法隐喻的关系。然后，阐明了谋篇资源实现逻辑建构的途径。最后，选择“I Have a Dream”作为实例，展示了在语篇生成过程中，语法隐喻如何产生谋篇效应，继而促成修辞学意上的逻辑构建。

[关键词] 语法隐喻；语篇生成；概念语法隐喻；人际语法隐喻；逻辑构建

1. 引言

系统功能语言学认为，语言不仅是意义系统，还是创造意义的系统，即意义发生系统（a semogenic system），意义发生能量的来源是语法（Halliday, 2005: 63）。语篇语义来自语言系统潜势的现实化，因此，适切的语篇研究离不开对语法的分析（Halliday & Matthiessen, 2014: 731）。通常情况下，语法形式以一致式来识解意义，但是语法也可以非一致式来解构、建构和重新识解

* 柴秀娟，聊城大学外国语学院副教授、博士。研究方向：系统功能语言学，语篇分析，翻译研究。Email：79738626@qq.com。通信地址：252059 聊城大学外国语学院英语系。

意义，即，语法隐喻——意义构建过程中话语意义层在词汇语法层的非自然选择，也是一种“语义发生”的过程，新产生的语义来自语项在新的句法位置上词汇义与语法义的互动。

系统功能语言学的语义层纯理功能是三分的，即概念功能、人际功能和谋篇功能[①]。据此，语法隐喻理论，始自韩礼德的《功能语法导论》（1985）（*An Introduction to Functional Grammer*）第十章，直到《韩礼德的功能语法导论》（Halliday's *Introduction to Functional Grammar*）（Halliday & Matthiessen, 2014）第四版，提出并阐释了两大类语法隐喻：一类是及物性过程或名物化变换的概念语法隐喻（以下简称为概念隐喻），另一类是语气或者情态功能变换的人际语法隐喻（以下简称为人际隐喻），却避而不用“谋篇语法隐喻”（以下简称为“谋篇隐喻”）这个术语，一直持某种程度的保留（胡壮麟，2020：200）。对此，许多研究者（Martin，1992；Thompson，2014；He *et al.*, 2015；刘承宇，2003；Yang，2018；张德禄、董娟，2014；董娟、张德禄，2017；彭宣维，2018）则支持谋篇隐喻的存在，但到目前为止，还没有形成统一的、具体确定的认识和分类。

另外，在语法隐喻研究中，王红阳、丛迎旭（2018：76–80）认为，语篇生成是概念功能、人际功能和谋篇功能这三大纯理功能共同作用的过程与结果，而目前不少研究是割裂式的语法隐喻研究，即对概念隐喻仅分析概念功能的变换，而人际隐喻则仅分析人际功能的变换。因此，该研究者们建构了语法隐喻的语篇功能分析模式，并提出有必要分析语法隐喻的谋篇功能，及其与语法隐喻不同类型、纯理功能之间的关系。谋篇功能的使成作用（enabling role）可以整合语篇发展过程中各层次言语的选择结果。

“对语言的探索，有意义的课题必须在句子间的组合中去寻找，在语言语法与修辞美感兼顾的基础上，另创完美、整体的篇章语言学，重建语言学和修辞学之间的关联。”（陈永禹，2011：10）。追本溯源，语法隐喻的源头——词汇隐喻，作为一个辞格，是在亚里士多德古典修辞论的背景下提出的。基于语法与修辞之间的互补，笔者认为，亚氏修辞学的三大劝说模式，即品格表现

---

① 为了强调Textual metafunction体现在词汇语法层的组织信息的作用，以及在语篇语义层的宏观信息之间及其与语境的关联作用，本文特使用“谋篇功能”（张德禄，1992），与其他文献的“语篇功能”相同。

（ethos）、情感渲染（pathos）和逻辑构建（logos），作为西方修辞学的基石（姜奕，2020：44；赵军峰、杨之淼，2020：157），与功能语法中的纯理功能相互映衬、动静相宜、角度互补，尤其是逻辑构建的修辞手段，能够对谋篇功能如何实现符号现实，从语篇整体的交际效果给予启发。而关于谋篇隐喻功能界定的关键问题，以及词组和小句等语法单位的重构会带来什么不同的谋篇效应（Yang, 2018: 15），逻辑构建的角度也会给予启发。

因此，鉴于现有研究鲜见从语篇生成角度把语法隐喻与谋篇功能关联起来，本文拟就此进行理论上的探索；并从逻辑构建和谋篇功能互补联系的角度，通过语篇实例分析具体考察语法隐喻在语篇生成中的作用，具体研究问题如下：

（1）基于系统功能语言学纯理功能与语法隐喻的关系，谋篇功能的本质是什么？它与概念功能、人际功能有什么关系？它与概念隐喻、人际隐喻又有什么关系？是否存在谋篇隐喻？

（2）谋篇资源是如何整合概念隐喻和人际隐喻，并在语篇中实现古典修辞学所讲的逻辑构建的？

（3）选择劝说性政治演讲语篇"I Have a Dream"作为实例，分析其中概念隐喻和人际隐喻带来的谋篇效应，及其与逻辑构建修辞的关系。

2. 语法隐喻与谋篇功能研究回顾及评述

2.1 语法隐喻研究概述

近四十年来，语法隐喻研究的理论和应用成果显著， 基本情况可以概括如下：

第一，对语法隐喻理论的发展，包括语法隐喻的性质、类型、功能、体现形式、运作机制及其与系统发展、个体发展、语篇发展、语域和语类的关系，以及对语法隐喻的内在理据及哲学思想的探究（例如：Halliday, 1985，1987/2007，2004; Halliday & Matthiessen, 1999, 2014; Martin, 1992, 2020; Martin & Rose, 2007; Raveli, 1988; Lassen, 2003; Painter, 2003; Huang, 2002; He *et al.*, 2015; Yang, 2018; Taverniers, 2018; 胡壮麟，1996，2000，2020；朱永生，1994，2006、朱永生、严世清，2000；范文芳，1999，2001，2007；严世清，

2000，2002，2003；刘承宇，2003；常晨光，2004；金娜娜、陈劲，2004；侯春杰，2006；张德禄、董娟，2014；张德禄、赵静，2010；李杰，2010；林正军、王克非，2012；丛迎旭、王红阳，2013；姜望琪，2014；丛迎旭，2014；刘婷婷、张奕，2014；郑麓，2015；罗载兵，2016；董娟、张德禄，2017；田永弘，2017；董敏、徐琳瑶，2017；高彦梅，2018；彭宣维，2018；林正军、张姝祎，2018；祝敏，2018；王红阳、丛迎旭，2018；杨波，2018；赵莉，2018；董娟，2020；刘婷婷，2020；方义桂、丛迎旭，2020；杨炳钧，2021）。

从发展阶段来讲，语法隐喻理论经历了功能模式、分层功能模式和分层系统功能模式（张德禄、董娟，2014），从词汇隐喻在语法层面的对应体，到语义层和词汇语法层的组配关系，再到跨语法级阶的语义范畴（杨延宁，2020），用于分析语义单位与语法单位之间的错位重组体现关系，扩展语言的意义潜势。

从本质上讲，语法隐喻提供了一种不同的识解经验的方法，是一种不断创造新意义的方法，有助于释放词汇语法层和语义层之间的张力，为扩张中的意义潜势增加了一个维度，创造了另一个符号现实平面，即“意义潜势之潜势”，“增厚”了表义过程，可以从只存在于符号表面的“虚拟”现象中构建出理论观点（Halliday，2004：xviii-xx; 姜望琪，2014：69）。语法隐喻理论体现了语言的进化论，也使得语言呈现出巨大的灵活性与包容性，加深了人们对语言性质的认识，是系统功能语法的巨大贡献之一（周海明，2017；姜望琪，2014）。

从认知语言学的角度，隐喻是人类语言构建社会的一种工作机制，是基于人类经验的认知重构。语法隐喻聚焦于隐喻的表达形式，在语篇中与认知隐喻融会贯通，通过情景语境的认知，影响到认知主体对客观情景识解方式的选择和整个形态句法形式的输出，进而生成语法隐喻（祝敏，2018；刘婷婷，2020）。但是，刘婷婷（2020：368）认为，“语法隐喻未抓住隐喻本质，只是对同一客观情景的不同识解产物。”这是一种误读，因为语法隐喻没有试图抓住隐喻在认知体验跨域映射的本质，而是试图抓住真正语言学意义下的情景语境、语篇语义和词汇语法层次之间的体现关系，是语言作为社会符号系统的表达选择的现实。语法隐喻强调了语言形式结构层面对语义的反制和拓展，恰恰证明了语言创造性的本质特征，而不仅仅是“层级性的‘隐喻概率云塌缩’（同上：366–367）”以及随后的认知隐喻映射。当然，语法隐喻背后的语言认知机制需要进一步的阐明。

从类型上来讲，概念隐喻的研究作为重点，被进一步分为经验和逻辑语法隐喻，其中涉及语义变化和关系的阐释得到了拓展（丛迎旭、王红阳，2013；董敏、徐琳瑶，2017；董娟，2020）。人际隐喻的理论发展则不太显著，可能是因为从一开始语法隐喻是从语言重塑人类经验的角度展开研究的。谋篇隐喻则是众多研究者争相论证的热点问题，众说纷纭，莫衷一是。谋篇隐喻在一致式及非一致式之间很难区分，常常与概念隐喻及其名物化共生，不适用现有的语法隐喻辨别原则，谋篇隐喻的功能未有完整的界定（Yang，2018），这些问题反映了谋篇功能的特殊性，它与语法隐喻相互驱动，无论是作为一种文体策略，还是作为一种意义机制承载着现实重塑功能，语法隐喻的形成与运作与谋篇功能交织在一起（周海明，2017：50）。语法隐喻研究的进一步发展，有赖于谋篇功能与语法隐喻关系的梳理和厘清。

第二，语法隐喻理论的应用实践研究特别丰富，在此主要列举近年来较有影响力的研究。从一开始，语法隐喻的代表“名物化”就诞生于韩礼德对教育领域数学语言及科学语言特征的描述分析中（姜望琪，2014）。从语篇分析的具体实践中概括得出的语法隐喻，后来被很多研究者应用分析各类的语篇，譬如：科学类语篇、学术类语篇、学科类语篇、新闻类语篇、科技语篇、政治语篇、演讲辩论语篇、文学语篇等等；同时在语言教学、阅读教学、英文二语写作及学术写作、英汉对比与翻译等领域都有应用研究（例如：Halliday & Martin, 1993; 黄国文，2009，2018；曾建松，2014；张延君，2016；周惠、刘永兵，2017；梁新亮，2018；王保健等，2020；于晖、苗宁，2020；徐莉娜、汤春梅，2020；杨延宁，2020；师小磊，2020；程喜，2021）。我们发现，近年来的研究，越来越关注到语法隐喻对整体语篇的构建、知识的构建及其与语境之间的关系。同时期，语法隐喻的谋篇功能及语义生成理论的探讨（郑麓，2015；周海明，2017；林正军、张姝祎，2018；王红阳、丛迎旭，2018），与上述应用实践相适应，预示了语法隐喻研究的趋势和前沿问题。

2.2 谋篇功能与概念、人际功能及其语法隐喻

系统功能语言学认为，语言是由社会秩序系统规划的社会符号（Halliday,

1978），同时具有本源性和非本源性。其中概念和人际功能揭示了语言对客观世界的指称性，即本源性；谋篇功能是语言符号所建构的符号世界或意义现实的固有属性，对客观世界高度抽象化，通过人类运用语言系统指称客观世界派生而来，即派生性或非本源性（周海明，2017：47）。

概念和人际功能在谋篇功能的使成作用下，相互关联，并接受语境中语场、语旨的制约。谋篇功能的实现，受语式制约，以概念和人际元功能提供的意义资源为先决条件，谋篇功能提供的语法资源（如主位、信息、语态、衔接等）在语篇展开过程中形成信息流，以连贯上下文和语域的方式组织信息（周海明，2017）。概念功能识解语言之外的经验现实，人际功能激活主体之间的现实，一起创造符号现实（semiotic reality）。然后，谋篇功能把符号现实构建成语境中的语篇，具有二阶性（即非本源性）、动态性，是一个不断展开的波状结构运动过程，如图1所示（Matthiessen, 1992：73–74），这可以说明谋篇功能与概念、人际功能既相互关联又相互区别的关系。

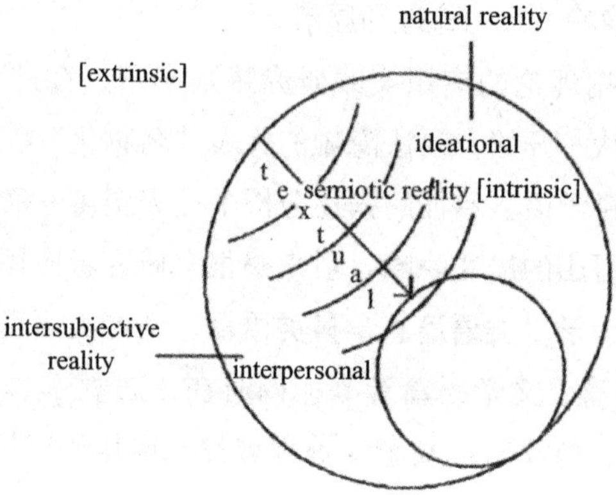

图1　谋篇功能（Matthiessen, 1992: 73）

语法隐喻的使用体现了词汇语法层、话语语义层和语域层之间（Martin，2020：7）的多重扩展和映射关系，充实了人类的经验，增加了语言意义的维度，是一种增义过程（丛迎旭、王红阳，2013：34）。语法隐喻作为连接语义层和词汇语法层的组织概念之一，凭借其在语义发生或意义演化上的突破，有助于理解语言在种群、个体和语篇发生的作用（Steiner，2002：138）。

在语义发生过程中，种群发生为个体发生提供相对稳定的语言环境，继而个体的语言习得为语篇发生提供前提和基础；反过来，个体和语篇为种群语言系统提供进化发展的素材（林正军、张姝祎，2018：26）。在这个循环往复的过程中，文明历史演变，谋篇功能的体现形式相对稳定，是确保文化传承的关键。因此，受时空所限，“我们没有发现任何存在谋篇语法隐喻的证据，虽然，谋篇功能确实是语法隐喻体现方式的一个方面，尤其在概念语法隐喻中。但是，概念语法隐喻源自重新识解经验，人际语法隐喻则源自对社会角色和人际关系的激活。”（Halliday & Matthiessen 2014: 731）而任何语法隐喻形式的语法隐喻都会导致谋篇层面上主位－述位结构和信息流“前景－背景”模式的改变，即谋篇效应，或者可以说语法隐喻本身就具有谋篇功能性（张德禄、董娟，2014：41）。另外，周海明（2017：50）总结道：语法隐喻与谋篇功能交织一起，构建和推进语篇的生成：一方面语法隐喻是谋篇功能运作的重要体现与必然结果；另一方面语法隐喻是优化语篇组织、推动语篇发展的关键机制。

简言之，语法隐喻与谋篇功能互相驱动的关系，可以从两个视角来厘清：（1）从语言系统来讲，谋篇功能赋能于语法隐喻，驱动语法隐喻的使用及演变；（2）从语篇实例来讲，语法隐喻体现了谋篇功能，带来了谋篇效应，即特定的表达效果。在实时的语篇生成中，语法隐喻与一致式的语法结构协同作用，共同参与意义的构建，并承载谋篇运动的信息波，不断调整以适应语境的要求，达成经验传递、社会交流、文化传承与发展的交际目的。

谋篇功能非本源性和高度抽象化的特征，大致反映的是语篇秩序系统相较于客观世界秩序系统的多重镜像隐喻，从自然及人类世界结构、到语言系统、再到言语实例世界的主体认知结构，可以说，谋篇功能从根本上来讲就是隐喻的，而且不囿于语法隐喻的范围，应该属于语篇语义结构维度的多重并列的选择关系，具有自我反映的元语言功能的研究高度。在没有广泛的语篇实例研究之前，谋篇隐喻的概念缺乏强有力的证明。语言符号的研究需要建立更高层次的语法学理论，语法隐喻理论涉及的语法范畴类别的变化，反映了语言使用者已经试图突破已定的概念、人际功能，继而会关注谋篇功能，即语篇的连贯和衔接（胡壮麟，2022：6）。张德禄、董娟（2014：41–42）也提出：“从语篇建构的功能上宏观看待语法隐喻更为合理”，“从语篇层面进行研究可能会有更大的发现。”

2.3 谋篇功能与逻辑构建修辞

谋篇功能提供谋篇资源，把特定语境中的概念、人际意义以语篇展开信息流的方式呈现出来，其中谋篇资源涉及分配不同的谋篇地位给概念及人际意义，还有在语篇发展中的谋篇转换，用来帮助受话人处理语篇的意义（麦蒂森等，2016：251）。语言系统不同，谋篇功能及其词汇语法系统也有所不同。英语谋篇资源系统，包括小句层次的主位系统、信息系统，以及句子之间的衔接系统（例如：连接词、代替、省略、照应、词汇衔接、并列及对比关系等）。一些定义为语篇隐喻的新类型，也属于谋篇资源，譬如：语法上的主位等价结构、主位谓化结构；语篇中的元信息关系、语篇指代、磋商语篇性、内部连接、隐喻性主位/新信息（董娟、张德禄，2017：296）。其中谓化主位结构在语篇中不仅有强调和对比的微观功能，而且在语篇构建方面起到了前景化的宏观作用，此外，还有主位化评论句、被动语态句和名词复合词组也被作为谋篇隐喻提出。它们包括了经验语法隐喻的谋篇效应，以及语义衔接的新情况，虽然还没有形成共识，但是可以为实例的语篇生成分析提供具体的参考。

Matthiessen（1992：40–43）认为，从语言认知的角度，谋篇功能范畴具身在用来识解经验的词汇语法及语义资源中，因为谋篇功能太过于抽象，很多时候我们用隐喻修辞进行理解或阐释，譬如：“出发点”“路标”“叙事流”“信息流”“信息的膨胀”“语义波”“波峰”及“低潮”等等。这些词汇修辞构建起谋篇空间中二阶的谋篇位置，包括静态地位和动态转换。动态转换即语篇生成过程中的谋篇运动，从出发点开始，可以沿着“路标”，又可以分为同质的流动和周期的涨落过程。谋篇运动像波浪一样，以“显著（主位、新信息）”与“非显著（述位、已知信息）”的对比模式，推进语篇的展开；以概念和人际意义为载体，前者的成分关系，作为小句的信息出发点，主位显著，提供了切分结构载体，后者则为新信息的显著提供了韵律结构载体，体现谋篇功能的语法成分结构也得以清晰界定；最后借助衔接与连贯关系，谋篇语法波再发展成为语篇语义波。在此，古典修辞与创作对“主题句”（Topic sentence）的研究，可以和谋篇功能的研究联系起来，语篇结构和语法结构相比较，从谋篇意义的组织结构来讲，只是规模大小的差别。

亚里士多德认为“修辞就是在任何给定场景下找到说服对方方法的能力”（1991：7）。新修辞学派则将修辞定义为“象征行动”（symbolic action）（Burke，1969）。陈望道（1982：1）指出狭义上的修辞学是指修饰文辞，广义上的修辞是指调整或适用语辞。修辞的抽象意义则强调演讲者和听众之间的交流（赵军峰、杨之淼，2020：154）；根据上述定义，本文认为，修辞是指交际者为达成交际目的，对语篇语义进行组织、调整的过程，最终会体现在言语表达的各种结构中。

亚里士多德（1991: 37）提出的逻辑构建，也可译为“逻辑或理性诉诸”，主要是针对修辞活动的主题，指运用理性或逻辑的力量来达到劝服的目的，语言逻辑自成其理，逻辑严密、自洽。具体说来，演讲者组织语言，摆事实（Evidence）、讲道理（Reasoning）——使用理性思维，利用例证和适合的说理方式，传达观点，证明行动的必要性，思路条理，重点突出，让听众容易理解演讲中的内容，从而认同、接受、响应演讲者的观点立场（亚里士多德，1991：24–25；刘新芳、王云，2016：27；姜奕，2020：44）。基于上述解释，从阅读与写作修辞来讲，逻辑构建是语篇构建的必要条件和交际目标，能够明晰语篇内外的逻辑语义结构，包括概念功能中的逻辑功能。虽然在纯理功能中，逻辑功能和谋篇功能概念内涵从语法结构层面和体现形式上进行了区分，但是在语篇语义生成中它们有共同的建构目标，这正是有些语法隐喻研究混淆逻辑隐喻和谋篇隐喻的原因。

综上所述，谋篇功能和逻辑构建都聚焦于语篇整体的结构及其重要的元素。然而，谋篇功能建立在语境、语篇、词汇语法三层次的体现关系中，在语义系统中与概念、人际功能共同作用；逻辑构建从修辞的各种手段出发，与人格表现、情感渲染结合，去判断所阐释或创作的语篇（尤其是演讲类语篇），是否达到了想要的表达效果和交际目的。虽然二者理论背景和概念内涵差别较大，但是，在探讨语篇生成及建构的问题上，谋篇功能可以保证系统性的阐释，逻辑建构则从交际目的达成的角度切入，保证动态、有针对性的阐释，这种互补的分析，有望能解释语法隐喻谋篇效应的丰富内涵。

3. 实例分析：概念、人际隐喻经由谋篇效应的逻辑建构

本研究选择劝说性政治演讲语篇“I Have a Dream[①]”（以下简称《梦想》）（King，1963）作为语篇实例，从语篇生成的角度，结合谋篇功能，分

---

① 本研究选择了Lucas, S. E. 2009. *The Art of Public Speaking*. (10th ed.)附录中的“I Have a Dream”版本。此版本和实际演讲内容和用词完全一致。

析其中语法隐喻的逻辑构建修辞效果。劝说性演讲语篇，作为一种修辞话语，主要是信息发送者试图影响信息接受者的信息内容、态度和行为的互动性交际过程，这是它们的主题，也就是逻辑构建所要考察的对象。在《梦想》中，Martin Luther King, Jr.意图效仿林肯的演讲，主要通过诉诸听众的情感和价值观，说服非裔美国人采取非暴力方式抗争种族歧视和隔离，去争取《解放黑奴宣言》承诺的公平与自由。

关于本演讲的研究成果众多，在此主要参考了详细历史背景研究（Hansen，2003）、修辞特点研究（翟雅丽，1999），还有应用系统功能语言学理论进行的研究（林军，2011；韩凯华，2010，2012；杨晓红，2013；曾建松，2014），主要从纯理功能的语篇分析研究。曾建松的研究（2014）提出了篇章隐喻，仅仅界定为句际关系，进行了语用效果的认知解读。作为演讲语篇，逻辑构建在演讲极为重要，就目前所知，未发现类似的研究。

3.1 《梦想》中的人际隐喻和概念隐喻

《梦想》的演讲语篇，在主题内容展开过程中，考虑到在场不同群体的听众需求，将一致式和隐喻式的表达有机地结合起来，兼顾了信息度、流畅度、可接受性，权威庄重，情真意切，进退自如，重点突出，呈现演讲的节奏与内容契合。接下来，为方便清晰展示演讲语篇生成中语法隐喻的逻辑建构效果，特将演讲分为四部分，分别列举之后统一论述。

第一部分（Para 1 –3）：阐明来首都华盛顿游行示威的目的：大张旗鼓地揭露令美国羞耻的种族歧视现状。

本部分没有人际隐喻，第一段“will”情态动词，一致式地表达了对游行历史意义这一命题可能性的肯定。

本部分的概念隐喻丰富，可分为三类：（1）名词性从句：“what will go down in history”（Para 1）；（2）名物化+评价修饰：“the greatest demonstration”（Para 1），“the symbolic shadow”（Para 2），& “a shameful condition”（Para 3）；（3）名物化+词汇隐喻，都出自Para 3中，譬如：“the greatest beacon light of hope” “the flames of withering injustice” 等，共计7个。

第二部分（Para 4 –7）：论证反种族隔离和歧视的必要性、急迫性。

本部分人际隐喻是概念隐喻带来的，用关系过程、物质过程和言语过程，表达强烈的情态意义，投射出命题和提议。列举如下：“It is obvious today that” （para 5），“we refuse to believe that”（Para 6, 重复2次），“We have also come to this hallowed spot to remind America of”（Para 7第一句），“This is no time to”（Para 7），“Now is the time to”（Para 7，重复4次）。这些人际隐喻将命题和提议打包投射的小句中，减弱了观点和义务的强度。

本部分概念隐喻，除了人际隐喻中列举的例子，归为第（4）类；还包括第（5）类：事实从句，“a promise that”，把国家应该给予不同种族美国公民权利的义务命题化；第（6）类，概括过程动词：“engage” “make” & “take”（Para 7），可以在句子中留出更大的谋篇空间。另外，第（2）类：“this sacred obligation”（Para 5），“the promises of democracy”；第（3）类10个，其中3个在Para 6中，7个在Para 7中，其中有三组6个以语义相反对照形式并列依次出现。

第三部分（Para 8 –13）：在反对种族主义的运动中，国家、人民必须要做到的事情。

本部分的人际隐喻，也是概念隐喻带来的，用关系过程、言语过程，表达强烈的意态意义和情态意义。“It would be fatal”（Para 8，表示强烈的国家责任义务），“we must make the pledge that”（Para 13，由the pledge投射出的从句，将责任命题化，表示我们“作为黑人”心甘情愿的责任义务），“I am not unmindful that”（Para 12，表示特别肯定）。

本部分的概念隐喻，除了上述提到的第（4）类，过程的改变；还包括第（2）类10个，第（3）类15个；第（5）类3个，分别是：“But there is something that”（Para 9 第一句），“ As we walk, we must make the pledge that”（Para 12 第一句），& “Continue to work with the faith that”（Para 13 最后一句）。

第四部分（Para 14 –29）：展现“我的梦想”——未来没有歧视、自由平等的美国梦。

本部分的人际隐喻，也是由概念隐喻带来的，用关系过程隐喻信息过程，投射出命题观点，带有可能性情态意义，都是由情态动词直接表达的，即“I have a dream that”（Para 16–21），重复了6次。

本部分的概念隐喻，除了上一段提到的第（4）类，还包括了第（3）类11个词组，其中绝大部分取自《圣经》中已有的隐喻意象。对于听众来讲，耳熟能详，语法隐喻性较弱。另外，在Para 22中，“This”重复2次，语义概括了之前6段的阐释梦想的内容，类似于名物化的代词形式。

总的说来，第四部分是当时Martin抛开演讲稿的即席发言，显而易见的，口头语篇的语法隐喻，相较于精心撰稿的前三部分（综合了三版他人的草稿以及多位顾问和助手们的建议），语法隐喻的表达要少很多。

3.2 《梦想》中语法隐喻的谋篇效应与逻辑建构

从演讲全篇来看，人际隐喻式的表达没有出现在第一部分，是因为第一部分是对历史和现状的陈述，没有任何协商质疑的空间；第二、三、四部分，主要出现在句子开始部分，主要表示对命题观点的不同程度的可能性，以及对提议行为的意愿程度。与概念隐喻出现的谋篇位置相比，人际隐喻协同主要人称“We”“I”等，占据主位显著的位置。而大多数概念隐喻占据句子靠右的位置，新信息显著的位置，利用大量的名物化表征命题观点，对非裔美国人遭受不公对待的内容既概括又全面，同时利用词汇修辞和of介词短语后置修饰，更增添了生动的形象。在此，谋篇功能通过建构 “人际意义现实”，语篇整体按照“一个命题观点 + 一个提议行动”的论证流，层层推进，直到敲响自由的钟声，号召更多的人行动起来；同时通过构建“概念意义现实”，打包在名词词组和事实从句中，强调突出了现实状况、斗争方式的选择以及梦想的内容，在新信息的位置论据得以充分地拓展。我们可以说，人际、概念隐喻在主位和信息结构中带来了《梦想》的谋篇效应，总体的论证逻辑也得以建构。

谋篇转换，主要体现在关键段落或句子中第（2）类的概念隐喻中，即简单的修辞词+名物化（核心名词），依次在《梦想》语篇中出现的情况如下：demonstration – condition – promise – obligation – insufficient funds –freedom & justice – urgency of now – awakening – something（non-violence）– protest – militancy – distrust – their vs. our freedom – pledge – righteousness – trials and tribulations – faith – dream – faith – hope – freedom。这些离散的核心名词提示了话题的改变，论证主题的推进；而两个名词之间的内容就是具体论据的展开，此处第（3）类概念隐喻多见，提供更多细节扩展的生动描述内容：包括词汇修辞、平行的、对比的结构等。这说明概念隐喻不同类型在整个语篇的分布情况，可以提示谋篇运动中的转换关系，由此修辞上的总—分逻辑关系也得以建构起来。

在语篇的生成中，如果我们选择通过小句复合体来表达意义，最基本的考虑在于谋篇、人际、经验的语义重量在整个单位的配额。语义配重越大，越有可能是在小句复合体内的相互依存的小句结构中（Halliday & Matthiessen, 2014: 434）。一方面，《梦想》语篇中的人际隐喻，同时是概念隐喻，小句复合体的结构，有利于引导听众注意后面强调的重要观点；另一方面，其中显性客观性的表达，即“It is obvious”和“It is fatal”，引出的都是直陈美国所犯的错误，这种表达观点的方式，隐去了观点发出者，掩盖了原先用以表达可争辩性、可协商性的人际意义成分，传递出一种精确客观、不容置疑的意识形态（周海明，2017：51）。而主观显性的表达，如：“We refuse to believe”和“We have come to this hallowed spot to remind America”，引出的内容或者是客观性的观点，或者是客观的概念。上述人际隐喻与投射内容之间的组配关系，提示了不同概念成分的适切谋篇位置，在修辞学意义上，表达观点的不同方式，会影响说服的效果。对于逻辑构建来说，适合的说理方式，既突出了重点，又加强了说服的效果。

谋篇功能还体现在语篇内外的联系上，譬如：“the greatest demonstration”（Para 1），“the hallowed spot”（Para 6），“This sweltering summer of the Negro's legitimate discontent”（Para 7）与演讲时的游行活动、地点和时间联系起来，让听众更有参与感，紧扣了演讲的主题；而“This（is the hope）. This（is the faith）”（Para 22）指向上文长篇的内容，逻辑上严密自洽，让听众容易理解演讲中的内容，从而认同、接受、响应演讲者的观点立场。这也有助于实现语篇的逻辑构建。

总之，谋篇功能通过建构一个与物质世界相平行的“意义现实”，赋予原本处于混沌之中的本源世界以“语篇秩序”（discursive order）。通过名物化，可以重构一个具有相对稳定性和持久性的意义现实。人际隐喻则可以帮助我们选择以什么方式接入观点或行动。谋篇效应，除了达到更加衔接和连贯的效果之外，谋篇资源在词汇语法层，基本上都是概念隐喻和人际隐喻的冗余效应。除此之外，《梦想》中的并列重复的句型、语义对照的词组、长短句的搭配等，也是谋篇的资源，能够使得语篇更加清楚明白、连贯统一、重点突出、形式多样、音韵和谐，表达上更加精确，更有气势，更有说服力和感染力。

4. 结论

语法隐喻自身的语义复杂性和信息浓缩性，给语篇阅读理解增加了难度和强度。在英语阅读教学中，应突出语法隐喻的谋篇功能，继而在语篇生成中进行逻辑构建，培养语篇整体意识，关注语篇语义生成过程，了解不同语法表达的特定作用和功能分析，即，具体表达与语体风格之间的关系，增加阅读理解的深度，这有助于提升学生的语篇鉴赏能力和语体鉴别能力，综合运用概念隐喻和人际隐喻的表达方式，充实英语写作表达的资源。

参考文献

Burke, K. 1969. *A Rhetoric of Motive*. Berkeley: University of California Press.

Halliday, M. A. K. 1978. *Language as Social Semiotic: The Social Interpretation of Language and Meaning*. London: Edward Arnold Publishers.

Halliday，M. A. K. 2004. Introduction: How big is a language? On the power of language. In J. Webster. *The Language of Science. Collected Works of M. A. K. Halliday*. London: Continuum. xi-x xiv.

Halliday, M. A. K. 2005. On matter and meaning: The two realms of human experience. *Linguistics and Human Science* 1: 59–82.

Halliday, M. A. K. & J. R. Martin. 1993. *Writing Science: Literacy and Discursive Power*. London: Falmer.

Halliday, M. A. K. & C. M. I. M. Matthiessen. 1999. *Construing Experience Through Meaning: A Language-Based Approach to Cognition*. London & New York: Continuum.

Halliday, M. A. K. & C. M. I. M. Matthiessen. 2014. *Halliday's Introduction to Functional Grammar*. (*4th edition*). London: Routledge.

Halliday, M. A. K. 1985. *An Introduction to Functional Grammar*. London: Edward Arnold.

Halliday, M. A. K. 1987/2007. Spoken and written modes of meaning. In J. Webster (eds.), *On Grammar*. London: Continuum/Beijing: Peking University Press. 323-351.

Hansen, D. D. 2003. *The Dream: Martin Luther King, Jr. and the Speech that Inspired A Nation*. New York: Harper Collins Publishers Inc.

He, Q. S., Yang, B. J. & B. L. Wen. 2015. Textual metaphor from the perspective of relator. *Australian Journal of Linguistics* 35: 334-350.

Huang, G. W. 2002. Cleft sentences as grammatical metaphors. In Huang, G. W. & Wang, Z.Y. (eds.). *Discourse and Language Functions*. Beijing: Foreign Language Teaching and research Press. 34-41.

Kenneth, B. 1969. *A Rhetoric of Motives*. Berkely：University of California Press.

King, M. L. K. Jr. 1963. "I have a dream" Speech. In S. E. Lucas. 2009. *The Art of Public Speaking*. (*10th ed.*). Beijing: Foreign Language Teaching and Researching Press. A2 –A5

Lassen, I. 2003. Imperative readings of grammatical metaphor: A study of congruency in the imperative. In A. M. Simon-Vandenbergen, M. Taverniers & L. Ravelli (eds.), *Grammatical Metaphor: Views from Systemic Functional Linguistics*. Amsterdam: John Benjamins. 279–308.

Martin, J. R. 1992. *English Text: System and Structure*. Amsterdam: Benjamins.

Martin, J. R. 2020. Ideational semiosis: a tri-stratal perspective on grammatical metaphor. *DELTA Documentação de Estudos em Lingüística Teórica e Aplicada* 36: 1–27.

Martin, J. R., & D. Rose. 2007. *Working with Discourse: Meaning Beyond the Clause*. Bejing: Beijing University Press.

Matthiessen, C. M. I. M. 1992. Interpreting the textual metafunction. In M. Davies & L. Ravelli (eds.), *Advances in Systemic Linguistics: Recent Theory and Practice*. London: Pinter. 37–81.

Painter, C. 2003. The use of a metaphorical mode of meaning in early language development. In A. M. Simon-Vandenbergen, M. Taverniers & L. Ravelli (eds.), *Grammatical Metaphor: Views from Systemic Functional Linguistics*. Amsterdam: John Benjamins. 151–168.

Ravelli, L. 1988. Grammatical metaphor: An initial analysis. In E. Steiner & R. Veltman (eds.), *Pragmatics, Discourse and Text: Some Systemically-inspired Approaches*. London: Pinter. 133–147.

Steiner, E. 2002. Ideational grammatical metaphor: exploring some implications for the overall model. *Languages in Contrast* 4: 137–164.

Taverniers, M. 2018. Grammatical metaphor and grammaticalization: systemic functional linguistics perspectives. *Functions of Language*, 25: 164–204.

Thompson, G. 2014. *Introducing Functional Grammar* (*3rd ed.*). London & New York: Routledge.

Yang, B. J. 2018. Textual metaphor revisited. *Australian Journal of Linguistics* 38: 205-222.
常晨光，2004，语法隐喻与经验的重新建构。《外语教学与研究》（1）：31–36。
陈望道，1979，《修辞学发凡》。上海：上海教育出版社。
陈永禹，2011，语言学与修辞学：关联与互动。《当代修辞学》（2）：8–10。
程喜，2021，英语政治话语中语法隐喻与语式关系研究。《解放军外国语学院学报》（4）：27–36。
丛迎旭，2014，系统功能语言学语法隐喻理论的贡献与问题。《解放军外国语学院学报》（5）：73–81。
丛迎旭、王红阳，2013，基于语义变化的概念语法隐喻模式与类型。《现代外语》（1）：33–39，108-109。
董娟，2020，《语法隐喻中的语义变化》。青岛：中国海洋大学出版社。
董娟、张德禄，2017，语法隐喻理论再思考——语篇隐喻概念探源。《现代外语》（3）：293–303，437。
董敏、徐琳瑶，2017，逻辑语法隐喻的局部语法视角。《中国外语》（6）：27–34。
范文芳，1999，名词化隐喻的语篇衔接功能。《外语研究》（1）：9–12。
范文芳，2001，《语法隐喻理论研究》。北京：外语教学与研究出版社。
范文芳，2007，试论语法隐喻的综合模式。《外语教学》（4）：12–15。
方义桂、丛迎旭，2020，语法隐喻视角下英汉名形化的认知语义研究。《解放军外国语学院学报》（3）：91–99。
高彦梅，2018，语境隐喻中的映射与偏离。《中国外语》（1）：33–41。
韩凯华，2010，主位结构重复增强演讲语篇的说服力。《新疆大学学报：哲学人文社会科学版》（5）：152–156。
韩凯华，2012，《我有一个梦》的重新读释——基于情态的理论视角。《外语教学》（4）：49–52。
侯春杰，2006，语法隐喻的篇章实现功能。《西安外国语学院学报》（3）：5–9。
胡壮麟，1996，语法隐喻。《外语教学与研究》（4）：1–7，80。
胡壮麟，2000，评语法隐喻的韩礼德模式。《外语教学与研究》（2）：88–94。
胡壮麟，2020，《认知隐喻学》（第二版）。北京：北京大学出版社。
胡壮麟，2022，物质与意义：新世纪符号观的两个维度。《天津外国语大学学报》（1）：1-8。

黄国文，2009，语法隐喻在翻译研究中的应用，《中国翻译》（1）：5–9。
黄国文，2018，自然诗歌中的元功能和语法隐喻分析——以狄金森的一首自然诗歌为例。《外语教学》（3）：1–5。
姜望琪，2014，语法隐喻理论的来龙去脉及实质。《解放军外国语学院学报》（5）：63–72，160。
姜奕，2020，公众演讲语篇中名词化的劝说功能分析。《英语广场》（3）：44–46。
金娜娜、陈自力，2004，语法隐喻的认知效果。《外语教学与研究》（1）：25–30，81。
李杰，2010，《英语语法隐喻的认知功能阐释》。北京：中央文献出版社。
梁新亮，2018，中国英语学习者学术语言发展研究。《现代外语》（2）：197–208。
林军，2011，基于纯理功能的语篇分析——以马丁·路德·金的演说词《我有一个梦想》为例。《湘南学院学报》（6）：62–65。
林正军、王克非，2012，跨语言语法隐喻探讨。《外语学刊》（1）：59–63。
林正军、张姝祎，2018，语法隐喻的语义发生理据。《外语与外语教学》（5）：26–33，147-148。
刘承宇，2003，语法隐喻的文体价值。《现代外语》（2）：120–127。
刘婷婷，2020，隐喻语言构建机制新探。《外语教学与研究》（3）：361–371，480。
刘婷婷、张奕，2014，概念语法隐喻的认知解读。《现代外语》（5）：628–637，730。
刘新芳、王云，2016，汉英博士论文致谢辞逻辑诉诸修辞对比研究。《解放军外国语学院学报》（6）：27-35，158。
罗载兵，2016，论语法隐喻图示化的语义波。《西安外国语大学学报》（2）：34-38。
（瑞典）麦蒂森、（日）弘照屋、林文杰著，黄国文、陈瑜敏注，2016，《系统功能语言学核心术语》。北京：外语教学与研究出版社。
彭宣维，2018，话语回应中的衔接性隐喻及其数学表征。《现代外语》（4）：439–452。
师小磊，2020，从语义性维度和逻辑语法隐喻看不同学科英语的知识建构。《浙江外国语学院学报》（2）：79–87。
田永弘，2017，论语法隐喻的客观性语义功能。《现代外语》（2）：179–188，291。

王保健、王宝平、王云，2020，语法隐喻对二语写作研究的资源贡献。《外语教学理论与实践》（4）：36–47。

王红阳、丛迎旭，2018，语法隐喻的语篇功能分析模式。《宁波大学学报（人文科学版）》（2）：76–80。

肖耘，1987，英语修辞学的起源与发展。《江西师范大学学报》（3）：92–96。

徐莉娜、汤春梅，2020，从及物性视角探移就格研究及翻译中的盲点。《外语研究》（3）：67–73，112。

（古希腊）亚里士多德，1991，《修辞学》，罗念生译，北京：生活·读书·新知三联书店。

严世清，2000，《隐喻论》。苏州：苏州大学出版社。

严世清，2002，论韩礼德的语言哲学思想。《外语研究》（2）：7–10，19。

严世清，2003，语法隐喻的发展及其理论意义。《外国语（上海外国语大学学报）》（3）：51–57。

杨炳钧，2021，从亚里士多德的隐喻论到韩礼德的语法隐喻论。《中国外语》（5）：26–34。

杨波，2018，解读概念语法隐喻。《外语研究》（6）：30–35，62。

杨晓红，2013，评价理论视角下的政治演说人际意义分析——以《我有一个梦想》为例。《当代外语研究》（4）：16–20，77。

杨延宁，2020，《汉语语法隐喻研究》。北京：北京大学出版社。

于晖、苗宁，2020，教育语篇因果逻辑语法隐喻的模式与类型探析。《中国外语》（11）：26–34。

曾建松，2014，三种篇章隐喻的认知解读。《外语学刊》（5）：27–31。

翟雅丽，1999，《我有一个梦想》语言艺术赏析。《修辞学习》（4）：39–40。

张德禄，1992，语篇连贯与语篇的信息结构——论语篇连贯的条件。《外语研究》（3）：9-13，28。

张德禄、董娟，2014，语法隐喻理论发展模式研究。《外语教学与研究》（1）：32–44，158。

张德禄、赵静，2008，论语法概念隐喻中一致式与隐喻式的形似性原则。《外国语（上海外国语大学学报）》（6）：25–32。

张延君，2016，语法隐喻符号资源与高级英语写作能力培养。《天津外国语大学学报》（6）：8–14，78。
赵军峰、杨之淼，2020，西方修辞学视角下的法庭口译研究。《中国翻译》（5）：154–162。
赵莉，2018，Halliday意义上隐喻式关系小句的意象图式基础。《外语教学与研究》（4）：495–505，639。
郑麓，2015，语法隐喻研究的语义发生学视角。《湘南学院学报》（3）：54–59。
周海明，2017，论语篇元功能的非本源性。《外语研究》（2）：47–52。
周惠、刘永兵，2017，英语学位论文摘要中语法隐喻的使用与语篇功能研究。《现代外语》（4）：484–494，583-584。
朱永生，1994，英语中的语法比喻现象。《外国语（上海外国语学院学报）》（1）：8–13。
朱永生，2006，名词化、动词化与语法隐喻。《外语教学与研究》（2）：83–90，160。
朱永生、严世清，2000，语法隐喻理论的理据和贡献。《外语教学与研究》（2）：95–102，160。
祝敏，2018，基于感知模拟的语篇融通隐喻研究。《浙江外国语学院学报》（3）：65–73。

Logos Appeal of Grammatical Metaphor in Text Generation: *I Have a Dream* as a Case in Point

Abstract: The relationship between grammatical metaphor and textual metafunction has been discussed as a hot topic in recent years. Theoretically, based on the second-order feature of textual metafunction, its relationships with ideational, interpersonal metafunction, and their grammatical metaphors are explained. Then, textual resources are introduced to clarify approaches to logos. Finally, it is demonstrated that through the way how grammatical metaphors lead to textual effects logos is achieved with "I Have a Dream" speech as a case in point.

Keywords: Grammatical metaphor, text generation, ideational grammatical metaphor, interpersonal grammatical metaphor, logos

功能与结构互动

——新冠疫情防控通告中的名物化研究

西安外国语大学 侯建波 卢 珊*

[提 要] 在抗击新冠疫情的过程中，中国政府高效地组织社会力量，有效地阻止新冠疫情传播，为全世界树立了良好的抗疫榜样。在此过程中，我国政府发布的新冠疫情通告发挥了十分重要的作用。本文以2019年底到2020年5月期间中央、湖北省和武汉市政府发布的新冠疫情通告为研究对象，考察其中的名物化结构和功能关系。本研究发现：第一，通告名物化发挥了权威化、标准化和激励化三个功能。第二，新冠疫情通告选择PP+VP、VP+NP和“S”+N三类名物化结构，与其功能互动，实现交际目的。

[关键词] 名物化；政府通告；新冠疫情；语篇功能

1. 引言

从2019年末开始，整个世界受到新冠疫情的严重影响。根据2022年2月的数

* 侯建波，西安外国语大学教授、博导。研究方向：功能语言学、语篇分析、认知语言学。Email：henryhou365@126.com。通信地址：610128 西安外国语大学英文学院。

卢珊，西安外国语大学副教授，在读博士。研究方向：英语语言学、应用语言学。电子邮件：lushan@xisu.edu.cn。通信地址：610128 西安外国语大学商学院。

本文为教育部基金项目（项目编号：21YJAZH028）的阶段性成果。

据，超过4亿人被感染，近600万人死亡，疫情经常造成社会停摆。我国是最早发现新冠疫情的地方，国家采取“动态清零”的疫情防控政策，在短时间内遏制了疫情，保护了人民的生命安全，经济保持高速发展。在防控新冠疫情的过程中，我国政府发布新冠疫情通告，高效地组织各种社会力量，兼顾疫情防控和社会经济发展，取得十分优异的成绩，向全世界展现了伟大的抗疫精神。在此过程，政府通告发挥十分重要的作用，不但规定了抗疫基本原则，而且明确了具体的工作标准。政府通告行政特殊，属于抽象行政行为，具有法律效力，所涉机构和人员无条件执行。在新冠疫情防控中，各级政府和部门可以发布通告，告知规则的具体变化，它有不同的名称变体，包括通告、通知、公告、意见等等。本研究以新冠疫情通告中的名物化为研究对象，旨在探究其在语篇中发挥的功能与作用。

名物化在语篇中发挥重要作用，已经引起关注。学者们应用系统功能语法的相关理论考察其在语篇中的功能。例如，学者们关注名物化隐藏实施者的功能（Billig, 2008）、人际功能（姜峰，2016）、通俗化作用（刘承宇、汤洪波，2021）、专业化和合理化作用（王振华、王冬燕，2020）。然而，还没有学者关注机构性话语中的名物化。基于此认识，本研究分析我国政府新冠疫情防控通告中的名物化，从功能和结构互动的角度考察其在语篇中的功能和使用特征。

2. 方法论

2.1. 语料收集

本研究收集从新冠疫情暴发到2020年4月间适用于武汉的新冠疫情通告，包括中央、湖北和武汉三级政府发布的新冠疫情防控通告。政府发布的新冠疫情通告对全社会公开，分别在相应级别的卫健委网站、政府网站可以搜寻到。各个政府部门的工作各有工作重点，涉及通告的重点不同，因此，需要从多个网站搜寻，相互引证，可以找到想要的目标文件。经过搜寻和对比，本研究收集到中央、湖北省和武汉市的新冠疫情通告共计75个，包括中央政府新冠疫情通告24个，湖北省新冠疫情通告25个，武汉新冠疫情通告26个。由于本研究的重心是关注名物化在新冠疫情通告中发挥的作用，同一个名物化在语篇中出现的次数对语篇的作用有影响。因此，在统计语料中的名物化时，本文按照出现的次数来计算。在收集到的语料中，总计发现名物化现象740次，其中中央通告文件出现名物化239次，湖北省通告文件出现名物化377次，武汉市的通告文件出现名物化126次。

2.2. 名物化理论

在语言使用过程中，把小句变形，当作名词来使用，形成名物化，是语言学研究的重要议题。名物化的研究有三个流派，一是语法规则学派，包括以Bloomfield 为代表的描写结构主义和以Chomsky为代表的转换生产学派，其特征是关注名物化的句法结构，强调以词汇为基础的语法规则；认为名物化是对词汇语法重新组合的结果；二是认知语法学派，认为名物化可以发生在概念层面，是认知视角的改变，名物化的语法结构具有新的结构重心（刘国辉、汪兴富，2005），其目的是实现事件的指称和量化（高航，2020）。三是功能学派，关注级阶转移引发的功能变化（王振华、石春煦，2016）。功能学派基于系统功能语法的级转移，通过概括、抽象和隐喻三种方式重构人类经验（Halliday, 1998: 185–235），形成名物化。名物化是一个过程，是对原语法结构的“打包”，强调过程本身具有“指物”的特性（Halliday, 1985: 180）。名物化引起及物性系统、词序排列、主位结构和信息结构等改变（刘承宇、汤洪波，2021），其结果是形成语法隐喻特征群。

在英语语篇中，名物化的结构变化引起学者的高度重视，认为它隐藏“施事者”，是话语操控手段（Fowler, 1991: 80），传递话语社会价值观（Van Dijk, 2006；Fairclough, 2013）。该思想受语法规则学派的深刻影响，本质是视名物化的核心词语是名物化的中心。本研究提出名物化是语法结构和功能互动形成的观点，其结构复杂，既有基本的结构类型，也存在名物化结构复合体；名物化的功能是具体的，服务于语篇的交际目的；对名物化功能的解读需要结合名物化结构和语篇交际目的。

3. 结构与功能的互动

3.1. 名物化的结构

按照内部结构类型，政府通告的名物化可以分为基本类型和叠加型名物化现象。基本类型名物化只有一个及物性过程，叠加类型涉及两个或者两个以上的及物性过程。基本的名物化类型主要有三大类组成，即PP+VP结构、VP+NP

结构和“S”+N结构，其具体类型见图

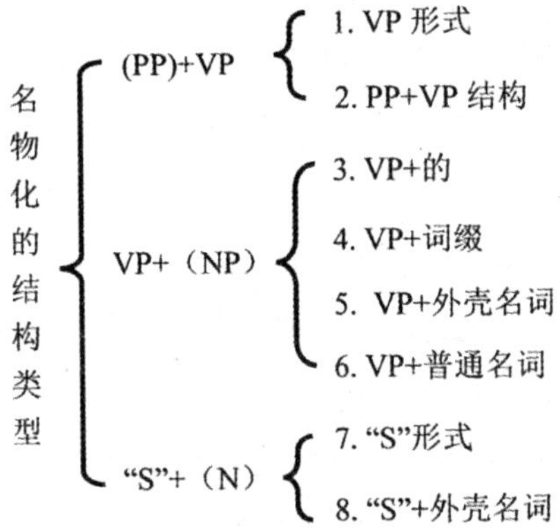

图1　名物化结构类型

PP+VP结构的特征是由介词短语和动词短语构成名物化的结构，这类名物化可以再细分为动词短语型和介词短语加动词短语型。例如，

（1）a. 规定

b. 百分之百实行二十四小时封闭管理

在例（1）中，名物化同属于（PP）+VP结构，细节存在差异。其中a句仅仅对动词（即“规定”）进行名物化，不牵涉其他成分，属于传统意义上的动词名用。b句“管理”被名物化，附带成分“百分之百实行二十四小时”则属于该名物化对的一部分。该例的名物化现象有共同特征，即名物化结构以VP动词短语结束。在（PP）+VP结构中，是以VP为核心的结构整体进行名物化。

VP+（NP）名物化结构包括四种类型，即“VP+的”结构、“VP+词缀”结构、“VP+外壳名词”结构和“P+普通名词”结构。例如，

（2）a. 危害公共安全的

b. 无症状感染者的密切接触者

c. 发热病人报告不及时、“四类人员”收治隔离落实不到位、疫情防控措施落实打折扣等问题

d. 各医疗卫生机构、机场、铁路、车站、码头、海关等部门和单位的一线工作人员

在例（2）的a中，名物化由动词短语加“的”组成，其中“危害公共安全”是动词短语，在其结尾加上“的”形成该类型的名物化。在b中，名物化由动词短语加词缀“者”组成，形成“VP+词缀”的名物化结构。在c中，名物化属于叠加结构，三个动词短语“发热病人报告不及时、“四类人员”收治隔离落实不到位、疫情防控措施落实打折扣”和外壳名词组成。外壳名词“问题”是对动词过程的概括，是被“虚化”的名词。在d中，名物化结构则由动词短语和普通名词构成，形成由动词短语加普通名词构成的结构。本例中所有名物化是以动词短语为核心，强调及物性的过程和环境成分。

新冠疫情通告中还存在第三种类型的名物化结构，即把结构完整的句子进行名物化，包括“S”型和“S”+外壳名词两种结构。例如，

（3）a. “不漏一户、不落一人、不断一天”

b. “坚定信心、同舟共济、科学防治、精准施策”的总要求

在例（3）中，两个例子是对句子整体进行名物化。在a中，把结构完成的过程放在引号内，3个结构完整的及物性过程以并列关系放在引号内，实现了名物化。在b中，结构完整的句子放在引号内，表达名物化过程的细节，其后跟随名词短语“总要求”，属于外壳名词，表达名物化过程是对名词“总要求”的细化表达。对比二者，可以看出“S”+NP结构名物化表达的重点在于引号中的及物性结构，而不是末尾的词汇。在政府新冠疫情通告中，还存叠加形式的名物化，即通过对基本类型的组合形成更加复杂的名物化结构。例如，

（4）a. 发热病人

b. 因隔离点建设不到位、床位筹集不到位，导致“四类人员”不能及时收治和隔离的

c. 所有疑似、确诊（含临床诊断）新冠肺炎病例的密切接触者和不能明确排除新冠肺炎者

在该例中，a是基本类型的名物化现象，名物化只有一个内部的框架结构。b和c则属于叠加型名物化，二者的内部有复杂的逻辑结构，其中b属于递进型名物化结构，前面讲原因，后面陈述结果，形成一个名物化结构整体。c例包括并列的名物化结构，共享结尾的名词。

3.2. 功能和结构的互动

政府新冠疫情通告使用名物化促动政府的防疫政策在基层切实贯彻。名物化在通告中发挥着重要的功能，包括权威化功能、标准化功能和激励化功能。权威化功能指通告援引行政惯例、政治要求和法律条文等树立政府权威，从而确保按照规定开展相关防疫工作。权威化功能包括援引行政主张、援引政治要求和援引法律条文规定。例如，

（5）a. “反应果断迅速、运转高效有序、执行坚决有力”要求

b. “把人民群众生命安全和身体健康放在第一位”的理念

c. 《中华人民共和国突发事件应对法》《中华人民共和国传染病防治法》和湖北省重大突发公共卫生事件I级响应机制等有关规定

该例的a句属于“S”+名词的名物化结构，“反应果断迅速、运转高效有序、执行坚决有力”包含三个独立的句子结构，通告加引号的方式被当作一个名词来使用。通过该结构，提出下属单位和机构需遵循的具体要求，实现话语权威化的功能。b属于“S”+名词结构，从政治角度提出所有单位做事必须具备的观念，即具有“把人民群众生命安全和身体健康放在第一位”的理念，其具体理念内容是该名物化的重点。c属于“PP+VP”结构，动词短语“规定”带有附属成分，被整体名物化。在新冠议题通告中，名物化的形成过程援引行政要求、政治理念和法律条文，强化了政府新冠疫情通告的权威性。

政府新冠疫情通告使用统一标准确保在防控新冠疫情过程中能够高效率地协作，标准化包括病症标准化、接触判定标准化、再区域标准化和救助标准化。例如，

（6）a. 未出现发热（腋下体温≥37.3℃）、咳嗽、气促等急性呼吸道感染症状的

b. 与病例共同居住、学习、工作，或其他有密切接触的人员

c. 来自疫区的返乡人员和外来人员

d. 受疫情影响无法外出务工、经营、就业，收入下降导致基本生活困难的城乡居民

句a属于“VP+的”结构，其一致式是病症描述，其整体过程被名物化；虽然对该及物性过程进行了名物化，该结构强调病症的标准细节。句b的一致式是判断可能相互传染新冠病毒的标准，其过程被名物化，形成病症的标准化。句c属于“VP+普通名词”结构，其一致式按照病发情况把所有地区按照发病人数进行重新划分，形成再区域的标准化功能。句d属于“VP+普通名词”结构，它明确需要救助人员的具体条件，属于救助标准化。这些名物化对病症、接触、区域和救助标准进行统一规定，基层单位按照该标准执行。

政府新冠疫情通告还有激励化功能，它有惩戒违反规定的功能和奖励积极推动政策实施的功能。例如，

（7）a. 在疫情防控工作中伤害医务人员、故意传播病原体、扰乱医疗秩序等违法犯罪活动的

b. 战斗在防控新型冠状病毒感染的肺炎疫情一线的医疗卫生人员、工作人员以及他们的家人

a属于“VP+的”结构，其一致式是描述违反疫情防控政策，采用该结构对其进行名物化；在具体通告中发挥惩戒违反疫情政策的功能。b属于“VP+普通名词”结构，末尾名词是对前面动词短语的属性概括。通告同时具有奖励积极执行通告规定的功能和惩罚破坏规则的行为，确保了政府发布的新冠疫情通告顺利和彻底执行。

4. 功能和结构互动的分布特征

4.1. 功能和结构互动分布

在新冠疫情通告中，名物化的结构和功能相互促动，形成三种基本功能，包括权威化、标准化和激励化功能。然而，各种功能在语料中的分布存在差异，分布频率不一。功能和结构的互动分布如表1所示。

表 1　功能与结构的互动分布

<table>
<tr><td colspan="3" rowspan="2"></td><td colspan="6">结构分布</td></tr>
<tr><td>结构 1</td><td>次数</td><td>结构 2</td><td>次数</td><td>结构 3</td><td>次数</td></tr>
<tr><td rowspan="9">功能与结构的互动</td><td rowspan="3">权威化</td><td>行政化</td><td>“S” + 外壳名词</td><td>54</td><td>PP+VP</td><td>11</td><td>——</td><td>0</td></tr>
<tr><td>政治化</td><td>“S” + 外壳名词</td><td>32</td><td>——</td><td>0</td><td>——</td><td>0</td></tr>
<tr><td>法律化</td><td>PP+V</td><td>21</td><td>——</td><td>0</td><td>——</td><td>0</td></tr>
<tr><td rowspan="4">标准化</td><td>病症</td><td>VP+ 词缀</td><td>62</td><td>VP+ 普通名词</td><td>19</td><td>VP+ 的</td><td>5</td></tr>
<tr><td>接触</td><td>VP+ 词缀</td><td>107</td><td>VP+ 普通名词</td><td>17</td><td>——</td><td>0</td></tr>
<tr><td>再区域</td><td>VP+ 普通名词</td><td>51</td><td>VP 形式</td><td>2</td><td>——</td><td>0</td></tr>
<tr><td>救助</td><td>VP+ 普通名词</td><td>19</td><td>——</td><td>0</td><td>——</td><td>0</td></tr>
<tr><td rowspan="2">激励化</td><td>惩戒</td><td>VP+ 的</td><td>57</td><td>VP+ 普通名词</td><td>4</td><td>——</td><td>0</td></tr>
<tr><td>奖励</td><td>VP+ 普通名词</td><td>43</td><td>VP+ 的</td><td>4</td><td>——</td><td>0</td></tr>
</table>

注释：本表仅计算功能特征明确的名物化现象，功能不明确的名物化则不做统计。

在权威化功能中，行政化是十分重要的表现手段，其中“S”+外壳名词的结构出现54次，“PP+VP”结构出现11次。通过这两种结构，名物化从行政角度强调了语篇的权威化。例如，

（8）a.“早发现、早报告、早隔离、早诊断、早治疗”原则

b. 依法处置、舆论引导、社会面管控“三同步”要求

在例（8）中，a句属于“S”+外壳名词的结构，“S”部分则由3个并列的句子组成，语料中出现54次，其作用是强调防控疫情的行政指导思路，实现权威化的功能。b句是VP形式，在语料中出现11次，基于该结构，名物化对疫情防控做出明确规定，要求相关单位按照该规定执行防疫任务。与此同时，通告本身属于政治话语，主流政治术语会进入名物化结构中，从政治要求的角度强调通告的权威。例如，

（9）“把人民群众生命安全和身体健康放在第一位”的理念

该例属于“S”+外壳名词结构，“把人民群众生命安全和身体健康放在第一位”是我国的主流政治术语，被嵌入名物化结构中，强调政治站位要有该高度，使用该方式强调通告的权威，成为通告常用的方法，在语料中出现32次。

在该例中，名物化的核心功能由引号内的部分承担，句法上的核心名词“理念”已经被虚化，即使没有该名词，也不影响名物化的使用。权威化功能还有一种表现方法，即法律化方法，即名物化强调通告行为的正当性实现权威化通告的目的。例如，

（10）《湖北省人民代表大会常务委员会关于为打赢新型冠状病毒肺炎疫情防控阻击战提供有力法治保障的决定》等相关法律法规规定

该例属于“PP+VP”结构，该名物化结构提交具体的法律文件，其目的是解释通告的法律依据，从法律的角度强化通告的权威性，该类型在疫情防控通告中出现21次。

在疫情防控中，疫情防控通告的名物化使用多种手段实现了疫情防控的标准化，主要涉及病症、接触、再区域化和救助标准化。标准化功能对于统一全国的疫情防控和恢复生产生活十分重要，确保按照同一个标准来开展疫情防控。例如，

（11）a. 无症状感染者
b. 确认的发热病人
c. 未出现发热（腋下体温≥37.3℃）、咳嗽、气促等急性呼吸道感染症状的

该例主要涉及病症标准化的功能，a属于VP+词缀结构，在动词“感染”后面加词缀形成名物化,主要用来统一病人的症状，该类型在语料中有62次。b是复合形式的名物化结构，在此我们仅仅考察上位的结构，它属于“VP+普通名词”结构，在语料中出现19次。通告该结构，精确地分类了病人。c句则通过“VP+的”结构实现病症的标准化，对体温、呼吸等感染症状进行具体的规定，该类型在语料中出现5次。

为统一疫情防控的标准，通告给出明确的人员接触标准，附着于名物化结构之中，形成基于接触的标准化。例如，

（12）a. 无症状感染者的密切接触者
b. 与病例乘坐同一交通工具并有近距离接触人员

a句属于“VP+词缀”结构，在名物化的内部具体规定了接触者之间的界限，规定了接触病毒的具体范畴，该类型出现107次。b句属于“VP+普通名词”结构，规定了密接者的具体类型，该结构在语料中出现17次。通过这两种基本的结构类型，名物化给出了具体的接触类型，使其达到统一的标准。

名物化也使用重新划分区域方法实现防疫政策同一性，推动疫情防控的统一执行。在通告中，会根据疫情暴发情况重新划分区域，方便疫情防控。例如，

（13）a. 来自疫情严重地区的人员

b. 疫点、疫区的划分

在该例中，a句属于“VP+普通名词”结构，把人员的来源地区进行强调，按照疫情防控标准重新划分了地区，实现疫情防控的标准化，该类型出现51次。b属于“VP”结构的名物化，按照出现病例的情况，重新划分区域，该类型出现2次。通过这三种结构，名物化按照疫情暴发情况重新划分区域，实现疫情防控标准化。

名物化还明确了对弱势群体的救助标准，让受疫情影响的民众能够得到及时的帮助，通过该方法，名物化实现了标准化防疫政策的功能。例如，

（14）受疫情影响在家隔离的孤寡老人、因家人被隔离收治而无人照料的老年人和未成年人

在该例中，名物化属于“VP+普通名词”结构，规范了受救助的人员的标准，该类型出现19次。

疫情通告的名物化还有激励功能，包括惩戒和奖励两个方面。通告使用激励功能刺激防疫政策能够被严格执行。通告明确了具体的惩戒标准，明确在何种情况下会被惩罚。例如，

（15）a. 防控工作中不担当、不作为、慢作为的

b. 因防控措施不实、排查核查不力导致疫情蔓延的单位

在该例中，a属于“VP+的”结构，规定出现“不担当、不作为、慢作为”这三种情况会被惩罚，该类型出现57次。b属于“VP+普通名词”结构，规定了“防

控措施不实、排查核查不力…”会被处罚，该类型出现4次。除了惩戒手段外，通告名物化还使用奖励手段激励。例如，

（16）a. 战斗在防控新型冠状病毒感染的肺炎疫情一线的医疗卫生人员、工作人员以及他们的家人

b. 一线医务人员子女2020年秋季入学幼儿园的

在该例中，名物化奖励抗疫中表现突出的人员。a句属于“VP+普通名词”结构，该类型出现43次，b句属于“VP+的”结构，出现4次。通过名物化对抗疫人员进行归类，在具体的宏观语篇中进一步提出奖励办法。

4.2. 功能与结构的互动特征

第一，新冠疫情通告倾向使用特定结构实现语篇功能。在语料中，功能特征明显的名物化总计出现508次，其中权威化功能使用118次，标准化功能使用282次，激励化功能使用108次。在权威化功能中，行政化手段占55%，说明通告倾向使用行政化手段表达权威化；常用的名物化结构为“S+外壳名词”，“S”为高度凝练的疫情防控原则，树立通告权威。在标准化功能中，最常用的手段是接触手段，出现124次，占标准化功能的44%，接触手段中最常用的名物化结构则是“VP+词缀”，出现107次。其次借助病症手段实现标准化，出现86次，占标准化功能的30.5%，常用结构为“VP+词缀”结构，出现62次。在激励化手段中，惩戒和奖励出现的概率差异不大。

第二，从功能的角度看，名物化的重心在于其内部的及物过程，而不是最后出现的词汇。现有的名物化现象显示，被名物化的结构属于被降级的及物性过程，其作为小句的属性依然存在。它受上位语法条件制约，对被降级的句法结构进行调整，使其符号上受语法限制。其功能重心在于被降级的及物性过程，不在名物化结构的末尾。相反，句末的词汇无关紧要，甚至可以省略。在例11中，名物化结尾有名词和虚词，我们可以把其中的名词替换成“的”形成“的”字结构的名物化，表明名物化的功能重心不在于此。在逻辑关系方面，通告的名物化的逻辑关系复杂，可以有其内部逻辑结构关系，该来名物化现象往往是复合句进行降级，形成名物化的结果。例如，例（15）的a，就是从主从复合句转化而成的名物化现象。

第三，名物化的结构可以承载褒贬意义。通告中的名物化激励功能，涉及

惩戒和奖励两种手段的实现方式，其中惩戒类基本使用“VP+的”结构表达，占惩戒类使用量的93%；奖励类则基本使用“VP+普通名词”结构表达，占奖励类使用量的91%。换而言之，通过功能和结构的互动关系，我们可以看到，“VP+的”结构往往用来表达贬义，如惩戒、不喜欢的方面，“VP+普通名词”机构往往用来表达中立或者褒义。

5. 结语

本论文从功能和形式互动的角度考察新冠疫情通告中的名物化。研究发现：第一，通告名物化发挥权威化、标准化和激励化三个作用。第二，新冠疫情通告选择PP+VP、VP+NP和“S”+N三类名物化结构，与其功能互动，实现交际目的。研究过程发现两个有趣语言现象，第一，新冠疫情通告中的名物化旨在凸显及物性的参与者。传统观点认为语篇使用名物化隐藏事件的参与者，而疫情通告中的名物化则是突出名物化的事件参与者。第二，“vp+的”和“vp+名词”结构之间的概念意义没有差异，但是，人们倾向于使用前者表达贬义，后者表达褒义。随着研究的深入，相信在将来学者们会发汉语名物化的其他属性，为汉语学术话语权做出更多贡献。

参考文献

Billig, M. 2008. The language of critical discourse analysis: the case of nominalization. *Discourse & Society* 19(6): 783–800.

Fairclough, N. 2013. *Language and Power*. London: Routledge.

Fowler, R. 1991. *Language in the News*. London: Routledge.

Halliday, M.A.K. 1985. *An Introduction to Functional Grammar*. London: Arnold.

Halliday M.A.K. 1998. Things and relations: Re-grammatizing experience as technical knowledge. In Martin J. R and Veel R.(eds.), *Reading Science: Critical and Functional Perspectives on Discourses of Science*. London: Edward Arnold. 185-235.

Van Dijk T. A. 2006. Discourse and manipulation. *Discourse & society* 17(3): 359–383.

高航，2020，认知语法框架下名物化的概念组织层面考察。《解放军外国语学院学报》（2）：68–76，159–160。

姜峰，2016，外壳名词的立场建构与人际功能。《现代外语》（4）：470–482，583。
刘承宇、汤洪波，2021，白话法言法语：解包庭审话语中的名物化语言。《当代修辞学》（2）：60–70。
刘国辉、汪兴富，2005，名化、级差转移、原型范畴及名化研究框架体系的思考。《外国语（上海外国语大学学版）》（4）：37–43。
王振华、石春煦，2016，名物化语言现象在语篇中的作用。《现代外语》（6）：751–762，872。
王振华、王冬燕，2020，从动性、质性到物性:对比英汉两种语言中的名物化语言现象。《外国语（上海外国语大学学版）》（1）：13–22。

Interaction between Function and Structure: Studying Nominalizations in Chinese Government Proclamations of Fighting Against Covid-19

Abstract: Chinese government set a good example for the whole world in fighting against Covid-19. During this course, government proclamations play a very important role for this success. This paper analyzes the nominalizations in government proclamations, which took effect in Wuhan in the first wave of the pandemic including that issued by authorities of Chinese Central Government, Hubei Provincial Government and Wuhan Municipality. It is found that (a) nominalizations in government proclamations have three strands of functions, authoritization, standardization and incentivization, (b) the communication purpose is achieved via the interaction between functions and structures of PP+VP, VP+NP and “S” +N.

Keywords: nominalization; government proclamation; Covid-19; discourse function

社会媒体批评话语研究

——女性主义批评话语分析（FCDA）视角

中央财经大学　魏爽*

[提　要] 女性主义批评话语分析（Feminist Critical Discourse Analysis；简称FCDA）起源于20世纪末，旨在揭示话语中性别、权力与意识形态三者之间的复杂关系。本文系统呈现女性主义批评话语分析的语言学理论基础与女性主义视角，以及FCDA的研究目标与基本原则。此外，本文在社会主体表征与社会事件再情景化的基础上，整合了女性主义批评话语分析视阈下社会媒体话语表征的分析框架，并结合具体实例论证FCDA的理论与应用适用性。FCDA有助于在社会、文化、经济、政治的历史语境中解读性别关系，挑战父权意识形态与社会结构。

[关键词] 女性主义批评话语分析；性别；权力；意识形态

1. 缘起：社会媒体批评话语研究的女性主义视角

女性主义批评话语分析（Feminist Critical Discourse Analysis; FCDA）起源于批评话语分析（Critical Discourse Analysis; CDA），其创始人Michelle Lazar师从批评话语分析创始人之一Fairclough。批评话语分析的理论框架来

* 魏爽，中央财经大学外国语学院助理教授、博士。研究方向：批评话语分析、社会语言学、性别与媒介。Email：Lornaws@126.com。

源于Althusser的意识形态理论、Bakhtin的体裁理论、Gramsci与法兰克福学派（Frankfurt School）的哲学传统，以及Foucault的话语分析（Wodak, 2000）。批评话语分析兴起于20世纪70年代末的批评语言学（Critical Linguistics），其理论重点“批评”主要体现在“自我反思性”（Habermas, 1970, 1971）与“话语和社会意义的不可分割性”（Kress & Hodge, 1979）两个方面。法兰克福学派哲学家Habermas认为，批判性科学研究必须具有“自我反思性”。换言之，批判性科学研究必须反映研究本身所代表的利益基础，并将互动的历史语境纳入批判性研究的过程之中（Habermas, 1970, 1971; Wodak, 2000）。“话语和社会意义的不可分割性”表明话语离不开社会意义，语言与社会结构之间存在密切关系（Kress & Hodge, 1979; 田海龙, 2021）。批评话语分析将语言视为一种社会实践形式，不仅考察语言符号本身，而且重点关注语言符号与历史语境、社会结构的动态关系。

批评话语分析主要考察文本或语篇中所建构的意识形态（ideology）与权力关系（power relations）。意识形态是世界的表征，有助于“建立和维持权力关系、统治与剥削”（Fairclough, 2003: 218）。在各种权力关系中，批评话语分析侧重霸权研究，霸权（hegemony）是权力斗争的特殊方式（Fairclough, 2003），也是“对社会经济、政治、文化和意识形态领域的领导与统治”（Fairclough, 1995b: 75）。批评话语分析关注霸权中的统治关系，批判社会不平等，涉及政治、文化、阶级、种族和性别等方面（van Dijk, 1993）。CDA认为，话语是社会实践的方式之一，意识形态和权力关系不仅与制度中的社会实践密切相关，更与话语密切相关（Wodak, 2000；Fairclough, 2003）。批评话语分析的一般原则是：（1）批评话语分析关注社会问题，特别是自上而下的权力关系和统治关系，具有跨学科性和多学科性。（2）权力关系与话语有关，既有话语中体现的权力关系，也有话语背后隐含的权力关系。（3）社会结构与话语辩证统一，社会结构决定话语，话语影响社会结构，利于社会变革。（4）语言的使用可以传递特定的意识形态。（5）理解话语需要参考历史语境（van Dijk, 1993; Wodak, 2000）。

批评话语分析的核心概念是“话语”。在Foucault语篇分析（Foucault, 1971, 1972）的影响下，Fairclough（1992）提出了以文本为导向的话语分析（Textually Oriented Discourse Analysis; 简称TODA），并将社会和政治的视角融入话语分析中，对话语进行了多维度、多功能、历史性和批判性的分析。话语作为社会生活的重要因素，与社会结构、社会变迁等因素存在辩证关系，不同的话语代表了世界的不同方面，话语既是文本，又是话语实践，也是社会实践，即“话语的三维概念”（Fairclough, 1992, 2003）。社会媒体话语是批评话语分析的研究重点之一。社会媒体话语能对知识、信仰、价值观、社会关系和社会身份产生影响，批评话语分析则重点研究主流意识形态在媒体的传播机制（Fairclough, 1992, 1995a, 2003; Litosseliti, 2006; Gill, 2007; van Dijk, 2008; Zappavigna, 2012; Tannen & Trester, 2013; Phelan, 2018）。对媒体话语的批判性分析旨在揭示用户如何建构语篇、如何通过语言支持特定的权力关系以及如何合理化和维持现有的社会不平等（Fairclough, 1992）。从广义上讲，社会媒体是社交网络中的普通大众（相对于专业记者）创造“用户生成新闻”的媒介（Murthy, 2012）。随着社会媒体的兴起，媒体与公众之间的关系发生了变化，传统大众媒体的权威性和共识性已被社会媒体平台上多样化和碎片化的用户意见所取代（Bouvier & Machin, 2018），创作者和受众的边界在很大程度上已经模糊。此外，传统大众媒体的单向、一对多的界面已经被动态、多对多的话语实践所取代（KhosraviNik, 2018）。社会媒体的传播范式挑战了传统大众媒体的固有权力，为民众参与、获取和使用符号资源提供了新的权力空间（KhosraviNik & Sarkhoh, 2017）。

社会媒体批评话语研究（Social Media Critical Discourse Studies; 简称SM-CDS）重点考察社会媒体中自下而上的身份建构话语实践（Murthy, 2012; KhosraviNik & Sarkhoh, 2017; KhosraviNik, 2018; KhosraviNik & Esposito, 2018; Bouvier & Machin, 2018, Bouvier, 2019; Rizwan, 2019）。随着社会媒体的兴起，CDA的研究重心从传统大众媒体的权威话语转向多媒体平台的用户生成内容。从批评的角度看，社会媒体话语呈现了不同的世界观，这些观点由不同群体传播，以群体或个体自身利益为出发点，再情景化社会实践（Bouvier, 2019）。换言之，社会媒体用户通过话语实践建构身份，以某种特定方式对社会事件进行表征，从而生成、协商和维持权力关系。

性别问题是社会媒体的重要议题之一，社会媒体所呈现的性别观念与话语表征通常来自性别刻板印象。性别刻板印象指基于性别差异形成的既定性别认识，或对不同性别群体的特定期望（Holmes & Meyerhoff, 2003）。性别刻板印象时常潜入语言，例如“女司机”一词常与“危险”相联系，虽然没有确凿的证据表明女性司机比男性司机更加危险，但是社会媒体不断强调基于二分法的性别差异，以迎合父权社会中普遍存在的性别刻板印象，使既定性别意识形态通过媒体话语的反复表征得以维系（Mills, 2008）。

在批评话语分析与女性主义文体学（Feminist Stylistics; Mills, 1995, 2008; Holmes & Meyerhoff, 2003; Litosseliti, 2006）的双重影响之下，Lazar将女性主义视角融入话语的批判性分析之中，旨在揭示性别、权力和意识形态在话语中的互动关系。21世纪伊始，女性主义批评话语分析逐渐成为CDA的重要研究分支，在国际学术圈受到广泛认可，Lazar（2005c）编著的《女性主义批评话语分析：话语中的性别、权力与意识形态》（*Feminist Critical Discourse Analysis: Gender, Power and ldeology in Discourse*）将女性主义批评话语分析应用到机构话语（职场、国际组织、课堂）与社会媒体话语（广告、新闻、纸媒）的分析中，揭示了性别假设和权力不对称性通过复杂微妙或不易察觉的方式，在特定社区和话语语境中生成、维持、协商和竞争。FCDA的理论视角与分析框架对性别研究，特别是媒体话语表征中的语言与性别研究具有重要意义。本文旨在系统梳理FCDA的理论要点，厘清相关基本概念，整合FCDA的分析框架，为FCDA在中国语境中的应用奠定基础，为中国的语言与性别研究注入新的动力。

2. 女性主义批评话语分析的理论视角：话语中的性别、权力与意识形态

女性主义批评话语分析根植于批评话语分析，并受到当代女性主义批判思潮的影响。当代女性主义批判思潮建立在批评结构性不平等的基础上（第二波女性主义浪潮），同时将性别政治纳入后结构主义、跨国主义、酷儿理论、后殖民主义、与交叉理论的研究之中（第三波女性主义浪潮）（Lazar, 2018）。女性主义批评话语分析强调，结构性不平等主要体现在性别权力的不对称性。性别权力的不对称性往往以复杂多样、公开直接或不易察觉的方式进入特定话语语境，并成为“常识”，这些方式包括性别假设、性别不平等与性别歧视（Mills, 2008; Lazar, 2018）。女性主义批评话语分析将性别理解为意识形态结构，其核心关注点为批判父权社会秩序，旨在揭示霸权和不对称的权力关系如

何以明目张胆或不易察觉的方式，系统地赋予部分男性群体特权，损害、排斥和剥夺女性群体的权利（Lazar, 2014）。

女性主义批评话语分析主要包括六项基本原则（Lazar, 2005a, 2007, 2008, 2014, 2018）：

（1）FCDA将性别视为意识形态结构与社会实践。基于生理性别的自然区别，人类被划分为两个群体，即男人和女人。Lazar（2005a）认为，基于性别差异以及等级关系，社会二分法将社会分工和人类特征强加给男性和女性，动态多元的性别身份通常被简化为固定二元的性别刻板印象，男性特质与女性特质成为对性别身份的主流划分标准，并以“常识”的形式不断强化。性别身份根植于其他社会身份因素的矩阵中，与性取向、种族、民族、阶级、阶层、职业、年龄、文化程度等多种社会身份因素相互交织。性别身份不是孤立存在的，而是与其他身份因素相互作用、相互影响。FCDA并非刻意强调或突出性别身份，而是关注性别在特定语境中的表征与再情景化。FCDA研究者认为，语言与性别研究应关注性别表征如何以语篇痕迹的方式出现在口语、书面语和视觉文本中（Sunderland, 2004）。在分析性别表征时，FCDA旨在揭示动态的权力关系：表征的手段是什么，服务于谁的利益。通过考察文本或多模态的表征选择，FCDA试图指出为什么某一性别群体（男性或女性）以特定的方式被表征。与性别有关的社会实践表征不是中立的，而是传递了某种性别意识形态，即性别刻板印象和权力不对称性。性别表征亦非客观现实或客观存在，而是服务于特定群体利益的再情景化手段。FCDA的终极目标为“去性别化”，即群体或个体不再因生理性别而被区别对待，其首要任务则是揭示语言中的性别表征机制与意识形态结构。

（2）FCDA关注性别与权力之间的复杂性。作为以牺牲女性为代价，赋予部分男性特权的社会制度，父权制是FCDA的批判重点。父权制并非个别男性对个别女性的压迫，而是由部分男性主导的系统性的性别不平等。性别身份不能脱离其他社会身份因素的影响，同理，父权制并非单一的系统，而是与其他权力系统相互作用的复杂结构，如异质性、殖民主义、资本主义和新自由主义，这种复杂的权力系统之间的交互方式可以用来揭示“权力的性别配置”（Diamond & Quinby, 1988: xiv）。

（3）FCDA旨在解构或建构话语中的性别因素。对话语与性别的理解，

FCDA与CDA及女性主义研究有共同之处：话语与社会实践相互影响，二者辩证统一（Fairclough, 1992），话语实现性别身份（West & Zimmerman, 1987; Butler, 1993）。此外，FCDA重点关注性别身份在个体或群体身份矩阵中的作用，即性别身份如何在特定情境中被突显，性别身份影响其他身份因素的建构过程，以及性别身份在特定的社会情境或实践社群中的同质性与差异性。

（4）FCDA具有批判反思性。FCDA强调推进渐进式的社会变革，例如公开反对性别歧视言论、将性别平等的观点纳入主流话语之中、营造包容女性的社会环境等。此外，FCDA研究者也应该在研究过程中进行自我反思，谨防在批判父权的过程中有意或无意地建立女性特权，排斥男性，阻碍性别平等的社会变革。批判反思性是FCDA的政治实践目标之一。

（5）FCDA注重实践。女性主义批评话语分析不仅是为了呼吁社会行动而进行的研究，且其本身亦是社会行动。性别不应该成为预先决定评价个体或群体的因素，FCDA研究者通过研究和教学来提高批判意识，这是女性主义活动的重要形式。性别平等不意味着性别均等，FCDA并非反对生理性别差异，亦非支持"无性别化"，而是反对将生理性别特征冠以正面或负面评价，这些与性别相关联的既定评价往往会形成性别刻板印象，割裂各个性别群体，形成阶层差异，影响社会和谐。性别问题不是无足轻重的或不值得研究的边缘问题，而是社会变革的重要方向之一。

（6）FCDA强调跨国研究与合作。性别中的权力不对称性并非个别地区或国家的问题，而是全球持续关注的顽固问题（Acker, 2006）。FCDA研究者应该将本土研究纳入更宏大的世界研究语境当中。跨国研究与合作可以促进全球范围内的性别研究。

综上所述，FCDA持续关注话语中的性别问题、权力关系与意识形态，特别是公共领域和私人领域的性别二分法、组织结构中的男性中心主义、对女性的暴力行为以及"新"后女性主义性别意识形态（Lazar, 2018）。FCDA的基本原则与研究关切可有效应用于社会媒体话语分析中，女性主义批评话语分析的适用性主要体现在社会媒体话语表征与再情景化，即媒体话语如何表征性别群体，再情景化性别事件，以及传递或强化性别意识形态。

3. 女性主义批评话语分析的适用性：社会媒体话语表征与再情景化

FCDA沿用了CDA的分析框架，并将女性主义研究融入其中。如前文所言，社会媒体话语表征是CDA与FCDA的研究重点，其分析框架主要涉及社会主体表征与社会事件再情景化。CDA将话语视为呈现世界方方面面的方式，例如物质世界的过程、关系和结构，精神世界的思想、情感和信仰，以及社会世界（Fairclough, 2003）。表征反映人与世界的关系，表征的形式取决于个体的社会身份、个人身份以及与他者的社会关系（Fairclough, 2003）。再情景化则映射不同社会实践之间的关系，即一种社会实践的要素如何被重新定位至另一种社会实践的语境中（Bernstein, 1990; Chouliaraki & Fairclough, 1999; Fairclough, 2003）。在社会实践的媒体表征研究中，社会主体表征与社会事件再情景化相辅相成，有助于揭示社会媒体话语表征下的性别意识形态。

Fairclough（2003）整合了van Leeuwen（1996）关于社会主体表征的分析框架，对社会实践的行为主体进行了分析。例如，社会主体在文本中是被突出还是被背景化；社会主体以名词形式指代还是以代词形式；社会主体是以主动语态呈现还是被动语态；社会主体是以个体姓名的方式被提及还是被归类为某些社会群体。此外，Fairclough还特别关注社会主体的语法角色，并借鉴了Halliday的及物性系统（Halliday, 2000），在某种意义上，FCDA的分析框架亦为系统功能语法在性别语篇的拓展与延伸（李战子，2021）。Halliday认为，所有语言都具有三种元功能，即概念功能、人际功能和语篇功能。概念功能是指捕捉人类现实经验的语言，人际功能是说话人在建立不同的人际关系时所做的语法选择，语篇功能包括管理语篇流动的语法系统。在Halliday的框架中，语言的及物性系统反映了人类对现实的体验，属于概念功能的系统。在及物性系统中，经验世界被解释为六种过程：物质过程、心理过程、关系过程、行为过程、言语过程和存在过程。物质过程是“做”的过程，表达了社会主体“做”某事的概念，主要参与者是动作者和目标。心理过程是感觉和思考等过程，主要参与者为感觉者与现象。通过关系过程，某事物被称为“是”另一事物，并且在两个独立的实体之间建立关系，其参与者为载体与属性或标记与价值。行为过程是行为人产生的生理和心理行为的过程，只有行为者这一个参与者。

言语过程是说话者说话的过程，参与者为说话者、受话者与讲话内容。存在过程表示某事的存在或发生，只有存在物这一个参与者（胡壮麟, 1994: 26–43; Halliday, 2000: 106–144）。语篇通过表征来实现概念功能，及物性系统可以揭示语言建构社会主体世界体验的过程（Fairclough, 2003）。

Fairclough（2003）还借鉴了van Leeuwen（1995）“再情景化”的概念对社会事件进行表征。语篇是社会认知的集合，是了解社会实践的特定方式，因此语篇可以成为（或已经成为）表征社会实践的文本资源，研究者可以从文本资源中重新建构语篇。在表现某个社会事件时，人们往往将它融入另一个社会事件的语境中，对它进行再情景化（recontextualization; Fairclough, 2003）。社会事件的相关元素通过再情景化原则被选择性地“过滤”，例如突显社会事件的特定元素、将具体事件抽象化、以特定顺序呈现事件，以及通过增加注释、评价与合理化的方式表征事件（Fairclough, 2003; van Leeuwen, 2008）。合理化（legitimation）是再情景化的重要手段，用来解释“为什么”的问题，即“我们为什么要这样做”，“为什么以特定方式将社会事件再情景化”（van Leeuwen, 2007: 3）。合理化的方式有四种，即建立权威（authorization）、道德评判（moral evaluation）、理性化（rationalization）以及神话化（mythopoesis）。建立权威是指在再情景化社会事件的过程中，引用风俗习惯或历史传统、个人权威或非个人权威，或以专家和榜样的权威来实现合理化。道德评判是对某一价值体系的合理化，包括评价、抽象和类比。理性化是指通过参考制度化社会行为的目标和用途（工具理性），或通过对社会所建构知识的认知有效性（理论理性）实现合理化。神话化则通过引用警示寓言或道德寓言，推崇某些合理化行为，或批判非合理化行为（van Leeuwen, 1995, 2005, 2007, 2008）。

综上所述，女性主义批评话语分析视阈下社会媒体话语表征分析框架如下（Halliday, 2000; Fairclough, 2003; van Leeuwen, 2008; Wei, 2020）：

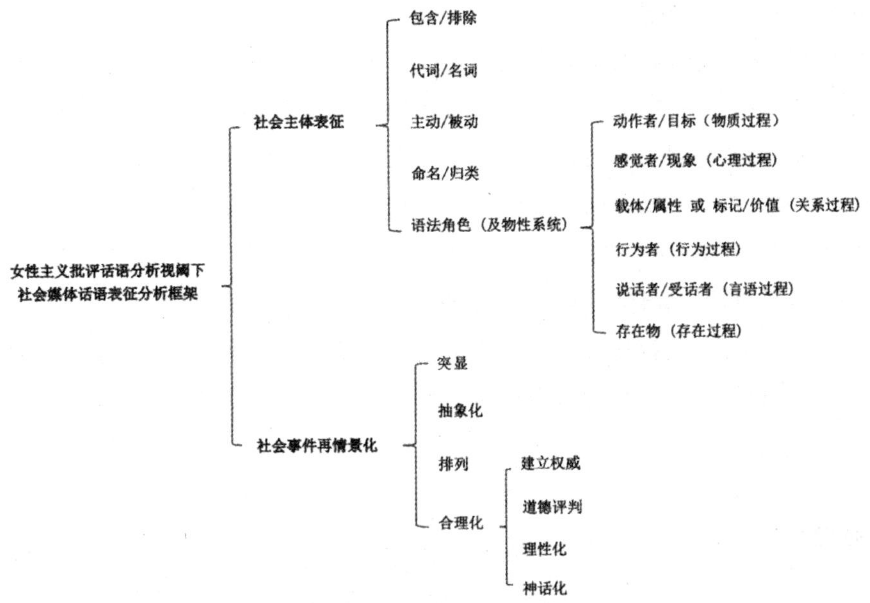

图1　女性主义批评话语分析视阈下社会媒体话语表征分析框架

FCDA认为，个人在社会媒体表达意见、情感、态度，通过话语实践建构性别身份，传递性别意识形态。例如，在私人家庭领域，Lazar（2005b）以及物性系统为主要分析框架，考察新加坡家庭生活广告中的父职角色；Lazar & Sun（2020）采用媒介化（mediatization）视角，探讨中国情感调节节目《爱情保卫战》中的母职角色。研究结果表明，性别二分法在私人家庭领域以更加隐晦的方式得以维持，内外有别于男女有别的性别二元分类在广告或情感节目中被不断强化。在社会媒体等公共领域，女性指责（women-blaming）层出不穷，男性被表征为"新的被压迫者"（Lazar, 2015）与"新的受害者"（魏爽，2020）。父权意识形态的维系方式亦在发生变化，传统父权意识形态多以"常识"方式传递维系，即强调性别的天然差异，以及基于性别差异的社会分工的合理性；随着社会媒体的迅猛发展以及女性力量崛起，某些网民以"受害者"的姿态要求女性禁言，宣扬男性目前遭遇的不平等与困境均来自女性压迫，"男性危机""女权压迫""天价彩礼"等专有名词成为对女性污名化的话语基础。对女性的言语或行为暴力以不易察觉的方式被不断美化，例如，Lazar

（2018）关于印度新德里黑公交轮奸案[①]的研究指出，主犯、其辩护律师以及印度相关官员通过道德评判的方式质疑女性受害者的“得体性”，将女性归类为“性工具”。此外，Lazar对罪犯及其辩护律师庭审记录的及物性分析表明，罪犯及其辩护律师通过关系过程强调强奸行为的“正当性”与“客观性”，削弱罪犯的犯罪行为，不断强调“她自找的”（“she had asked for it”）以及将强奸再情景化为对女性的“规训”（“a form of discipline”）（Lazar, 2018: 379–380）。通过对社会媒体话语表征的多维度、多语境、多领域的研究，FCDA研究者不断批判维护父权社会秩序的话语表征，揭示私人领域和公共领域的男性中心主义，反对针对女性的暴力行为、女性指责以及女性污名化，促进局部及全球性别平等。

4. 结论

本文系统呈现了女性主义批评话语分析（FCDA）的语言学理论基础以及女性主义视角，梳理了FCDA的研究目标与基本原则，整合了女性主义批评话语分析视阈下社会媒体话语表征的分析框架，并结合具体实例论证了FCDA的理论与应用适用性。社会媒体话语体现了网民话语实践的方式与过程，揭示了作为社会群体成员的个人如何应对和抵制社会结构的影响与限制（Lazar, 2014）。FCDA有助于在社会、文化、经济、政治的历史语境中解读性别关系，挑战既定父权制社会结构，揭露社会媒体话语表征中的性别、权力与意识形态三者之间的复杂关系。

此外，需要特别指出，女性主义批评话语分析旨在反抗现存的父权制结构，解放其对人的限制，对个体自由选择的限制。由于父权制社会秩序系统地将男性作为一个社会群体，并给予其特权，FCDA目前的首要任务则是揭示父权制社会秩序以及话语制度如何系统性压迫女性。对父权制的挑战与批判并非为了打压男性，实现女性特权。FCDA提倡性别平等，无论是指责男性造成“女性困境”，抑或是指责女性造成“男性危机”，都是在强调性别二元对立。父权制并非单一的性别对立结构，亦非个别男性对个别女性的压迫，而是由部分男性主导的系统性的性别不平等，这种系统性不平等通过其他权力系统的相互作

---

① https://baike.baidu.com/item/印度黑公交轮奸案/1927955?fr=aladdin(2020-5-1检索)

用，对大部分男性与女性进行压迫，并不断强化大部分性别群体之间的内部对立，以掩盖父权制本身的不合理性。总之，FCDA的批判重点在于批判导致性别不平等的社会结构与社会实践，而非转嫁性别矛盾。

参考文献

Acker, J. 2006. Introduction: The missing feminist revolution symposium. *Social Problems* 53: 444–447.

Bernstein, B. 1990. *The Structuring of Pedagogic Discourse*. London: Routledge.

Bouvier, G. 2019. How journalists source trending social media feeds: A critical discourse perspective on Twitter. *Journalism Studies* 20(2): 212–231.

Bouvier, G., & D. Machin. 2018. Critical discourse analysis and the challenges and opportunities of social media. *Review of Communication* 18(3): 178–192.

Butler, J. 1993. *Bodies That Matter: On the Discursive Limits of "Sex"*. New York: Routledge.

Chouliaraki, L. & N. Fairclough. 1999. *Discourse in Late Modernity*. Edinburgh: Edinburgh University Press.

Diamond, I. & L. Quinby. 1988. *Feminism and Foucault: Reflections and Resistance*. Boston, MA: Northeastern University Press.

Fairclough, N. 1992. *Discourse and Social Change*. Cambridge: Polity Press.

Fairclough, N. 1995a. *Media Discourse*. London: Edward Arnold.

Fairclough, N. 1995b. *Critical Discourse Analysis: The Critical Study of Language*. London: Routledge.

Fairclough, N. 2003. *Analyzing Discourse: Textual Analysis for Social Research*. London: Routledge.

Foucault, M. 1971. *L'ordre du Discours*. Paris: Gallimard.

Foucault, M. 1972. *The Archaeology of Knowledge*. London: Tavistock Publications.

Gill, R. 2007. *Gender and the Media*. Cambridge: Polity Press.

Habermas, J. 1970. *Zur Logik der Sozialwissenschaften*. Frankfurt: Suhrkamp.

Habermas, J. 1971. *Erkenntnis und Interesse*. Frankfurt: Suhrkamp.

Halliday, M. A. K. 2000. *An Introduction to Function Grammar.* Beijing: Foreign Language

Teaching and Research Press.

Holmes, J., & M. Meyerhoff, (eds.), 2003. *The Handbook of Language and Gender*. Oxford: Blackwell Publishers.

KhosraviNik, M. 2018. Social Media Critical Discourse Studies (SM-CDS). In J. Flowerdew & J. E. Richardson (eds.). *The Routledge Handbook of Critical Discourse Studies*. New York: Routledge. 582–596.

KhosraviNik, M., & E. Esposito. 2018. Online hate, digital discourse and critique: Exploring digitally-mediated discursive practices of gender-based hostility. *Lodz Papers in Pragmatics* 14(1), 45–68.

KhosraviNik, M & N. Sarkhoh. 2017. Arabism and Anti-Persian Sentiments on Participatory Web: A Social Media Critical Discourse Study (SM-CDS). *International Journal of Communication*. 11, 3614–3633.

Kress, G, & B. Hodge. 1979. *Language as Ideology*. London: Routledge.

Lazar, M. M. 2005a. Politicizing gender in discourse: Feminist critical discourse analysis as political perspective and praxis. In M. Lazar (eds.), *Feminist Critical Discourse Analysis: Gender, Power, and Ideology in Discourse*. London: Palgrave Macmillan. 1–28.

Lazar, M. M. 2005b. Performing state fatherhood: The remaking of hegemony. In M. Lazar (eds.), *Feminist Critical Discourse Analysis: Gender, Power, and Ideology in Discourse*. London: Palgrave Macmillan. 139–163.

Lazar, M. M. 2005c. *Feminist Critical Discourse Analysis: Gender, Power, and Ideology in Discourse*. London: Palgrave Macmillan.

Lazar, M. M. 2007. Feminist critical discourse analysis: Articulating a feminist discourse praxis. *Critical Discourse Studies* 4(2), 141–164.

Lazar, M. M. 2008. Language, communication and the public sphere: A perspective from feminist critical discourse analysis. In K. Knapp & G. Antos (eds.), *Handbook of Communication in the Public Sphere* (*Vol. 4*). Berlin: Walter de Gruyter GmbH & Co. KG. 89–112.

Lazar, M. M. 2014. Feminist critical discourse analysis. In Ehrlich *et al.* (eds.), *The Handbook of Language, Gender, and Sexuality*. New Jersey: John Wiley & Sons. 180–199.

Lazar, M. M. 2015. Constructing the new oppressed: Masculinity in crisis and the backlash against feminism. In T. M. Milani (eds.), *Language and Masculinities: Performances, Intersections, Dislocations*. New York: Routledge. 100–116.

Lazar, M. M. 2018. Feminist critical discourse analysis. In J. Flowerdew & J. E. Richardson (eds.), *The Routledge Handbook of Critical Discourse Studies*. New York: Routledge. 372–387.

Lazar, M. M & K. Sun. 2020. Cultural dilemmas of motherhood and gendered public/private spheres: The case of a remediatized Chinese reality show. *Discourse, Context & Media* 38: 1–9.

Litosseliti, L. 2006. *Gender and Language Theory and Practice*. New York: Routledge.

Mills, S. 1995. *Feminist Stylistics*. London: Routledge.

Mills, S. 2008. *Language and Sexism*. Cambridge: Cambridge University Press.

Murthy, D. 2012. Towards a sociological understanding of social media: Theorizing Twitter. *Sociology* 46(6): 1059–1073.

Phelan, S. 2018. Critical discourse analysis and media studies. In J. Flowerdew & J. E. Richardson (eds.), *The Routledge Handbook of Critical Discourse Studies*. New York: Routledge. 285–297.

Rizwan, S. 2019. Legitimation strategies and theistic worldview in sociopolitical discourse: a systemic functional critical discourse analysis of Pakistani social media discussions. *Text & Talk* 39(2): 235–260.

Sunderland, J. 2004. *Gendered Discourses*. New York: Palgrave Macmillan.

Tannen, D., & A. M. Trester. 2013. *Discourse 2.0: Language and New Media*. Washington: Georgetown University Press.

van Dijk, T. A. 1993. Principles of critical discourse analysis. *Discourse & Society* 4(2): 249–283.

van Leeuwen, T. 1995. Representing social action. *Discourse & Society* 6(1): 81–106.

van Leeuwen, T. 1996. The representation of social actors. In C. R. Caldas-Coulthard & M. Coulthard (eds.), *Texts and Practices*. London: Routledge. 32–70.

van Leeuwen, T. 2005. *Introducing Social Semiotics*. London: Routledge.

van Leeuwen, T. 2007. Legitimation in discourse and communication. *Discourse & Communication* 1(1): 91–112.

van Dijk, T. A. 2008. *Discourse Studies*. London: Sage.

van Leeuwen, T. 2008. *Discourse and Practice: New Tools for Critical Discourse Analysis*. Oxford: Oxford University Press.

Wei, S. 2020. A feminist critical discourse analysis of ideological conflicts in We-media representations of bride price in the mainland of China. Unpublished doctoral thesis, National University of Singapore, Singapore.

West, C., & D. H. Zimmerman. 1987. Doing gender. *Gender & Society* 1(2):125–151.

Wodak, R. 2000. Two Approaches to Critical Discourse Analysis. In Titscher, S., M. Meyer, R. Wodak, & E. Vetter (eds.), *Methods of Text and Discourse Analysis*. London: Sage. 144–170.

Zappavigna, M. 2012. *Discourse of Twitter and Social media: How We Use Language to Create Affiliation on the Web*. New York: Continuum International Publishing Group.

胡壮麟，1994，《语篇的衔接与连贯》。上海: 上海外语教育出版社。

李战子，2021，新媒体素养:内涵和演变—兼论对功能语言学话语分析的新挑战。《当代外语研究》（4）：13–21，129。

田海龙，2021， 批评话语研究之“话语互动”新路径。《外语学刊》（2）：16–22。

魏爽，2020，女性指示语的女性主义批评话语分析——以新浪微博中“彩礼”的媒体话语表征为例。《浙江外国语学院学报》（2）：50–56。

Social Media Critical Discourse Studies:
From the Perspective of Feminist Critical Discourse Analysis

Abstract: Since the late 20th century, Feminist Critical Discourse Analysis（FCDA）has contributed to revealing the complex relations among gender, power and ideology. This study systematically presents the theoretical basis of FCDA, with focus on its research objectives and major principles. Based on the representation of social actors and recontextualization of social events, this paper integrates the analytical framework of media representation into FCDA, aiming to demonstrate the applicability of FCDA to local and global contexts. FCDA helps to interpret gender relations in the historical context of social, cultural, economic and political interactions, and to challenge the patriarchal ideology and structure.

Keywords: Feminist Critical Discourse Analysis, gender, power, ideology

语言教育

英语学习者认同的四种典型模式及其发展

北京大学　高一虹*

[提　要]　本文尝试在文献回顾的基础上概括过去半个世纪学术话语中英语二语认同的典型模式及其变化。20世纪70年代，理想的英语学习者是“忠实的模仿者”，其语言使用和文化行为严格以本族语者为模版。从80年代起逐渐取代这一模式的，是后殖民的环境下诞生的“正规的发言者”，以维护自己群体的语言标准和权利、争取与本族语者的平等地位为目的。在全球化和后现代主义影响加剧的新千年出现了“嬉戏的编创者”，以其标新立异的语言混杂方式表达自我。近期及未来的一个理想模式是“对话的交流者”，其特征是以尊重和反思为基础聆听和言说。这些演变中的模式各有其特征、学术话语、语境和局限。典型模式的概括为我国英语教育的学习者认同提供了参考框架。

[关键词]　英语学习者；二语认同；典型模式；对话的交流者

* 高一虹，北京大学外国语学院教授、博士生导师。研究方向：社会语言学、跨文化交际、外语教育。Email：gaoyh@pku.edu.cn。通信地址：100871 北京大学外国语学院外国语言学及应用语言学研究所。

本文基于以下期刊论文整合修订而成：忠实的模仿者、正规的发言者、嬉戏的编创者——英语学习者认同典型模式回顾，《外语研究》2014（2）：33–39；“对话的交流者”——英语学习者认同典型模式的新发展，《中国外语》2014（2）：54–59。

1. 引言

本文试图概括半个世纪以来蕴涵于学术话语中的英语学习者（使用者）认同的典型模式（identity prototypes）。不过，这一综述不是纯粹“客观”的描述，而是在考察相关文献的基础上，提出作者本人的判断和概括。

所谓“二语认同”（second language identity），指的是语言学习者在学习和使用广义的第二语言时所呈现或建构的“我是谁”，其同义或近义词还包括“二语自我”（L2 self, L2 ego）等。有关二语习得其他侧面的理论或概念，也往往蕴涵了某种二语认同的前设。尽管有关二语认同概念的已有界定（如Norton, 2006），相关实证研究也有范围较广的综述（如Block，2007; 高一虹、李玉霞，2013），但笔者认为将繁多的理论抽象为几种典型的“人”，将有助于教育者、学习者和研究者在实践中做出更明智的选择。

本文提出：英语学习者认同的典型模型大致经历了从“忠实的模仿者”（faithful imitator, FI）到“正规的发言者”（legitimate speaker, LS），再到“嬉戏的编创者”（playful creator, PC）的变化；近期及未来的一个理想认同，是“对话的交流者”（dialogical communicator, DC）。每类认同典型有其特征、学术话语、社会和思想潮流的语境，以及局限和困境。①

2. 忠实的模仿者（FI）

2.1 特征

FI的目标是像英美“本族语者”那样，说一口地道的英美英语，并融入本族语者的“目的语文化”，接受其文化价值和生活方式。FI的典型是基于这样的前设：（1）英语是与英美本族语者文化绑定在一起的；（2）文化之间有固定的、难以打破的边界。基于这两个原因，理想的二语学习是成为目的语文化的成员。“你的英语像英国人/美国人说的！”“我还以为英语是你的母语！”是学习者个体最想听到的夸赞。在教育机构和实践层面，人们满足于将“与对象国（英美）文化的成员有效而适宜地交流”作为目标。如果我们可以在心理

① “identity”的汉语表述，有“认同”“身份认同”“身份”，其含义侧重依据不同理论取向和个体使用者可能有一定差异（参见魏艳辉，2011）。

层面将二语认同的典型模式与个体发展心理的阶段做一平行比较，那么FI像是尚未发展出独立自我的儿童，渴望着完全认同父母，复制其行为。

2.2 学术话语

FI充斥着20世纪七八十年代大多数双语理论。例如Gardner 和Lambert（1972）的动机理论强调最佳外语学习动机是“融合性”的，即认同、融入目的语文化的取向。融合性动机一般被认为优于“工具性动机”。Schumann（1978）的“濡化理论”强调学习者与目的语言文化之间社会和心理距离的靠拢。濡化程度越高，即越忠实于目的语文化，L2学习的结果越好。Lambert（1974）“削减性”和“附加性双语现象”都以目的语文化认同的获得为基本内容，二者的区别在于母语和母语文化认同的丧失或维持。

更广范围的二语学术话语也同样崇尚忠实模仿。“本族语者”与“非本族语者”的二元对立被广泛接受，大量实证研究以前者为标准测量后者的学习成败。在由母语向目的语的过渡中，学习者语言被称为“中介语”，即忠实模仿的“半途”；所谓“石化”，则是忠实模仿的“半途而废”。学习目标不仅是语言的“准确性”，还有交际的“适宜性”，对“语用错误”的避免。教学应使用“正宗”的语言材料，提供“真实的”本族语者范本。此类学术话语在当前的不少情境包括我国英语教育和研究情境也依然盛行。

2.3 语境

在社会历史层面，FI产生于现代化、工业化背景，殖民主义遗留的影响仍很明显。“文化”与民族国家联系在一起，有固定而封闭的边界。国家之间存在着很大的权力距离，特别是英美等英语“本族语”国家与其他国家之间。英美的语言霸权被默认为是天经地义的。

在社会科学领域，学者普遍认为分层清晰的社会结构和群体间界限相对稳固，社会身份的个人选择空间有限。例如Tajfel（1982）的社会认同理论将“内群体”和“外群体”作为基本社会范畴；群体间就地位和权力进行社会比较，由此产生“积极的区别性特征”以驱动个体行为。这一理论对二语研究产生了重要影响，催生了Glies等人的“群际模式”和“民族语言认同理论”（Giles & Johnson，1987）。

在此背景下，个体学习者有限的选择，就是如何成为“高层次”的、“好”的学习者。FI自然成为崇尚的目标。

2.4 局限

如能成功地成为目的语文化的一员，FI似应从此过上无忧无虑的幸福生活。然而即使成功习得了语言，也免不了承受认同冲突的痛苦，付出巨大的代价。二语学习者的自传（如Rodriguez，1982）提供了鲜活的个案。

在“外语”环境中，学习者可能不必承受如此刻骨的疼痛，但可能永远看不到最终成功的希望。笔者非常敬重的一位老前辈，退休前花了好几年时间校对英语本族语者的学术讲座录音的文字版。他感叹：“我们中国的英语教师，一辈子都在追求一个目标——自己说的、写的英语要像本族语者那样，但我们最终注定会失败。”

3. 正规的发言者（LS）

3.1 特征

20世纪80年代开始，新的“正规的发言者”（LS）认同典型向FI发起挑战，认为受到良好教育的人使用的各种英语变体具有平等地位和权利。英语不再为英美“本族语者”独有；它有多元变体，各有其标准。LS不再局限于沉默的聆听和机械的模仿，而是要大声地发出自己的声音，并渴望被听到。“正规”（legitimate）同时具有“合理合法”“正宗”“与标准变体平等”等含义。“发言者”的目标不是对本族语变体及其文化行为方式、价值观的拷贝，而是有效的交流和自我认同的表达。带有学习者母语口音的英语不再是缺陷，而是自己所属社会群体的合理合法标志。

3.2 学术话语

与LS之崛起相应的有一些重要的学术概念。Kachru（1982/1992）提出复数的“世界英语”（World Englishes，WE），意指本土化的英语变体。Kachru进一步将WE划分成内圈、外圈、扩展圈的三个同心圆。WE逐渐形成了研究领域，出现了广泛的成果（有关中国英语的研究：Bolton，2003；李文中，1993）。

与WE相关的概念还包括“作为国际语言的英语”（English as an International Language，EIL）、“国际英语”（international English）、“全球英语”（global English）、“英语通用语”（English as a Lingua Franca，ELF）等。

Jenkins（2007:13）提出，作为功能变体的ELF是“正规的英语”（legitimate English）。尽管WE强调当地文化特征而ELF突出交流功能、弱化文化因素，但二者都致力于消除本族语者与非本族语者的对立。

Norton（1995，2013）借鉴Bourdieu（1977）的“文化资本”理论，提出“二语投资”概念，之后又进一步借鉴Wenger（1998）、Anderson（1983/1991）的理论，提出投资目标是学习者选择的“想象共同体”和“想象认同”（Norton, 2001）。其实证研究考察了加拿大移民英语学习者个案，揭示了她们如何与社会环境协商以实现其LS的想象认同。例如当自己对祖国的介绍被英语教师忽略时，学习者选择“不参与”，以抗议环境对其想象认同的否定。从FI视角来看，这些学习者无疑是失败的，但Norton认为其行为是合理的，并呼吁对其所处社会环境的批判性反思，她采用的是LS的视角。

另一个为LS赋权的概念，是Kramsch & Whiteside（2008:667）的“符号能力”（symbolic competence）：“塑造自己所投资的多语游戏的能力，即操控有关真实性、合法性、严肃性、独创性的常规范畴和社会规范，以及重塑人类思维和行为的能力”。传统的“交际能力”强调对既定文化规范之“适宜性”的忠实遵守，而“符号能力”强调对现有规范的操控和重塑。

在我国，“中国文化失语症”近十多年引起了英语教育界的反思（如，宋伊雯、肖龙福，2009）。有学者从批判教育学的角度赋权于学习者，使其成为具有话语权、富于创造性的英语写作者（Ye，2012）。也有学者呼吁新的学术发表规范，允许二语作者将先前用母语发表的研究重新组织后，用英文在国际刊物发表（Wen & Gao，2007）。更有学者主张“重建东方范式的话语研究”，以东方的“文化话语研究”（CDS）抗衡西方的“批评性话语分析”（CDA），“削弱西方思想和意识形态在全球的普世化，夺回发展不充分和发展中文化的文化认同和文化多样性”（Shi-xu, 2009:32）。这是在学术领域为LS身份呐喊。

3.3 语境

LS诞生于后殖民时代，英国的殖民权力被打破，相应的语言霸权也受到挑战。英语的使用日益与过往殖民者的“本族语者文化”剥离开来。对本土英语变体的认同以及对语言权利的批判意识逐步增长。20世纪60年代美国的民权运动也包含了争取语言权利的层面。

批判性社会思潮的兴盛为LS的成长注入了力量。西方马克思主义以及批判理论、女权主义等提升了人们对语言权力的意识。根据法国思想家M. Foucault的观点，权力渗透于所有人类活动，它有增强人们行动能力的积极一面，也有制约它的消极一面。法国社会学家P. Bourdieu扩展了马克思的资本理论，认为资本不仅有经济的，而且有社会、文化、符号的形式。语言是身体化的文化资本，可转化为其他资本形式。根据“语言交换的经济学”观点，“非本族语者”需在语言市场上与“本族语者”竞争“正规（平等）言说者”的地位（Bourdieu, 1977）。这些批判性思潮为重塑L2学习者/使用者认同创造了空间。

3.4 局限

LS典型包含着一个悖论，对平等地位的呼吁，反而突出了相关群体的弱势地位。虽然存在权力协商的空间，但L2使用者往往受制于社会结构的制约，在平等的理想与不平等的现实之间有很大距离。在我国，对于“中国英语”的正规性呼吁多在理念层面，英语教师和学习者对此兴趣索然。受现实原则驱动，学习者一般会趋向社会权力和潜势强大的英美英语变体。正规性、平等性的目标实现还有很长的路要走。也许只有当“正规性”不再成为话题时，这一目标才真正达到了。

LS的另一个潜在危险，是滑入本质主义二元对立的文化观。“中、西”“东、西方”的宏大概括可能掩盖语言文化现象的复杂性和多元性；聚焦于单一的不平等维度（民族、国家等）可能导致对其他维度不平等的忽略。

4. 嬉戏的编创者（PC）

4.1 特征

二语变体“正规性”的思潮在新千年得到后现代主义的扩展，塑造了一个新的身份认同——“嬉戏的编创者”（PC）。PC不是生活在一种语言之中，而是跨语言生活，通过语码混合，不断重建语言或话语。语言文化元素的非常规或反常规碎片化杂糅和表层并置，形成特别的自我表达常规。PC的编创在顽皮中蕴涵着反叛，在挑战现有标准方面，可以被视为LS的一个子类。然而PC并非自称在“平等”地使用相同的语言（变体），而是对原来的标准语“去发明”（disinvention），创造属于自己的二语“克里奥尔语”（Makoni & Pennycook,

2007）。他们与社会环境互动的方式不是严肃的谈判或直接的交锋，而是间接、俏皮或嘲讽的自我表达。如果说FI是沉默地聆听和模仿，LS是大声呐喊着与权力方竞争，那么PC则好似自娱自乐、旁敲侧击，其语言编创往往与某种流行文化形式交织。

4.2 学术话语

Pennycook（2007）的英语嘻哈文化研究呈现了PC的典型形象。嘻哈歌手使用的英语不是对本族语者的模仿，而是与当地语言混合而成的“克里奥尔语”形式。他举例嘻哈歌手在马来西亚某夜总会的演唱，指出嘻哈与英语的交织呈现了流行文化之全球性与地域性的并存。Pennycook用“跨文化流变”来概括文化形式的运动和变化。流变有多种不同方向，并非从强势向弱势文化的单向流动。他还批评Kachru的WE同心圆仍以“本族语者”为核心，各变体地位并未平等。Pennycook用“全球英语”取代“世界英语”；全球英语是由世界各地的英语使用者将语言规则“去发明”而“重建”的（Makoni & Pennycook, 2007）。

Blommaert（2005：106）也指出，包括嘻哈在内的语码混合使用“是创造性的，因为它是对规范之霸权标准的反叛”。文化符号的传播有“多中心性”（policentricity, Blommaert, 2010），这些“中心”的权威可以是真实的也可以是主观赋予的，这使反叛和创造成为可能。然而霸权不会轻易投降，编创者的新话语未必会被更高的社会“层级”（scale）接受。

李嵬等人近年来倡导的“超语实践”（translanguaging，又译超语行动）也是以PC为典型的，并将其作为一种“实践性理论”（Li, 2018）。超语实践“指的是超越语言和语言之间的界限，同时超越语言和其他认知符号及模态系统之间的界限，创作意义和沟通的过程”，是后多语主义的一种具体现象（李嵬，2015:18）。作者以“新中式英语”（New Chinglish）的“精彩实例”（如shitizen屁民、profartssor叫兽、sexcretary女秘书、How old are you?怎么老是你？），来说明网民在表达其社会意识和态度时的批判性和创造性。

与二语“创造性”相关的概念还有一些，如“操演性”（performativity, Butler, 1997）、“跨文化性”（transculturality, Pennycook，2007）、“全球本土化”（glocalization, e.g., Wu, 2008）等。以“trans-”（跨、超）、“-ality”（性）为词缀的术语近些年流行起来，一定程度上取代了更具结构主义特征的

“-ism”（主义），显示了后现代主义不断更新的渴望。

4.3 语境

PC成长于全球化进程迅猛的时代。地域疆界可以轻易而频繁地跨越，这甚至成为部分人的生活方式。新媒体技术的快速发展使语言和文化超越领土而流动于全球范围，并形成多元中心的局面。包括英语语码混合在内的语言游戏在网络、广告等语类中屡见不鲜，“有话就不好好说”成为时尚和新习俗。混杂性、流动性和矛盾性成为生活常态。

在文化思想领域，后结构主义、后现代主义和社会建构主义理论影响力很大。稳固、客观、统一的社会结构不再受到社会科学的理论青睐。Anderson（1983/1991）提出国家是“想象共同体”。Giddens（1984）的结构化理论认为社会结构与行动主体相互构建，而非二元对立；自我认同是寻求“本体安全”的持续的反思性叙事（Giddens，1991:47）。Bauman（2005：1）提出后现代时代以“液体的生活”为特征，“人们行为的改变如此迅速，以至于没有足够的时间采取行动将其固定下来成为习惯和程式”。个人在享受更多认同建设主体性的同时，不得不承受稳定性和安全性的减少。

4.4 局限

引领语言演变潮流的PC也受到制约。首先，其创造局限于某些语言使用领域，如娱乐、非正式谈话，而与政治、经济、教育等重要领域相对隔绝，也因此对社会主流的影响有限。其次，PC们大多很年轻，其社会权力有限。第三，与大多数LS相似，甚至在更大程度上，PC似乎在研究报告中显得十分强大，常被描述赞誉为抵制话语霸权的英雄。但在社会现实中其力量到底有多少，创造的自由空间究竟有多大，还有待深入审慎的考察。

5. 对话的交流者（DC）

5.1 特征

对话的交流者（DC）是笔者基于巴赫金的对话理论和跨文化交际实证研究提出的一种理想的二语学习者/使用者认同。对话性体现于两个层面。在主体间层面，这意味着基于充分尊重的交流——倾听、言说。交流具有本体意义，有效、具有创意的结果可能是对话性交流的副产品。在主体内层面，这意味着不同意识的声音之间的对话。主体具有敏锐的反思能力，能够随时在自身内部辨别、扩大、深化和重组各种意识。以上两个层次的对话性是辩证、相互促进的。良好质量的自我意识是人际交流的必要前提。

DC超越了听与说、本土与目的语文化、工具性与融合性动机、自卑与自大的二元对立。与PC在表层杂糅不同文化的元素不同，DC尊重每一个文化的整体性。一方面，他们的母语和母语文化认同在学习过程中得到深化，另一方面，他们具有很强的能力获得所选择的二语目标，认同于相关想象共同体。批判性思维也是DC的特征，不过与LS有所不同，他们的批判性是双向的，并不仅仅指向"霸权"一方，也包括对自身的反思。

5.2 学术话语

虽然DC是在梳理典型认同变化的过程中提出的新术语，但其超越二元对立等特征，已见于笔者早前提出的"生产性双语现象"（Gao, 2001），这是依据Fromm（1948）"生产性取向"和中国"最佳外语学习者"的实证考察提出的概念。与Lambert（1974）的"削减性"和"附加性"双语者不同，在生产性双语者身上，母语和目的语能力、母语文化与目的语文化的理解是相互促进、相得益彰的。他们能用开放性、批判性的眼光看待两种不同的文化，并以个人选择的方式将两种语言文化整合起来。例如，研究对象之一是著名翻译家，致力于将中国古代诗词译成英文和法文，有大量翻译出版物。以下是他对杜甫名句"登高"的翻译：

> 无边落木萧萧下，The boundless forest sheds its leaves shower by shower;
> 不尽长江滚滚来。The endless river rolls its waves hour after hour.

其他翻译一般侧重意义的表达以及押韵的基本形式，[①]而这位翻译家做出额外努力，试图捕捉中国古诗中的对仗："人们多认为，在英语中，严格的对仗而不重复某个字几乎是不可能的，而包含重复的对仗极易显得僵化和单调。但是在上述翻译版本中，重复的只是不重要的词，没有僵化和单调的感觉。杜甫原句中的第二行'滚滚'是个重复，而在译文中相应的'roll'没有重复。这是不是个损失？可以说是，但是这个损失在原文没有的'hour'的重复中得到了

① 试比较：Leaves are dripping down like the spray of a waterfall, While I watch the long river always rolling on.—Witter Bynner

补偿。这可以称为日出损失日落补。”（Gao，2002:154）

与其翻译实践相呼应，这位翻译家提出他的诗歌翻译“三美”原则：“意美、音美、形美。”在访谈中他还说：“西方追求真，东方崇尚善，作为一个诗歌翻译者，我追求美。真、善、美是一体的。”（同上）他在自己的工作领域，以自己独特的方式，对话性地整合了母语和目的语的美，并在此过程中实现着个人作为翻译者的潜能。

DC不仅见于“最佳外语学习者”，也见于普通学生。有关北京奥运会大学生语言服务志愿者的民族志研究显示（高一虹等，2021：第二章），围绕奥运场馆一条标语的变化，志愿者的认同发生了从LS到DC的转变。图1是志愿者在奥运之前提出并贴在比赛场馆办公室墙上的口号；图2是后来的更换：

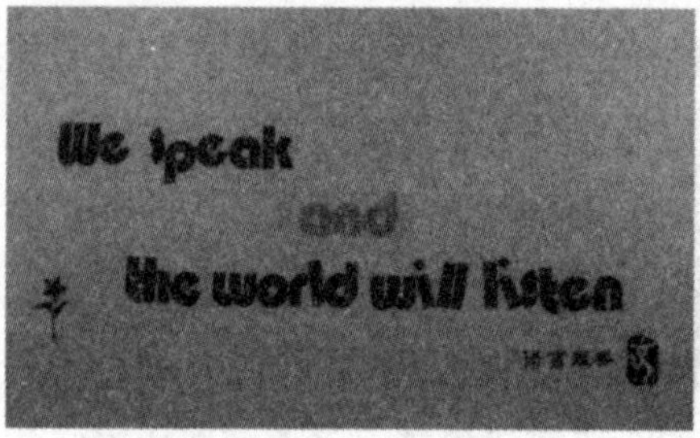

图1　最初的口号

图2　口号的变化

志愿者提出“We speak and the world will listen”（我们说，世界将聆听）时，想传达的是“胸怀天下的气魄”。当标语贴上墙时，他们感到“自豪。自己的文化挺先进，作为中国的志愿者壮怀激烈，自信、有魄力，满世界都在听我们。”这一雄心勃勃的口号将“我们”和“世界”分为“说”和“听”的对立面，在奥运开幕之际，该口号经提醒被取下，志愿者自发地重新布置了墙壁，使用了各参赛队代表的国家和语言，也就是志愿者服务所用的语言。奥运会期间他们扩展了国际视野，感同身受地帮助国际客人，经历了成长。在奥运后的讨论中，一名志愿者反思道：“当我能够帮助他人并获得感谢的时候，我感到很开心。在我看来，‘我们说’是对内的……，在对外讲话时，‘我们说’需要改变。当我们邀请了别人，让他们有了自己很正面的感觉之后，自然而然就会对我们印象很好，然后我们就会自然而然地感到自豪。服务别人的需求，这是一个志愿者应该做的。”

最初口号的站位是LS激情澎湃但较为狭窄的爱国主义，渴望在国际舞台发言，拥有世界听众。奥运会期间和之后，志愿者的自我反省能力增强，逐步超越“我们”与“他们”的对立，发展了DC站位。通过与国际视角的反思性对话，爱国主义情怀得到深化。

本土与全球的对话性也广泛见于研究话语。如Hanvey（1979）就跨文化意识的发展提出，后现代人能发展出“跨视域”（transspection）的全球视角。Kramsch（1993：210）就相似议题提出“第三空间”（the third place）概念，它“能够使学习者对本土文化和所学习的文化都具有局内人和局外人视角”。作者借鉴巴赫金的对话概念，将互动情境视为“主体间性的空间”“互文性的空间”“文化间性的空间”（Kramsch,1993：13）。Dörnyei等（2006）提出部分植根于本土文化、部分植根于全球文化的“双文化认同”（bicultural identity）。Byram（2008）提出外语教学应向“跨文化公民教育”发展。Holliday（2013）扩展了非本质主义的“小文化”（small cultures）概念，提出更宏大的“文化语法”（grammar of culture），说明自我如何与他者、社会和政治结构对话。吴宗杰（2009）提出“跨文化视角下的‘中国学研究’”，并通过民族志研究和教学实践，促进我国英语学习者与中国历史和本土文化的对话。

5.3 语境

相较其他L2认同典型，DC与特定社会历史背景的对应性稍弱些，但他适合存在于免于战争、敌意、霸权和歧视的环境。以权力中心多元为特征的后现代全球化时代，特别需要对话性交流者，也为其成长提供了良好的条件。

后冷战时期，文化间的关系成为全球关注焦点。Huntington（1996）提出“文明的冲突”观，认为冲突的来源不再是意识形态的差异，而是文化和宗教认同的不同。该理论引起了激烈争鸣。作为回应，伊朗前总统哈塔米提出了“文明间的对话”理论。在基地组织2001年对美国目标发动了震惊全球的“9·11”袭击之后，更多的国际力量投入文明间的对话之中。2005年，“联合国文明联盟”（UNAOC）在西班牙首相和土耳其总理的倡导下成立，该组织旨在克服“文明冲突论”导致的偏见和误解，抵制各类极端主义，促进世界和平与发展。他们组织了一系列促进文明对话的活动，包括2010年在上海世博会联合国馆举办的全球文明对话论坛。在国家内部，族群之间的语言冲突、交流与和谐相处也引起了更多关注。在欧洲和澳大利亚，过去一二十年中“多元文化主义”因其蕴涵的民族隔离受到批评。在我国，通过语言规划的方式构建和谐的“语言生活”成为政府和学者的共同努力的方向（李宇明，2012）。作为历史进程中的一个持久议题，文化间的对话在当今这个变得越来越小、冲突升级和隔离频繁地成为解决问题方式的时代，获得了特殊的重要意义。

DC的直接源泉是巴赫金的对话性理论。“对话性”“是具有同等价值的不同意识之间相互作用的特殊形式”，包括“同意或反对关系、肯定和补充关系、问和答的关系”。巴赫金将人定义为“交谈的主体”。“只有在交际中，在人与人且有关人的相互作用中，‘人内部的人’才能向自己和他人显现出来。”“单一的声音，什么也达到不了，什么也解决不了。两个声音才是生命的最低条件，体验的最低条件。”巴赫金（1988:343–344）在本体论的高度认识对话。在他看来，人是在对话的交际中诞生的：“对话不是一种手段，而是目的本身。它不是揭示和表现某人现成性格的手段，不是的。在对话中，人不仅向外界显露自己，而且第一次形成他现在的样子。……存在就意味着进行对话的交际。对话结束之时，也是一切终结之时。”

DC也得到其他理论资源的滋养，包括儒家的“内圣外王”和“修身、齐家、治国家、平天下”、Fromm（1948）的“生产性取向”、Maslow（1971）的“自我实现”、Buber的“我－你相遇”（布伯，1986），等等。它们虽然有视角和文化背景差异，但都强调了二元对立特别是“我”与“他”的超越。可见，对话性交流是一个普遍的人类理想。

5.4 局限

首先，在社会情境层面，适合DC成长的环境并非总是现成。只有当存在更多DC时，适合其成长的土壤才更肥沃。在充满仇恨和悲痛的情境中，爱的培育会十分艰难。这无疑是一个悖论。其次，在个体心理层面，当匮乏性的基本需求——生理、安全、归属感和自尊需求没有基本满足时，“人类共性”（specieshood）与“个性”（selfhood）的整合（Maslow, 1971:187）将十分困难。最后，DC的成长较多依靠滋养性环境中的养成和教育者的耐心引导，不易通过程式化的培训立竿见影地实现。

6. 结语：对我国英语教育的启示

以上概括了过去半个世纪中英语学习者/使用者认同的几个主要典型模式——FI、LS、PC和DC，讨论了其特征、学术话语、语境和局限。各典型也有相应的心理发展阶段特征。如果说FI像是尚未有独立自我的儿童，通过模仿言行认同于父母，LS和PC像是青春期的青少年，试图通过大声呐喊或标新立异的行为来标志其独立存在，那么DC则是能够体验Fromm所说“生产性的爱”的成人。在足够的安全和自尊基础上，他们敞开自我，走向人类共性和个性的同时深化和整合。诸典型模式各有其发展的高峰期，尽管它们的存在相互交叉，并非简单地替代。就国际范围的学术话语整体而言，FI的高峰期是20世纪70年代，LS是80–90年代，PC是新千年之后。我国学者提出的DC也出现于新千年前后（表1）。

表1　英语学习者/使用者认同主要典型

	忠实的模仿者（FI）	正规的发言者（LS）	嬉戏的编创者（PC）	对话的交流者（DC）
特征	模仿本族语者的语言和行为	宣称与本族语者有平等语言权利	创造杂糅的语言形式以表达自我	相互尊重之上的聆听与言说
学术话语	削减性双语现象；濡化；融合动机	世界英语；资本与投资	跨文化流变；跨/超	生产性双语现象
语境	殖民主义遗留影响；结构主义的文化观	后殖民主义；批判性社会思潮	全球化；后现代主义；社会建构主义	文明的冲突、文明的对话；中国国力的增长；对话性
局限	认同冲突；母语文化认同的丧失	强势与弱势的悖论；本质主义的危险	影响领域有限	有赖有利情境和个体基本需求的满足
相应心理阶段	儿童	青春期青少年	青春期青少年	健康的成人
高峰期	70年代	80–90年代	2000年之后	近期及未来

在我国，长期以来英语教育的主导模式是FI，以英美“本族语者”的语言和行为为模仿目标。总体而言这一模式已过时。不过，内在兴趣驱动的模仿和认同渴望有其价值，有可能经引导向母语和所学语言、文化双向发展，形成

"生产性"的双语现象。近些年来有关"中国英语"（如潘章仙，2005）、"中国文化失语症"（如宋伊雯、肖龙福，2009）的关注增多，中国英语、中国文化知识逐渐纳入英语教育之中，这显示LS登堂入室，在母语文化认同意识的发掘、民族自信的重建中发挥着正能量。然而这一模式的提倡有时也在爱国主义或民族主义的激情驱动下走向令人不无担忧的极端，简单地以"中国"话语模式对抗"西方"霸权，取代"西方"话语模式。此类二元对立和对抗有可能使学习者失去复杂、灵活的视角和反思能力，陷入文化刻板印象，不仅不利于本民族声音的国际传播和接受，不利于跨文化交际，也有碍于我们对本民族文化更丰富深刻的认识和更具创意的发展。PC的影响目前主要仍局限于网络、流行文化等语域和语类，尽管在可见未来，这一典型模式整体作为英语教育基础的可能性不大，不过其活泼有趣的形式可能尤其受到青少年的喜爱，其批判性和创造性也有其思想价值，可以预期随着网络和跨境教育技术的不断发展，将有更多相关元素被教育者采纳，在某些局部和短期教育项目中（如英语夏令营）以此模式为主导也是可能的。

作为全球化背景下的学习者认同基础，我国的英语教育呼唤DC。我们的时代和自身认识水平已超越了对本族语者的亦步亦趋，我们的国力和心力都已发展到足够强大和成熟，能够超越"中""西"的二元对立，通过生产性对话达到个性与人类共性的整合。近十多年来实践和研究的尝试，如"跨文化视角下的'中国学'研究"（吴宗杰，2009）、"21世纪作为世界公民教育的中国外语教育"（贾玉新，2013）等，让我们看到了DC培养的希望。而近几年我们对于对话性交流的教学方法探索，也增强了学校情境DC培养的可行性（Zheng & Gao, 2019; 郑萱，2021）。有道理认为，DC有望在近期将来成为我国英语教育的主导模式。

参考文献

Anderson, B. 1983/1991. *Imagined Communities*. London: Verso.

Bauman, Z. 2005. *Liquid Life.* Cambridge: Polity.

Block, D. 2007. *Second Language Identities.* London: Continuum.

Blommaert, J. 2005. *Discourse*. Cambridge: CUP.

Blommaert, J. 2010. *The Sociolinguistics of Globalization*. Cambridge: CUP.

Bolton, K. 2003. *Chinese Englishes: A Sociolinguistic History*. Cambridge: CUP.

Bourdieu, P. 1977. The economics of linguistic exchanges. *Social Science Information* 16: 645–668.

Butler, J. 1997. *Excitable Speech: A Politics of the Performative*. London: Routledge.

Byram, M. 2008. *From Foreign Language Education to Education for Intercultural Citizenship*. Clevedon: Multilingual Matters.

Dörnyei, Z., Csizér, K., & N. Nemeth. 2006. *Motivation, Language Attitudes and Globalization*. Clevedon: Multilingual Matters.

Fromm, E. 1948. *Man for Himself*. London: Routledge and Kegan Paul.

Gao, Y.H. 2001. *Foreign Language Learning: "1+1>2"*. Beijing: Peking University Press.

Gao,Y.H. 2002. Productive bilingualism: "1+1>2." In D.W.C.So & G.M.Jones (eds.), *Education and Society in Plurilingual Contexts*. Brussels: VUB Brussels University Press. 143-162.

Gardner, R. C., & W. E. Lambert. 1972. *Attitudes and Motivation in Second Language Learning*. Rowley, Mass: Newbury House.

Giddens, A.1984. *The Constitution of Society*. Berkeley: University of California Press.

Giddens, A. 1991. *Modernity and Self-Identity*. Cambridge: Polity Press.

Giles, H. & P. Johnson. 1987. Ethnolinguistic identity theory: A social psychological approach to language maintenance. *International Journal of the Sociology of Language* 68: 69–99.

Hanvey, R.C. 1979. Cross-cultural awareness. In E.C. Smith & L.F. Luce (eds.), *Toward Internationalism*. Rowley, MA: Newbury House. 46–50.

Holliday, A. 2013. *Understanding Intercultural Communication: Negotiating a Grammar of Culture*. London: Routledge.

Huntington, S. 1996. *The Clash of Civilizations and the Remaking of World Order*. NY: Simon & Schuster.

Jenkins, J. 2007. *English as a Lingua Franca: Attitudes and Identity*. Oxford: OUP.

Kachru, B.B. 1982/1992. *The Other Tongue*. Urbana: University of Illinois Press.

Kramsch, C. 1993. *Context and Culture in Language Teaching*. Oxford: OUP.

Kramsch C., & A. Whiteside. 2008. Language ecology in multilingual settings: Towards a theory of symbolic competence. *Applied Linguistics* 29: 645–671.

Lambert, W.E. 1974. Culture and language as factors in learning and education. In F.E. Aboud & R.D. Meade (eds.), *Cultural Factors in Learning and Education*. Bellingham: Washington Stage College. 91–122.

Li, Wei. 2018. Translanguaging as a practical theory. *Applied Linguistics* 39: 9–30.

Makoni, S. & A. Pennycook. (eds.), 2007. *Disinventing and Reconstituting Languages*. Clevedon: Multilingual Matters.

Maslow, A.H. 1971. *The Farther Reaches of Human Nature*. NY: The Viking Press.

Norton (Pierce), B. 1995. Social identity, investment, and language learning. *TESOL Quarterly* 29: 9–31.

Norton, B. 2001. Non-participation, imagined communities, and the language classroom. In M. Breen (eds.), *Learner Contributions to Language Learning: New Directions in Research*. Harlow, England: Pearson Education.159–171.

Norton, B. 2006. Second language identity. In K.Brown (eds.), *Encyclopedia of Language and Linguistics (2nd ed)*. Oxford: Elsevier. 502–508.

Norton, B. 2013. *Identity and Language Learning (2nd ed)*. Bristol: Multilingual Matters.

Pennycook, A. 2007. *Global Englishes and Transcultural Flows*. London: Routledge.

Rodriguez, R. 1982. *Hunger of Memory*. NY: Bantam Books.

Schumann, J. 1978. The acculturation model for second language acquisition. In R.C. Gingras (eds.), *Second Language Acquisition and Foreign Language Teaching*. VA: Center for Applied Linguistics. 27–50.

Shi-xu, 2009. Reconstructing Eastern paradigm of discourse studies. *Journal of Multicultural Discourses* 4(1): 29–48.

Tajfel, H. 1982. Social psychology of intergroup relations. *Annual Review of Psychology* 33: 1–39.

Wen, Q.F. & Y.H. Gao. 2007. Dual publication and academic inequality. *International Journal of Applied Linguistics* 17: 221–225.

Wenger, E. 1998. *Communities of Practice*. Cambridge: CUP.

Wu, D. (ed.), 2008. *Discourses of Cultural China in the Globalizing Age*. HK: Hong Kong University Press.

Ye, H. 2012. *A Critical Intercultural Approach to Empowering Chinese Learners as English Writers*. Changsha: Hunan People's Press.

Zheng, X. & Y.H. Gao. 2019. Promoting intercultural competence in English language teaching: A productive bilingualism perspective. In X. Gao (eds.), *Second Handbook of English Language Teaching*. Cham, Switzerland: Springer. 1–21.

（俄罗斯）巴赫金，白春仁、顾亚铃译，1988，《陀思妥耶夫斯基诗学问题》。北京：生活·读书·新知三联书店。

高一虹、李玉霞，2013，语言与认同，祝畹瑾（编），《新编社会语言学概论》。北京：北京大学出版社。

高一虹等，2021，《中国英语使用者语言态度与认同——基于国际活动跨文化志愿者的考察》。北京：北京大学出版社。

贾玉新，2013. 21世纪作为世界公民教育的中国外语教育。哈尔滨工业大学学术讲座。http://today.hit.edu.cn/news/2013/04-15/4721436140RL0.htm.（2013–12–1检索）

李嵬，2015，新中式英语和后多语主义。《语言学研究》第十九辑：16–26。

李文中，1993，中国英语与中国式英语。《外语教学与研究》（4）：18–24，80。

李宇明，2012，中国外语规划的若干思考。载赵蓉晖主编，《国家战略视角下的外语与外语政策》。北京：北京大学出版社。

（德）马丁·布伯，陈维纲译，2002，《我与你》。北京：生活·读书·新知三联书店。

潘章仙，2005，《中国英语变体中的语言和文化认同》。北京：北京大学出版社。

宋伊雯、肖龙福，2009，大学英语教学“中国文化失语”现状调查。《中国外语》（6）：88–92。

魏艳辉，2012，从“身份”研究到“认同”研究—后现代主义语境中“身份”的语义危机。《哈尔滨学院学报》（6）：94–98。

吴宗杰，2009，跨文化视角下的“中国学研究”。浙江省外文学会年会主旨发言。http://www.doc88.com/p-303240111024.html（2022–2–1检索）

郑萱，2021，教育探索篇—语言态度的觉察、解构与重构。载高一虹等著，《中国英语使用者语言态度与认同——基于国际活动跨文化志愿者的考察》。北京：北京大学出版社。

English Learners' Four Identity Prototypes and Their Development

Abstract: Based on a review of literature, this study attempts to abstract major identity prototypes regarding L2 learners/users of English over the past 50 years. In the 1970s, the ideal English learner was a "faithful imitator" who modeled language use and cultural behavior on those of native speakers. From the 1980s, the faithful imitator was taken place by a "legitimate speaker," who fought for equal right and legitimacy of speaking. The new millennium has seen a "playful creator," who articulates with unconventional language mixtures or inventions. Also in the recent two decades has emerged a "dialogical communicator," who converses on the basis respect and reflection. The basic characteristics, academic discourses, contexts and limitations of each prototype are discussed. It is argued that the dialogical communicator provides a desirable basis for contemporary English language education in China.

Key words: English learners, L2 identity, dialogism, dialogical communicator

双翼进阶理论与我国西南三语教育

广西师范大学　吴代红　范亚刚*

[提　要]　中国少数民族地区自2001年全面实行三语（本民族语、汉语和英语或其他一门外语）教育以来，已经有二十余年了，形成了北方成效显著，南方成效不明显的局面。究其原因，除了南方缺少合格并会少数民族语的师资，缺少先进又适合本土文化的教学资源以及学生学习动机弱以外，主要原因还可能与南方很多少数民族虽然有本民族语文字却不学读写有直接关系。这种做法背离了一些当代三语教育的理论。本文在评述双语和三语教育的主要理论基础上，提出了双翼进阶理论，并以此分析了我国西南三语教育的若干问题，希望当地教育行政部门在制定语言教育规划时能有所借鉴。

[关键词]　三语教育；双翼进阶理论；读写；听说

1. 引言

中国的三语教育是指少数民族地区对学生进行母语、汉语和外语（通常是英语）的教育，并有其独特性，即受全国和当地教育部门的宏观管理，同时受

* 吴代红，广西师范大学外国语学院副教授。研究方向：商务英语、ESP。 Email: wdh@mailbox.gxnu.edu.cn。通讯地址：广西桂林市七星区广西师范大学外国语学院，邮编：541004。

范亚刚，广西师范大学外国语学院教授。研究方向：理论语言学、英语教学。Email: fyg@mailbox.gxnu.edu.cn。

地域和少数民族语的种类的影响又形成了北方三语教育系统成熟、健全，而南方三语教育相对落后、机制不完善的局面。其主要原因是南方少数民族地区大多缺少母语的识字教育，削弱了音与字对应的意识，欠缺字面解读的思维和认知训练，这也许为后来汉语和英语的学习做了“夹生饭”。本文将从中国各个地区少数民族三语教育的历史和现状谈起，立足现有的研究成果和事实，提出母语习得的双翼理论，以阐述在南方少数民族地区实施识字教育的紧迫性和必要性。

2. 中国少数民族三语教育的分布、历史和现状

中国除了汉族还有55个少数民族，各个民族都有自己的语言。因为法律规定汉语（普通话）是官方语言，所以少数民族除了说本民族语以外，通常还要学汉语，汉语是各民族交流的通用语。因而，少数民族母语和汉语的双语教育从新中国成立之日起就开始提倡了。但是三语教育，即除了母语和汉语以外，还要学一门外语（通常是英语，也有日语、俄语或其他语言的），是随着中国改革开放，与世界交流日渐频繁后才开始的。起步最早的是北方的延边地区和内蒙古。1981年，延边朝鲜族自治州教育部门下发了《全日制中小学教育计划试行草案修正意见》，提出从初中开始要开设一门外语课（日语或英语）（崔雪波，2015）。同年，内蒙古首先在高中成立了“三语实验班”，之后于1994年起开始在初中开设外语课，并渐渐延伸到小学也开设外语课（敖木巴斯尔，2004）。直到21世纪初，我国教育部正式提出了在我国少数民族地区实行三语教育的指导思想（盖兴之，2003）。2001年的《全国教育科学“十五”规划课题指南》第一次提出了“三语教育”的术语。这里的三语教育是指在少数民族地区所进行的少数民族母语、汉语和外语的三语教育，它不仅包括教学，而且包括宏观管理、师资配备、教材和教学设备等。至此，中国少数民族地区从教育行政上正式推行了三语教育，并形成了北方的内蒙古、延边、新疆以及南方的西藏、云南、广西、海南几个大块的三语教育地区。中国的三语教育与欧美的三语教育略有不同，它受国家教育行政部门的宏观指导，第三语言——外语通常是在非目标语的语境中学习的，而欧美的三语教育的第三语常常指的是在目标语的语境中学习，但是欧美的三语教育常常缺少宏观规划，经常是在小范

围内具有实验性质的。如今，中国正规的三语教育虽然只实施了二十多年，但在北方的一些少数民族地区如延边朝鲜族自治州，三语教育的体系已经日趋成熟，无论是教材的民族化、本土化，还是教师本族化都尝试了各种改革，取得了一定的成绩。然而，在南方少数民族地区，尤其在西南地区，三语教育还相对落后，不少少数民族学生汉语说不好，英语更学不好（原一川等，2013；林琳，2019）。究其主要原因，南方很多少数民族没有文字（至今有文字的中国少数民族只有22个），有些少数民族（如壮族）即使有自己的文字，学校教育中一般也不学习本民族的文字，这就造成了学生母语识字能力的欠缺，他们再学起汉语和英语就可能形成了障碍。

3. 以往三语教育的主要理论和双翼进阶理论的提出

三语教育是个系统工程，它受教师、学习者的动机、社会环境和资源、学习机制等因素的影响。有关三语教育的理论主要集中在三语的学习机制上。所谓学习机制就是指三语学习过程中各语言之间的相互影响、学习的年龄因素、学习的必要条件、语言学习与认知的发展等方面共同运作的规律。其中较有影响的理论是门槛理论（threshold theory）、相互依靠发展理论（developmental interdependence theory）、元语言意识理论（metalanguage awareness theory）、语言迁移理论（language transfer theory）以及语系远近理论（language family closeness theory）。这些理论自提出以来得到不少实证研究的检验，并且还在不断地修正和发展。在批评和借鉴这些理论的基础上，作者提出了双翼进阶理论（Wings-Up Theory）。以下是分述。

3.1 门槛理论

该理论是Cummins于1979年针对双语学习者提出的，其核心思想是母语和第二语言的水平都没过第一个门槛，就有碍于一个人的认知能力的发展，成为半语人（semilingual person），对再学习其他语言有负面效应；如果母语和第二语言中有一门语言的水平过了第一个门槛，成为掌握其中一门语言的人（dominant bilingual person），那这个双语学习者的认知能力趋于正常，对未来再学习语言产生的负效应或正效应不大；如果母语和第二语言的水平都过了第二个门槛，那这个双语学习者就成了超双语人（additive bilingual person），其认知能力就会得到极大的发展，并会对未来再学习语言产生积极影响（Cummins, 1979）。Cummins对于“门槛”没有明确的定义，既没有指听说门槛也没有指读写门槛，或者都包括（但有的语言没有文字），或者是泛指语言水平。如果我们把该门槛理论运用于三语教育，我们可以做些适当修正，把这两个门槛这样来解释：第一个门槛就是母语水平要达到一定水准，过了就有助于学习第二语言，没过，就有碍于学习第二语言。第二个门槛是母语和第二语言的水平都达到了一定水准，第三语言的学习就会很顺利，甚至变得轻松（这一点有实证支持，见蔡凤珍、杨忠，2010）。否则，母语和第二语言的水平都没有过门槛，第三语言就难以学好。贯穿门槛理论始终的是：语言的掌握与认知水平的提高是相关的。但是Cummins的理论比较含糊的地方是：（1）这两个门槛都是以什么标准来衡量语言水平的？（2）第一个门槛跟年龄有没有关系？（3）如果有，年幼学习母语时听说读写水平能得到平衡发展吗？显然，两个门槛是一前一后的，第一个门槛是三语学习者年少时要过的。如果我们把它设为母语的门槛，那是一个人语言学习期最快的阶段，它所衡量的不仅仅是听说、抽象思维，而且还要衡量读写。但是在中国南方很多少数民族三语学习者的母语没有文字，或者即使有文字（如新壮文，是1957年才创制的）也很少有人去正规学习，那么这种情况就谈不上衡量读写了。母语没有读写训练能不能过第一个门槛？这是个尖锐的问题。读写是西方教育中十分重视的领域，它被认为与一个人的认知发展有关。在英语中有专门的一个词语“literacy”就涵盖这个意思。例如，在美国大学的教育系中就有literacy的专业。在中国，从古至今，汉族人的读写也是区分有文化的人和文盲的基本标准。幼儿识字、诵读是中国教育的重要部分，其目的是促进孩子文字与概念的联系，凝缩思想，脱离即时语境而去获取知识，从而提高认知能力。中国南方一些少数民族缺少本族语的读写训练，会导致儿童成为Cummins所说的“半语人”，在他们本来应该发展本民族语读写能力的年龄段却放弃了大脑对母语文字识别的开发，这会影响接下来的汉语学习和英语学习。Cummins的第一个门槛是语言构建完善期，它所要求的听说读写要达到的水平并不一定很高，但要发展认知水平，听说读写的训练缺一不可，听说可能在自然环境就习得了，读写一定要在指导和监督下进行的。可能在过第一个门槛时，听说和读写的水平不一定平衡地得到了发展，但是要促进认知发展，听说和读写要双管齐下的，这就是笔者所提出的

“双翼理论”的核心思想，后面还要专门详述。到过了第二个门槛时，母语和第二语言都达到了熟练的水平，再学第三语言时，学习者有了一定元语言知识（metalinguistic knowledge）了，即对语言系统的认识，从而对语言的结构、语言的主要功能、语言与文化的紧密联系都有了较深刻的理解，因而，学起第三语言来，只要有学习动机，就不会有太大的障碍了。

3.2 相互依靠发展理论

该理论是Cummins在1979年提门槛理论时同时提出的，也是针对双语学习者提出的，其观点是母语和第二语言的技能、语言知识和概念是相互影响的，也就是母语的听说读写水平到了一定高度，再学习第二语言时，只要动机强，且接触第二语言的时间充足，母语的语言技能都会促进第二语言的学习，同时第二语言学习的一些概念、知识也会反过来促进母语的提高。Cummins最早提出这个假设时，没有强调读写能力，因而受到一些学者的批评（如Danesi，1990），建议增加进去。多语言发展相互依靠、相互促进、相互转移主要是指元语言知识（对语言本身的反思和理解）、概念的互补、语言之间读音和语法异同的比较、语言表达的逻辑性和精确性、语篇宏观结构的异同等方面。这种相互依靠的关系是在语言发展过程中建立，不是自动形成的。Cummins的相互依靠发展理论用于三语教育，可能会变得更加复杂，比如，学习第二语言发音，可能用母语的音帮助记忆。那么，学习第三语言时，母语和第二语言的发音，哪个对学习第三语言的发音影响更大呢？在三语学习中，如果三语的语系不同，语言之间的语法、词汇、拼写的影响是正面的，还是负面的呢？三语语言能力的发展是各自不同呢，还是这种发展是持续的整体过程的发展呢？尽管Cummins等人认为多语学习存在一个潜在认知系统的完善机制，但这些问题还有待于进一步的实证研究来回答。

与相互依靠发展理论相似的理论就是语言迁移理论（language transfer theory）中的正迁移部分，但是语言迁移理论没有像相互依靠发展理论那样涉及了认知和概念层面了，而只是论及语言的特征层面。语言迁移理论是在20世纪四五十年代Fries和Lado最早借用心理学的概念，并把它移植到语言习得上的（Fries, 1945; Lado, 1957）。语言迁移一般是指在母语习得之后再习得或学习一门以上语言时在语音、语法、语义、语用、修辞和语篇结构等方面母语对新语言所产生的积极或消极的影响以及语言之间的相互影响。影响程度的大小和母语与新语言之间的语系相似性、习得或学习的环境、习得或学习者的年龄、动机、接触新语言的时间以及学习方法等因素有关。语言迁移的研究更注重负迁移的影响，更关注母语和第二语言、第三语言的不同所带来的学习第二语言和第三语言的困难。同时，涉及三语迁移研究时，还有学者开始关注第三语言对母语或第二语言的逆向迁移（Jarvis & Pavlenko, 2008）。

3.3 语系远近理论

该理论是指在双语和三语教育中，第二语言和第三语言离母语的语系越近，学习第二语言和第三语言的成功率越高；反之，学习第二语言和第三语言越难。按Spolsky（1989：117–118）的话说就是：所学语言与母语在语系上和类型上越近，学得越快；当所学语言与母语有相同特征时，能促进学习；当所学语言与母语有差异时，能干扰学习。事实上，语言语系的距离不但指实际语言之间的相似性，如语系的相近程度以及词汇、句法、书写、语义、语用等的相近程度，而且还指语言学习者在心理上对目标语与本族语异同的主观判断，这个现象被称为心理语言距离（英文叫psychotypology or perceived language distance, 是Kellerman于1977年提出的术语）。心理语言距离影响和实际语系远近同样积极或消极地影响语言学习者掌握新语言的进程。可以说，实际语系远近的理论并不能很好地解释中国的三语教育现状。中国北方的朝鲜族和蒙古族的语言与汉语并不是一个语系的，蒙古语属于阿尔泰语系，朝鲜语的语系至今没有定论，有学者猜测是属于阿尔泰语系，而南方的壮语和侗语是属于汉藏语系的。按语系远近理论，壮族和侗族人的母语与汉语是一个语系的，应该比蒙古族和朝鲜族人学汉语学得更快、更好，但事实上并非如此。当然，这个问题要涉及很多因素，其中教师的教学水平、学习者的动机起非常大的作用。另外最主要的一个因素是南方壮文和侗文没有像北方蒙古文和朝鲜文那样全面地走进正规课堂，使得壮族和侗族人的母语读写能力产生劣势，从而削弱了认知和学术能力的发展。

3.4 双翼进阶理论的提出

语系远近理论即使加入了心理语言距离的成分，也受客观条件和主观心理因素的影响，受到不同语境的影响，不能对三语学习具有普遍指导意义。而门槛理论和相互依靠发展理论是针对多语学习机制提出的，适用于各种语境的多语学习情形。门槛理论和相互依靠发展理论虽然没有在文字上突出读写的地位，但它们本质上是在强调读写的作用。在三语教育中母语和第二、第三语言的读写能力是十分重要的，特别是母语的读写训练是一个人认知能力的开端。会读写是区别文盲和有文化的人的重要指标，因为文字比口头语言更能超脱当下语境，更简洁、更精准地传达思想，并让读者与文字产生对话。英国社会语言学家伯恩斯坦（Bernstein，1971）把语码分为局限代码（restricted code）和复杂代码（elaborated code）。局限语码常常是受教育程度低人所说的话，这种语言句法简单，与当下语境紧密相连，而复杂代码是受教育程度高、认知程度较高的人所说的话，这种语言句法复杂，表达意义深刻，常常不受眼前语境限制。实际上，局限代码和复杂代码的形成与读写（literacy）的教育程度息息相关。可以说，在三语教育中，读写是成功钥匙。我们可以举两个母语读写在三语教育中发挥决定性作用的例子。20世纪初，英国传教士Samuel Pollard（1864–1915）来到中国贵州一个贫困的苗寨石门坎（Stone Gateway）传教、办学，总结了一套三语教学的方法，顺应了语言学习和认知发展的规律，一百多年的时间里，培养出了四千名小学生，数百名高中生和中专生，三十多名大学生和两名博士（丁俊杰，2012:56），创造了世人瞩目的成就。Pollard的教育秘诀在于针对当地寨民有语言无文字的情况，为当地语言创造了文字"老苗文"（The Pollard Script），以当地语言和教师带动汉语和英语的学习。Pollard教育理念的成功说明重视本族语的文字教育是更好进行第二语言和第三语言教育的关键，因为有了识字教育，元语言的意识和认知发展才能更上一层楼。再比如，延边地区从小就有母语文字识字训练，学生又重视汉语和英语学习，他们的认知水平较高。以2009年高考为例，延边州高中朝鲜族学校文科高考录取率高达82.1%，比汉族学校的高考录取率高出12.2个百分点；理科高考录取率达到77.09%，比汉族学校高出8.8个百分点（崔雪波，2015），这可能与学生的语言能力和认知水平较高有关。

双翼进阶假设（以下简称"双翼理论"）：在三语（母语、第二语言和第三语言）教育中，语言习得（acquisition）和学习（learning）需要**听说和读写双翼教育**并驾齐驱，只有这样才能更好地学习新语言，才能在语言系统的构建、社会交际和学术交流等不同阶段让三语习得与学习相互促进元语言知识、认知能力和学术能力的发展。这里区分了"习得"和"学习"是根据语言学家克拉申的理论所定义的（Krashen, 1981），即在目标语的语境中潜意识地去掌握新语言，可以称为习得，而在非目标语的环境中有意识地在学校里学习新语言便称为学习。我国少数民族地区的本族语一般是习得的，而对汉语老师，由于受国内官方汉语媒体和大的语言环境的影响，是习得和学习相结合的，而英语完全是在非目标语的环境中学习的。双翼理论可用以下公式表达：

$$\mathbf{U + L \rightarrow p1 \rightarrow p2 \rightarrow p3}$$

U（utterance）指听说，L（literacy）指读写，p1（phase one）是指语言系统构建阶段，p2（phase two）是指语言社会交际阶段，p3（phase three）是指语言学术交流阶段，箭头指着各个阶段是按顺进阶的。

双翼理论的条件和详解：

- ✧ 文字教育越早越好，可始于学龄前家庭教育，只要孩子能把事物和母语的发音联系起来，就可以开始识字，因为记词和辨认事物是一样的；
- ✧ 只要孩子能写了，就可以慢慢教给孩子母语文字（如果有的话）；
- ✧ 读写教育需要有成人陪伴、监督和指导，而且是系统、长期、有规律的教育活动；
- ✧ 第二语言（汉语）、第三语言（英语）并不一定要等到母语（少数民族语）学到一定程度后再学，但在语言习得临界期内（青春期）不管学多少语言，有条件的，都要听说+读写双翼并进；
- ✧ 少儿文字教育需要适量的语篇背诵，以构建大脑的语料库，背诵的语篇不一定要求少儿每个字、每个句子都理解，但读音和文字要对上（范亚刚、吴代红，2016；吴代红、范亚刚，2017）；
- ✧ 不论听说还是读写，都需要对话教育，以激发思考和提高认知能力；

在语言发展的三阶段中，第一阶段，语言系统的构建阶段是指在语言习得临近期前后，该阶段是一个人形成元语言知识和认知能力的重要阶段，也是语音、语用的关键时期。只要在目标语的语境中学习，学习听说都没有困难，但是读写还是需要成人的监督和指导。第二阶段，语言社会交际阶段，是指能用母语和所学的第二语言、第三语言进行日常交际，完成在社会上必需的口头和书面的交际任务的阶段。这一阶段人的认知能力和交际能力得到了全面发展，但要想达到理想的高度，仍然要持续提高读写能力。第三阶段，学术交流，主要是指一个人的抽象思维、逻辑思维、概括和分析能力、批判性思维以及判断和预测能力等学术交流都得到了充分发展。在这个阶段，多语学习者的这种学术能力是相互促进、相互补充的，但这种相互作用是靠训练转换的。

双翼理论强调了听说和读写要平衡发展，三语教育要持久构建各个语言的系统，发展交际和学术能力，最好不能忽略任何语言发展的三阶段（系统构建、社会交际和学术交流），特别是母语的读写训练。我国南方少数民族的三语教育中很多有文字的语言的，都应该重视母语的读写教育，相关教育行政部门在语言教育规划中应该借鉴双翼理论的思想，用实证研究检验它的正确性和科学性，并且要进一步分析三语之间在语音、词汇、语义、语用和语篇等方面的相互影响状况。

4. 我国西南少数民族三语教育的若干问题

语言教育的灵魂是教师。很多研究发现我国西南少数民族地区三语教育的最大问题是师资短缺和教师水平偏低（刘承宇、单菲菲，2016；林琳，2019）。这个问题亟待培训教师和高薪招聘来解决。三语教师要会当地少数民族语言，懂得当地文化，这一点用双翼理论来解释就是教师将用少数民族语言架起学习新语言的桥梁，促进认知能力发展和元语言知识的积累。至于中国南方少数民族地区教育资源落后，这个要靠当地经济的发展和政府统筹兼顾来解决。

教材是语言教育的核心。我国少数民族地区三语教育取得丰硕成果的地区如延边朝鲜族自治州都有结合当地民族文化编写的教材（黄丙刚、杨勇、何高大，2017），而在南方这方面就很薄弱（刘承宇、单菲菲，2016）。从双翼理论看，不但要编写好适于当地本土文化的汉语和英语教材，还要编好本民族语言的教材，因为读写教育基本是依靠教材进行语言输入的。

在语言教育规划上，西南少数民族地区的教育部门应该重视一些本来有文字却缺少学校正规教育的问题，重视这些语言的读写教育，避免当地的学生在语言习得的临界期内，母语的听说和读写单翼发展，从而影响汉语和英语的学习。在语言发展的临界期，忽略母语的读写训练就等于阻碍一个人在成长期一个重要器官的正常发育。在我国学校教育由教育行政部门统一规划的环境中，开不开少数民族语言的文字教育不是哪一个学校、哪一个教师说了算的，因而深入研究三语教育的机制，避免盲从的偷懒做法（认为少数民族会说少数民族语，直接学汉字就够了），忽视了大多数少数民族学生避开不了母语习得的环境，在语言临界期内必须接触本族语的情形，势必导致少数民族学生语言能力发展的欠缺。

很多西南少数民族学习第三语言、英语或其他外语，并没有显出任何原来双语学习的优势，除了他们学习动机不大，特别是愿意学本民族文字的动机很弱（刘承宇、单菲菲，2016），加上心理上对英语学习的语言距离较大以外，主要原因还是本民族语没有读写训练，汉语也没有学好，英语更学不好。用双翼理论很容易解释这个问题。双翼理论强调两点：听说和读写并进，并要达到一定水平才能进阶，否则就永远达不到一定的高度。在中国，英语学习基本上是在非目标语环境下学习的，课外缺少巩固和练习的机会，除了为了升学，毕业后有很多人在工作中用不上英语，所学的英语知识就逐渐淡忘了。这个问题可能随着中国在世界经济舞台上地位的提高、国际贸易往来和文化交流的频繁会能得到改善。

5. 结语

双翼理论主要是针对我国西南一些少数民族有本民族语言但不学读写的现象提出的，它涉及语言学习的必要条件、学习机制、发展路径和三语学习之间的相互影响等问题。三语教育本身就是复杂的社会现象，它不是简单地叠加三语的过程，而是重新构建一个具有更复杂的认知和元语言系统的新的大脑语言库。它的成分需要用社会语言学、应用语言学、心理语言学和语言规划等多个领域的理论来阐释，但抓住语言学习机制本身可能是解决诸多问题的起点，这也为教育行政部门进行语言教育规划提供了依据和理论参考。双翼理论只是假设，它整合了国内外双语和三语教育的理念，使得门槛理论、相互依靠发展理论以及幼儿语篇诵读理论的一些思想进一步明朗化，突出了人类独有的财富——文字的神奇魅力。它将依靠实证研究去进一步检验和完善。

参考文献

Bernstein, B. 1971. *Class, Codes and Control: Theoretical Studies Towards a Sociology of*

Language. London: Routledge & Kegan Paul.

Cummins, J. 1979. Linguistic interdependence and the educational development of bilingual children. *Review of Educational Research* 49 (2): 222–251.

Danesi, M. 1990. Mother tongue literacy and the "shaping" of knowledge: The experience of the Italian children. In M. Byram & J. Leman (eds.), *Bicultural and Trilingual Education: The Foyer Model in Brussels*. Clevedon: Multilingual Matters.

Fries, C. C. 1945. *Teaching and Learning English as a Foreign Language*. Ann Arbor: University of Michigan Press.

Javis, S. & A. Pavlenko. 2008. *Crosslinguistic Influence in Language and Cognition*. New York: Routledge.

Kellerman, E. 1977. Towards a characterisation of the strategies of transfer in second language learning. *Interlanguage Studies Bulletin* 2: 58–145.

Krashen, S. D. 1981. *Second Language Acquisition and Second Language Learning*. Oxford: Pergamon Press.

Lado, R. 1957. *Linguistics Across Cultures*. Ann Arbor: University of Michigan Press.

Spolsky, B. 1989. *Conditions for Second Language Learning*. Oxford: OUP.

敖木巴斯尔，2004，三语教育改革实验研究课题的理论构思与实践框架。《民族教育研究》（1）：55–62。

蔡凤珍、杨忠，2010，L2（汉语）对新疆少数民族学生L3（英语）习得的影响研究。《外语与外语教学》（2）：10–13。

崔雪波，2015，新时期我国朝鲜族三语教育政策及教育现状研究。《民族高等教育研究》（3）：64–67。

丁俊锋，2012，石门坎伯格理三语教育实践 ——多元文化的对话与融合。《安顺学院学报》（5）：56–58。

范亚刚、吴代红，2016，诵读与语篇植入理论——以《论语》和《圣经》为例。《广西师范大学学报（哲学社会科学版）》（1）：125–129。

盖兴之，2003，三语教育三题。《大理学院学报》（6）：83–88。

黄丙刚、杨勇、何高大，2017，中国东北地区朝鲜族三语教育研究概略。《黑龙江民族丛刊》（4）：168-173。

林琳，2019，基于三语习得理论的广西少数民族地区英语教育研究 —— 以壮族为例。

《湖北开放职业学院学报》（1）：168–169，176。
刘承宇、单菲菲，2016，贵州侗族地区三语教育现状调查研究。《民族教育研究》（1）：61–69。
吴代红、范亚刚，2017，基于程式传承的侗族款词诠释。《广西师范大学学报（哲学社会科学版）》（4）：61–66。
原一川、胡德映、冯智文、李鹏、尚云、原源，2013，云南跨境民族学生三语教育态度实证研究。《民族教育研究》（6）：80–87。

Wings-Up Theory and Trilingual Education in Southwestern China

Abstract: Trilingual education in China's minority regions (consisting of a local language, Mandarin Chinese, and a foreign language such as English) was first implemented in 2001. In about two decades since, there has been receptiveness toward the policy in the north and some slight reluctance in the south. Aside from the lack of qualified minority teachers, the lack of educational resources suitable to local needs, and the lack of student motivation, a main problem for the issue in the south is that many minorities may have their own written language but have not been taught to read and write in it. This literacy situation runs counter to some current theories of trilingual education. This article evaluates theories of bilingual and trilingual education and proposes the Wings-Up Theory to analyze the aspects of trilingual education in the southwest, so as to assist in future language planning policy decisions on the local level.

Keywords: trilingual education, Wings-Up Theory, literacy, utterances

中介语变异的三种研究路径

北京师范大学外文学院　田贵森
北京工商大学外国语学院　田　莉*

[提　要]　本文介绍了中介语变异的三种研究路径及其发展，包括社会语言学、心理语言学和应用语言学。社会语言学主要致力于中介语变异影响因素的研究，研究范式主要有两个，Labov范式和动态范式；心理语言学通过建立各种心理语言学模型对中介语变异的来源进行解释；应用语言学主要通过中介语分析、形式—功能分析和动态系统理论分析对中介语变异进行描述。

[关键词]　中介语变异；二语习得；社会语言学；心理语言学；应用语言学

1. 引言

中介语变异（interlanguage variation）这个术语孕育于社会语言学和应用语言学的交叉研究，也有人称之为“过渡语变异”。中介语来自应用语言学，指结构上介于母语和目的语之间的二语学习者语言系统（Selinker, 1972：214），

* 田贵森，北京师范大学外文学院教授（退休）、博士。研究方向：社会语言学、应用语言学、英语语言教学。Email：tiangs@bnu.edu.cn。通信地址：100875 北京市新街口外大街 19 号北京师范大学外文学院。

田莉，北京工商大学外国语学院副教授、博士。研究方向：社会语言学、应用语言学、英语语言教学。Email：sleepytian@sina.com。通信地址：100048 北京市海淀区阜成路 33 号北京工商大学外国语学院。

是二语习得领域的一个重要概念。研究者们从系统性、渗透性、可变性及中介语的石化现象等多个方面对其进行了研究。语言变异的概念来自社会语言学。美国社会语言学家Labov认为，语言是以多种变异形式存在的，具有“异质有序”的系统特性，语言变异研究已成为社会语言学研究的核心领域。

中介语变异的研究对于外语教学有重要意义。通过中介语变异的描述，人们可以了解学习者语言发展的整体情况及各个语言子系统（如语法和词汇等）的发展情况，从而帮助教师制定合理的教学计划；通过对中介语变异影响因素的探讨，有助于教育者创造有利的学习环境，帮助学习者制定合理的目标，激发学习动机，掌握有效的学习方法等。

社会语言学、心理语言学和应用语言学都曾对中介语变异进行了研究，其研究方法和研究内容等各不相同。本文将梳理三个主要语言学领域研究中介语变异的不同路径，介绍其主要观点、研究内容、研究方法及存在的问题，以期促进我们对中介语变异现象的认识和探究。

2. 社会语言学研究路径

社会语言学对中介语变异的研究始于20世纪70年代。该流派主要运用社会语言学方法探究中介语变异的根源，其主要研究范式有两种，一种是Labov范式，另一种是动态范式。

2.1 Labov范式

社会语言学认为，语言变异不是杂乱无章的，而是有规律可循的，是受到社会和语言环境等多方面因素影响的。该流派的创始人Labov在母语社区的研究中创立了一种语言变异的定量研究方法。这种方法被称为Labov范式（参见Labov, 1966）。该方法后来被应用于中介语变异研究。

早期的变异社会语言学家们主要关注I型变异（Type 1 variation），即中介语中特有的、不同于目的语的语言变异形式，如二语学习者在学习英语否定式时所产出的I no like it，又如在学习英语过去时的过程中产生的goed等形式。变异学家们认为，这些变异是受到语言或社会因素影响而产生的，他们试图通过量化方法找出造成这些变异的影响因素。一开始，研究者关注的是某一特定因素对语言变异的影响，如语言环境（Dickerson, 1974，1975）和说话对象

（Beebe, 1977）等。后来人们认识到，各种因素并非单独起作用，而是相互作用的，单一因素无法对语言变异做出全面的解释。因此研究者开始采用多变量分析法（如变项规则分析法）分析不同因素所占的影响权重，并开发出统计软件包来完成这一任务（如VARBRUL）。此类研究大都在语音、语素以及冠词使用等语言层面进行，句法和语篇层面的研究很少，这可能是因为变异语言学家们对变异有着严格的定义。在他们看来，虽然结构不同的句子有时意思看起来差不多，但却具有不同的意义。

Labov范式在I型变异研究中面临的主要问题是难以对二语习得的纵向发展过程进行描述和解释。变异流派关心的是言语社区的语言变异，而忽视了说话者作为独立个体的事实。这样的语言观与二语习得研究的目标不太相符。后者的目的是描述和解释个体学习者习得二语的过程（Preston, 1989）。二语习得者不是简单地模仿母语者，而是在语言学习过程中发展出一种中介语及一种二语习得者的身份（identity）。在研究中介语的使用时，我们不仅要寻找二语习得的普遍规律，而且要努力探寻每一个学习者在选择不同语言形式时所要表达的声音。

20世纪90年代以后，Labov范式的中介语变异研究重点转向了II型变异（Type 2 variation）的习得研究。II型变异指的是母语者在不同语境中选择使用不同语言形式的现象，如英语母语者在正式场合会使用I'm running，而在非正式场合则可能会选用I'm runnin'。研究者们逐渐意识到，要想完整习得一门第二语言，学习者需要具有在不同场合使用不同语言形式的能力。这种能力又被称为社会语言能力（sociolinguistic competence）（Mougeon *et al.*, 2010）。此类研究一开始关注的是采用浸润式学习方法学习法语的学生，如Regan（1996）、Rehner & Mougeon（1999）、Dewaele（2004）等。后来针对其他语言的研究也陆续出现，如：汉语（Li, 2010）和英语（Adams & Regan, 1991；Major, 2004）等。这些研究显示，与母语者相比，二语学习者更倾向于使用正式变式，其正式和特别正式的变式使用比例比母语者高很多，而非常不正式的和不太正式的变式（又称为vernacular variants）则比母语者要低（Mougeon *et al.*, 2010：9）。造成这种现象的原因包括与母语者接触时间的长短、二语教材、教师课堂话语等。

这些研究结果对二语教育有一定的启示。首先，学习者二语水平要达到或接近母语者水平，就要尽可能地大量接触母语者在不同场合所使用的语言。这不仅包括正式语体，还应包括非正式语体。只有这样学习者才能根据场合做出相应的选择。另外，这些研究结果对教材的编写和教师话语的选择也有一定的启发。目前的二语教材基本都选用正式语体，非正式语体的内容很少。教师话语也基本以正式语体为主。这使得学生很少有机会接触到非正式语体。教材的编写和教师课堂话语的选择是否应该包括一定量的非正式语言变体是一个值得思考的问题。当然，教师本身是否习得了目的语中的风格变异也是一个值得讨论的问题。

到目前为止，II型变异研究对象主要是二语环境中的学习者，针对外语环境中学习者的研究还很少。这可能是因为研究者认为II型变异的习得主要发生在高级语言学习者身上，而且学习者需要有机会与母语者频繁接触，而这些条件在外语环境很难达到。但我们认为，随着全球化的不断深入，外语学习者特别是生活在大城市的外语学习者，有越来越多的机会接触英语母语者，这使得他们在外语环境中习得II型变异成为可能。因此研究者有必要对外语环境中的II型变异习得情况进行研究。

2.2 动态范式

动态范式起源于语言变化和语言变异的关系研究。Bailey（1973）用“波浪理论”（The Wave Model）来描述语言变化。他提出，不同的环境具有不同的“权重”。那些特别适合某一语言变式使用的环境被称为“重环境”（heavy environments），而那些不适合这些变式使用的环境被称为“轻环境”（light environments）。语言变化首先开始于重环境，然后向轻环境扩散。Bickerton（1975）应用此模式对克里奥尔语（creole）进行了研究。他指出，克里奥尔语通常有几种不同的变体，这些变体由简单到复杂组成一个连续体。他通过蕴含量表（implicational scaling）表明，说话者在这一连续体中可能处于不同的位置。有的说话者掌握了某一种变体，而其他说话者则掌握了另一些变体，这就形成了个体间变异。掌握了不同变体的说话者可能会在不同语境中使用不同的变体，从而产生了个体内变异。当说话者习得一种新的语言变体时，新旧变体会同时存在，由于语言系统还不稳定，说话者在两种变体间来回切换就产生了自由变异（free variation）。

动态范式对二语习得研究的影响很大。Gatbonton（1978）采用该理论研究了以法语为母语的加拿大人学习英语时所产生的中介语，后来的形式–功能分析（参见4.2）也是在动态范式的基础上发展起来的。正如Ellis所说，环境权重及蕴含量表等概念可以作为二语可变性研究的强有力工具（Ellis, 1994/1999：127）。但是要找出学习者语言中的不同变体并不像克里奥尔语那么容易，因为二语习得的变化过程要比克里奥尔语快得多，其发展阶段很难界定。另外，动态范式把语言变异看作是语言变化的副产品，而忽略了影响语言变异的其他因素，如语言因素、情景因素、心理语言学因素等。

3. 心理语言学研究路径

与社会语言学不同，心理语言学流派将中介语变异的存在归结为心理因素的影响，如注意、语言加工、短期记忆及说话者对语言的计划和监控等（参见Hulstijn & Hulstijn, 1984）。该流派主要通过建立心理语言学模型解释个体内部中介语变异的存在。这些模型包括Levelt（1989）的语言产生模型（Speech Production Modcl）、Pienemann（1998）的可加工理论（Processability Theory）、Krashen（1979）的监控模型（Monitor Model）、Tarone（1983）的语言能力连续体范式（the Capability Continuum）等。

3.1 语言产生模型

在Levelt的语言产生模型中，语言产生的过程被分成几个部分，主要包括：概念生成器（conceptualiser）、构成器（formulator）、发音器（articulator）。在概念生成器中，说话者所要表达的信息被感知，说话者决定要使用的语言变体，并生成前语言信息。前语言信息进入构成器，并在构成器中转化为语音计划，随后发音器将语音计划转化为实际语言。语言变异在以上各个环节中都有可能出现。此外，说话者还可以通过模型中的其他组成部分，如听辨、言语理解系统和监控等，对语音计划或发音过程中可能出现的错误进行适当的调整。

3.2 监控模型

Krashen的监控模型虽然不是专门的中介语变异理论，但对中介语变异的本质做出了解释。该模型区分了两个独立的中介语系统，一个是通过无意识习得获得的隐性语言知识，另一个是通过有意识内化（即学得）获得的元语言知识。其中学得的元语言知识被称为监控。在交际活动中，只有习得的语言知识能产生话语，监控无法产生话语，只能在某些特定的情况下对所产生的话语进行修改。这些条件包括充足的时间、说话者对语言形式的注意力、对语法规则的掌握等。当这三种条件都满足的时候，学习者就有可能对他所产生的话语进行修改，从而产生了变异。

Tarone指出，这一理论在处理中介语变异时存在三个问题（1988：28-29）。首先，监控模型中的很多组成部分难以观察，也很难证明。比如，在任务完成过程中是哪种因素引发了学习者对形式的关注（focus on form）？第二个问题是这一模型无法解释中介语中存在的各种变异，包括子系统中的变异以及不同语言层面之间的变异。监控模型只区分了学习者是否监控自己的语言产出所产生的变异，而忽视了许多其他的变异。第三个问题是，说话者无法区分自己对语言的监控是根据相关语言规则还是凭借语感。正如有的研究者所说，“大写的‘监控’（规则）与小写的‘监控’（感觉）之间的区别与经验不一致”（McLaughlin, 1978）。

3.3 语言能力连续体范式

Tarone在Labov的变异理论基础上提出了“语言能力连续体范式”。她认为，二语学习者的语体连续体与母语者的语体连续体很相似。学习者的中介语能力不是同质的，而是异质的，是由语体连续体组成的。连续体的一端是“认真体”，是说话者对语言形式非常关注的时候所使用的语言形式，连续体的另一端是“随意体”，是说话者对语言形式非常不在意的时候所使用的语言形式。这两者之间存在一些中间体，这一系列的连续体构成了中介语系统，如下图所示。

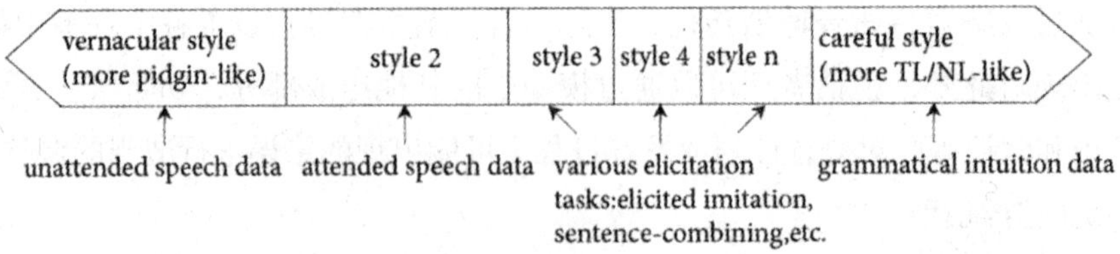

图1　中介语连续体（引自Tarone, 1983：152）

Tarone认为，二语学习者的语言可变性是由中介语的风格变化引起的，而这一风格变化又是由学习者对语言形式的注意引起的（Tarone, 1983）。当学习者注意语言形式时，产生的是比较正式的语体，而当学习者对语言形式的注意减退时，产生的是较随意的语言形式。

尽管这一模型是受到社会语言学模型的启发而创立的，但与社会语言学模型不同，这一模型并没有解释环境因素对语言使用的影响，而是关注心理因素对语言变异的影响。Tarone（1988：25）认为，对二语学习者来说，“社会群体”的概念并不适用，因此忽略了Labov模型中的核心内容——社会因素，从而模糊了社会模型和心理模型之间的区别。

3.4 可加工性理论

在语言产生模型的基础上，Pienemann（1998）提出了可加工性理论（Processability Theory，简称PT）。该理论认为，在语言发展的任何阶段，学习者只能加工那些现阶段能加工的二语形式（Pienemann & Kebler, 2014：230）。可加工性理论定义了一个二维空间。这一空间的纵轴代表二语习得的不同发展阶段，横轴代表每一阶段所能使用的中介语变体。学习者语言沿纵轴方向发展，但处在同一语言发展阶段的语言学习者可能会具有不同的语言风格。这是因为在习得目的语形式之前，学习者会采用不同的方法解决所遇到的语言问题（Pienemann, 1998）。有的学习者会省略拿不准的成分，有的则选择使用非目的语形式, 还有的会尽量回避这种语言形式可能会出现的场景。不同的选择会导致不同的语言发展路径。选择省略的学习者会在这个语言项目的发展上停滞不前，经常使用非目的语形式的学习者则可能出现僵化现象。PT理论认为，这种选择受到可加工性的限制，也就是说，中介语变异的产生受到学习者语言水平的限制。虽然有变异，但处在同一发展阶段的学习者语言是相对稳定的，在不同的交际任务中所展示出来的语言特征基本相同。

心理语言学模型的共同问题是，注意、监控和关注等心理因素难以观察，因此普遍缺少实证研究的支持。

4. 应用语言学研究路径

应用语言学界对中介语变异的研究始于中介语假设的提出，该领域常用“可变性”（variability）这一术语来表达中介语中的变异现象，有三种主要分析方法：中介语分析、形式–功能分析和动态系统理论分析。

4.1 中介语分析

中介语分析也被称为频率分析（frequency analysis），主要研究学习者在表达某个语法特征（grammatical feature）时所使用的不同手段（Cancino *et al.*, 1978）。研究者通常会选择一个语言项目进行跟踪研究，分析学习者在不同阶段所使用的语言手段，并根据各种语言形式的使用频率把习得过程划分成不同的阶段，以此确定该语言项目的习得过程。研究发现，学习者习得某个结构的过程并不是一蹴而就的，而是经历多个阶段才能完成的。

中介语分析不仅揭示了中介语动态发展的本质（Huebner, 1979），还对习得顺序（sequence of acquisition）有一定的贡献。不过也有人指出，二语习得是一个不断变化的动态发展过程，人为地将这一过程划分成不同阶段有一定的误导性（Ellis & Barkhuizen, 2005）。另外，该方法只对学习者语言的习得顺序进行了描述，却没有对此做出解释。

4.2 形式–功能分析

如前所述，形式–功能分析是在动态范式的影响下发展起来的。持这一观点的语言学家把语言看作形式–功能对应（form-function mapping），认为语言应首先被看作意义交流的工具，离开了功能，语法形式就无法被理解。因此形式–功能分析所关注的是说话者在社会环境中的语言应用、语言所实现的功能以及实现这些功能所使用的语法结构。

Ellis从形式–功能对应的角度对中介语的可变性进行了解释。他认为，每个学习者的中介语都有一定的形式–功能对应规则。有些规则是系统性的，由情境和环境等因素决定；有些规则是任意的，以自由变异的形式存在。自由变异的存在，即两种形式对应同样的功能，会影响系统的效率，因此学习者会努力消除自由变异。办法有两种，一是去除不标准或不必要的形式，二是使不同的形式对应不同的功能。由此他提出，二语习得的过程可以分为两个阶段，一是“习得阶段”，在这一阶段新的形式被习得并在自由变异中使用；二是重组阶段，学习者对这些形式进行功能细分。学习者最初确立的形式–功能对应与目的语中的形式–功能对应并不一致，学习者需要经过多次整理才能接近目的语中的对应，当然也有可能永远无法达到这种结果。

中介语的形式–功能分析可分为形式–功能研究和功能–形式研究两种类型。前者以语言形式为出发点，研究语言形式在语言发展的不同阶段所实现的不同意义或者功能，后者从语言的某种功能出发，研究学习者在语言发展的不同阶段为了实现这一功能而使用的不同语言形式。功能既可以是语义功能（如将来时、可能性）、语义–语法功能（如主语、宾语），也可以是语用功能（如询问、道歉、感谢等）或语篇功能（如主题或句子的主位等）（Huebner, 1985）。因此，该方法的变异研究可以在词汇、短语、句子或语篇等不同语言层面进行。

中介语分析和形式–功能分析两种方法都关注二语习得的过程，为中介语可变性的研究做出了重要贡献。不过这两种研究都没有考虑二语习得过程中心理作用的影响（Tarone, 1988），而且到目前为止几乎所有的研究都专注于自然习得语言的学习者，忽略了教学的作用（Mitchell & Myles, 1998 转引自Ellis & Barkhuizen, 2005：120），另外，研究者所关注的语言形式皆为非目的语形式，学习者逐渐习得II型变异的过程被忽略，因此这两种方法对中介语发展过程的描述都是不完整的。

4.3 动态系统理论分析

对中介语变异研究影响较大的是动态系统理论。该理论充分认识到了中介语发展的动态性和复杂性，强调个体变异是二语习得研究的重要内容，并把重点放在个体间及个体内发展路径的描写上。研究者通常采用跟踪研究的方法，定期对被研究者进行观察、录音或录像，通过考察语言系统或子系统的发展过程了解个体内及个体间的变异情况，已有的研究包括Verspoor *et al.*（2008）、Spoleman & Verspoor（2010）、Polat & Kim（2014）、郑咏滟（2014）、李茶、隋铭才（2017）、郑咏滟、冯予力（2017）、田莉（2021）等。这些研究证实，个体学习者的发展路径不同于群体发展路径，个体内部和个体之间都存在着大量的变异，学习者的中介语词汇和句法子系统的发展是可变的、动态的和非线性的。

目前动态系统理论下的个体变异分析主要采用CAF的方法。CAF是复杂性（complexity），准确性（accuracy）和流利性（fluency）的缩写。研究者们主要通过对词汇和句法的复杂性、准确性、流利性等数据的统计分析对学习者的语言发展进行描述。早期的CAF研究关注的是群体语言学习者所表现出来的语言发展趋势。动态系统理论则认为，个体变异在揭示二语习得本质方面扮演着重要角色，群体发展趋势掩盖了个体学习者语言发展之间的差异，因此他们致力于个体中介语发展中复杂性、准确性和流利性的描写，从而展示个体内和个体间变异。

CAF分析也存在一些问题。首先，不同的研究者所用的测量单位不同。例如，在测量句法准确性时，有的学者选择无错误小句在所有小句中的百分比作为指数，而有的学者则选用无错误T单位的百分比作为指数。这种多样性给研究结果之间的比较造成了困难（Ellis & Barkhuizen, 2005）。第二，CAF研究更适用于中高级学习者，不太适合初级英语学习者的语言分析。这是因为语言准确性、流利性和复杂性的计算都基于T单位、小句或其他语言项目的数量统计，初级英语学习者由于语言水平有限，这些语言单位的数量很难统计。因此此类研究的受试大都是大学生，特别是英语专业的学生，针对初级英语学习者的研究很少。第三，CAF的研究结果只能告诉我们语言系统或子系统的发展路径，却难以揭示语言项目的具体使用情况。正如Schmitt（2015：44）所指出的，真正有意义的不是学习者使用了哪些词，而是这些词的使用在语域、搭配等方面是否恰当。因此，与其测量写作中的形符–类符比，不如对语言结构的使用是否恰当进行分析更有意义。

尽管如此，随着新的技术不断产生和广泛运用，如移动极值图表（moving min-max graph）、平滑技术（smoothing techniques）、再抽样技术（re-sampling）、蒙特卡罗模拟（Monte Carlo simulation）、移动相关性图（moving correlation）等，动态系统理论对个体语言发展路径的描写将更加精确，个体差异的研究也会进一步发展。

5. 结语

中介语变异是一种复杂的语言现象，涉及心理、社会及认知等多种因素的共同作用，各流派从不同视角对中介语变异进行了探讨，都取得了不少成果。同时也都面临着各自的问题。今后的研究应充分利用不同视角的优势，综合考虑各因素之间的互动关系，加强不同学科之间的交流和合作。随着科学技术的进步及广大研究者对二语复杂性和动态性认识的不断提高，中介语变异的研究也必将取得实质性进展。

参考文献

Adamson, H. D. & V. M. Regan. 1991. The acquisition of community speech norms by Asian immigrants learning English as a second language: A preliminary study. *Studies in Second Language Acquisition* 13(1): 1–22.

Bailey, C–J. H. 1973. *Variation and Linguistic Theory*. Washington D. C.: Center for Applied Linguistics.

Beebe, L. M. 1977. The influence of the listener on code-switching. *Language Learning* 27(2): 331–339.

Bickerton, D. 1975. *Dynamics of a Creole System*. Cambridge: Cambridge University Press.

Cancino, H., Rosansky, E. & J. H. Schumann. 1978. The acquisition of English negatives and interrogatives by native Spanish speakers. In E. M. Hatch (eds.) *Second Language Acquisition: A Book of Readings*. 207–231. Rowley, Mass.: Newbury House.

Dewaele, J-M. 2004. Retention or omission of the *ne* in advanced French interlanguage: The variable effect of extralinguistic factors. *Journal of Sociolinguistics* 8(3): 433–450.

Dickerson, L. J. 1974. *Internal and External Patterning of Phonological Variability in the Speech of Japanese Learners of English*. Unpublished Ph. D. thesis, Urbana: University of Illinois.

Dickerson, L. J. 1975. The learner's interlanguage as a system of variable rules. *TESOL Quarterly* 9(4): 401–407.

Ellis, R. 1994/1999. *The Study of Second Language Acquisition*. Shanghai: Shanghai Foreign Language Education Press.

Ellis, R. & G. Barkhuizen. 2005. *Analysing Learner Language*. Oxford: Oxford University Press.

Gatbonton, E. 1978. Patterned phonetic variability in second language speech: a gradual diffusion model. *Canadian Modern Language Review* 34(3): 335–347.

Huebner, T. 1979. Order-of-acquisition vs. dynamic paradigm: A comparison of method in interlanguage research. *TESOL Quarterly* 13(1): 21–28.

Huebner, T. 1985. System and variability in interlanguage syntax. *Language Learning* 35(2): 141–163.

Hulstijn, J. H. & W. Hulstijn. 1984. Grammatical errors as a function of processing constraints and explicit knowledge. *Language Learning* 34(1): 23–43.

Krashen, S. 1979. The Monitor Model for second language acquisition. In R. C. Gingras (eds.) *Second Language Acquisition and Foreign Language Teaching*, 1–26. Arlington, VA: Center for Applied Linguistics.

Labov, W. 1966. *The Social Stratification of English in New York City*. Washington: Center for Applied Linguistics.

Levelt, W. 1989. *Speaking: From Intention to Articulation*. Cambridge: Cambridge University Press.

Li, X. 2010. Sociolinguistic variation in the speech of learners of Chinese as a second language. *Language Learning* 60(2): 366–408.

Major, R. C. 2004. Gender and stylistic variation in second language phonology. *Language Variation and Change* 16(2): 169–188.

McLaughlin, B. 1978. The monitor model: Some methodological considerations. *Language Learning*, 28(2), 309–332.

Mitchell, R. & F. Myles. 1998. *Second Language Theories*. London: Arnold.

Mougeon, R., Nadasdi, T. & K. Rehner. 2010. *The Sociolinguistic Competence of Immersion Students*. Toronto: Multilingual Matters.

Pienemann, M. 1998. *Language Processing and Second Language Development—Processability Theory*. Amsterdam: John Benjamins.

Pienemann, M. & J-U. Kebler. 2014. Processability theory. In S. M. Gass & A. Mackey (eds.) , *The Routledge Handbook of Second Language Acquisition*. 228–246. New York: Routledge.

Polat, B. & Y. Kim. 2014. Dynamics of complexity and accuracy: A longitudinal case study of advanced untutored development. *Applied Linguistics* 35(2): 184–207.

Preston, D. R. 1989. *Sociolinguistics and Second Language Acquisition*. Oxford: Blackwell.

Regan, V. 1996. Variation in French interlanguage: A longitudinal study of sociolinguistic competence. In R. Bayley & D. R. Preston (eds.), *Second Language Acquisition and Linguistic Variation*, 117–202. Amsterdam: John Benjamins Publishing Company.

Rehner, K. & R. Mougeon. 1999. Variation in the spoken French of immersion students: To *ne* or not to *ne*, that is the sociolinguistic question. *The Canadian Modern Language Review* 56(1): 124–154.

Schmitt, N. 2015. *Researching Vocabulary: A Vocabulary Research Manual*. Beijing: Foreign

Language Teaching and Research Press.

Selinker, L. 1972. Interlanguage. *International Review of Applied Linguistics in Language Teaching* 10(3): 209–231.

Spoelman, M. & M. Verspoor. 2010. Dynamic patterns in development of accuracy and complexity. *Applied Linguistics* 31(4): 532–553.

Tarone, E. 1983. On the variability of interlanguage systems. *Applied Linguistics* 4(2): 143–163.

Tarone, E. 1988. *Variation in Interlanguage*. London: Edward Arnold.

Verspoor, M., Lowie, W. & M. van Dijk. 2008. Variability in second language development from a dynamic systems perspective. *The Modern Language Journal* 92(ii): 214–231.

李茶、隋铭才，2017，基于复杂理论的英语学习者口语复杂度、准确度、流利度发展研究。《外语教学与研究》（3）：392–404，480–481。

田莉，2021，《中国高校英语学习者中介语发展中个体变异的跟踪研究》。北京：外语教学与研究出版社。

郑咏滟，2014，动态系统理论框架下的二语词汇深度发展研究。《中国外语教育》（3）：62–73，96。

郑咏滟、冯予力，2017，学习者句法与词汇复杂性发展的动态系统研究。《现代外语》（1）：57–68，146。

Three Approaches to the Research of Interlanguage Variation

Abstract: This article introduces three approaches to the research of interlanguage variation, including sociolinguistics approach, psycholinguistic approach, and applied linguistic approach. Sociolinguists mainly study the influencing factors of interlanguage variation from two paradigms, the Labovian paradigm and dynamic paradigm. Psycholinguists build different psycholinguistic models to explain interlanguage variation. Applied linguists focus on the description of interlanguage variation through interlanguage analysis, function-form analysis and analysis from the perspective of Dynamic Systems Theory.

Keywords: interlanguage variation, second language acquisition, sociolinguistics, psycholinguistics, applied linguistics

英语口语的节奏及其计量的方法

清华大学 范文芳

华东师范大学附属杭州学校 马靖香*

[提 要] 所有的口语都有节奏，但是不同类型的语言，其口语的节奏不同。汉语属于“以音节计时”的语言而英语属于“以音步计时”的语言。受汉语的影响，许多中国英语学习者在说英语时，往往会偏离英语口语的节奏，使英语口语缺乏应有的自然和流畅。遗憾的是，在英语语音教学中，老师们往往十分注重音位的教学，而忽视口语节奏的教学。同时，到目前为止，还没有足够的文献阐释这个问题。本文作者在数年理论研究和课堂教学实践的基础上，总结出了英语口语节奏的模式及其计量英语口语节奏的方式——“一拍一音步”。在教学实验中，我们用“拍一下手打一拍说一个音步”的方式练习口语的节奏，取得了良好的教学效果。在本文中，我们将予以介绍，以期对有意提高英语口语的学习者以及一线英语教师有所启示。

[关键词] 英语口语；节奏；计量方式；拍手说音步

---

* 范文芳，清华大学外文系教授、博士。研究方向：英语语言学、应用语言学。Email：wenfangfan@tsinghua.edu.cn. 通信地址：100084 北京市清华大学外国语言文学系。

马靖香，华东师范大学附属杭州学校，高级教师、硕士。研究方向：英语教学、教师教育。Email: m13180037886@163.com. 通讯地址：310000 浙江省杭州市拱墅区永固巷 871 号，华东师范大学附属杭州学校。

本文曾以题为“英语口语的节奏及其教学方法”于 2022 年发表在《基础外语教育》第 5 期。本次刊印有改动。

1. 引言

节奏是英语口语的核心要素之一。在英语中有一句话“Rhythm controls everything in English.”，即节奏控制一切。像音乐的节奏是音乐的灵魂一样，英语口语的节奏是英语口语的灵魂，没有节奏就谈不上英语口语（Wells, 2006）。

然而，长期以来，在英语语音教学的课堂上，老师们一贯十分重视音位的教学，却往往忽视英语口语节奏的教学。这导致许多学生，甚至一线英语教师，对英语口语的节奏认识不够清楚，从而影响了口语教与学的效果，导致学生在说英语时缺乏英语口语的基本节奏，最终难以获得英语口语应有的自然流畅和连贯（Taylor, 1981）。

下面我们通过从Praat语音软件生成的音强语图来对比分析一位中国英语学习者与一位英语母语者说“I doubt it.”这句话时在节奏方面的差异（图1-1为英语母语者；图1-2为中国英语学习者）：

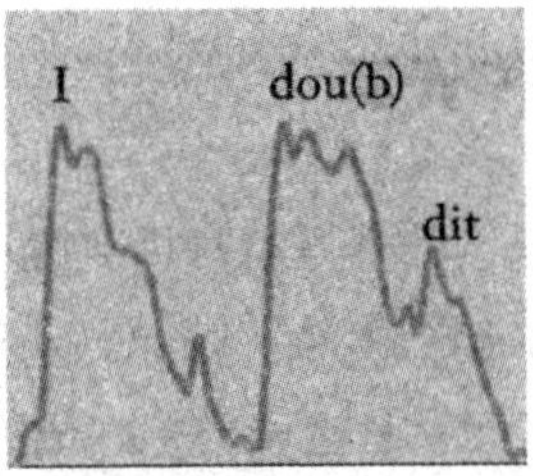

图1-1　英语母语者

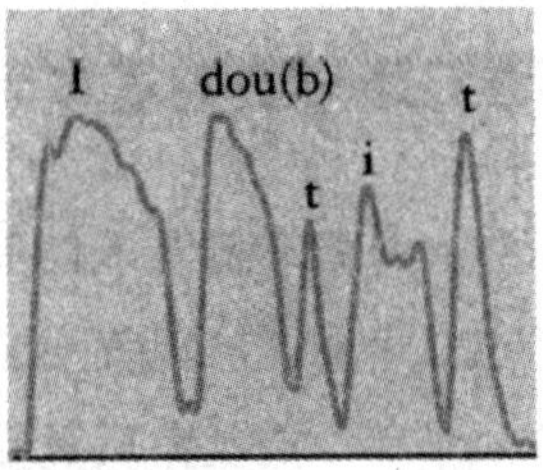

1-2　中国英语学习者

在语图1-1中，我们看到英语母语者的音强语图的形态类似于两条大抛物线，第二条大抛物线上还依附了一条小抛物线。这说明，句子“I doubt it.”被分成两个音段，即 I和dou(b)-dit[①]。这两个音段就是该句子的两个音步。其中，第一个音步只含有一个重读音节，即I（体现为一条大抛物线）；第二个音步含有一个重读音节dou(b)（体现为一条大抛物线）和一个非重读音节dit（体现为一条依附于第二条大抛物线上的小抛物线）。说第一个音步I所用时长与说第二个音步dou(b)-dit所用时长大致相等。这体现的就是英语口语的节奏。

① 在该句子中，doubt it 两个单词之间连读为 dou(b)-dit，即 doubt 中的词尾辅音 t /t/ 与下一个单词 it 连读构成 dou(b)-tit。在连读时，tit 起始处本来为送气音的 t /t/ 变为不送气，听上去像轻轻说的 /d/ 音。因此，在语图中我们就将 tit 的发音标记为 dit。

但是，在语图1-2中，我们看到的仿佛是五条大小不等的类似于抛物线的图形，即句子“I doubt it.”被分成五个音段，包括I、dou(b)、t、i和t。其中，除了dou(b)之外，其他四个音段都是根据音位单独发音的。这说明学生没有音步的概念。究其原因，一方面是受母语的影响，在说英语时像说汉语一样把每一个音位都说得重而清楚，从而失去了英语口语的节奏。另一方面，在传统的英语课堂上，老师们倾向于讲解和练习音位的发音，而忽视音步和节奏的教学。

了解与掌握英语口语的节奏是提高英语口语的重要一环。只有顺利地听懂并正确理解英语母语者的口语，才有可能说出地道、容易被英语母语者听懂的英语，从而有效地进行英语口语交际。

在本文中，我们首先介绍构成英语口语节奏的两个基本元素，即音节和音步；之后介绍“以音步计时”的英语口语的节奏，最后介绍计量英语口语节奏的方法，即“一拍一音步”。

2. 构成英语口语节奏的基本元素：音节和音步

在音乐中，计量节奏的单位是节拍和小节：在音乐行进中，强弱不同的节拍每隔一定的时间重复出现就形成了音乐的节奏。例如：以“一个强拍和一个弱拍构成一个小节”的规律反复重现的乐曲，其节奏模式为2/4，即以四分音符为一拍，每小节两拍；以“一个强拍和两个弱拍构成一个小节”的规律反复重现的乐曲，其节奏模式为3/4等。如同音乐一样，英语口语也有计量自己节奏的单位，它们就是音节和音步。在下文中，我们首先介绍构成英语口语节奏的两个基本元素，即音节和音步。

2.1 音节

2.1.1 音节的概念

音节是一个以元音为核心的语音单位。

我们知道，在英语中，一个音节必须含有且只能含有一个元音，它可以含有零个、一个或多个辅音，即只要有一个元音就构成一个音节。例如：单词I只含有一个元音/ī/，因此它含有一个音节；单词bat含有一个元音/ă/，虽然它含有两个辅音，即/b/和/t/，但是bat也只含有一个音节；单词beautiful 含有三个元音，即/ū/、/ĭ/和/ə/，因此，它含有三个音节，即beau /bū/、ti /tĭ/和ful /fəl/，标记为 beau·ti·ful / ˈbū-tĭ-fəl/[①]。

2.1.2 单词的重音

在英语中，一个单词可以含有一个或多个音节。含有一个音节的单词为单音节词；含有两个或两个以上音节的单词为多音节词。在多音节词中，音节与音节之间通常用小圆点“·”隔开，如单词phonetics含有三个音节，是个多音节词，标记为：pho·net·ics。

就单音节词而言，当它作为单词出现时，无论它是什么词性，它都被视为一个重读音节。也就是说，当我们单独说一个单音节词时，无论它是实义词还是语法词[②]，我们都要把它当作重读音节来说。例如：单词lake是单音节名词，是实义词。实义词本身就是一个重读音节，因此它要重读，标记为lake /lāk/；单词an是单音节冠词，是语法词。作为单词，它也被视为一个重读音节，因此，它也要重读，标记为 an /ăn/。

但是，在多音节词中，音节有轻重之分。根据音节轻重的级别，音节分为重读音节和非重读音节，长单词可能含有不止一个重读音节（Halliday, 2012: 53）。根据其重读的程度，重读音节又分为主重读音节（primary stress）和次重读音节（secondary stress）。多音节词的重读音节、次重读音节和非重读音节都是特定的，在词典中有明确的标记。例如：多音节词 pan·da /ˈpăn-də/中的第一个音节为重读音节，第二个音节为非重读音节；多音节词to·day/tə-ˈdā/中的第二个音节为重读音节，第一个音节为非重读音节；多音节词earth·quake /ˈərth-ˌkuāk/中的两个音节都是重读音节。其中，第一个音节为主重读音节，第二个音节为次重读音节；在多音节词ed·u·ca·tion /ˌĕ-jə-ˈkā-shən/中，第三个音节为主重读音节，第一个音节为次重读音节，第二和第四个音节都是非重读音节。

2.1.3 句子的重音

句子的重音，即句子中的重读音节，由组成句子的单词的重音决定（Halliday，2012：53）：

（1）单音节词：单音节词在句子中是否重读由其词性决定。一般说来，单

① 在本文中，为音节和单词标音使用的是“自然拼音”而不是“国际音标”。关于自然拼音，可参见范文芳等，2018，《英语自然拼读教程》，北京：清华大学出版社。

② 语法词也被称为虚词、功能词等。

音节实义词（包括名词、实义动词、形容词、副词、否定词、疑问词和名词性代词等）在句子中都是重读音节，即单音节实义词在句子中都要重读。单音节语法词（包括助动词、单音节介词、连词、代词等），在句子中都是非重读音节，即单音节语法词在句子中不重读。

（2）多音节词：多音节词（包括实义词和语法词）的重读音节在句子中仍然为重读音节，其非重读音节在句子中仍然为非重读音节，即多音节词的词重音为句重音。

（3）在特殊语境下，任何音节都可以重读。

我们用粗体标记句子中的重读音节。

请看以下例句：

A **third straight day** of **rain** has **caused road clo**sures and **prop**erty **dam**age.

在以上句子中，单音节词**third**、**straight**、**day**、**rain**、**caused**和**road**为实义词，因此它们为句子中的重读音节；单音节词A、of、has和and为语法词，因此它们为句子中的非重读音节；三个多音节词**clo**·sures、**prop**·er·ty和**dam**·age中的重读音节**clo**、**prop**和**dam**都是句子中的重读音节，而它们的非重读音节sures、·er·ty和age都是句子中的非重读音节。

2.1.4 关于句子重音的误区

许多人认为“句子重音应当遵从实义词重读而虚词不重读的原则”（李正栓、张敬彩，2012：65；王艳，2012：18）。但是，这种说法是不严谨的。这是因为，在句子中，“实义词重读而虚词不重读”只能用于单音节词，而对于多音节词来说，重读问题与词性无关，即无论是实义词还是语法词，多音节词的重读音节在句子中都保持重读，而其非重读音节都不重读。

请看以下例句：

I **think** the **book** is **real**ly **all** a**bout** the **ways** that we de**ceive** our**selves.**

在以上句子中，单音节实义词**think**、**book**、**all**和**ways**在句子中重读；单音节语法词I、the、is、the、that和we在句子中不重读；多音节词**real**·ly和de·**ceive**为实义词，a·**bout**和our·**selves**为语法词。但是，这四个多音节词，其重读音节，即**real**、**ceive**、**bout**和**selves**，都要重读，其非重读音节，即ly、a、de和our，都不重读。

2.2 音步

音步是以重读音节为核心的。

在句子中，音步指的是从一个重读音节开始到下一个重读音节出现之前的音段。也就是说，一个音步从一个重读音节开始，之后可能会有零个、一个或多个非重读音节。一个重读音节引领一个音步，一个句子含有几个重读音节，它就含有几个音步。每当一个重读音节出现时，新的一个音步就开始了。请看以下例句：

Thank you **very much** for your **un**der**stand**ing.

在以上句子中共有五个重读音节。其中，单音节词**thank**和**much**为实义词，因此它们是句子中的重读音节；两个多音节词**ver**·y和**un**·der·**stand**·ing中共有三个重读音节，即**ver**、**un**和**stand**，这三个重读音节也是句子中的重读音节。这五个重读音节，即thank、much、ver、un和stand分别引领一个音步，即这个句子共含有五个音步。

我们在每个重读音节前加一个重音符号标记一个音步的开始，一个音步中的音节与音节之间用“-”连接。以上例句中的五个音步标记为：

ˈ**Thank**-you ˈ**ver-**y ˈ**much**-for-your ˌ**un**-derˈ**stand-**ing.

可以看出，以上例句中的五个音步为：ˈ**Thank**-you、ˈ**ver-**y 、ˈ**much**-for-your、ˌ**un-**der和ˈ**stand-**ing。

在很多时候，句子是以非重读音节开始的。这时，句子起始处的一个或多个非重读音节，就像乐曲起始处的“弱起”节拍一样。我们把它（它们）归于第一个音步，作为它的“弱起”音节。请看以下例句：

The **doves** are **beau**tiful!

在以上句子中共有两个重读音节。其中，单音节词**doves**为实义词，因此它是句子中的重读音节；多音节词**beau**·ti·ful中的第一个音节**beau**为重读音节，它也是句子中的重读音节。这两个重读音节，即**doves**和**beau**，分别引领一个音步，即这个句子共含有两个音步，标记为：

The ˈ**doves**-are ˈ**beau**-ti-ful!

在以上句子的起始处，单音节语法词the为句子中的非重读音节。因此，它作为第一个音步的“弱起”音节。

3. 英语口语的节奏

无论哪种语言，其口语都是有节奏的。其中，有的语言“以音节计时”（syllable-timing），有的语言“以音步计时”（foot-timing）。“以音步计时”的语言也被称为“以重音计时”（stress-timing）的语言（Halliday，1994：293），因为一个重读音节引领一个音步。

3.1 英语是“以音步计时”的语言

在“以音节计时”的语言中，说每个音节所用的时间大致相等。因此，说一句话所花时间的长短，主要取决于这句话所含音节的数目。汉语属于以音节计时的语言。粗略地说，一个汉字含有一个元音（韵母），因此它是一个音节。在汉语中，除了少数儿化音等现象外，说每个汉字所用的时长都大致相等。因此，说一句话所花时间的长短，主要取决于这句话所含汉字的数目。例如，在汉语的五言绝句中，每句含有五个汉字，因此，说每句所用的时间大致相等。

与汉语不同，英语属于“以音步计时”的语言。在“以音步计时”的语言中，不管一个音步中含有几个音节，说每个音步所花的时间都大致相等（Halliday，2012: 51；Cruttenden，1997: 20）。

请看以下例句：

Did ever you see such a thing in your life as three blind mice?

在以上例句中共有七个重读音节，它们分别引领一个音步（Brown，1996: 49-50）。其中，句子开始的单音节助动词did为“弱起”音节，不计入音步的时长：

	Did '**ev**-er-you	'**see**-such-a	'**thing**-in-your	'**life**-as	'**three**	'**blind**	'**mice**?
（音节数：）	3	3	3	2	1	1	1

在以上例句中，前三个音步分别含有三个音节，第四个音步含有两个音节，最后三个音步分别含有一个音节。这七个音步所含的音节数目不等，但是

说每个音步所用的时间都要大致相等。

因此，在“以音步计时”的语言中，说一句话所花时间的长短，主要取决于这句话所含音步（即重读音节）的数目，而不是它所含单词或音节的数目。请比较以下一组句子（Celce-Murcia，Brinton & Goodwin，2002: 152）[①]：

ˈ**Cats** ˈ**chase** ˈ**mice.**

The ˈ**cats**-have ˈ**chased** ˈ**mice**.

The ˈ**cats**-will ˈ**chase**-the ˈ**mice**.

The ˈ**cats**-have-been ˈ**chas**-ing-the ˈ**mice**.

The ˈ**cats**-could-have-been ˈ**chas-**ing-the ˈ**mice**.

在以上这组句子中，第一至第五个句子分别含有三个、五个、六个、八个和九个音节。但是，每个句子都含有三个重读音节，即ˈ**cats**、ˈ**chase**和ˈ**mice**，这三个重读音节分别引领一个音步。也就是说，这五个句子所含音节数目不同，但音步数目相同。因此，说这五个句子所用的时间都应该大致相等。

总之，在英语中，由一个重读音节和数量不等的非重读音节（零个、一个或多个）所构成的音步，按照大致相等的时长反复重现，就形成了英语口语的节奏。

3.2 音步的模式

根据音步的特征，我们把音步分为三种模式：

（1）音步模式I：重读音节+零个非重读音节

音步模式I指的是音步中只含有一个重读音节，不含有任何非重读音节。请看以下例句：

Well done!

在以上例句中，两个单词well和done都是单音节实义词，因此它们都是句子中的重读音节。它们分别引领一个音步，标记为：

ˈ**Well** ˈ**done**!

可以看出，以上句子中的两个音步，即ˈ**Well**和ˈ**done**都分别只含有一个重

---

① 这组句子在此处的编排与原书中的编排有所不同。

读音节，因此，其音步模式都属于音步模式I，即“重读音节+零个非重读音节”。

（2）音步模式II：重读音节+一个或多个非重读音节

音步模式II指的是音步开始为一个重读音节，之后有一个或多个非重读音节。请看以下例句：

Ladies and **gen**tlemen, **wel**come to our **show**!

在以上例句中共有四个重读音节，包括三个多音节词**La**·dies、**gen**·tle·men和**wel**·come中的重读音节**la**、**gen**和**wel**，以及单音节名词**show**。句子中剩余的音节，包括三个多音节词中的非重读音节dies、tle·men和come，以及单音节语法词and、to和our，都是句子中的非重读音节。

例句中的四个重读音节分别引领一个音步，标记为：

ˈ**La**-dies-and ˈ**gen**-tle-men, ˈ**wel**-come-to-our ˈ**show**!

在以上例句中，第一和第二个音步，即ˈ**La**-dies-and和 ˈ**gen**-tle-men，都分别含有一个重读音节和两个非重读音节；第三个音步，即ˈ**wel**-come-to-our，含有一个重读音节和三个非重读音节。这三个音步都属于音步模式II，即“重读音节+一个或多个非重读音节”。

（3）音步模式III：弱起音节+音步模式I或音步模式II

音步模式III指的是句子以一个或多个非重读音节开始，之后才出现重读音节，从而进入音步模式I（即“重读音节+零个非重读音节”），或音步模式II（即“重读音节+一个或多个非重读音节”）。

请看以下例句：

It’s a **great hon**or for me to re**ceive** this a**ward**.

在以上例句中共有四个重读音节，包括单音节实义词**great**和多音节词**hon**·or、re·**ceive**和a·**ward**的重读音节**hon**、**ceive**和**ward**。句子中剩余的音节，包括多音节词**hon**·or、re·**ceive**和a·**ward**的非重读音节or、re和a，以及单音节语法词It’s、a、for、me、to和this，都是句子的非重读音节。

例句中的四个重读音节分别引领一个音步，标记为：

It's a ˈ**great** ˈ**hon**-or-for-me-to-reˈ**cei**ve-this-aˈ**ward**.

以上例句中的第一个音步ˈ**great**属于音步模式I，因为它仅含有一个重读音节。另外，位于句子起始处的语法词It's和a为非重读音节。这两个非重读音节作为"弱起"音节归入句子的第一个音步ˈ**great**，构成It's a ˈ**great**。It's a ˈ**great**属于音步模式III，即"弱起音节+音步模式I"。

再看以下例句：

My **fa**ther was **mad** at me.

在以上例句中共有两个重读音节，包括多音节词**fa**·ther中的重读音节**fa**以及单音节实义词**mad**。句子中剩余的音节，包括多音节词**fa**·ther的非重读音节ther，以及单音节语法词my、was、at和me，都是句子中的非重读音节。

例句中的两个重读音节分别引领一个音步，标记为：

My ˈ**fa**-ther-was ˈ**mad**-at-me.

以上句子的第一个音步ˈ**fa**-ther-was属于音步模式II，因为它含有一个重读音节和两个非重读音节。另外，位于句子起始处的语法词My为非重读音节。这个非重读音节作为"弱起"音节归入句子的第一个音步ˈ**fa**-ther-is，构成My ˈ**fa**-ther-was。My ˈ**fa**-ther-was属于音步模式III，即"弱起音节+音步模式II"。

4. 音步的计量方式

我们知道，音步以大致相等的时长反复重现形成英语口语的节奏。像为乐曲打拍子计量音符的长度一样，我们也用打拍子来计量音步的时长。我们用"拍一下手打一拍"来计量说一个音步所用的时长，即"一拍一音步"。一个调块[①]含有几个音步就连续拍几下手打几拍来完成（范文芳等，2022）。

需要指出的是，口语中的节奏不像乐曲中的节奏那么严格，说每个音步所用的时长往往只能是"大致"相等（Halliday，1994: 291）。可以想象，我们

① 调块（intonation chunk）也被称为"调群"（tone group）、"调短语"（intonational phrase）等。虽然在不同的理论框架下它们所表示的意义不完全一样，但是粗略地说，它指的是口语中两个停顿之间的语段。一个简短的句子往往就是一个调块。

说一个含有六个音节的音步（即一个重读音节和五个非重读音节）所用时长，自然会或多或少地大于说一个含有两个音节的音步（Cruttenden，2001: 250-251）。

下面，我们具体说明如何用“一拍一音步”来计量说一个音步所用的时长，用“拍一下手打一拍”来体现英语口语的节奏。

4.1 一拍一音步：音步模式I

在句子中，有许多音步只含有一个重读音节，之后没有非重读音节，这就是属于音步模式I的音步。请看以下例句：

That's great!

ˈ**That's** ˈ**great!**

在以上这个句子中共有两个单音节词，每个单音节词都是实义词，因此它们都是句子的重读音节，它们分别引领一个音步。其中，每个音步都只含有一个重读音节，不含非重读音节，因此它们都属于音步模式I，即“重读音节+零个非重读音节”。我们用“拍一下手打一拍”来计量说一个音步所用的时长，连续拍两下手打两拍完成这两个音步。

（1）拍第一下手打第一拍说第一个音步ˈ**That's**：前半拍合手打重拍，说其起始辅音和元音，即tha /t͟hă/；后半拍分手为轻拍，持续说元音a /ă/，在后半拍分手结束时轻轻地说词尾辅音ts /ts/。

（2）紧接着拍第二下手打第二拍说第二个音步ˈ**great**：前半拍合手打重拍，说其起始辅音和元音，即 /grā/；后半拍分手为轻拍，持续说元音ea /ā/，在后半拍分手结束时轻轻地说词尾辅音/t/。

4.2 一拍一音步：音步模式II

许多音步是由一个重读音节和一个或多个非重读音节构成的，即：重读音节+一个或多个非重读音节。这就是属于音步模式II的音步。请看以下例句：

Do it again.

ˈ**Do**-it-aˈ**gain**.

以上句子中含有一个单音节实义动词do，它是句子中的重读音节，引领句子的第一个音步，即ˈ**Do**-it-a。这个音步属于音步模式II，即“一个重读音节+一个或多个非重读音节”。句中含有一个多音节词a'**gain**。其重读音节在第二个音节gain上，这个重读音节引领句子的第二个音步'**gain**。这个音步属于音步模式I，即“一个重读音节+零个非重读音节”。我们也用“拍一下手打一拍”来计量说一个音步所用的时长，连续拍两下手打两拍来完成这两个音步。

（1）拍第一下手打第一拍说第一个音步'**Do**-it-a：前半拍合手打重拍，说重读音节'**Do** /dü/；后半拍分手为轻拍，说非重读音节it-a /ĭ-tə/。

（2）紧接着拍第二下手打第二拍说第二个音步'**gain**: 前半拍合手打重拍，说重读音节'**gain**的起始辅音和元音gai /gĕ/；后半拍分手为轻拍，持续说元音ai/ĕ/，在后半拍分手结束时轻轻地说gain的结尾辅音n /n/。

4.3 一拍一音步：音步模式III

属于音步模式III的音步，在句子的第一个音步开始之前有一个或多个非重读音节为“弱起”音节，之后为重读音节，即音步的开始。弱起音节之后的音步，可能属于音步模式I，也可能属于音步模式II，即：弱起音节+音步模式I或音步模式II。

很明显，说好音步模式III的关键在于把弱起音节说好，之后实际上就是说属于音步模式I或音步模式II的音步。那么“弱起”音节部分怎么说呢?

像乐曲开始的弱起节拍一样，“弱起”音节是用拍手的后半拍，即打弱拍来完成的：先合上手准备说弱起音节，而后一边分开手一边说句子起始处的“弱起”音节，之后接着开始“拍一下手”说一个音步。请看以下例句：

He treats others with respect.

He '**treats** '**oth**-ers-with-re'**spect**.

以上句子以语法词He开始，是非重读音节，即“弱起”音节。它与句子的第一个音步'**treats** 构成He '**treats**。它属于音步模式III，即“弱起音节+音步模式I”。同样，我们用拍一下手打一拍计量该音步的时长。其中，“弱起”音节不计入第一个音步的时长；句子的第二个音步'**oth**-ers-with-re和第三个音步'**spect**分别为音步模式II和音步模式I。除了句子起始处的“弱起”音节He之外，句子的三个音步，连续拍三下手打三拍完成。

（1）预备阶段说“弱起音节He”：先掌心相对合上手，而后一边分开手一边说非重读音节He；（2）“拍一下手打第一拍”说句子的第一个音步

ˈ**treats**：前半拍合手打重拍，说该音步的重读音节ˈ**treats**的起始辅音和元音 trea /trē/；后半拍分手为轻拍，在分手结束时轻轻地说treats的结尾辅音ts /ts/；（3）紧接着再连续拍两下手完成该句子的第二个和第三个音步。

总之，音步是承载英语口语节奏的语音单位。句子中的音步以大致相等的时长（用一拍来计量）反复重现，就形成了英语口语的节奏。

5. 结束语

我们知道，英语与汉语口语的节奏非常不同。对于英语母语者来说，英语口语的节奏是在语言习得过程中自然而然地形成的。但是，对于中国英语学习者来说，有意识地学习音步的有关知识以及进行英语口语节奏的训练，可以极大地提高英语口语学习的效率，为获得自然、流畅的英语口语打下重要的基础。

本文系统地介绍了构成英语口语节奏的元素"音步"及其计量的方式，即"一拍一音步"，希望能够对英语语音教学和英语学习者提高英语口语的水平提供有益的理论基础和实践的方法。

参考文献

Brown, G. 1990. *Listening to Spoken English* (2nd edition). London: Longman.

Celce-Murcia M., Brinton, D.M. & J.M. Goodwin. 2002.《教语音》(*Teaching Pronunciation*). 北京：中国人民大学出版社。

Cruttenden, A. 1997. *Intonation* (2nd edition). Cambridge: Cambridge University Press.

Cruttenden, A. 2001. *Gimson's Pronunciation of English* (6th edition). 北京：外语教学与研究出版社。

Halliday, M.A.K. 1994. *An Introduction to Functional Grammar* (2nd edition). London: Edward Arnold.

Halliday, M.A.K. 2012.《口语与书面语》(*Spoken and Written Language*) (Originally printed in 1985). 北京：世界图书出版公司北京公司。

Taylor, D.S. 1981. Non-native speakers and the rhythm of English. *IRAL: International Review of Applied Linguistics in Language Teaching* 19(3): 219–226.

Wells, J.C. 2006. *English Intonation: An Introduction*. Cambridge: Cambridge University

Press.

范文芳、马靖香、鲁碧珍、向洋、李国辉，2022，《英语口语精讲教程》。北京：清华大学出版社。

范文芳、庞建荣、单小艳、阎晓梅，2018，《英语自然拼读教程》。北京：清华大学出版社。

李正栓、张敬彩，2012，《英语语音简明教程》。上海：上海交通大学出版社。

王艳，2012，《英语听力教学与研究》。北京：外语教学与研究出版社。

The Rhythm of Oral English and its Measurement

Abstract: Speech is characterized by a rhythmical component in different types of languages. Chinese is "syllable-timing" while English is "foot-timing". Under the influence of Chinese, many English learners in China inevitably deviate from the rhythm of spoken English when they speak English, resulting in oral English lack of its natural flow and fluency. Regretfully, teachers of oral English tend to put more focus on the pronunciation of phonemes largely ignoring the teaching of the rhythm of oral English. To our knowledge, there is not enough literature to address this issue. Based on years of theoretical research and classroom practice, the authors of this paper have come to the patterns of oral English rhythm and also worked out a way to measure the rhythmical component in oral English, namely, "Clapping for Each Foot", which has proven to be effective way to teach and practice the rhythm of oral English. In this paper, we introduce our work aiming to help learners and teachers of English who intend to improve their oral English.

Keywords: oral English, rhythm, measure the rhythmical component, Clapping for Each Foot

CLIL教学模式在中国大学英语教学中的探索和实践

北京大学　高艳丽*

[提　要] 内容和语言融合式学习（Content and Language Integrated Learning, CLIL）是大学英语教学最重要的创新之一，此教学模式既可以帮助学生提高英语水平，又能够让学生学习到其他学科的知识，还能够激发学生的创造性思维。本文以《英语语境中的中国历史与文化》课程为个案，分析了CLIL教学模式的大纲和教材设计，讨论如何鼓励学生批判性地阅读、比较和讨论中外不同作者的观点，如何帮助学生们使用正确的英语术语和概念，以专业的方式讲述中国故事，同时避免简单地套用西方话语判断和评价中国文化。最后，本文探讨了如何将中国大学的CLIL课堂作为交流平台，以满足学生在学术环境中的交流需求。

[关键词] CLIL；英语语境中的中国历史与文化；交际导向课程；大学英语教学

1. 引言

全球化的浪潮使得中国的大学教育越来越趋于国际化，高等教育中的英

---

* 高艳丽，北京大学外国语学院英语系副教授。英语语言文学学士、硕士（师从胡壮麟教授），历史学博士。研究方向：中美文化交流、中国历史与文化、北京和上海城市文化史、大学英语教学。Email：gyl@pku.edu.cn。通信地址：100871 北京大学外国语学院新楼。

语教学在中国也遇到了新的机遇和挑战。大学应该加强新的英语教学实践，更多使用全英语授课，改革传统的听、说、读、写分割开来的课程设置和教学方法（胡壮麟，2003，2019，2020，2021；李颖，2019）。这样的需求为发展内容学习和语言学习相融合的大学英语课程创造了有利的政策环境，包括EAP（English for Academic Purposes，学术英语）、ESP（English for Specific Purposes，特殊用途英语）、EMI（English Medium Instruction，以英语为媒介的教学或全英语教学）、CBI（Content-based Instruction，内容依托式教学）、CLIL（Content and Language Integrated Learning，内容和语言融合式学习）等在内的教学模式层出不穷。

中国高校EMI 教学模式的研究和实践成果令人耳目一新，代表了大学英语教学的一个新思路（胡壮麟，2015，2021；李颖，2014，2019；Hu & Lei, 2014; Zhao & Dixon, 2017）。关于 EAP 的研究和理论见诸很多发表的文献（Bruce, 2011; Hadley, 2015; Thompson & Diani, 2015; Hyland & Shaw, 2016; Rao，2018）。欧洲 CLIL的政策研究和教学实践的讨论也比较丰富（Dalton-Puffer, 2007; Coyle *et al.*, 2010; Dalton-Puffer & Smit, 2013; Dalton-Puffer & Nikula, 2014）。EAP, EMI, CLIL这三个概念有什么区别？John Airey对此有过界定，“EAP以语言为侧重，EMI主要以内容为核心，真正的 CLIL则稳居中间，是融合了内容和语言的特殊的学习方式。”（Hyland & Show, 2016：71）。

CLIL起源于20世纪90年代中期的欧洲，旨在帮助学生提高英语水平并学习其他学科的知识。在理科教学中，EMI相对来说更为成功，因为它可以直接让学生接触到国际学术和前沿研究，毕竟大多数自然科学最新的理论和概念都是用英语阐述的。但从学生需求分析来看，CLIL似乎更适合中国大学生（见下表1）。当然，在讲授人文课程方面，CLIL教学模式也会遇到很多挑战。如何有机地融合内容与语言，是大学英语教学的新课题。

近年来，在国际语言教育领域的理论和研究的影响下，有关CLIL的讨论越来越多元。在中国文化和英语融合学习的实践方面，中国学者近年来取得了令人鼓舞的进展。很多大学英语教学改革教科书应运而生（訾缨，李芝，2015; 常俊跃等，2016）。在《中国社会与文化》教材的序言中，编者指出，这些课程教学目的是“向世界展示中国”（訾缨、朱红梅，2015：第二版前言）。将大学的中国社会和文化课程定义为单纯地“展示”或“推广”中国文化，忽视了交际的互动性。沟通是双向的，而非单向的输出。自2010年起，笔者将“英语语境中的中国历史与文化”（*Chinese History and Culture in English Context*）这门课程开发为一门结合英语语言训练和中国文化研究的交际型课程。本文将结合课程设计，探讨以下问题：为什么中国大学生需要用英语学习中国历史和文化？为什么外语教学需要强调平衡语言技能和学科知识，促进双向交流沟通？在人文课程中用英语教授语言和内容有哪些挑战？简而言之，本文将以笔者教学实践为案例，探讨在人文社科类教学中，如何设计和组织一门CLIL课程。

2. 学生群体和需求分析

顺应北京大学大学英语教学改革、英语教学国际化的需求，采用全英文授课的“英语语境中的中国历史与文化”（*Chinese History and Culture in English Context*）开设于2010年，学生对象是大学英语C级本科生，他们来自各个学科，包括人文、社会科学和理工科以及医学部。北京大学录取的所有本科新生都应参加英语分级考试，以便评估学生的英语听力、阅读、词汇、语法、句法等方面的大致水平。测试大约需要 90分钟完成。根据测试结果和百分比，将学生分为 4个级别，即 A、B、C 和 C+。A是初中级；B，中级；C，中高级，C+，高级。据北京大学大学英语教研室的统计，2020年秋季学期，3721名参加分级考试的新生中，58名学生被分到C+级别，仅占本科一年级学生的1.56%；C级1064人，占28.59%；44.13% 为 B 级（1642 名学生）；25.72% 为 A 级（957 名学生）。（2020年大学英语教研室统计）C级学生的英语水平在北大属于前30%。由此可见，“英语语境中的中国历史与文化”是为英语听说、阅读、写作能力达到中高级水平的学生开设的一门课程。

为了更好地促进课程教学大纲的设计和开发，笔者做过一些学生的访谈，并在 2019 年秋季学期开学第一周，使用李克特量表问卷进行了需求分析。接受调查的学生是注册该课程的学生。笔者共教4个班，每个班有 35 名学生。发放问卷140份，回收有效问卷138份，回收率为98.6%。问卷包含6个问题。该量表由一组陈述组成，每一陈述有“非常同意”“同意”“不确定”“不同意”“非常不同意”五种回答，分别记为5、4、3、2、1。（见表 1）

表 1 “英语语境中的中国历史与文化”需求分析

Questions	Degree of agreement				
	5	4	3	2	1
(a) Are you interested in studying Chinese history and culture?	52.90%	34.06%	10.14%	2.17%	0.72%
(b) My main intention to take this course is to improve my English.	23.91%	40.58%	28.99%	5.80%	0.72%
(c) Another intention of mine to take this course is to get a better understanding of Chinese history and culture.	39.13%	37.68%	18.84%	3.62%	0.72%
(d) In my contacts with foreigners, I find they are interested in Chinese history and culture.	24.64%	30.43%	25.36%	18.12%	1.45%
(e) To talk about Chinese history and culture in English, I have some difficulties making my narrative and interpretation effectively.	34.78%	32.61%	23.91%	7.97%	0.72%
(f) Studying Chinese history and culture will make me a better-educated person and promote my national identity.	65.94%	26.81%	6.52%	0.72%	0.00%

这次问卷调查表明，大多数学生选修这门课程是为了在提高英语水平的同时，更好地了解中国历史和文化，学生们认为有必要提升自身的中国文化知识和英语沟通技巧。绝大多数人认为学习中国历史和文化将使自身成为一个受过更好教育的人，并提升自己的民族认同感。

在北京这个大都市，在大学校园里，有各种各样的交流项目，学生们与外教和国际学生的接触较多，但是他们觉得，彼此的交流往往显得枯燥而简单。除了问卷调查之外，我还请学生们分享他们选修这门课程的原因。很多学生觉得没有选修“英语语境中的中国历史与文化”之前，他们很难有效地谈论与中国相关的话题。下面是两个学生分享的故事。

去年夏天，我与立陶宛的一名学生进行了一次深入的交流，这激发了我选修“英语语境中的中国历史与文化”这门课程的愿望。我非常想讲述中国悠久的历史、灿烂的文化、众多的民族，但从他迷惑的眼神中，我立刻意识到我的努力有些徒劳。从那时起，我一直在想，如何向外国人讲述中国的历史，讲述源远流长的中华文化。此外，有时我会上网看一些西方人的论坛，但是我对论坛上表达的偏见和误解，尤其是与中国有关的观点，感到非常震惊。

前年夏天，我参加了京都大学的一个活动，有机会与一些日本学生交流。我们一起坐在他们校园里的大树下聊天。一位日本学生问我，孔子和苏格拉底的思想有什么异同。关于苏格拉底，我可以毫不费劲地用英语讲60分钟，然而让我用英语讲儒家思想，我连5分钟都讲不到，这让我感到极其尴尬。当我想表达“仁”的时候，我竟然无法用英文把这么核心和熟悉的儒家内涵讲出来。当然，他的彬彬有礼让我摆脱了尴尬，但是，无法用英语去传播和沟通我们祖国的传统文化，让我感到很痛苦。一回到北大，我就开始寻找可以教授我如何用恰当的英语表达中国文化的课程。令人惊喜的是，我发现了这门课程。

从同学们分享的故事中可以看出，很多同学迫切需要提高自身英语交流能力，学习用英语作为媒介表达中国人对历史、文化和世界的认知。每一个有机会与外国人接触的中国人都肩负着塑造中国形象的使命。因此，学生真正想要学习的，不仅仅是如何提高他们的英语语言技能，而且是如何担当文化交流的使者。他们不仅想与外国人分享自己的观点，还需要了解英语世界是如何看待中国的，他们对中国的观点或误解是什么，中国人应该如何与外国人交流。显然，不同学科、不同专业、不同背景的学生都需要一个学习语言和交流的平台。胡壮麟指出：“一个有经验的外语教师不一定固守一种方法，而是根据外语人才培养的不同任务、不同需求、不同背景、不同条件以及外语学生中的不同意愿、不同个性、不同问题，选用某个适当的培养方法。”（2020：7）。因此，设计一门以英语为媒介的中国历史文化课程、能够融合内容和语言的CLIL教学模式是中国大学生的需求和全球化时代的需要。

3. CLIL教学大纲设计和教材开发

3.1 设计CLIL教学大纲

要设计和教授发“英语语境中的中国历史与文化”这样一门课程，主讲老师应该受过英语和历史两方面或者相关跨学科的专业训练。笔者曾获得英语学士学位、英语语言学硕士学位以及历史学博士学位，并在北京大学外国语学院担任副教授十余年。笔者的研究方向是北京与上海的城市文化史、中国历史与文化、中西文化比较研究、中美关系中的文化形象等，并用英文在国际期刊上发表过有关中国历史文化方面的论文。笔者也曾在内布拉斯加大学、伊利诺伊大学、夏威夷大学东西方中心、牛津大学中国中心担任访问学者，并在2014—2016学年间，担任斯坦福大学东亚语言与文化系中国研究客座教授，为斯坦福的本科生和研究生开设过中国研究的课程。除了教授“英语语境中的中国历史与文化”外，笔者还针对中外不同群体的学生，开设过“北京—现代中国的缩影”（*Beijing—Microcosm of Modern China*）、“中美关系中的文化形象”（*Cultural Images in China-US Relations*）、“北京和上海：中国历史上的双城记”（*Beijing and Shanghai: Twin Cities in Chinese History*）等全英文课程。

“英语语境中的中国历史与文化”针对学生的需求和任课教师的知识背景，考察了历史语境下的中国文化现象，包括中国神话传说、哲学思想、古代发明、传统教育制度、全球化、民族主义、现代社会中女性角色的转变、当代青年。该课程的设计不是对中国历史和文化的一般介绍，而是选择那些经常引起关注和困惑的话题进行深入讨论。具体来说，我在课程中设计了十二个主题：（1）中国的神话、传说和文明的起源；（2）儒家；（3）道家；（4）墨家和法家；（5）《孙子兵法》；（6）佛教与中国；（7）中国古代发明；（8）科举考试；（9）中国与西方——第一次全球化；（10）中国的民族主义；（11）中国的妇女与婚姻；（12）当代中国青年。

显然，这是一门“超学科”研究（李颖，2014）的课程，包括文化史、哲学史、社会科学、政治学、战争研究、妇女研究等。通过教师讲授、学生课堂报告、小组讨论、文献阅读、视频和写作等多样形式，鼓励学生从多元的视角来探讨中国历史传统、文化遗产、国民心态和国际关系，从而更好地了解中华文明的起源和演变。课程涵盖了较为广泛的主题，这些主题不仅重要，而且在英语世界都会引发讨论和交流。该课程旨在培养学生的英语学术能力和沟通技巧，增强学生参与中西文化交流的学术兴趣和使命感。

课程名称似乎是帮助学生学习如何用英语描述和阐述中国文化和历史，然而，这门课程的目的，不仅仅是让“中国人说，外国人听”，还是希望提高学生在国际文化交流中的沟通能力。教师首先会给学生布置相关主题的英语文献，让学生了解英语世界对中国文化的观察和解读，鼓励学生批判性地阅读这些材料：一方面，从专业文献中获得新的观点和思路，另一方面，去发现中国历史文化中容易引起外部世界之争议或误解的话题。然后，针对每个专题，教师讲授并组织学生讨论，以增进学生的理解。

3.2 教材内容选择

由于目前此类课程的教科书较少，因此选择合适的阅读材料是教学大纲设计的重要组成部分。指定的阅读材料为学生提供了相关专题的新信息或新论点。对于每个专题，教师常常会指定两篇英文文章，一篇由中国作者撰写，另一篇由外国人撰写，以帮助学生了解中外学者对每个专题的不同见解和研究方法。

以“儒家”这一主题为例，第一篇阅读材料是：“孔子的天人之学”，收录于《中国文化读本》的第一章，该书的两位作者是北京大学哲学系教授，长期从事中国哲学、美学以及艺术方面的教学和研究（Ye Lang and Zhu Liangzhi, 2008）。原书是用中文写的，由另两位中国学者翻译成英文。这是中国学者如何看待中国历史文化精神和价值观的一个很好的例子。与外国学者的著作相比，由于中国学生比较熟悉中国人的思维方式、写作风格和提出论点的方式，他们自然觉得，中国人的著作更容易阅读和理解。

“儒家”这一主题的另一份阅读材料是由两位著名的美国教授合著，这是一个典型的透过西方人的视角对儒家研究的解读和综述（Rodney Taylor and Gary Arbuckle,1995）。众所周知，儒家思想是中国文化的基石，中外对儒学的研究不胜枚举。儒学是一种知识或伦理规范，或是一种宗教，还是一种哲学？这篇题为“儒学”的论文，试图探讨儒学的宗教和精神层面，启发读者思考关于儒学“超验”领域的新思想，尤其是关于“天人关系”的独到见解。

这是一篇比较艰涩的学术论文，涉及很多专门概念和相关研究，对中国学生来说，阅读颇具挑战性，但可以给中国学生提供一些关于儒学宗教研究的西方视角。也为中国人提供了一个重新评价儒学的新视角，并激发学生们的思考。

西方学者的论文代表着西方世界对中国历史文化的关注点，也体现他们的思维方式以及理解角度，当然也不乏误解。对中国学生来说，阅读这些文章，可以倾听不同的声音，尝试理解作者的观点和方法，这样就可以不仅将之视为知识的来源，而且是交流与对话的伙伴。学生们可以在阅读、思考、对话中提出更多问题，甚至也可以在学理上挑战作者。

再举一个例子，我选择西方学者的论文“European Perceptions of Chinese Culture as Represented on the Eighteenth-Century Ballet Stage” (Anna Mouat and Melissa Mouat, 2013) 作为第一周的阅读材料，通过这篇文章，教师希望学生们可以认识到以下几点：首先，文化交流从来都不是单向的，而是双向的。从这篇文章丰富的档案资料和生动描述中，读者可以信服地看到，不仅西方文化影响了中国，中华文化对西方文化也有很大的影响。其次，中国文化对于欧洲的影响，不仅是丝绸、瓷器、茶叶、绘画和装饰等方面，还包括西方的舞台艺术。再次，在很多细微之处，如欧洲舞台艺术食指手势的象征中，可以看出17、18世纪中国文化在欧洲的传播和流行。这篇阅读材料结构清晰、语言优美、表达精到，虽然篇幅较长，生词较多，学生们还是能够汲取文章的精华，并以此来学习如何通过快速阅读准确掌握文章的要点、论据和逻辑。

选取多元的阅读材料，可以帮助学生发现中外学者在研究视角、方法、观念上各有千秋，同学们遇到了新的问题和解读，就激发了好奇心，并能深入地思考和探索。

> A同学在期末反馈里这样写道：我对“英语语境中的中国历史与文化”这门课程的学习热情，是从第一堂课的阅读材料开始的。虽然第一次阅读这么长的英文文章对我来说很困难，但好奇心和对新想法的渴望激发了我克服语言困难。高老师一直强调个案研究的重要性，这也是学术研究从微观入手的基本方法。我印象最深的，是关于18世纪欧洲芭蕾舞台上塑造的中国形象。出于无法抗拒的好奇心，我甚至买了在大讲堂上演的俄罗斯国家芭蕾舞团演出的《胡桃夹子》的门票，我欣喜地发现，用“食指尖”代表的中国形象依然存在于今天的欧洲芭蕾舞剧中。他们的精彩表演让我深刻意识到，中国艺术和审美的表达如何影响了欧洲，从而进一步激发了我对这门课程的浓烈兴趣。

这些阅读材料的选取，当然有很大的难处，教师需要考虑，如何平衡阅读材料的高学术标准和适当的可读性。因此，教师需要随时关注西方中国学研究的最新进展，同时寻找中国学生易懂可读的文献。显然，课程的阅读书目常常需要进行动态调整。尽管如此，寻找合适的阅读文献，既要配合不同专题，又要照应到难度的恰当，依然是不容易的。任课教师需要投入大量的时间和精力，以帮助学生提升专业词汇量和阅读理解力。

4. CLIL课程语言训练的特色

“英语语境中的中国历史与文化”是融合了中国历史文化和英语语言教学的一门CLIL模式的课程。本课程的语言训练不是让学生死记硬背，也不是教学生进行逐字翻译，而是帮助他们找到合适的表达方式，熟悉英语交际语篇，在不断练习中提升交流能力。

随着中国对外开放和对外合作的不断深入，新的观念、新的表达方式被引入中国，成为人们交往的常态。此外，更多当下的中国术语也成为新的有趣话题，如，中国百年奥运梦、神话与传说、钻石王老五、跨国婚姻、海归、愤青、内卷和躺平，等等。因此，学习用合适的英语来表达中国文化的特色，不仅可以帮助学生更有效地进行交流，而且可以丰富学生的知识，更新他们的思想，创造新的概念。

要完成这一教学目标，教师需要从一些非常基本的概念和翻译开始。在中西文化交流中，要注意细节，才能不犯常识性错误。事实上，将中文人名、地名、概念等转换成英文是一件富有挑战性的事情。就汉字中的人名、地名的注音而言，从1605年开始欧洲传教士利玛窦（Matteo Ricci）等人借用拉丁字母注音汉字，19世纪70年代起“威玛式”拼音方案借用罗马字母为汉字注音，1958年后，中国的汉语拼音方案被广泛用于人名、地名注音。如果不了解这几种注音方式在现代英文著作和表达中的使用情况，常常会出现误读和误解。如有些中国学者曾经把蒋介石（Chiang Kai-shek）翻译为“常凯申”，孟子（Mencius）译为“门修斯”，将《孙子兵法》（*Sun Tzu's The Art of War*）译为“桑卒的《战争艺术》”，等等。同时，学生也应该知道，历史文化情境的比较中，不要期待一个中文概念只有一种一对一的标准译文。例如，当我们使用英文讨论儒家的核心概念“仁”时，就会遇到多种情境下多版本的翻译。论语写道：“樊迟问仁。子曰：‘爱人。’”《论语·颜渊第十二》）（Fan Chi asked the meaning of Ren, and the Master replied, "Love others."）这里的“仁”，可以被翻译为爱（*Love*）。但是有时，“仁”还可以被翻译为*virtue/ virtuous, benevolence/ benevolent, humaneness/ humane*，等等，如，“夫仁者，已欲立而立人，已欲达而达人。能近取譬，可谓仁之方也已。”《论语·雍也》（“The *Ren (virtuous)* man, wishing himself to be established, sees that others are established, and, wishing himself to be successful, sees that others are successful. To be able to take one's own feelings as a guide may be called the art of *Ren (virtue)*."）。需要让学生认识到，每一种翻译都不能充分表达出儒家关于“仁”的丰富的内涵，同时，这些翻译也突出了英语世界对中国古代哲学智慧的一些洞察力。从讨论“仁”的不同英文翻译开始，学生可以在全球历史的背景下讨论有关中国人的道德、哲学和学术传统等问题。

当然，作为一门大学英语课程，“英语语境中的中国历史与文化”一课在英语语言能力方面对学生的训练与技能型的英语课异曲同工，强调融合听、说、读、写、译的能力。“语言知识和四个技能是互相联系的。……要把每一门课看作既是阅读课，又是听力课，又是口语课，又是写作课，全面地提高学生综合技能，这才能培养语感”（胡壮麟，2003: 4）。首先，教师鼓励学生批判性地阅读推荐的学术文章，比较和讨论作者的不同观点，帮助学生正确使用英语和术语，用恰当的英语和专业的方式讲述中国故事。教师将学生分成学习小组，一起来制作生词难句表，翻译关键句，并对单词表以及翻译进行修改。课前，学生需要预习词汇，进行批判性阅读和比较研究，并观看与每个专题相关的视频。上课前50分钟，学生有机会一起分享学习收获，2或3人为一个小组做课堂展示，其他学生可以发表评论、提问和参与讨论；在第二个 50 分钟内，教师讲课，分析该专题的一些要点和主线脉络，并回答学生们提出的一些问题。课后，教师会准备一份学习指南（Study guide），包括：关键词和短语、名言和关键句、教学要点和思考题，帮助学生们复习与该专题相关的重点，并鼓励他们深入思考。

除了大量的学术阅读、课上课下讨论分享、课堂主题展示，学生还需要写两篇400-500字的英语短文，给学生提供了在学期中反思所学，跟上教学节奏，同时训练他们的分析、思考和写作能力。期末考试的形式是写英语论文，论文字数为2000字左右，学生必须严格遵循英语学术论文写作规范，引文须注明出处。作为C级的本科生，大多数同学还没有在大学受过英语写作的训练，更不用说是学术写作训练。教师还要从头开始指导他们如何查找与中国历史文化相关的资料，尤其是英文资料。

学生们普遍认同这样的训练，既培养了学术英语阅读习惯、听说交流能力，又提升了学术英语写作水平。B 同学曾这样分享他的学习收获："经过数周的阅读训练，我能感觉到，我的阅读能力有了明显的提高：读得更快了、理解得更深了。在专业课写论文时，我也开始学会查找和阅读相关英文文献。有一次，在没有使用英汉字典的情况下，我在图书馆用了四个小时读完一本西方媒体关于中国形象的历史演变的英文书。"

5. 结语

本文探讨了如何将CLIL课堂作为交流平台，以满足中国的大学生在学术环境中的国际交流需求。为了了解一个学期（16周）学习后学生的反馈，2019年秋季学期，教师在课程结束时进行了另一次问卷调查。在开课第一周报名参加课程的140名学生中，有5名学生中期退课。发放问卷135份，回收有效问卷132份。对于五个问题，问卷结果如下（见表2）。

表2 "英语语境中的中国历史与文化"课程反馈

	Degree of agreement				
Questions	5	4	3	2	1
(a) Are you interested in studying Chinese history and culture?	71.43%	25.56%	2.26%	0.75%	0.00%
(b) This course helps me improve my English.	60.90%	34.59%	3.76%	0.75%	0.00%
(c) This course helps me get a better understanding of Chinese history and culture.	78.20%	21.05%	0.75%	0.00%	0.00%
(d) After studying this course, I feel more confident to discuss Chinese history and culture with foreigners in English.	54.89%	39.10%	4.51%	1.50%	0.00%
(e) Studying Chinese history and culture in English has promoted my national identity.	57.14%	30.83%	9.02%	1.50%	1.50%

注："非常同意""同意""不一定/不确定""不同意""非常不同意"五种回答，分别记为5、4、3、2、1。

学生们的反馈令人鼓舞。除了选择问卷上的相应数值外，学生们还写了课程的感悟。如：

> 老师通过各种教学方法和课堂形式，提供了一个很好+的学习机会，激发我们的创造力，提升我们的逻辑思维，提高我们的语言沟通能力，培养我们的合作精神。这门课，不仅可以提高我的口语能力，还可以拓宽我的知识面。
>
> 通过对这些专题的学习，积累了很多英文表达。每个学习指南（study guide）都汇集了大量约定俗成的表达方式，这有助于我学习如何用英语描述特定的历史事件。
>
> 学完这门课，我可以更流利地表达自己的想法，甚至开始享受与老师同学交流的机会。更重要的是，在分享想法的过程中，我的思维能力和沟通能力都得到了提升。
>
> 本课程选取了一些值得探讨和讨论的具有代表性的话题，这些话题的介绍，涉及文化、经济、军事以及社会的方方面面。因此，课程的意义更多的是提供一种思维方式，培养我们的学习和思考能力，激发我们的学习兴趣，激发我们自觉将这种研究能力应用到我们感兴趣的其他领域。
>
> 本课程从中西文化、历史与当下的比较中，教我们学会总结、质疑、批判和表达，这是一个不断解构和建构的过程，帮助我们学习新的思维方式和提高我们的沟通和表达能力。
>
> 通过一个学期的学习，我对中国历史文化有了更深的了解。在学习的过程中，中西文化的比较有的确助于提供一个新的视角。
>
> 研究历史对今天的发展意义重大，可以作为借鉴，激发想象力。

以上教学实践和学生反馈表明，CLIL在中国高校的英语语言教学中意义重大。学生们认为每周的阅读材料，尤其是那些以英语为母语的人所写的论文，发人深省，开阔视野。通过这些阅读，学生可以了解中西学术路径和观点，以及典型的英语思维方式。这种学习经验，可以帮助他们跳出思考的束缚。因此，本课程具有双重目标，一方面是通过借鉴西方的一些概念和表达方式，对中国历史进行阐述和分析，从而使学生可以准确、恰当地翻译中国思想和学术表达；另一方面可以培养学生中华文明的全球视野和格局，从而有效提升学生在国际文化交流中的沟通能力。

在开发“英语语境中的中国历史与文化”的CLIL教学模式时，教师仍要面对几个重要的挑战。第一，是平衡语言训练和知识传播。在语言训练方面，课程旨在提高学生的“听说读写译”的综合能力。归根结底，这是一门英语课程，教师应该把一半时间投入语言教学上。同时，它又是一种基于内容的教学，旨在告诉学生关于中国历史、中国文化遗产的新知识。因此，知识传播也是教学大纲的重要组成部分。换句话说，我们应该平衡自己的课程设计，既帮助学生掌握特定的专门知识，又提高他们使用英语传达和阐述这些知识和想法的能力。第二，帮助学生在学术话语中对中国历史文化进行深入讨论。一方面，我们在写作与交流中应避免使用中式英语；另一方面，当我们需要在叙述和分析中使用西方的术语、概念和表达方式时，我们应该对它们的含义和用法进行适当的介绍和解释。第三，像所有大学课程一样，教师应该鼓励学生提出问题并说出自己的想法，这对于以沟通为导向的课程来说尤为重要。“英语语境中的中国历史与文化”课程的所有作业都体现了这一要求。课前预习，要求学生进行小组阅读，小组课堂展示，要求学生进行团队讨论并回答听众的问题和评论，在讲课中，教师要求学生在课前完成阅读的基础上提出问题、归纳讨论观点并提出自己想法。为了完成这些交际任务，教师需要参与学生交际实践的每一步，并在训练、组织、推动、指导学生的阅读、讨论、对话、展示、表达等各环节中付出巨大的努力，借此，与所有同学同步成长。

参考文献

Airey, John, EAP, EMI or CLIL? 2016. In Ken Hyland & Philip Shaw (eds.). *The Routledge Handbook of English for Academic Purposes*. London: Routledge. 71–83.

Coyle, D., Hood, P. & D. Marsh. 2010. *CLIL: Content and Language Integrated Learning*. Cambridge: Cambridge University Press.

Dalton-Puffer, C. 2007. *Discourse in Content and Language Integrated Learning (CLIL) Classrooms*. Amsterdam: Benjamins.

Dalton-Puffer, C., & T. Nikula, 2014. Guest editorial: Content and language integrated learning. *Language Learning Journal* 42 (2):117–122.

Dalton-Puffer, C. & U. Smit. 2013. Content and language integrated learning: A research agenda. *Language Teaching*: 46, 545–559.

Hadley, Gregory. 2015. *English for Academic Purposes in Neoliberal Universities: A Critical Grounded Theory*. Springer International Publishing.

Hu, Guangwei & Jun Lei. 2014. "English-medium instruction in Chinese higher education: A case study", *Higher Education* 67 (5):551–567.

Hyland, Ken & Philip Shaw. (eds.) (2016). The Routledge Handbook of English for Academic Purposes. Routledge. *Language Learning Journal*: 42, 117–122.

Lopriore, Lucilla. 2020. Reframing teaching knowledge in Content and Language Integrated Learning (CLIL): A European perspective. *Language Teaching Research* 24(1): 94–104.

Mouat, Anna & Melissa Mouat. 2013. European Perceptions of Chinese Culture as Represented on the Eighteenth-Century Ballet Stage. *Music in Art*, Vol. 38, No. 1–2, Images of Music-Making and Cultural Exchange between the East and the West. 49–61.

Rao, Xiaofei. 2018. *University English for Academic Purposes in China*. Springer Singapore.

Taylor, Rodney & Gary Arbuckle. 1995. Confucianism. *The Journal of Asian Studies*, Vol. 54, No. 2: 347–354.

Thompson, Paul & Giuliana Diani. (eds.) 2015. *English for Academic Purposes: Approaches and Implications*. Cambridge Scholars Publishing.

Ye, Lang & Liangzhi Zhu. 2008. *Insights into Chinese Culture*. Beijing: Foreign Language Teaching and Research Press, 1–10.

Zhao, Jing, L. & Quentin Dixon. 2017. *English-Medium Instruction in Chinese Universities, Perspectives, Discourse and Evaluation*. London: Routledge.

常俊跃、霍跃红、王焱、赵永青，2016，《21世纪英语教材：中国文化（英文版）（第二版）》。北京：北京大学出版社。

胡壮麟，2003，在中国环境下说英语。《大学英语》（2）：2–4。

胡壮麟，2015，高等教育国际化任重道远——读《高校全英语教学模式(EMI)的超学科研究》。《外语研究》（6）：53–55。

胡壮麟，2019, 多元文明交融下的国家语言战略。《中国外语》（5）：4–9。

胡壮麟，2020, 对外语学科人才培养的若干认识。《当代外语研究》（1）：5–8。

胡壮麟，2021, 教育国际化的战略举措——《中国高校教师全英语教学（EMI）能力研究》评介。《山东外语教学》（1）：132–135。

李颖，2014，《高校全英语教学模式 (EMI) 的超学科研究》。北京：中国社会科学出版社。

李颖，2019，《中国高校教师全英语教学 (EMI) 能力研究》。北京：高等教育出版社。

叶朗、朱良志，2008，《中国文化读本》。北京：外语教学与研究出版社。

訾缨、李芝，2015，《中国当代社会与文化英文教程（第二版）》。北京：北京大学出版社。

訾缨、朱红梅，2015，《中国古代社会与文化英文教程（第二版）》。北京：北京大学出版社。

Exploration and Practice of CLIL Teaching Model in College English Teaching in China

Abstract: One of the most significant innovations in English teaching in Chinese higher education is CLIL (Content and Language Integrated Learning), which helps students improve their English proficiency and learn knowledge in other disciplines. This paper uses my course on "Chinese History and Culture in English Context" as a case study, which argues that the curriculum innovation is not merely to make "Chinese speak and foreigners listen", but to increase students' communication skills in the international cultural exchanges. A questionnaire is conducted to find out the Chinese college students' needs by taking such an English course. The paper moves to the discussion of the syllabus design and material development of the CLIL course, whose required readings on each subject include English literature by both Chinese and foreign authors. This paper discusses how to encourage students to read critically, compare, and discuss different perspectives of the authors, how to help them use English phrases and concepts to tell China stories in proper English language and in a professional way.

Keywords: CLIL (Content and Language Integrated Learning), Chinese History and Culture in English, communication-oriented course, College English curriculum development in China

MTI培养模式

——从专业化到职业化的动态过渡

浙江工商大学　潘章仙
南京师范大学　杨柳缨子*

[提　要]　翻译硕士专业学位（MTI）作为研究生培养的一种新模式，其起点已被打上了“专业”的烙印，但是它最终却以职业化为目标。本文探讨MTI专业化与职业化之间的关系。认为MTI培养模式不可一味地追求职业化，而应该是一个从专业化到职业化过渡的动态模式。

[关键词]　MTI；专业化；职业化

1. 引言

MTI教育已走过十多年历程。十多年来，对MTI教育的探讨从未停止过。人们对MTI方面的研究集中在课程设置及构建、培养模式、实践就业等，取得了一系列的成果。笔者发现虽然有诸多关于培养模式的探讨，但是大多数模式都只基于某个高校的特色，具有特殊性，并不适合推广到综合性大学的MTI人

* 潘章仙，浙江工商大学外国语学院教授，硕士生导师。研究方向：话语分析、跨文化交际、应用语言学。Email: pampanzx@126.com。通信地址：浙江省杭州市浙江工商大学外国语学院。杨柳缨子，南京师范大学外国语学院在读博士生。研究方向：批评话语分析。Email: yangliuyingzi@foxmail.com。通信地址：南京师范大学随园校区外国语学院。

才培养。同时，有不少讨论将多种教育模式与MTI培养模式相结合。他们提倡为MTI人才构建良好的行业环境、教学环境与实践环境，注重高级翻译人才多种能力的强化与拓展，并着重提高职业翻译能力。譬如“产学研”立体化教学模式（于艳玲，2014），翻转课堂项目式培养模式（董洪学等，2017），双PBL教学模式（刘晶，2017），以及立体化教学管理模式（淳柳，2015）等。

廖七一（2011）曾强调MTI培养模式中翻译理论教学的重要性。但与“翻译理论”并列提出的是与社会实践紧密联系的“职业化”。正如谢天振（2013）所述，“翻译的对象、方式、工具和手段，研究对象和从事翻译研究的队伍都发生了重大的变化，翻译已经进入职业化的时代”。仲伟合（2017）在MTI教育十年回顾中也指出，翻译专业学位教育要围绕“服务需求，提高质量”这个核心谋划未来发展。可见，MTI培养模式要求翻译理论与实践服务无缝隙高度结合。笔者认为，MTI作为高校开设的硕士专业，其起点已被打上了“专业”的烙印，但是它最终却以职业化为目标，二者的关系值得深入研究。

2. MTI的“专业化”与“职业化”

2.1 专业硕士学位的职业性特征

专业学位设置的初衷是为了加速培养经济建设和社会发展所需要的高层次应用型专业人才。它作为具有职业背景的一种学位，为培养特定职业高层次专门人才而设置。根据国务院学位委员会制定的《专业学位设置审批暂行办法》规定，“授予专业学位的高等学校，与专业学位相关的学科、专业应有相应的学位授予权，有较高的教学水平和良好的办学基础，有长期稳定的专业实践场所”，同时建议“各专业学位所涉及的有关行业部门应逐步把专业学位作为相应职业岗位（职位）任职资格优先考虑的条件之一”。由此可见，专业硕士的“职业性”特征是显而易见的。因此，专业学位又称为职业学位，或职业型学位。

那么，专业硕士的“专业”与“职业”到底是怎样的关系呢？

《新华词典》对“专业”这个词条只有两个释义：“高等和中等专业学校根据国家需要和科学发展状况而设置的学业门类”或“科学研究机关或产业部门中分成的各行业部门”。专业硕士学位的“专业”应该取第一条释义。“职业”是“个人在社会中所从事的并以其为主要生活来源的工作”（《新华词典》）。是以知识为基础，通常要经过一段时期的高等教育和职业培训的一种谋生手段（Evetts，2003）。“职业一方面是人们维持生计的手段，一方面是人们对社会职责的履行”（程绍海，1984）。譬如翻译就是职业译员的生计。

从专业学位的英文名称（professional degree）来看，专业硕士强调的是职业，而非专业。但这并不说明专业硕士不要求学生具备专业的素养和知识。恰恰相反，它以专业实践为导向，重视实践和应用，培养在专业和专门技术上受到正规的、高水平训练的高层次人才。专业性与职业性紧密结合。

笔者认为在翻译领域探讨“专业”与“职业”的关系，既不能完全套用社会分工的思路，也不能彻底脱离社会基础空谈二者的区别，因为翻译职业的基本要素之一是“人”，人需要依靠一技之长在社会中生存。所以，专业与职业的显著区别在于是否获得维持生计的利益。当一个人依靠他所选择的专业获得工资时，就变成了他的职业。也就是说，专业是职业的基础，专业化是职业化的前提，职业化是专业化的结果。

2.2 MTI从专业化向职业化的过渡

仲伟合教授指出我国翻译专业教育存在着七大问题，并明确指出“培养单位照搬教育指导委员会发布的指导性培养方案，没有根据社会区域发展的需求，恰当调整和设置人才培养方案”（仲伟合，2014）。这就造成了同质化的现象。除此之外，之所以要把硕士培养区分为学术型和专业型，主要是为了在培养体系中能够突出两种类型之间的差异，从而制定相应的培养方案。然而，学术型和专业型翻译硕士界限变得模糊（单萍，2016）。“甚至有的学校MTI课程与MA（普通翻译学硕士）的课程设置没有显著区别，沿袭学术性研究生的培养模式”（穆雷、王巍巍，2011）。诚然，MTI人才培养的并非翻译理论的学习者，而是翻译的实践者。但就目前各个高校MTI培养模式来看，有些过分强调职业化，从而忽视了专业化（王军、车怡萱，2016），也有些认为应该“齐头并进”（韩海鹏、周莹，2016），但是笔者认为二者并非并列关系，而是递进关系。

首先，从定位上来看，专业学位是相对于学术型学位（academic degree）而言的学位类型，其目的是培养具有扎实理论基础，并能适应特定行业或职业实际工作需要的应用型高层次专门人才。专业硕士的特点是职业性、复合性、应用性（孔令翠、王慧，2011）。专业硕士的培养过程是一个从专业到职业的动态过程。

其次，从专业能力与职业能力的区别来看，“专业能力是指扮演职业翻译的角色，站在职业翻译的位置和角度培养自己所欠缺的某种能力”（柴明颎，2010）。专业不等同于职业。专业能力也不能等同于职业能力。它能够扮演翻译的角色，而非真正以翻译的身份登场。随着全球化的深入与国际交流的频繁，MTI鲜明的特点就是与行业接轨。MTI人才的职业能力不仅体现在考取代表自己专业能力的翻译任职资格证书，还需要具备除专业能力外的综合能力，即职业综合能力。通过对二者概念的对比，笔者认为在翻译人才培养领域，“专业化”包含在“职业化”中，没有了专业能力，也就无从谈起职业能力，同样，没有了专业化的铺垫，职业化的角色转换更无从谈起。职业化对人才的要求范围更加宽泛，也更加严格。首先，MTI培养的人才必须从学生角色蜕变为工作角色，以一名社会人的身份进入工作领域。其次，他们不仅要在职业化中继续提升专业能力，同时在工作态度、价值观念等方面都得符合特定规范和标准。所以，MTI培养模式顺序应当先专业化，后职业化。专业化是MTI人才职业化的基础。

3. MTI从专业化到职业化角色转变之难

3.1 学术硕士与专业硕士的不平等

我国MTI教育是改革发展深化的产物，属于后起之秀，相较之下，我国MA教育要比MTI早很多。根据我国教育部规定，学术硕士可调剂到专业硕士，但是专业硕士不能调剂到学术硕士。这种调剂方式虽然可以保证专业硕士的“量”，但却不能保证“质”。“实际上，高分考生不大可能主动申请改读专业硕士，而改读专业硕士的几乎都是被学术型硕士淘汰下来的”（孔令翠，2011）。学术型人才虽然也同样有着扎实的功底，在一定程度上可以保证MTI的专业性，但是学硕和专硕之间的巨大区别使他们难以适应向职业化方向的转变。同时，对于这类调剂的学生来说，专业硕士本非他们自愿所选，所以对于专业化朝职业化的转变会或多或少存在抵触情绪。

3.2 办学条件与社会需求严重失衡

由于招生规模不断扩大，社会需求逐年增长，MTI的招生已经成泛滥之势。很多有招收MTI研究生资质的高校缺乏专业的导师，没有长期稳定的专业实践场所。专业导师，特别是行业导师的缺乏导致了MTI硕士的培养与翻译方向的学术硕士没有太大的区别。“把翻译作为一个专业培养出来的人才，经常可能只是业余翻译或兼职翻译，而非职业翻译”（王宏、张玲，2016）。如上文所述，MTI的最终培养目标应该是朝职业化方向发展，其培养的人才在走上岗位之前，不仅需要具备专业化的翻译理论基础以及相关专业技术的理论知识，还需要具备扎实的职业技能。这些职业技能非常需要行业的导师来传帮带。

3.3 口译与笔译的过度分离

“口译是指译员在听取原语后，通过口头表达的方式以目标语向听众传达原语的意义和思想，在语言上无法沟通的双方或多方之间通过口译员的传译能够进行交流沟通。与口译不同，笔译是指译者以书面形式将其对原语的意义理解并重新表达的过程”（李军，2007）。同为翻译，口译与笔译既有差异，也有共性。两者都必须有扎实的翻译专业知识，通晓翻译的基本原则，掌握翻译的技能，保证翻译的精准性等。不同之处则主要表现在翻译的形式、翻译所需的时间、翻译效果反馈的及时性等。

市场往往需要一个翻译人员同时可以承担口译和笔译。但是MTI培养的模式将二者分开。笔译归笔译，口译归口译。我们在前文已经讨论过，既然翻译是一种职业，这也就意味着翻译人才需要适应职业的需求变化。

3.4 MTI人才与市场需求之间的相互认识有待深化

高校为社会培养所需人才，这是一个双向问题。高级翻译人才对进入市场的职业能力有待提高，同时，翻译就业市场自身对翻译人才的认识也同样有待提高。

首先，市场需求催产了MTI，这就要求MTI人才最终要进入市场，成为翻译这一职业的人才，也就注定要接受市场的考验。有研究者从历届口译研讨会的讨论中总结出诸多问题，其中一点是“专业规范化意识形成但仍不强”（慕媛媛、潘珺，2005）。由此可见，虽然MTI 人才在将来的市场化中有着巨大的发展前景，但还有着进一步提高的空间。MTI人才有良好的专业素质，如前人提到的“规范化意识”正是职业化的要求之一。进入翻译岗位后的工作应该建立在前期专业能力培养的基础之上。但是这种意识不强，恰恰反映了MTI人才通过学校的培养虽然已经具备了良好的专业素质，但对于步入市场的职业素质还有所欠缺。

其次，市场职业化前景令高级翻译人才堪忧。语言翻译，无论是哪种语言的转化，对意思的精准性有着极高的要求，然而翻译市场上却存在着很多半路出家的“行家”。相较之下，MTI教育下的人才都接受过扎实的翻译理论基础的相关课程，比如当代西方翻译理论、我国当代优秀翻译理论等。翻译市场的不规范既是对专门从事翻译的人才的不尊重，长此以往也在翻译市场埋下了潜在的隐患。更有甚者将计算机翻译简单地等同于翻译人员的翻译，从而大大低估了翻译人才的珍贵作用。就业市场若不能保证其职业化水准，光靠高校单方面改革MTI教学模式也是徒劳。

4. 专业化向职业化发展的建议及措施

职业化对MTI人才有着更高的要求。首先是与国际市场接轨。在职业道德、人文素养方面，MTI人才必须勇于从专业化跨入范围更广，要求更高的职业化领域。高校是把MTI人才送入市场的连接器或管道。能不能使这些人才与市场很好地兼容，更好地发挥作用，良好的培养模式至关重要。因此，我们在MTI的培养模式上应当勇于创新，及时更新。

4.1 将翻译专业资格证书纳入毕业审核条件之一

如前文所说，专业化是职业化的前提。万丈高楼平地起，如果连专业化的质量都不能保证，何来保证进一步的职业化？从某种程度上来说，专业性的质量保证需依靠翻译专业资格（水平）考试来检验。因此，应当把资格证书考试作为学生毕业与学位资格认证的合格条件之一。MTI不同于学术硕士，毕业形式不能一概而论，以同样写论文的毕业方式有待商榷。“毕业论文必须反映该学位的职业性、专业性和应用性”（黄国文，2012）。翻译硕士注重实践性。因此，毕业形式也不应仅仅限制在毕业论文之上。相对的，多元化的毕业认证形式愈发重要。高校可适当降低对毕业论文形式的要求，并将MTI人才在攻读学位期间所取得的翻译专业资格（水平）证书作为衡量学生在两年时间里对所学专业掌握程度的标准。

4.2 跨学院开设课程

“翻译是跨学科的文化交际，只有把翻译和各个专业领域结合起来，才能真正培养复合型翻译人才”（陶友兰，2017）。MTI不仅具有跨文化的特点，还具有跨学科的特点。翻译的内容可能涉及政治、经济、文化、科技等不同领域。学生不仅需要两种语言之间灵活的转化能力，更需要对专业领域背后的运作原理了如指掌。否则，抛开专业领域的理论基础知识空谈翻译，无异于空中楼阁。所以，跨学院开设课程可以扩宽翻译人才的知识领域，引导培养特长和爱好，培养翻译人才的系统思维能力和综合素质。跨院课程并非要求翻译专业学生精通某一领域的专业知识（其一是精力不允许，其二是效率不高）；而是要求翻译专业的学生对某一领域的知识有大致的认识与熟悉，并掌握某一领域的特殊词汇或专业名词，不至于在未来的职业中面对翻译任务时出现“不知所云”的窘境。

4.3 弱化口笔译的区别

已有学者提出“应该设立口笔译为一体的口笔译专业，因为口译和笔译是不可能完全分开的”（黄友义，2009）。口译要求发音清晰流畅与反应敏捷准确，笔译要求译文通顺自然，体现原文神韵。对于MTI人才职业化培养的长远发展来看，二者不应该被区分开来。它们是相辅相成的关系。“笔译可以使学生摆脱‘代码转译’的翻译方式，逐步培养以理解为基础、以意义为中心的翻译习惯，这对于口译学习同样有促进作用”（王斌华、穆雷，2012）。各高校在课程设置方面可以弱化口译与笔译之间的课程区分，打通两个方向的专业课程。可以要求MTI口译方向的学生在两年学制内必选两到三门笔译课程。笔译专业同样如此。

4.4 增加应试指导类讲座课程，建立实习基地

MTI人才从专业化到职业化转变需要在开放式教学与实践中逐步培养。“MTI 的特色就是强调学生的实际应用能力，对学生的实践、实习提出了明确要求”（蔡辉、张成智，2013）。授课地点不局限于教室，训练形式避免过度关注设定好的素材练习。高校应当为MTI学生提供规范、稳定的实践基地，譬如与翻译公司和跨国公司等合作。MTI学生可在考取翻译专业资格证书之后参与到实践基地的实习中。这样有利于他们熟悉翻译职业流程，提高翻译水平，在“真枪实弹”中培养面对“突发情况”的处理能力。除此之外还有利于增加MTI人才的就业机会，为他们提供更多职业方向的选择。

4.5 五位一体MTI培养模式

综上所述，笔者建议MTI的培养模式可以采取五位一体的模式，即MTI方向必修课+MTI交叉必选课+跨院必选课+实践时数+毕业论文。“MTI方向必修课”是指口译与笔译分别需要完成的专业必修课；“MTI交叉选修课”是指口译与笔译交叉选择的选修课。例如口译方向可以选择“笔译翻译技能”；“跨院选修课”是针对本校的专业优势或MTI学生个人兴趣所开设的不同院系之间的课程，譬如自动控制专业与外语专业结合，开设“自动控制英语”课程。除了不同专业直接打通之外，不同语种之间同样有互通之处，譬如英语与日语、阿拉伯语等小语种之间的“跨文化交际与翻译”；“实践时数”是指《翻译硕士专业学位设置方案》要求学生至少有10万字的笔译实践或不少于100小时的口译实践。毕业论文按照教育部研究生教学指导委员会的规定，可以有三种选择：学术类的翻译研究论文、翻译实践报告、翻译实验报告等。

5. 结语

MTI在短短十多年内有了快速的发展，说明前景广阔，符合社会市场需求。但是MTI的人才培养目标不可一味强调职业化的发展目标，而忽视了专业化的根基。只有将“专业化”与“职业化”有机结合起来，才能多维度、全方位地培养受社会欢迎和认可的高级翻译人才。

参考文献

Evetts, 2013. The Sociological Analysis of Professionalism: Occupational Change in the Modern World. *International Sociology* 18: 395–415.

蔡辉、张成智，2013，论翻译专业硕士培养中的校企合作。《中国翻译》（1）：51–55。

柴明颎，2010，对专业翻译教学建构的思考——现状、问题和对策。《中国翻译》（1）：54–56。

程绍海，1984，职业与职业教育。《职业教育研究》（6）：42–46。

淳柳，2015，基于过程理念的MTI立体化教学管理模式探析。《中国成人教育》（2）：131–133。

董洪学、初胜华、张坤媛，2017，基于MTI职业翻译能力培养的翻转课堂项目式教学模式研究。《外语电化教学》（4）：49–55。

韩海鹏、周莹，2016，MTI培养中的理论与实践并重。《河北广播电视大学学报》（3）：76–78。

黄国文，2012，《MTI毕业论文写作指南》。北京：外语教学与研究出版社。

黄友义，2009，社会需要专业型、复合型和实用型人才——中国翻译职业交流大会上的讲话。北京：中国翻译人才职业发展——2009中国翻译职业交流大会论文集。

孔令翠、王慧，2011，MTI热中的冷思考。《外语界》（3）：9–15，30。

廖七一，2011，MTI中的翻译理论教学。《中国翻译》（3）：25–28。

李军，2007，《法汉汉法翻译训练与解析》。北京：外语教学与研究出版社。

刘晶，2017，双PBL教学模式在MTI笔译教学中的实践研究。《教育教学论坛》（50）：164–165。

穆雷、王巍巍，2011，翻译硕士专业学位教育的特色培养模式。《中国翻译》（2）：29–32，95。

慕媛媛、潘珺，2005，专业化道路:中国口译发展的新趋势——兼评国际口译大会暨第五届全国口译实践、教学与研究会议。《中国翻译》（2）：38–41。

单萍，2016，翻译硕士专业学位教育:现状、问题与对策——以大连高校MTI为例。《语言教育》（2）：2–7，64。

陶友兰，2017，综合性大学专业学位教育新探索——以翻译硕士（MTI）学位为例。《外国语（上海外国语大学学报）》（3）：106–107。

王斌华、穆雷，2012，国外专业口译教学的调研报告——兼谈对我国翻译专业办学的启示。《外语界》（5）：24–33。

王宏、张玲，2016，中国翻译专业学位教育:成绩、问题与对策。《上海翻译》（2）：13–17，94。

王军、车怡萱，2016，翻译行业规范化与MTI翻译教育职业化研究。《现代交际》（6）：63–64。

谢天振，2013，从翻译服务到语言服务——翻译的职业化时代的理念与行为。《东方翻译》（3）：4–8。

杨慧、葛春丰，2016，关于MTI翻译硕士培养的探索与思考。《语文学刊》（5）：142–144。

于艳玲，2014，MTI教育“产学研”立体化教学模式建构。《广东外语外贸大学学报》（4）：98–101，112。

仲伟合，2014，我国翻译专业教育的问题与对策。《中国翻译》（4）：40–44。

仲伟合，2017，十年扬帆，蓄势远航：MTI教育十年回顾与展望。《中国翻译》（3）：7–9。

MTI Cultivating Mode: A Dynamic Process from Specialization to Professionalization

Abstract: As a relatively young master degree program, MTI (Master of Translation and Interpreting) has the characteristics of both speciality and profession. After discussing the relation between specialization and professionalization in MTI, this article suggests that MTI cultivating mode should be a dynamic process from specialization to professionalization.

Keywords: MTI, specialization, professionalization

课堂互动中的教师话语研究

——理论视角与教学启示

复旦大学　杨雪燕*

[提　要]　教师话语直接作用于学生参与课堂互动的质与量，对外语教与学的效果产生影响，因而教师在教学实践中必须面对一个问题，即如何通过调整自己的话语来促进课堂互动。本文根据国内外文献，从现有研究的理论视角出发，梳理不同视域下有关课堂互动以及教师话语在课堂互动中作用的观点，比较不同研究视角及方法的优势与不足，厘清现有研究对教师话语调整的启示，以期推动教师话语研究更好地与外语教学实践相结合。

[关键词]　外语教学；教师话语；课堂互动；教学实践

1. 引言

在外语以及二语教学研究领域，课堂互动一直备受关注。这不仅因为“课堂上发生的一切都离不开人与人互动的过程”（Allwright, 1984: 156），而且

---

* 杨雪燕，复旦大学外国语言文学学院教授、博士生导师。研究方向：系统功能语言学、话语分析、文体学和应用语言学。Email：yangxueyan@fudan.edu.cn。通讯地址：200433 上海市杨浦区邯郸路 220 号 复旦大学外文学院。
本文系国家社科基金一般项目“系统功能语言学视角下中国高校英语教师课堂互动能力研究”（编号：16BYY090）的阶段性成果。

因为课堂互动是通过语言来实现的。语言互动为学生提供了语言输入和输出的机会，且作用于学生的情感过滤和语言吸收，对语言习得具有影响（Allwright & Bailey, 1991; Ellis, 2008）。而教师作为课堂互动的主导者，其课堂话语可直接作用于学生参与互动的质与量，进而影响学生学习语言的效果（Walsh, 2011; Thoms, 2012）。因此，师生互动是否频繁和顺畅成为外语课堂教学效果的重要标准（束定芳，2013）；教师应如何调整自己的话语以促进互动从而提升课堂教学效果，则成为一线外语教师在教学实践中必须面对的问题（Yang, 2021）。

这个问题之所以对外语教师来说尤为突出，与教学环境有一定关系。以英语作为外语（English as a Foreign Language，缩写为EFL）的教学环境为例，学生在课外的日常生活中使用母语而不是英语，课堂互动则为学生提供了用英语面对面交流的机会，由此突显了课堂互动的重要性。然而，绝大多数EFL教师的母语不是英语，多国已有研究（如Chacón, 2005; Copland *et al.*, 2013; Behroozi & Amoozega, 2014; Choi & Lee, 2016; 王莹、秦杰，2014）表明EFL教师的英语水平（尤其是口语水平）有所不足，用英语进行课堂交流时会感到缺乏自信和紧张，且教师的英语水平与其教学效果以及自我效能感都存在着正相关。可见教师话语研究有一个不容忽视的重要任务，那就是不仅要告诉外语教师应多与学生进行语言互动，而且要告诉他们在互动中怎样表达才有助于提升师生互动的效果，从而使教师的话语调整真正得到落实。

目前看来，有关课堂互动中的教师话语研究大体有两种导向。大量研究以语言习得为导向，主要基于二语习得理论。另有一些研究以课堂教学为导向，主要基于系统功能语言学理论。本文基于国内外文献，从不同的理论视角出发，梳理不同视域下有关课堂互动以及教师话语在课堂互动中作用的观点，比较不同研究视角及方法的优势与不足，厘清现有研究对教师话语调整的启示，以期推动教师话语研究更好地服务于外语教师的课堂教学实践。

2. 以语言习得为导向的研究

课堂互动研究从20世纪80年代起得到快速发展，助推力来自二语习得研究领域的“互动假说”（Long, 1983, 1996）。从20世纪90年代开始，二语习得研究受到Vygotsky（1962，1978）的社会文化理论影响，出现了社会转向。在不同的二语习得理论影响下，学界对互动在语言习得过程中的作用、教师话语在课堂互动中的作用提出了不同的观点，为外语教学实践提供了不同的启示。

2.1 “互动假说”视角

“互动假说”（Long, 1983, 1996）是基于“输入假说”（Krashen, 1981, 1985）和“输出假说”（Swain, 1985, 1995）而提出的对语言习得过程的进一步解释。其主要观点是，语言习得过程在人的大脑中完成，人际互动则制造了语言习得所需的外部条件。互动可提供意义协商的机会，而意义协商有助于激活习得者大脑中的认知机制（如注意到自己的语言输出中出现了形式错误），促使习得者对正确的语言形式提出假设，并在得到新的语言输入时或在接下来的语言输出中去验证假设，进而使语言知识在人脑中得到内化。这一观点表明，为了促进语言习得，当本族人或水平较高者与语言学习者进行交流时，应有意识地调整互动模式以创造意义协商机会。在课堂互动中，这一责任便落在教师身上。

从“互动假说”的视角出发，有关教师话语的研究是以语言习得为导向的，关注教师在课堂互动中的话语行为，特别是教师提问和教师反馈，希望找出哪些类型的提问或反馈可以使课堂互动变得“富于语言习得机会”（acquisition-rich，见Ellis, 1999)。在研究中，通常的做法是以有效与否为标准，即采用二分法看待提问和反馈，如区分展示型与参考型两类问题（Long & Sato, 1983）、显性与隐性两类反馈（Panova & Lyster, 2002）以及重铸（recast）与提示（prompt）两类隐性反馈（Lyster & Saito, 2010），然后证明其中一类比另一类有效。例如，展示型问题不如参考型问题有效，因教师提问时已知道答案，互动目的是检查学生知道与否，学生回答简短；参考型问题提出时，教师不知道答案，互动以交流为目的，学生回答的长度和语句复杂度较高。只有当教师提问可促进交流时，才能创造更多意义协商的机会，从而促进语言习得（Long & Sato, 1983）。再如，重铸不如提示有效，因重铸易被误认为是对学生语言输出的简单重复，难以引起学生注意到所犯错误；而提示会促使学生意识到其中介语与目标语之间存在形式上的差异，同时为学生提供了修复性输出的机会，也是检验新假设的机会，从而促进语言习得（Ammar & Spada, 2006; 杨颖莉、林正军，2012）。

上述分类法也被用于课堂教学研究，用以分析教师的课堂话语，以找出哪一类教师提问或反馈具有更好的课堂教学效果。但值得注意的是，二分法适用于以语言习得为导向的研究，未必适用于以课堂教学为导向的研究。前者在研究方法上注重分类与检验，先通过二分法区分教师的话语行为是否有效，这便于迅速找出有利于语言习得的互动模式，也便于量化分析以检测不同类别的有效性。后者却难以局限于二分法类别，因为课堂环境涉及教学对象、内容、目标等多种因素，课堂过程处于多变的动态之中（Walsh, 2011）。所以，若直接将二分法用于课堂教学研究，至少在两方面难免出现问题。

第一， 二分法以语言学习效果为出发点，无需考虑课堂教学的复杂性，因而难以解释教师提问或反馈在具体课堂环境中的效果。以教师提问为例，大量研究采用了Long & Sato（1983）的二分法，却发现在真实课堂上，效果不佳的展示型问题出现频率远高于备受推崇的参考型问题，且这一现象普遍存在（Suk-a-nake *et al.*, 2003; Ho, 2005; McNeil, 2012; Pei, 2015; 鲁艳芳、吕道利，2011）。于是有人批评二分法脱离课堂现实，忽视课堂交流的特殊性（Cullen, 1998; Gil, 2002）。还有研究表明，展示型问题并非无效，而是有助于实现某些特定的教学目标，如帮助学生理解课文和表达课文内容（Nunn, 1999；徐立群，2010），特别是遇到难度较大的课文时（Boyd, 2015）；重铸在特定课堂环境中同样可以引发学习者注意到自己出的错（刘学华、张薇，2011；Brown, 2016）。

第二，二分法类别过于宽泛，忽略了提问和反馈自身的特性和话语特征，用来分析真实课堂上的教师话语行为时缺乏可操作性。Banbrook & Skehan（1990）指出有些教师提问既属于参考型也属于展示型，认为这两个概念未经过可操作化处理；孔文、李清华（2007）对教师提问进行标码时发现，问题类型的划分是相对的，取决于语境和研究者的判断。Walsh（2013）认为，划分问题类别时不可不考虑教学目标。有关反馈的类别，同样存在着模棱两可的现象。以重铸为例，教师的意图也具有主观性，教师选择重铸时究竟是为了澄清意义以保持交流顺畅，还是为了纠正语言形式错误，是很难判的（Ellis & Sheen, 2006）。

整体讲，从“互动假说”的视角看，语言习得是语言知识在大脑中内化的过程，课堂互动是知识内化的外部条件，教师在课堂互动中可通过提问和反馈来创造意义协商机会，以激活学生大脑中的认知机制，从而促进其语言学习。基于“互动假说”的教师话语研究可以告诉教师的是，哪种类别的提问和反馈更为有效。然而从操作层面来看，宽泛的类别不仅使研究者在标码时感到困难，甚至导致研究结论出现分歧，而且难以明确告诉一线教师究竟在什么情况下、应该如何表达才能进行有效提问或反馈。

2.2 社会文化理论视角

社会文化理论是Vygotsky（1962, 1978）提出的有关儿童学习与心理发展的学说，认为学习是一个社会过程。儿童需要与成年人或能力较强的同伴互动，得到后者借助语言等符号所提供的指导与帮助，以解决自己无法独立解决的问题，从而缩短其实际发展水平与潜在发展水平之间的距离，也称“最近发展区”（zone of proximal development）。在反复多次经历了这种学习过程之后，学习者通过个体之间互动而共同建立的社会意识，便可内化为个体意识。

20世纪90年代起，有学者将社会文化理论应用于二语习得研究。尽管他们依然把语言知识内化看作语言习得的结果，但对于语言习得的过程，不再将其视为在大脑这个“黑盒子”里完成的个人成长过程，而是将其视为在新手与专家之间完成的社会过程（Lantolf & Appel, 1994; Lantolf, 2000）。在专家的协助下，新手使用语言的水平一次次接近潜在的语言发展水平，并最终将双方共建的语言知识内化为自己的语言知识（Lantolf & Thorne, 2006）。这一观点意味着，课堂互动不再是语言学习所需的外部条件，而是正在发生的语言学习过程。在此过程中，语言不仅是学习的对象，也是介入学生的语言知识发展的工具。通过这一介入工具，教师作为专家可为学生提供指导和帮助，即发挥“支架”作用（scaffolding，见Donato, 1994）。这便进一步突显了教师以及教师话语的作用。

于是，在对课堂互动中教师话语的研究中，出于对课堂互动过程本身的重视，研究者不再区分语言输入和语言输出，也不再划分有效与无效的教师话语类别并检验其效果，而是详细记录课堂互动的过程，希望从中发现教师话语如何发挥“支架”作用。研究者大量研究采用了Wood *et al.*（1976）的“支架”分析框架，包括六种支架功能，即引发兴趣、简化任务、把握既定目标、标记重点、控制挫败感和演示。例如，McCormick & Donato（2000）分析了教师提问的支架功能，发现教师提问若能发挥简化任务、标记重点、把握既定目标的作用，便可协助学生参与课堂互动、在互动中理解对方的意思并使对方理解自己的意思。赵妮莎（2012）也发现，教师提问具有标记重点、把握既定目标以及示范的作用。

事实上，以课堂互动中典型的“启动–应答–反馈”三步结构来讲，教师话语的“支架”作用主要表现在学生应答之后的第三步，特别是学生表达出错时教师的反应。有研究表明，教师可通过改说（reformulation）与学生一起共建语言知识（江韦姗，2010；Thoms, 2014）。还有研究关注学生难以回答教师提问时的情况。例如，McNeil（2012）将学生无法回答参考型问题视为“最近发展区”的标志，发现这时教师可通过重复问题、辅助性问题、等待和示范等方法来协助学生应答。Lee（2007）在调查中也发现，教师将问题加以分解有助于学生应答。

在研究方法上，不同于基于“互动假说”的研究，这些基于“社会文化理论”的教师话语研究重视互动过程的细节，多采用定性的会话分析法。这样做的优势是，可从参与者的角度详细描述互动过程中连续不断的每个话轮，展示教师在具体教学环境、教学目标、学生表现等情况下的具体话语行为，揭示教师话语怎样介入学生的语言学习过程。其不足之处与基于“互动假说”的研究同样有别，不在于教师话语类别过于宽泛而无法解释复杂的课堂现实，而在于过多重视微观现象而无法脱离实时教学环境与目标。从研究者角度看，这种研究得到的结论往往缺乏普遍性，对此Lee（2013）在倡导用会话分析法去研究互动的同时也不得不承认。从教师角度看，正如Walsh（2011）所指出，此类研究的弱点在于过于具体而难以推广。

之所以存在着上述弱点，主要因为研究的导向为语言习得，而非课堂教学实践。描述实时互动过程的主要目的，是了解教师如何协助学生共建语言知识，而不是为教师提供教学技巧参考。为了更好地为教学实践服务，Seedhouse（2004）根据教学目标划分了四类课堂环境，即形式准确型、意义流畅型、任务导向型和程序型，并将不同环境与教师话语行为的具体支架作用联系起来。例如，在意义流畅型环境中，教师应灵活转换话轮以创造更多真实交流的机会，纠错只为保持交流畅通而不是修正形式错误。Walsh（2011）则按照课堂互动的内容区分了四类课堂模式，即管理型、教材型、课堂环境型和语言系统与技能型，并阐释了与各种模式相对应的教师话语行为及其支架作用。如在教材型模式中，教学围绕教材中的课文、音视频或习题而展开，课堂互动多呈现为“启动–应答–反馈”三步结构，教师提问以展示型为主，以帮助学生掌握教材中的知识。显然，这种将教学环境与教师话语行为相对应的做法，可以告诉教师在什么情况下应该怎样做，对一线教师来说具有较为明确的指导意义。然而，此类研究对教师话语的描述与解释实际上停留于行为层面，并不关注其语言体现形式，难以告诉教师如何通过语言表达来实现这些行为以达到更好效果。

3. 以课堂教学为导向的研究

以课堂教学为导向的教师话语研究主要基于系统功能语言学。语言学研究从20世纪60年代末开始转向话语，即使用中的语言，以便解释句子语法无法解释的诸多语言现象（de Beaugrande, 1996），由此为语言学增添了一个新的分支——话语分析。课堂话语便是话语分析先驱最早着手分析的话语类型之一。外语教学领域中为人所熟知的“启动–应答–反馈”三步结构便是Sinclair & Coulthard（1975）基于系统功能语言学早期的“阶与范畴语法”理论（Halliday, 1961）而提出的。系统功能语言学的创立者韩礼德曾表示，他创立该理论“目的是为话语分析服务”（Halliday, 1994：xv），以“解决人类使用语言时遇到的各种问题，包括学术问题以及实际问题”（Halliday, 2008: 7）。基于该理论的教师话语研究为外语教师的课堂教学实践提供了重要启示。

3.1 系统功能语言学视角

与社会文化理论一样，系统功能语言学也注重话语发生的环境。但后者作为一种普通语言学理论，同时还注重话语在语言形式上的特征。该理论将抽象的语言系统与具体的话语行为看作相辅相成的，将语言的形式、功能和语境等不同层面看作相互依存的。其主要观点可概况如下（详见Halliday, 1978; 杨雪燕，2006）：

（1）语言系统由抽象的意义选项组成，是可供选择的意义潜势（meaning potential），话语则是语言使用者从意义选项中选择意义的具体过程和结果；

（2）语言的功能，也是语言用以表达的意义（称为“语义”），可分为概念意义（即人类所认知的各种经验片段及其逻辑关系）、人际意义（即言语在人际互动中的功能、说话人的判断和态度等）和谋篇意义（即把词句组成连贯语篇的语言自身机制）；

（3）语言使用者在特定的情景语境（简称“情境”）中产出话语，所选择的语义一方面体现了情境特征（如通过话语进行的活动性质和内容、说话人与听话人之间的角色关系等），另一方面由具体的词汇语法形式来体现。

也就是说，语言是一种表达意义的资源，可供我们使用；而我们使用语言正是为了表达意义，所产出的话语就代表了我们所表达的意义。话语之所以是“过程”，是因为使用语言是一个选择的过程，是语言使用者在特定情境中从语义选项中选择自己所要表达的意义的过程；之所以是“结果”，是因为语言使用者实际表达的意义是经过选择的，是选择的结果。从这个视角看，教师也是语言使用者，教师话语代表了教师在课堂语境中经过选择所表达的意义。这意味着，教师可以通过选择语义来调整自己的话语以改进课堂互动效果。

进一步从人际意义的角度来看，我们在人际互动中产出话语，因而可将我们说出的每句话看作具有交换性质的一个话步（move），包括提问步、陈述步、命令步等，同时将每个话步看作一次需要说话人和听话人共同参与的“互动事件”（interactive event, 见Halliday & Matthiessen, 2014: 106）。例如，提问步用于索取信息，要求对方提供信息，对方以回答的方式参与互动；陈述步用于提供信息，要求对方接受信息，对方以听讲的方式参与互动。在课堂上，如果教师提问而无学生应答，教师未能获得信息，则互动失败；如果教师陈述而无学生听讲，学生未能获得信息，则同样互动失败。

相对于二语习得理论，系统功能语言学理论为教师话语研究提供了一个全新的视角（见Bynes, 2009; Matthiessen, 2009）。无论教师话语是用来创造“富于语言习得的机会”还是用来发挥支架作用，教师首先是语言使用者，使用语言即选择语义，而语义与语境、语言形式都是相互依存的。从该视角出发，教师话语研究的重点是教师对语义的选择，同时涉及语境和语言形式。这样更有利于结合真实的课堂教学实践以及教师话语的操作层面，告诉教师怎样去调整自己的语言表达以便提升课堂互动的效果。

3.2 理论与实践相结合

近年来出现了一系列研究，以课堂教学实践为导向，将有效教学的理念融入教师课堂话语，将系统功能语言学的理论用于教师话语分析，考察EFL教师的提问话语和陈述话语中的语义选择，以及不同的选择对学生参与课堂互动的影响。在研究方法上，除了定性话语分析之外，还采用了定量统计分析以及课堂实验、访谈等多种手段互证的方法，以找出教师话语中不同的语义特征并检验其互动性差异。

通过定性话语分析的方法，杨雪燕（2007）发现一位优秀教师提问时对人际意义和谋篇意义的选择展现了一系列提问策略，如请求判断、卷入听话人、说明性重问、举例、替换、强化、建立指称链等。杨雪燕（2009）对10位优秀教师每人一堂课进行话语分析，发现教师对人际意义的不同选择在课堂互动的过程中形成了一系列语篇发生模式（logogenetic pattern），由此将师生之间交换的信息划分为不同类型，如判断、知识、故事、本人故事、个人细节等，认为不同的信息类型对师生互动的效果会有不同影响。Yang & Tao（2018）则对比分析了一位优秀教师与一位普通教师课堂话语中的人际意义以及概念意义特征，发现优秀教师与学生互动时选择了多样化的信息类型，常将学生本人卷入其中，且信息的内容丰富，涉及语言点、文章细节以及生活经历；普通教师对信息类型的选择集中于知识，信息内容单调，围绕语言点和语言规则。

通过定性与定量分析相结合的方法，杨雪燕、尹顺利（2020）在人际意义理论框架内分析了大量的教师提问话语，并以学生回答的长度来衡量学生应答的积极性程度。结果发现，教师对主语的人称和限定语（Finite）的人际指向做出的不同的选择，对学生回答的长度有显著影响。教师若选择了互动人主语（第一、第二人称）而不是非互动人主语（第三人称），将限定语指向了个人判断（如*must, can, may*）的范围而不是时间（如*do, does, did*）范围，学生回答的字数平均秩会显著升高，说明这些选择的互动性更强，更有助于吸引学生应答。Yang（2021）还通过分析大量语料和统计检验，发现教师提问时对信息类型做出的不同选择也对学生应答的积极性有显著影响。即便教师提出“是与否”（一般疑问句）这种通常被视为展示型或封闭型（即互动效果不佳）的问题，教师若选择不同的信息类型，学生回答的字数平均秩也存在显著性差异。例如，教师为了检查学生能否识别句中主语，提问时可选择知识类信息（*Is it the subject?*），也可选择涉己判断类信息（*How can we find the subject of a sentence?*）。前者要求学生识别事物的普遍性特征、性质等，后者要求学生针对与自己相关的信息发表个人看法，研究表明后者的互动性更强。

通过实验和访谈互证的方法，Yang & Yin（2022）一方面采用了被试内设计，通过单因素重复测量法，检验教师提问时选择了人际投射（interpersonal projection）对学生回答是否有影响。学生分别回答了以两种方式提出的相同问题，一种添加了人际投射（如***Do you agree*** *that sleep is a waste of time?*），另一种未添加（*Is sleep a waste of time?*）。实验结果显示，添加了人际投射的提问方式可显著增加学生回答的长度和所提供信息的复杂程度，且这一点对英语水平不同的两组学生同样有效。另一方面，这项研究还就人际投射在师生互动中的作用，对两组学生的任课教师进行了访谈，发现有两个主题从访谈中浮出，即师生关系和吸引力。教师认为，人际投射表达了教师对学生个人观点的兴趣，有利于建立融洽的师生关系和吸引学生积极互动。

通过话语分析、课堂实验互证和统计检验的方法，杨雪燕等（2021）对教师陈述话语进行了探索性研究。一方面在概念意义框架内，从句中动词词组和名词词组入手，分析教师陈述时对过程类型（如做事、感知、言语和状态）和参与者类型（人与物、物质与符号、课本内与外等）做出的选择，以及二者间的配置，找出并描述了教师陈述的内容类型。另一方面在谋篇意义框架内，分析教师陈述步之间的衔接关系，找出了由相同内容类型陈述步所组成的陈述块，以及由不同内容类型陈述块所形成的组合模式。经过课堂实验发现，教师选择和组合陈述内容的方式在吸引学生听讲方面存在显著性差异。若教师陈述的内容丰富、讲述有节奏而不单调、注重向广度（真实世界）和深度（交流技巧）拓展、平衡课本内外，学生更容易注意听讲；若教师陈述的内容单调，拘泥于语言知识、课本内细节并将其当作孤立的知识点，学生则不容易注意听讲。这一点对英语专业和非英语专业学生同样有效，对英语水平不同的学生同样有效，尽管有时非英语专业学生中水平较低者对语言知识和课本内容的认可度会略高于水平较高者。

这些研究有两个共同特点。一是将重点放在教师话语的语义特征上，同时在词汇语法层对其进行描述，在语境层对其功能加以解释。二是通过实证手段找出教师话语的语义特征，并考察其对学生参与互动的影响，检验其互动性差异。这种在多层面对教师话语展开的实证研究，相对于基于二语习得理论的有关研究，具有一定优势。对研究者来说，不需要按照预先设定的话语行为类别进行标码，而是把教师的每个话步看作教师实时选择语义的结果，可根据语言形式特征去判定话步的功能。这样在标码时，便有了语言形式上的可操作性定义，可以避免模棱两可和主观性。同时，多层面的整体分析框架可用来解释话语行为与语境之间的关系，这在很大程度上具有普遍性且避免了过于具体化。对一线教师来说，这些研究找出了对学生参与互动具有影响的教师话语特征，并通过学生的真实反应检验了其互动性差异，表明教师可以通过选择语义来调整自己的话语以提升课堂互动效果。不仅如此，这些研究对教师话语特征的语言形式做出了描述，具有很强的可操作性，可告诉教师具体应该如何表达才能使自己的话语有更强的互动性，从而提升课堂互动乃至整体课堂教学的效果。但是，这些研究目前还停留于教师话语的一种模态，即语言，尚未考虑到诸如表情、手势、站姿及移动等其他模态的共同作用，因而对教师话语特征的解释会有一定片面性。

4. 结语

综上所述，课堂互动是外语教学研究中的一个重要课题，重点就在于课堂互动中的教师话语，因为教师话语可直接影响课堂互动的质与量，进而影响教与学的效果。所以，研究课堂互动中教师话语的一个重要目的，便是告诉教师应如何调整自己的话语以提升课堂互动效果。本文立足于外语教师的课堂教学实践，围绕不同的研究视角对相关文献进行了梳理，厘清了以往研究的观点、方法、结论以及对教师话语调整的启示。

二语习得理论视角下的研究揭示了教师在课堂互动中哪种话语行为有利于学生的语言学习。“互动假说”视角下的研究强调，教师提问或反馈应该促进意义协商，以激活学生的认知机制；社会文化理论视角下的研究则强调，教师话语可以在“最近发展区”内协助学生做到自己无法独立做到的，与学生共建语言知识。前者在研究方法上注重分类和检验，告诉教师应采用哪种类型的提问与反馈，但无法说明在什么情况下该怎么做。后者注重描述细节，展现了具体课堂环境中教师实时提问或反馈的支架作用，但很难告知教师在自己的课堂教学过程中如何通过话语实时有效地发挥支架作用。正如Ellis & Shintani（2014）所指出，大量二语习得研究虽然提出了一些语言教学理念，但难以直接服务于语言教学实践。

系统功能语言学视角下研究所强调的是，教师是语言使用者，其话语行为是选择语义的过程和结果。这有利于实现教师话语研究重心的转移，由学习效果这一教师话语的外部因素，转向语义特征这一教师话语的内在运作机制。这同时意味着分析方法的改变，从标注教师话语行为的类别或支架作用，转向根据教师话语的语言形式标注其功能，在词汇语法、语义、语境三层一体的框架中认识教师话语行为的功能与效果。这种自下而上的做法为研究者提供了客观的标码标准，也为一线教师把要表达的意义转化为准确恰当的英语表达形式提供了抓手。这对非本族教师来说尤为必要，因为使用外语不同于使用母语。对这些教师来说，要认识到什么是有效的话语行为很重要，要认识到什么是实现这些话语行为的语言表达形式同等重要，所以教师话语研究必须重视话语的语言模态。与此同时，教师话语研究还需要重视表情、手势、站姿及移动等多种模态的共同作用，以便更全面地认识教师的话语调整对学生参与课堂互动的影响，这也是今后研究的方向。

参考文献

Allwright, R. L. 1984. The importance of interaction in classroom language learning. *Applied Linguistics* 5(2): 156–171.

Allwright, D. & K. M. Bailey. 1991. *Focus on the Language Classroom: An Introduction to Classroom Research for Language Teachers*. Cambridge: Cambridge University Press.

Ammar, A. & N. Spada. 2006. One size fits all? Recasts, prompts, and L2 learning. *Studies in Second Language Acquisition* 28(4): 543–574.

Banbrook, L. & P. Skehan. 1990. Classrooms and display questions. In C. Brumfit & R. Mitchell (eds.), *Research in the Language Classroom*. Hong Kong: Modern English Publications & The British Council. 141–152.

Behroozi, M. & A. Amoozegar. 2014. Challenges to English language teachers of secondary schools in Iran. *Procedia - Social and Behavioral Sciences* 136, 203–207.

Boyd, M. P. 2015. Relations between teacher questioning and student talk in one elementary ELL classroom. *Journal of Literacy Research* 47(3): 370–404.

Brown, D. 2016. The type and linguistic foci of oral corrective feedback in the L2 classroom: A meta–analysis. *Language Teaching Research* 20(4): 436–458.

Byrnes, H. 2009. Systemic–functional reflections on instructed foreign language acquisition as meaning–making: An introduction. *Linguistics & Education* 20(1): 1–9.

Chacón, C. T. 2005. Teachers' perceived efficacy among English as a foreign language teachers in middle schools in Venezuela. *Teaching and Teacher Education* 21(3): 257–272.

Choi, E. & J. Lee. 2016. Investigating the relationship of target language proficiency and self–efficacy among nonnative EFL teachers. *System* 58(1): 49–63.

Copland, F., S. Garton & A. Burns. 2013. Challenges in teaching English to young learners: global perspectives and local realities. *TESOL Quarterly* 48(4): 738–762.

Cullen, R. 1998. Teacher talk and the classroom context. *ELT Journal* 52(3): 179–187.

de Beaugrande, R. 1996. The story of discourse analysis. In T. A. van Dijk (ed.), *Introduction to Discourse Analysis*. London: Sage. 35–62.

Donato, R. 1994. Collective scaffolding in a second language. In J. Lantolf & G. Appel (eds.), *Vygotskian Approaches to Second Language Research*. Norwood, NJ: Ablex. 33–56.

Ellis, R. 1999. Discourse control and the acquisition: Rich classroom. In W. Renandya & G. Jacobs (eds.), *Learners and Language Learning*. Singapore: SEAMO Regional Language Center.

Ellis, R. 2008. *The Study of Second Language Acquisition* (2nd ed.). Oxford: Oxford University Press.

Ellis, R. & Y. Sheen. 2006. Reexamining the role of recasts in second language acquisition. *Studies in Second Language Acquisition* 28(4): 575–600.

Ellis, R. & N. Shintani. 2014. *Exploring Language Pedagogy Through Second Language Acquisition Research*. London: Routledge.

Gil, G. 2002. Two complementary modes of foreign language classroom interaction. *ELT Journal* 56(3): 273–279.

Halliday, M. A. K. 1961. Categories of the theory of grammar. *Word* 17(3): 241–292.

Halliday, M. A. K. 1978. *Language as Social Semiotic: The Social Interpretation of Language and Meaning*. London: Edward Arnold.

Halliday, M. A. K. 1994. *An Introduction to Functional Grammar* (2nd edition). London: Edward Arnold.

Halliday, M. A. K. 2008. Working with meaning: Towards an appliable linguistics. In J. Webster (ed.), *Meaning in Context: Implementing Intelligent Applications of Language Studies*. London: Continuum. 7–23

Halliday, M. A. K. & C. M. I. M. Matthiessen. 2014. *Halliday's Introduction to Functional Grammar* (4th ed.). New York: Routledge.

Ho, D. 2005. Why do teachers ask the questions they ask? *RELC Journal* 36(3): 297–310.

Krashen, S. 1981. Second language acquisition. *Second Language Learning* 3(7): 19–39.

Krashen, S. D. 1985. *The Input Hypothesis: Issues and Implications*. London: Longman.

Lantolf, J. P. 2000. *Sociocultural Theory and Second Ianguage Learning*. Oxford: Oxford University Press.

Lantolf, J. P. & G. Appel. 1994. *Vygotskian Approaches to Second Language Research*. Norwood, NJ: Ablex.

Lantolf, J. P. & S. L. Thorne. 2006. *Sociocultural Theory and Genesis of Second Language Development*. Oxford: Oxford University Press.

Lee, Y. A. 2007. Third turn position in teacher talk: Contingency and the work of teaching. *Journal of Pragmatics* 39(1): 180–206.

Lee, Y. A. 2013. Descriptions of second language interaction: Toward descriptive adequacy. *Modern Language Journal* 97(4): 853–868.

Long, M. H. 1983. Native speaker/non–native speaker conversation and the negotiation of comprehensible input. *Applied Linguistics* 4(2): 126–141.

Long, M. H. 1996. The role of the linguistic environment in second language acquisition. In W. C. Ritchie & T. K. Bhatia (eds.), *Handbook of Second Language Acquisition*. San Diego: Academic Press. 413–468.

Long, M. H. & C. Sato. 1983. Classroom foreigner talk discourse: Forms and functions of teachers' questions. In H. Seliger & M. Long (eds.), *Classroom Oriented Research in Second Language Acquisition*. Rowley, Mass: Newbury House. 268–286.

Lyster, R. & K. Saito. 2010. Oral feedback in classroom SLA: A meta-analysis. *Studies in Second Language Acquisition* 32(2): 265–302.

Matthiessen, C. M. I. M. 2009. Meaning in the making: Meaning potential emerging from acts of meaning. *Language Learning* 59(1): 206–229.

McCormick, D. & R. Donato. 2000. Teacher questions as scaffolded assistance. In J. Hall & L. Verplaetse (eds.), *Second and Foreign Language Learning through Classroom Interaction*. Mahwah, NJ: Lawrence Erlbaum. 183–201.

McNeil, L. 2012. Using talk to scaffold referential questions for English language learners. *Teaching and Teacher Education* 28(3): 396–404.

Nunn, R. 1999. The purposes of language teachers' questions. *IRAL* 37(1): 23–42.

Panova, I. & R. Lyster. 2002. Patterns of corrective feedback and uptake in an adult ESL classroom. *TESOL Quarterly* 36(4): 573–595.

Pei, Z. W. 2015. Classroom discourse in college English teaching of China: A pedagogic or natural mode? *Journal of Multilingual and Multicultural Development* 36(7): 694–710.

Seedhouse, P. 2004. *The Interactional Architecture of the Language Classroom*. Malden, MA: Blackwell.

Sinclair, J. & R. Coulthard. 1975. *Towards an Analysis of Discourse: The English Used by Teachers and Pupils*. London: Oxford University Press.

Suk–a–nake, R., Heaton, S. L., Chantrupanth, D. & P. D. Rorex. 2003. Thai university EFL learners' oral responses to various spoken question types. *Second Language Learning and Teaching* 12(December), 19–31.

Swain, M. 1985. Communicative competence: Some roles of comprehensible input and comprehensible output in its development. In S. Gass & C. Madden (eds.), *Input in Second Language Acquisition*. Rowley, Mass.: Newbury House. 235–253.

Swain, M. 1995. Three functions of output in second language learning. In G. Cook & B. Seidelhofer (eds.), *Principles and Practice in Applied Linguistics: Studies in Honor of H. G. Widdowson*. Oxford: Oxford University Press. 125–144.

Thoms, J. J. 2012. Classroom discourse in foreign language classrooms: A review of the literature. *Foreign Language Annals* 45(s1): s8–s27.

Thoms, J. J. 2014. An ecological view of whole-class discussions in a second language literature classroom: Teacher reformulations as affordances for learning. *Modern Language Journal* 98(3): 724–741.

Vygotsky, L. S. 1962. *Thought and Language*. Cambridge, MA: MIT.

Vygotsky, L. S. 1978. *Mind in Society: Development of Higher Psychological Processes*. Cambridge: Harvard University Press.

Walsh, S. 2011. *Exploring Classroom Discourse: Language in Action*. New York: Routledge.

Walsh, S. 2013. *Classroom Discourse and Teacher Development*. Edinburgh: Edinburgh University Press.

Wood, D., J. S. Bruner & G. Ross. 1976. The role of tutoring in problem solving. *Journal of Child Psychology & Psychiatry* 17(2): 89–100.

Yang, X. Y. 2021. How can EFL teachers make their questions more interactive with students? Interpersonal patterns of teacher questions. *System* 99: 102–509.

Yang, X. Y. & X. Tao. 2018. Comparing discourse behaviors of a high-rated and a low-rated Chinese EFL teacher: A systemic-functional perspective. *Modern Language Journal* 102(3): 594–610.

Yang, X. Y. & S. Yin. 2022. Interpersonal projection as EFL teachers' discourse strategy to enhance students' willingness to communicate: A systemic-functional perspective. *System* 104: 1–10.

江韦姗，2010，外语课堂话语第三话轮对学生话语输出影响研究。《山东外语教学》（1）：53–59。

孔文、李清华，2007，关于 EFL 课堂中教师提问的对比研究。《国外外语教学》（3）：27–33。

刘学华、张薇，2011，修正性反馈引发的注意对中国学习者目标语发展的作用。《外语与外语教学》（3）：50–55。

鲁艳芳、吕道利，2011，英语精读课上的有效提问对比研究。《外语研究》（4）：75–80。

束定芳，2013，英语专业综合课目标与教师素质——第三届“外教社杯”全国高校外语教学大赛授课比赛述评。《外语界》（2）：43–49。

王莹, 秦杰， 2014，基础教育课程改革深化背景下英语教师的专业知识调查研究。《外语学刊》(3)：122–125。

徐立群，2010，英语课堂教师提问类型的调查与分析。《外语界》（3）：60–65。

杨雪燕，2006，认识韩礼德的“语言建筑”。《语言学研究》（4）：58–68。

杨雪燕，2007，外语教师课堂提问策略的话语分析。《中国外语》（1）：50–56。

杨雪燕，2009，外语课堂上交换的五种信息类型。《外语教学》（1）：58–62。

杨雪燕、刘志平、蔡慧萍，2021，系统功能语言学视角下教师陈述的互动性差异研究。《中国外语》（3）：49–57。

杨雪燕、尹顺利，2020，系统功能语言学视角下教师提问的互动性差异研究。《复旦外国语言文学论丛（秋季号）》：1–8。

杨颖莉、林正军，2012，重述与提示反馈对英语过去式习得作用的研究。《外语与外语教学》（2）：60–64。
赵妮莎，2012，基于“支架”视角的英语专业课堂中教师提问的探讨。《外国语文》（5）：133–139。

Teacher Discourse in Classroom Interaction: Research Perspectives and Pedagogical Implications

Abstract: Teacher discourse has an impact on the quantity and quality of student participation in classroom interaction and, by extension, on the effectiveness of both teaching and learning English as a Foreign Language (EFL). It is thus an inevitable challenge facing EFL teachers how to adjust their discourse to enhance classroom interaction. This article offers a review of the theoretical perspectives of existing studies, their views on classroom interaction and the role of teacher discourse in classroom interaction. A comparison is presented between different approaches adopted in these studies regarding their methodological strengths and weaknesses as well as their implications for teachers' discourse adjustments, providing new insights into how to bridge the gap between research on teacher discourse and EFL teaching practices.

Keywords: EFL teaching, teacher discourse, classroom interaction, teaching practice

《欧洲语言共同参考框架》的行动导向法

北京大学　田剪秋*

[提　要]　《欧洲语言共同参考框架》（Common European Framework of Reference for Languages，简称CEFR）不仅是欧洲的语言政策文件和语言教育指导框架，还影响了很多国家语言标准的制定，现在有包括中文在内的40多种语言版本。它不仅包括量表，还提供创新教育理念，其核心是行动导向法（Action-oriented Approach，简称AoA）。本文对AoA进行全面的梳理，探讨其内涵、理论基础、语言能力及其框架和教学方法论范式转变，讨论AoA对当下语言学习、教学和测试实践以及量表开发的影响。

[关键词]　《欧洲语言共同参考框架》；CEFR；行动导向法；理念

《欧洲语言共同参考框架》（Common European Framework of Reference for Languages，以下简称CEFR）是欧洲委员会2001年发布的语言政策文件，提出了全面的语言教育指导框架，其中的语言能力量表不仅成为欧洲最重要的语言水平参照标准之一，还影响了很多国家语言标准的制定，现在有包括中文在内的40多种语言版本。为回应全球化和互联网带来的社会发展变化以及使用中出现的需求，欧洲委员会在2013—2017年对CEFR开展了一系列修订工作，于2018

*　田剪秋，北京大学外国语学院副教授，博士。研究方向：应用语言学，系统功能语言学，语言测试与评价，计算机辅助语言教学，语篇分析等。Email：tianjq@pku.edu.cn。通信地址：100871 北京市海淀区颐和园路 5 号北京大学外国语学院新楼。

年初推出配套卷（Companion Volume，以下简称CV），2020年又发布正式版本，量表部分除一些原有量表的修订外，特别增加了中介量表、多语言多文化能力量表和手语能力量表等。

然而，除量表外，CEFR还提供复杂的语言使用模型、讨论语言学习和教学的组织、任务的作用以及提倡灵活的多语和跨文化教育课程的教育理念。贯穿所有这些方面的核心是行动导向法（Action-oriented Approach，以下简称AoA），它代表了欧洲委员会对语言使用和学习的整体观念，是CEFR作为全面、透明和连贯的语言学习、教学和评估的参考框架的基础。

但是，量表外的部分常常被语言教育从业者、语言项目管理者，甚至包括其他语言量表制定者所忽略，如North（2014）引用2007和2012年两次的调查结果说明在语言教育实践中广泛使用的主要是级别和描述语，鲜有提及将CEFR的描述性方案作为一种语言学习和使用概念化的方式，也没有提到以行动导向法作为教学的灵感。不过，Piccardo and North（2019）出版的AoA专著指出，AoA自CEFR中出现以来在教师教育研讨会和语言教学会议上都有所提及，而在过去十年间，AoA的理念越来越流行。在这一理念指导下，教师开始在课程和实践中尝试CEFR更复杂的方面，在不同语言教学的实践层面进行强大的创新，这样AoA就带来了课程规划和教学真正的**范式转变**，发起了一场向更复杂、更全面的语言教育观点的广泛运动。特别值得指出的是，尽管欧洲各国在教学文化存在差异，但基于AoA场景的教学材料和示例显示出明显的相似之处，这说明AoA的原则具有普遍适用性。

因此深入理解AoA的理念，对进一步改进量表、促进语言教学创新和发展具有至关重要的意义。我国虽然也制定了自己的英语水平量表，但对支持量表的理念的讨论还比较少。本文旨在对AoA进行全面的梳理，探讨其内涵、理论基础、语言能力及其框架和教学方法论范式转变，最后讨论AoA对当下语言学习、教学和测试实践以及量表开发的影响。

1. AoA的内涵

AoA这一术语首次出现在2001年CEFR文件第二章第一节的标题中，紧承第一章背景和关键概念介绍，是全书第一个正式内容章节。在该节中，CEFR确立了其语言教育理念和愿景，在开章第一页上即将AoA置于醒目的方框中予以精炼的描述，并用黑体标出关键概念，具体内容如下：

> 语言使用，包括语言学习，是人们作为个体和社会行为主体所采取的行动。在此过程中，他们发展了一系列能力，包括**综合能力**，尤其是**运用语言交际的能力**。他们在语境中在各种不同的**条件**和**限制**下，运用所掌握的这些能力去参与**语言活动**，这些活动涉及产出和/或接受与特定**领域**的**主题**相关的**文本**的**语言过程**，在此过程中激活完成那些**任务**所需的最恰当的**策略**。参与者对这些行动的监控导致他们的能力得到加强或修正。（Council of Europe, 2001, p. 9）

行动导向法的核心概念是将语言使用者和学习者视为"社会主体"，即在特定情况下、在特定环境中和特定行动领域内有任务（不仅仅是语言相关）要完成的社会成员。虽然言语行为发生在语言活动中，但这些活动构成了更广泛的社会语境的一部分，而这种语境本身就能够赋予语言活动充分的意义。"任务"是指行动是由一个或多个人策略性地使用他们自己的特定能力来实现给定的结果，这和任务教学法的任务是有差别的，下文第4.2节中有讨论。因此，基于行动的方法还考虑了认知、情感和意志资源以及个人作为社会主体所特有并应用的全部能力。

2. AoA的理论基础

Piccardo and North（2019）一书开头即指出，AoA在某种程度上是一种寻找理论的实践。在2001年CEFR发布时，AoA更像是一个"计划性的愿望清单"（p. 275）。然而大约二十年后，随着对第二语言教育（SLE）的理论探讨和创新实践，AoA整合了不同理论、认识论和概念化，目前已经形成一个比较完整连贯的理论表述。

系统功能语言学是AoA最主要的语言理论基础，对AoA的贡献主要有以下几方面：首先，Halliday对语言的人际、意念和语篇三个元功能的区分对CEFR构建交际活动及其描述语量表所采用的方案具有非常重要的影响（Council of Europe, 2020，见表1; North, 1994, 1997, 2000）；其次，语言作为意义潜势的概念非常接近AoA中使用"能做"描述语的意图，这意味着从具有潜力的意义上讲，一个人可以在某种交际语境下以某种方式行事；再次，Halliday对口语特征的描述使得口语互动的无序性得到充分认可，同时，也充分承认在口语中也存在写作中那种持续、合乎逻辑的产出形式，例如在提出论据或向听众发表讲话时；最后，AoA处理任务时强调了Halliday作为中介的语言和最终产出的语言之间的区别，在开发采用目标语言完成行动导向的任务要求的产品时，学习者调动包括他们的母语和其他语言在内的所有资源，同时将语言作为符号代码习得。此外，Halliday的思想也对van Lier的生态学方法（van Lier, 2004）和情境认知理论产生了相当大的影响。

社会文化理论则为AoA提供了最重要的学习理论基础，它对AoA的贡献主要在于：它否认了传统理论将语言学习解释为先发生在个人层面后在社会语境下付诸实践的认知过程的观念，而将学习者置于其互动社区的社会语境中考虑，更加重视他者在语言学习中的作用、合作和交流以及社区支持，这超越了交际法所专注的功能性交流，而向合作构建新知识的视角转移；学习者不论在协作对话还是私人演讲中都利用他们的所有资源，包括他们的母语，以便能够“在他们以目标语言产生最终产品（口头或书面）之前中介他们的理解和复杂想法的产生（语言过程）”（Swain & Lapkin, 2013, pp. 122–123），多元语言过程（Plurilanguaging；Piccardo, 2018）进一步强化了这种中介功能，即利用不同的语言和符号资源来交流和（共同）构建意义。中介是社会文化理论的总体原则（Lantolf & Poehner, 2014, p. 57），但中介并不是一个单一的概念。相反，它根据其执行的功能和所涉及的要素类型（人类和非人类）进行中介，在所有这些形式中，语言都起着关键作用，学习者通过语言过程（languaging）来表达思想，并通过这个过程习得新知识。这是协作学习的核心，它鼓励学习者在以行动为导向的项目工作中依赖彼此的贡献。

表1　交际语言活动的CEFR类别的宏观功能基础

	接受	产出	互动	中介
创造性，人际语言使用	例如，阅读作为休闲活动	例如，持续的独白：描述经验	例如，会话	中介沟通
交易性语言使用	例如，阅读信息和论证	例如，持续的独白：提供信息	例如，获得商品和服务信息交流	中介文本
评估，解决问题的语言使用	（与阅读信息和论证合并）	例如，持续的独白：呈现论据	例如，讨论	中介概念

除上述两种理论外，AoA在发展过程还融合了其他来自语言教育和一般教育传统的理论，也受到其他科学探究领域的启发，包括行为主义、认知视角、语言作为交流、情感、多语能力和创造力，以及语言教育之外的能动性、情境中的行为、实践社区、集体智慧和情境认知等，最后所有这些理论通过将语言本身和语言课程都视为复杂适应性系统（Larsen-Freeman, 1997）得以整合，其中不同学科和观点的贡献相互依赖和作用。复杂生态模型融合了语言教育领域来自不同理论视角的学者在对什么是语言及其学习（和教学）的本质理解的探索中得出的共识。这些不同观点在解释什么是语言时，都强调三个中心属性：意义、具身性和模式的自适应局部出现；对于学习，各种理论都明确指出认知、社会和情感的相互蕴涵（Douglas Fir Group, 2016, p. 21）。在此基础上，复杂生态模型整合了上述各种理论，并根据这些模型关注的不同要素以及它们之间的关系发挥作用的方式来解释教学和学习过程。此外，复杂生态模型也为AoA提供了重要的新观点，包括：语言学习发生在学习者舒适区的边缘；学习过程是非线性的，高层次要素在复杂的整合低层次要素的过程中涌现；与其向学习者提供“输入”，不如让他们接触到丰富的行动可能性的图景，即可供性（affordance）等。

总之，AoA的关键原则是认知和社会在原则性和战略性学习过程中的相互依赖，由被视为“社会主体”的个人的能动性驱动。AoA将自己准确地定位在这种新的复杂、整体和生态的语言教育范式中，展示各种理论为我们理解语言学习和教学的多重含义和维度带来的不同贡献的协同作用，形成了连贯的SLE总体框架。

3. 语言能力及其描述框架

CEFR抛弃了应用语言学中比较传统的乔姆斯基对（隐藏）“能力”和（可见）“表现”的概念之间的区别。在该传统中，“熟练程度”（proficiency）通常被定义为某人从特定表现中获得的潜在能力的一瞥；而在CEFR中，“熟练程度”是一个术语，包括执行交际语言活动（能做……）的能力，同时也采用一般和交际语言能力（语言、社会语言和语用），并激活适当的交际策略。

具体来说，AoA和CEFR统一并扩展了Hymes的交际能力概念（Hymes,

1972）和工作世界典型的将能力作为资源调动的观点（Richer, 2009, 2011, 2017），将能力视为情境中的行动。它认为语言能力包括一般能力（例如关于世界的知识、社会文化能力、跨文化能力和专业经验［如果有的话］（savoir、savoir-faire、savoir-être）和交际语言能力（语用、语言、社会语言能力），它们相互依存。在行动导向的任务中，交际语言策略补充语言能力，以便在特定条件和约束下通过一种或多种语言的组合来执行一项或多项交际语言活动（接受、互动、产出和中介）来完成任务。反过来，任务的完成有助于个人能力的进一步发展，形成一个迭代的过程。

CEFR描述方案以图解方式呈现如下：

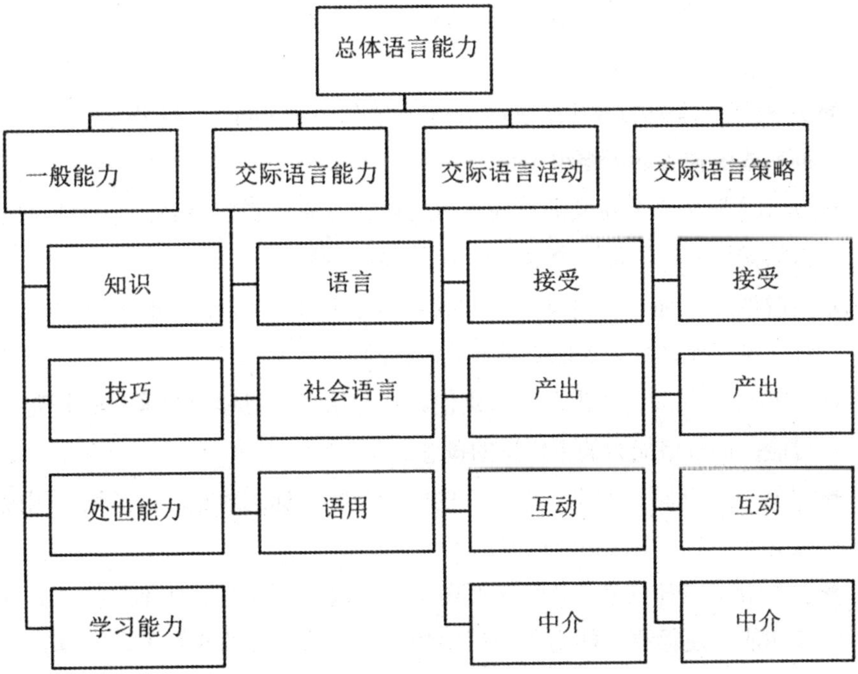

图1　CEFR语言能力描述方案

对于交际语言活动和策略，CEFR用四种交流模式（接受、产出、互动和中介）取代了传统的四会技能（听、说、读、写）的模式，因为已经证明四会技能模式越来越不足以捕捉到复杂的交际现实，并且采用四会技能这样的组织并不适合考虑目的或宏观功能。相反，CEFR提出的组织方式更接近于现实生活中的语言使用，它以互动为基础，社会主体在互动中共同建构意义。这个四种交际模式的语言活动的组织形式在很多方面优于四会技能，以下具体论述来自CEFR开发前的一项准备性研究（North, 1994）：

- ▶ 建议的类别（接受、产出、互动、中介）不仅对内部专业人士有意义，而且对使用者也有意义：这种类别比四种技能更能反映人们实际使用语言的方式。
- ▶ 由于这些类别是用于工作领域的语言培训的类别，通用语言和专门用途语言（LSP）之间的联系将得到促进。
- ▶ 涉及课堂上的小组合作互动、项目工作、笔友通信和语言考试面试的教学任务在此模式下将更容易定位。
- ▶ 以特定使用语境中透明的活动来组织将促进对构成语言学习者经验的“生活片段”的记录和剖析。
- ▶ 这种基于体裁的方法鼓励激活内容图式（schemata）和习得适合于体裁的形式图式（话语组织）。
- ▶ 突出人际关系和持续的自我表达的那些类别是A2的核心，并可能有助于抵消盛行的将语言视为信息传递的传输隐喻。
- ▶摆脱四会技能和三种元素（语法结构、词汇、语音逻辑/图形学）的矩阵，可能促进行为表现质量的交流标准。
- ▶ “接受、互动、产出”的区别使人想起用于学习和表现策略的分类，并可能促进策略能力的更广泛的概念。
- ▶ “接受、互动、产出、中介”的区别实际上标志着难度的递增，因此可能有助于部分资质概念的发展。
- ▶ 这种相对具体的使用语境（倾向于超体裁/言语事件，而不是抽象的技能或功能）使得语言能力与考试中的现实评估任务的联系更容易建立，并应有助于促进提供更具体的描述语。

CEFR最具影响力的领域之一是在课程目标和口试结构中承认了产出（=持续独白；长回合）和互动（=对话；短回合）之间的基本区别。虽然CEFR 2001出版时，将写作分为书面产出和书面互动的做法并没有得到公众的认可，但此后电子邮件、短信和社交媒体的发展表明，正如在许多其他领域一样，CEFR是非常具有前瞻性的。第四种模式，即中介，也是在最初的CEFR编写组的工作中开发的。

图2出现在1996年和1998年的CEFR临时版本中，显示了这四种模式之间的关系。接受和产出，分为口语和书面语，是传统的四会技能。互动涉及接受和产出，但不仅仅是这两部分的总和，而中介则涉及接受和产出，并经常涉及互动。

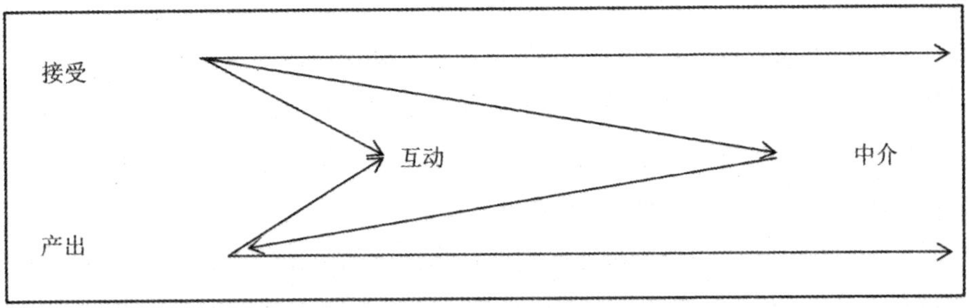

图2　接受、产出、互动和中介之间的关系

CEFR引入的中介概念如下：

> 在接受和产出模式中，书面和/或口头的中介活动使得以无论何种理由无法直接相互沟通的人之间能够进行交流。笔译或口译、改写、总结或记录，为第三方提供了他们无法直接访问的源文本的（重新）陈述。中介语言活动，（重新）处理现有文本，在我们社会正常的语言功能中占据重要位置。（CEFR第2.1.3节）

这里强调了两个关键概念：共同构建互动中的意义以及语言学习中个人和社会层面之间的不断变化，主要是通过其对使用者/学习者作为社交行为主体的愿景。此外，强调中介者作为对话者之间的中间人强调了CEFR的社会愿景。在许多情况下，我们使用语言不仅仅是传达信息，而是通过通常所谓的“语言过程”（通过深入讨论想法从而清晰地表述思想）来发展思想或促进理解和沟通。

中介有许多不同的方面，除了跨语言中介，它还包括与沟通和学习以及社会和文化中介相关的中介。CEFR配套卷的中介量表分“中介文本”“中介概念”和“中介交流”三组呈现。“中介文本”涉及将文本内容传递给因为语言、文化、语义或技术障碍而无法获得它的另一个人。2001年CEFR文本中使用中介一词主要是这个意义，通常是跨语言中介文本，在配套卷种这一概念得到进一步发展，包括为自己中介文本（例如在讲座中做笔记）或表达对文本的反应，特别是创造性和文学性的文本。“中介概念”是指为他人获取知识和概念提供便利的过程，包括两个互补的方面：构建和阐述意义，以及促进和刺激有利于这种概念交流和发展的条件。这是育儿、指导、教学和培训以及合作学习和工作的基本方面。“中介交流”的目的是促进理解，在可能存在个人、社会文化、社会语言或智力差异的使用者/学习者之间形成成功的交流。中介人试图对所有参与者之间的动态关系的各个方面产生积极影响，包括与他们自己的关系。所涉及的技能与外交、谈判、教育和争端解决有关，但也与日常社会和/或工作场所的互动有关。因此，中介沟通主要涉及个际接触。

这种更广泛的对中介的描述是与日益多样化的各种课堂相关，与内容和语言整合学习（CLIL）的传播有关，并且因为中介越来越被视为所有学习，尤其是所有语言学习的一部分。中介描述语对小组和协作任务相关的课堂特别重要，它提示了一种组织任务的方式：学习者必须共享不同的输入，解释他们的信息并一起工作以实现目标。在CLIL环境中，这种相关性更强。

最后，在CEFR中，交际语言策略是交际语言能力和交际语言活动之间的一种联系纽带。策略能力描述语的开发受到以下模型的影响：计划、执行、监控和修复。

4. 语言教学方法论的范式变化

CEFR在将学习者视为语言使用者和社会行为主体方面采取了创新立场，因而将语言视为交流的载体而非作为研究对象。据此，它提出了对学习者需求的分析以及“能做”描述语和交际任务的使用。这带来了教学大纲和课程规划、任务以及学习者和教师角色的变化。在课堂中，教师和学习者以及学习者之间共同建构意义，这个过程常常采用多语言和多文化语库。

4.1 教学大纲和课程规划

CEFR的**行动导向法**代表了一种从基于线性进展的教学大纲向基于需求分析的教学大纲的转变，前者以语言结构或预先确定的概念和功能为目标，而后者以现实生活中的任务为导向，并围绕有目的地选择的概念和功能来建构。这促进了以“能做”描述词为指导的“能力”观点，而不是以学习者尚未掌握的内容为重点的“缺陷”观点。其理念是以现实世界的交际需求为基础设计课程，围绕现实生活中的任务进行组织，并辅以“能做”描述语向学习者传达目标。

课程规划从“前向设计”向“后向设计”的转变：从前者——即从简单的语法结构和用法到更复杂和不寻常的结构和用法对“语言”的系统教学——转向后者，即从涉及语言的真实世界中的行动向后设计（Richards，2013）。

4.2 任务

社会主体参与的现实生活任务是AoA的核心，在AoA这个统一框架内，所有行动都有意义并服务于某个目的。面向行动的任务并不等同于Ellis（2003）、Nunan（2004）、Skehan（1998）和Willis & Willis（2007）等描述等任务教学法（TBLT）的任务。在CEFR中，任务被定义为个人认为必要的任何有目的的行动，以便在要解决的问题、要履行的义务或要实现的目标的背景下实现给定的结果。这个定义将涵盖范围广泛的行为，例如移动衣橱、写书、在合同谈判中获得某些条件、玩纸牌游戏、在餐厅点餐、翻译外语文本或准备班报通过小组工作（Council of Europe, 2001, p. 10）。任务通常需要与其他人合作——因此需要语言。在CEFR第2章中选择的用于介绍这种想法的例子——搬东西——是语言的使用仅取决于任务的情况。在移动衣柜时，一些沟通，最好是通过语言，显然是可取的，但语言不是任务的重点。同样，要求更加复杂的沟通的任务，例如就道德问题的首选解决方案达成一致，或举行项目会议，关注的是任务结果而不是用于实现结果的语言。

AoA整合当前学习理论，实现了交际语言教学法（Communicative Language Teaching，简称 CLT）要求但无法提供的基本范式转变，这主要是由于 CLT 对 SLE 的看法相当有限。虽然交际法超越了之前许多方法提供的简单化视角，但它仍然采用线性范式。CLT 从学习“语言”转向学习如何交流，即现在学习语言是为了**将来**能够交流。然而，它不是用语言与他人一起行动的意义上的语言使用，通过这种行动，学习语言，学习如何以那种（那些）语言行动，并学习如何与“他者”一起行动。首先，CLT倾向于强调陈述性和工具性语言的使用以及字典中基于单语母语者使用而不是语用、情境化的说话者意义的词汇的常规意义。其次，它在目标语言的结构与心理和情感维度之间保持了严格的分离。换句话说，人们在研究“纯粹”的词语、表达和结构时没有考虑到它们的象征性质，语言与思想之间或语言与身份之间的联系很少受到关注。因此，CLT观点有内在的限制，过去二十年发生的巨大社会变化使这些限制更加明显。

CLT和AoA之间存在的根本的视角差异同样存在于CLT 的"强"形式任务教学法（Task-based Language Teaching，简称TBLT）。首先，对于Willis & Willis（2007, p. 108）列出的七种任务类型中，只有"项目和创造性任务：班级报纸、海报、调查、幻想等"一项是严格意义上的以行动为导向的场景，其他几项中只有解决问题一项可以勉强达到标准。其次，两种方法中教师和学习者的作用根本不同。在 Willis 和 Willis 给出的项目示例中，教师通过精确的指示来协调项目中的任务，例如"学生分组工作，选出五个最佳问题……并从纪录片中回答"（Willis & Willis, 2007, p. 102）。在面向行动的场景中，学习者承担责任并设计他们正在做的事情；老师每隔一段时间（可能一周）询问进展情况——就像在真正的职业或学术生活中一样。最后，尽管这些都是极好的交际活动，但我们仍处于20世纪80年代的交际范式中，即为学习者寻找良好的、激励学习者使用语言的方式，并且经常使用特定的语言。重点是语言和学习者作为未来的语言使用者，而不是使用者/学习者作为社会主体，他们在给定的条件和约束下设计和控制项目，参与其中的共建过程，和在现实生活中一样。

4.3 学习者和教师角色

CEFR将语言使用者/学习者呈现为一个"社会主体"，在社会生活中行动，在学习过程中发挥主体性。这意味着课程规划和教学真正的**范式转变**，促进学习者参与和自主性。AoA也意味着教师角色的改变。在交际法中，教师一直陪伴学习者完成任务，指导整个过程并提供所需的所有要素。在以行动为导向的方法中，学习者成为他或她学习的主体，了解最终目标，从而做出选择，并意识到需要哪些知识和诀窍，以及他或她需要培养哪些能力和策略。因此，学习者不仅必须了解任务是什么，还必须了解他或她为什么要做某些事情以及如何最好地做这些事情。教师促进这一过程，从而帮助学习者变得更加自主。

4.4 动态语言教育观：意义的共同建构、多语言多文化语库、部分能力和能力画像

CEFR描述性方案和行动导向的方法都将**意义的共同构建**（通过互动）置于学习和教学过程的中心。这对课堂有明显的启示。有时，这种互动将在教师和学习者之间进行，但有时，学习者自身之间需要协作。以教师为中心的教学与小组学习者之间的这种协作互动之间的精确平衡可能反映了其语境、该语境下的教育传统以及相关学习者的熟练程度。在当今日益多元化的社会的现实中，意义的建构可以跨语言进行，并调动使用者/学习者的多语言和多文化语库。

对于语言和文化的关系，AoA认为语言和文化不是整齐分离的“对象”，而是在一个复杂的场景中演变的现象，学习者与之建立动态关系。文化是通过一系列跨文化的接触而产生的一种动态的个人流动，随着一个人的多文化语库的扩大，文化和语言是相互联系和相互依赖的。

CEFR区分了多语现象（multilinguilism）在社会或个人层面上不同语言的共存）和多语能力（plurilingualism，个人使用者/学习者动态和发展中的语库）。多语能力在CEFR中被表述为一种不平衡的、不断变化的能力，其中使用者/学习者在一种语言或变体中的资源与他们在另一种语言中的资源在性质上可能有很大的不同。然而，最根本的一点是，多语言者有一个单一、相互关联的语库，他们把它同一般能力和各种策略相结合以完成任务（CEFR 2001第6.1.3.2节）。

多语能力强调这样一个事实，即随着个人在其文化背景下的语言体验不断扩大，从家庭语言到整个社会的语言，再到其他民族的语言（无论是在中小学校或大学学习，还是通过直接经验），他们不会将这些语言和文化严格隔离在心理隔间内，而是建立一种交际能力，所有语言知识和经验都有助于这种交际能力，语言在其中相互关联和相互作用。（CEFR 2001 第 1.3 节）

成为多语者不是掌握多种单个语言，而是一个不断增长的语库和轨迹：增加部分能力和语言意识，混合语言，使用互译和翻译语言。多语能力是个人成长、自我意识和专业能力的跳板。

最后，从学习者语言使用需求出发，AoA不强调学习者要在各个方面均衡发展，而是提出部分能力的概念，即与其尝试教“语言”，不如教学习者为了用该语言做他们想做或需要做的事情（将）需要的语言。部分能力既适用于语言能力的各个方面，也适用于不同的语言。专注于理解，尤其是第二或第三现代语言，以便学习者最终能够理解比他们主动掌握的更广泛的语言，从而能够继续自学语言。在这样的意义上，语言水平等级只是一种简化，而针对各个领域各种活动，对学习者在不同方面提出了不同的要求，形成要求画像（profile），而学习者针对这些活动所具有的能力水平，就是他们的能力画像。

5. AoA对我国当下语言教学等实践的启示

AoA从2001年前瞻性的“愿望清单”，到目前已形成完整连贯的理论表述，在欧洲各国的语言教育中证明了AoA全面且足够扎实。深入理解AoA将对我国的语言学习、教学和测试实践以及量表开发产生积极的影响。在量表修订方面，AoA的理论基础和语言能力框架将有利于建立对交际目标和学习者需求的关注以及更全面的语言能力描述框架，以及引导语言教学制定切合学习者需求的教学目标。对专门用途语言教学和测试或内容语言融合式教学（CLIL），AoA的任务、一般语言能力和合作建构意义等概念也有重要的启示意义。此外，AoA的多语言多文化能力也为在很多高校进行的多语项目提供了理论支持和实践指南。

当然，CEFR作为一个通用语言能力框架，不可避免地存在不足，甚至配套卷2018年版本仍然受到挑战（Deygers, 2021），但这些挑战主要来自量表的技术方面，或对某些理念的误解，比如Deygers（2021）引用奥卡姆剃刀理论认为中介能力完全没有必要，笔者认为这完全忽视了语言的社会属性，并非公正的批评。但这些都不影响AoA理念的有效性。在实践中根据具体的语境灵活调整，这正是AoA的灵魂所在。期待我国的语言教育工作者和理论研究者在深入理解AoA的基础上，结合我国的具体实际，把语言教学推向新的高度。

参考文献

Council of Europe. 2001. *Common European Framework of Reference for Languages: Learning, Teaching, Assessment*. Cambridge: Cambridge University Press.

Council of Europe. 2020. *Common European Framework of References for Languages: Learning, Teaching, Assessment: Companion Volume with New Descriptors*: Council of Europe.

Deygers, B. 2021. The CEFR companion volume: Between research-based policy and policy-based research. *Applied Linguistics* 42(1): 186–191.

Douglas Fir Group. 2016. A transdisciplinary framework for SLA in a multilingual world. *The Modern Language Journal* 100(S1): 19–47.

Ellis, R. 2003. *Task-based Language Learning and Teaching*. Oxford: Oxford university press.

Hymes, D. 1972. On communicative competence. *sociolinguistics*. 269–293.

Lantolf, J. P., & M. E. Poehner. 2014. *Sociocultural Theory and the Pedagogical Imperative in L2 Education: Vygotskian Praxis and the Research/Practice Divide*. New York: Routledge.

Larsen-Freeman, D. 1997. Chaos/complexity science and second language acquisition. *Applied Linguistics* 18(2): 141–165.

North, B. 1994. *Perspectives on Language Proficiency and Aspects of Competence: A Reference Paper Discussing Issues in Defining Categories and Levels*. Strasbourg: Council of Europe.

North, B. 1997. Perspectives on language proficiency and aspects of competence. *Language Teaching* 30(2): 93–100. doi:10.1017/S0261444800012829

North, B. 2000. *The Development of A Common Framework Scale of Language Proficiency* (Vol. 8). New York: Peter Lang Pub Incorporated.

North, B. 2014. *The CEFR in Practice* (Vol. 4). Cambridge: Cambridge University Press.

Nunan, D. 2004. *Task-based Language Teaching*. Cambridge: Cambridge university press.

Piccardo, E. 2018. Plurilingualism: Vision, conceptualization, and practices. *Handbook of Research and Practice in Heritage Language Education*, 207–225.

Piccardo, E., & B. North. 2019. *The Action-Oriented Approach: A Dynamic Vision of Language Education*. Bristol: Multilingual Matters.

Richards, J. C. 2013. Curriculum approaches in language teaching: Forward, central, and backward design. *Relc Journal* 44(1): 5-33.

Richer, J.-J. 2009. Lectures du Cadre: continuité ou rupture. *L'approche actionnelle dans l'enseignement des langues*. 13–48.

Richer, J.-J. 2011. *La didactique des langues interrogée par les compétences*: Editions Modulaires Européennes InterCommunication SPRL.

Richer, J.-J. 2017. Quand le monde du travail peut venir en renfort de la didactique des langues....[When the world of work can come to reinforce language pedagogy]. *Revue TDFLE 70 La pensée CECR.[TDFLE Review 70: The CEFR Concept]*. 1–34.

Skehan, P. 1998. *A Cognitive Approach to Language Learning*. Oxford: Oxford University Press.

Swain, M., & S. Lapkin. 2013. A Vygotskian sociocultural perspective on immersion education: The L1/L2 debate. *Journal of Immersion and Content-based Language Education* 1(1):101–129.

van Lier, L. 2004. *The Ecology and Semiotics of Language Learning: A Sociocultural Perspective.* Springer.

Willis, J., & D. Willis. 2007. *Doing Task-based Teaching–Oxford Handbooks for Language Teachers*. Oxford: Oxford University Press.

Action-oriented Approach with the Common European Framework of Reference

Abstract: The Common European Framework of Reference for Languages (CEFR) is not only a European language policy document and language education guidance framework, but has also influenced the formulation of language standards in many countries. Now there are versions available in more than 40 languages including Chinese. It not only includes scales, but provides innovative language education concepts as well. The core of these is Action-oriented Approach (AoA). This paper conducts a comprehensive review of AoA, discusses its essence, theoretical basis, language competence and its framework, and paradigm shift in teaching methodology. Finally the paper ends with a discussion of the impact of AoA on language learning, teaching and testing practices, and scale development at present in China.

Keywords: *The Common European Framework of Reference for Languages,* CEFR Action-oriented Approach (AoA), concepts

学习者英语自主学习能力培养中教师的角色认知

北京信息科技大学　李寒冰*

[提　要]　本文通过一项个案研究来探讨学习者英语自主学习能力培养过程中教师的作用及教师对自我角色的认知。通过观察和记录教学过程、对教师和学生进行访谈以及收集师生的反思日志并分析发现，教师在学习者自主能力培养过程中的作用主要体现在以学习者为主体来设计学习内容、选择学习方式。教师对自我角色的认知是根据信息技术的发展和学习者情况与时俱进、动态调整。

[关键词]　学习者自主；教师角色;自我认知

1. 引言

本研究目的是探究教师在学习者自主学习能力培养过程中所发挥的作用，尤其是学习目标设定、学习内容和学习方式的选择等方面，同时考察教师在此过程中对自我角色的认知。

学习者自主学习能力指对自己学习负责的能力，并且这种能力可以通过系

---

*　李寒冰，北京信息科技大学外国语学院讲师、博士。研究方向：应用语言学与外语教育。Email：lihanbing@pku.edu.cn。通信地址：100192北京信息科技大学外国语学院。

本项目是2020年度教育部人文社科基金一般项目“外语教育规划评估体系建构研究”（20YJAZH018）阶段研究成果。

统和有意识的学习而获得。根据社会文化理论（Lantoff, 2012, Lantoff & Thorne, 2006），社会个体获得知识和能力是一个从社会共享活动向个体内化迁移的过程。在此过程中，需要来自个体以外的因素参与并发挥积极作用，这些因素也称为“支架”。以自主学习能力为例，学习者自主能力的提升需要在社会共享活动中实现，需要学习者以外的因素促成。在学校教育环境下，社会共享活动可以理解为教师组织的教学活动，支架包括教师、学习者同伴和各种学习平台和学习资源等。

随着信息技术在教育领域的广泛应用，学习资源日益丰富，学习平台更加智能化。这些变化为教学带来便利，同时也对教师“整合与处理学科内容、教学法和技术关系的能力”（徐锦芬等，2021）提出挑战。对于如何利用信息技术与教学融合带来的便利来培养学习者的英语自主学习能力，很多学者从聚焦客体和聚焦主体两个角度做过研究。聚焦客体如构建网络学习平台（邓隽等，2012；陈娟文等，2017）、开发新的线上学习模式（秦丽莉、戴炜栋，2013；刘芹、何蕾，2017），以达到为学习者创造条件实现自主学习的目的。聚焦主体的研究则以学习者身份（如秦丽莉等，2018）和学习者同伴关系（如徐锦芬，2013）为主，教师因素提及较少。实际上，教师在学习者自主能力培养过程中的积极作用已经得到证实（如Clemente，2001；Li，2006；江庆心，2006；王艳，2007；赵敏，2021等）。郭继荣、戴炜栋（2011）将教师因素作为学习者自主能力评价量表的一个维度，发现教学手段对学习者自主的影响最大，教师应从目标设定方面对学生进行引导，以提高自主学习成效。以上是从研究者视角来看待教师的作用和角色，本文从教师视角去探索教师对自我角色的认知和体验，并回答以下两个问题：

（1）在培养学习者自主学习能力过程中，教师的作用是如何体现的？

（2）在此过程中，教师是如何认识自身角色的？

2. 方法

2.1 研究对象

研究对象是一名工科院校的外语教师和他所教授的两个教学班共57名学生。该教师具有10年的大学英语教学经验，对外语教学理论有一定的认识，定期对教学活动进行反思并持续改进。57名学生是该院校二年级本科生，其中自动控制专业28人，信息管理专业29人。

2.2 研究工具

研究采用个案研究法，通过观察和记录该教师在一个学期内《大学英语》课程的教学过程，并结合访谈和反思日志等材料获取数据。教师访谈共两次，分别在学期中和学期末，教师反思日志每两个星期一次，共6次。同时，研究者也对57名学生分别在学期中和学期末进行了一次访谈，并在学期末收集一次反思日志，用于验证来自教师访谈和反思日志的数据。

2.3 研究过程

根据研究者的观察和记录，教师在开课前分析了学生上个学年的《大学英语》学习档案。学习档案包括学生的平时成绩记录、期末考试成绩、期末考试卷和试卷分析报告。

通过分析学习档案，教师发现学生普遍存在阅读量少、书面表达内容贫乏、语言结构单一和中式化的问题。他认为学生需要增加优质语言输入，增加素材积累，提高语言表达的丰富性和准确性。另外，通过问卷调查，他发现在以往的英语学习中有20%的学生会自主制定学习计划，而只有11%的人能够执行该计划，对学习过程主动反思的只有17%。这说明学生的自我监控能力需要提升，对学习的阶段性反思能力也需要加强。

基于上述情况，教师为学生设定了一个“数字阅读”学习计划，目标是增加阅读积累，提高英语自主学习能力。该计划借助“灯塔阅读”[①]和超星平台实现。灯塔阅读在一定程度上支持个性化自主学习。每篇文章设有“阅读+答题”或者“综合训练”（阅读、答题、朗读、主题相关知识拓展和写译）。其中答题、朗读和写译三项任务由系统自动评分。教师可查看学生的学习进度和阶段学习结果。在学生自主选择阅读文章的情形下，灯塔阅读会根据学生答题分数和阅读偏好而自动推荐一定字数、难度和话题的文章，教师也可以在后台获取相关数据。

---

① 一款基于AI的英语分级阅读平台。截至2022年2月，平台已上线超过三千篇高质量阅读素材，选自*Reader's Digest, The Guardian, VOA, The New York Times, The Economist, TED, NPR, Reuters*等知名外媒和外刊，以及国内权威英文媒体或刊物，如 CGTN, China Daily和21st Century等。素材每日更新，并注明字数（300-800词）、文本难度（DR值在90-140之间）和话题类别（故事、自然、商业、娱乐、环境、社会、文化、健康、教育、科技、财经等）。

但是，灯塔阅读目前还不支持师生之间、学习者之间留言和评论等交互功能。这一功能由超星平台实现。教师用超星平台发布学习内容和要求、组织小组讨论，学生可查看学习任务、上传文档、图片和音、视频等形式的作业以及参与小组讨论。教师再对学生所提交的作业提供在线反馈。教师通过灯塔阅读和超星平台的“资源+平台”模式，整合现有资源，服务于增加学生增加阅读积累和提高其自主学习能力的目标。

最后，研究者按计划收集教师访谈和反思日志、学生访谈和反思日志，将音频转写为文字，再对文本进行通读，用编码来形成6个[①]比较集中的主题，分别是教师对于学习内容、学习平台、自身角色的认知，以及学生对学习内容、学习平台和教师角色的认知。这些主题下的内容可以构成多重视角，相互印证。

3. 结果与讨论

3.1 教师在学习者自主学习能力培养过程中的作用

3.1.1 设计学习内容

在学习者自主培养过程中，教师作为交互支架，在教学设计和教学活动中起主导作用。但这一主导作用的前提是以学习者为主体，契合学生的需求。

> 最重要的部分在于设计，好的设计可以切实解决学生的问题，并且给他们积极的体验和持续的动力。教一门课，首先想到的不是“我要教什么”，而是“学生是什么样的人，他们需要在这门课上得到什么？”然后是“我如何帮助学生实现这个目标？”（主题：学习内容，来源：教师访谈）

教师开课前查阅了学生的前期学习档案，并用问卷了解其计划和反思学习的能力，制订适合学生情况的学习计划和学习内容。这一点在学生访谈中也得以印证。

---

① 这六个主题是根据社会文化理论中“支架”的概念来确定的。其中学习内容和学习平台属于“工具支架”，教师角色属于“交互支架”。下文引用访谈和反思日志的数据时，用着重号来凸显这六个主题。

老师上课前跟我们沟通过，根据同学的情况确定学习重点。喜欢这种方式，有针对性提高。（主题：学习内容，来源：学生访谈）

灯塔阅读挺好用，内容新，还有专业方面的文章，对于专业学习有帮助，很实用。（主题：学习内容，来源：学生反思日志）

老师定期布置阅读任务，我们通过阅读和做题，熟悉做题技巧，积累语感，感觉现在阅读速度快多了。（主题：学习内容，来源：学生访谈）

此外，教师还充分利用“灯塔阅读”的校本定制资源（包括自然语言处理、物联网技术、人工智能科学、计算机科学、通信工程与技术、大数据科学、网络信息安全和电子商务）为学生设置专业内容相关阅读文章。

设计内容时考虑大学英语服务于工科专业的工程认证，促成本科生毕业指标的达成。希望大学英语课程不仅能提高语言能力、培养自主学习能力，还能够把英语学习和专业发展结合起来，助力学生未来的职业发展。（主题：学习内容，来源：教师反思日志）

教学设计考虑到学生专业背景，在一定程度上丰富了“学习者为主体”的内涵，即它不仅包括学习者英语水平和自主学习程度，还涉及其专业发展和职业发展需求。

根据社会文化理论，个体能力的提高是在社会共享活动中实现的。学习者自主能力的提升也离不开同伴关系的积极作用。因此，教师在阅读任务的基础上设置了分组汇报。要求学生自主阅读校本资源库中与本专业相关的文章3—5篇，综合每一篇文章的主要观点和关键论据，写一篇该话题或领域的概述。这一任务涉及选择专业文章、查阅专业词汇，分析学科内容，提炼观点和撰写概要等，需要小组分工协作，提供了小组成员共享学习的条件。

刚看到任务时觉得难，后来老师讲了分工，分到每个人的任务就不那么多了，找观点和支撑材料，写summary，这些训练对以后读研有帮助。（主题：学习内容，来源：学生反思日志）

学生通过分工明确任务目标，促使自己思考学习任务与专业发展的联系。与小组成员交流的过程也有利于培养学生的团队协作能力，营造良好的学习氛围。

我们一起捋清了任务点。阅读文章大家一起选，然后有人整理所有的专业词汇并共享。另一个同学擅长做思维导图，每篇文章的观点和证据提炼后，他用思维导图展示观点之间的联系，再经过集体讨论确定概要的提纲，由写作好的同学整理成文，最后再有人去校对。（主题：学习内容，来源：学生反思日志）

教师设计的小组任务有利于发挥每个学习者的潜力和优势，促成阅读和写作技能提升的同时，也使英语学习融入学习者的社交生活，成为学习者共享活动的一部分，激发他们学习的热情和积极性。

3.1.2 选择和使用教学平台

上述学习内容的设置、提交和评价都是依托智能化的教学平台来实现的。根据《教育信息化2.0行动计划》，构建泛在学习环境将有力支撑全民终身学习的目标。但丰富的资源和多种线上平台也带来了如何选择的问题。本研究中，教师的做法是尽量整合现有的学习资源，集中到1-2个线上平台，便于学生提交作业和获得反馈。他在反思日志中提到：

英语学习的平台很多，微信小程序、公众号和各种应用，（学生）选择哪一种往往是随机的。作为教师，可以依据实际情况建议学生如何选择。我也会整合现有平台的优势，简化操作。（主题：学习方式，来源：教师反思日志）

教师关注学生选择哪种学习平台，以便更好实现学习目标。同时，学生也希望听取教师的意见。

英语学习资源很多，我现在用的，基本是同学推荐的。当然老师的意见更权威。另外，个人倾向用一个平台来提交所有的作业，这样很清楚，不容易遗漏。（主题：学习方式，来源：学生访谈）

学生在访谈中也提到了整合平台的需求。目前，超星平台已经将腾讯会议融入课程直播模块，使线上学习更加便利。线上学习平台有助于促进学习者之间交流与互动。

（在超星平台）老师展示优秀作业，我们可以点赞、写评价，这种互动有点类似朋友圈。还有互相打分，课堂上老师让大家发言，点评同学的作文，我就不好意思真的去评价什么。线上就不同，没有那么多顾虑。即便不太熟悉的同学之间也可以互评。（主题：学习方式，来源：学生访谈）

教师在超星平台设置线上提交作业和学生互评，营造了一种比较轻松的学习模式和学习者交流模式，符合学生的日常社交习惯，增加互动机会，将英语学习纳入日常社交，有利于英语学习的自主管理。“灯塔阅读+超星平台”的模式使学习者更好地发挥社交能动性和协作能动性，这一模式可视为运用“教育信息技术优化学习过程，提升学习效果”（Sorensen & Levinson, 2014）的一个例证。

根据社会文化理论视域下的学习者自主研究，交互支架和工具支架分别用来定义学习者和教师、学习者和同伴的关系，以及各种学习平台和学习资源；其中前者是有关“人”的因素，后者是“物”的因素，“人”统领和支配“物”。因此，交互支架的作用尤为重要，以上对于学习内容和学习方式的讨论也说明教师的作用十分关键。而教师对这个过程中自身角色是如何认识的，还有待探究。通过教师访谈和教学反思日志，研究者发现教师对自我角色的认识是一个动态而复杂的过程。

3.2 教师对自我角色的认知

在学习者自主培养过程中，教师的角色认知可以概括为“与时俱进”和“动态调整”。“与时俱进”是对教师观念更新程度的描述。本研究中教师充分了解学生的现状，站在学生的角度去理解他们对手机和网络的依赖，比较客观地分析这种现状的利弊，寻求社交生活和英语学习的结合点。

信息化时代，学生已经走在信息技术的前沿，他们每天都在用各种软件和应用，丰富课余生活或者方便学习，刷朋友圈、刷B站并用表情和弹幕表达各种情绪等。同时，他们在交流中获取信息、了解彼此、提升能力。这是他们的生活模式。如果英语学习也能成为学生社交生活的一部分，就可以让学习成为一件自然而然的事情。另外，教师和学生也可以是平等、协作的关系。（主题：教师角色，来源：教师反思日志）

值得注意的是，教师在教学活动开始之前，了解学情、制定学习目标、设计学习内容、选择学习平台这一系列的活动，虽然在研究者看来是教师主导教学过程，但教师在提到本人角色时，更多是用“合作者”“协作者”，体现了他服务于学生需求的意识。在学生日志中，也可以看到对教师这种角色的认同。

> 老师没有架子，特别容易沟通，当然也会尊重他，但不会畏惧。我们怎么想怎么说，没有顾虑，交流很充分。老师也愿意听我们的想法。比较推崇这种师生关系吧。（主题：教师角色，来源：学生访谈）

没有教师权威带来的拘束，学生以比较放松的心态参与学习活动，更好发挥自身潜力。将英语学习纳入学生已有的交际模式中，无形中创造了自主学习的客观条件。

所谓“动态调整”是教师在定位新的角色后，根据学习任务的开展和学生的反馈不断评估和调节角色的过程。如果把教师在课堂上对学习活动的监督和指导看作是“显性主导作用”，课后和线上学习中的作用就是“隐性主导作用”。在学习者自主学习能力的培养过程中，教师始终在寻求最佳的角色定位。既要放下绝对权威，又要积极思考，基于信息技术和教学对象的实际情况来设计教学内容。而在学生开展个性化学习和完成小组任务的过程中，教师是在逐步淡化自身的主导作用。

> 教学设计是需要大量投入的，积极的心态和周密的思考、对整个过程的把握。但是，就好比接力棒，任务一旦传达给学生，他们是有自己想法的，会在具体做的时候加入一些自己的理解，可能跟我的设想不完全一致，但是我可以接受。用比较开放的心态去看待这件事，才能不断加深对学生的了解，教师的认识才更加接近学生的真实状态。过于强势的姿态和非常严格的标准，可能会在一定程度上限制学生的发挥，甚至无法让他们展示出真实的水平。（主题：教师角色，来源：教师日志）

对于教师这种灵活看待自身角色的策略，学生访谈中也有所体现。

> 老师教课很人性化，经常根据同学的意见调整授课进度、修改作业提

交时间还有小组任务分配方式等等，很细节的东西他都想到了。我们的感觉就是，很多事情都可以商量。（主题：教师角色，来源：学生访谈）

教师“与时俱进”的同时也在“动态调整”，成为促进学生持续学习和探究的一个有利因素。

综合本文3.1和3.2部分的讨论，无论是学习内容、学习方式还是教师的角色，都在学生自主学习能力培养过程中发挥重要的作用。教师运用各种手段来调动和促使学习者在“支架”的辅助下通过完成学习任务、实现分工合作来提升学习水平，培养自主管理学习的意识。

4. 结论

本文从回顾学习者自主能力培养的研究入手，聚焦教师在此过程中的作用和教师的自我角色认知。研究发现，教师对于学习者自主学习能力提高过程中的作用十分关键，主要体现在调查和了解学情、设计学习内容、选择学习方式以及合理定位并动态调整自身的角色。

本研究存在以下不足。首先，只收集了一位教师的访谈和反思日志作为主要数据，缺乏普遍效力。其次，对于学习者自主能力的评估，没有提供量化数据来说明学生在教学活动开始前和结束后自主学习能力水平的变化。后续研究可以采用更加丰富的视角和更充分的数据，并且优化研究方法。如考虑教育背景、教龄、职称和性别等因素作为变量，增加调查对象的数量。研究方法上可以加入量化方法，获取学习者自主能力变化的精确数据。

参考文献

Clemente, A. 2001.Teachers' attitudes within a self-directed learning scheme. *System* 29:45–67.

Lantolf, J. 2012. Sociocultural theory: a dialectical approach to L2 research. In S. Gass & A. Mackey (eds.) *Handbook of Second Language Acquisition*. New York: Taylor Francis.

Lantolf, J. & S. Thorne. 2006. *Sociocultural Theory and the Genesis of Second Language Development*. Oxford: Oxford University Press.

Li, J. 2006. Language learning styles and learning strategies of tertiary-level English learners

in China. *RELC Journal* 37:67–90.
Sorensen, B. & K. Levinson, 2014. Digital Production and Students as Learning Designers. *Design for Learning* 7:54–73.
陈娟文、王娜、李金玉，2017，SPOC学习共同体构建探析。《西安外国语大学学报》（4）：58–61。
邓隽、黄昌朝、李娜，2012，网络环境下大学英语学习者自主学习的适应性分析。《外语电化教学》（1）：47–51。
郭继荣、戴炜栋，2011，大学英语自主学习评价实证研究。《外语界》（6）：79–87。
江庆心，2006，论教师介入学生自主学习的重要性。《外语界》（2）：10–15。
刘芹、何蕾，2017，基于语料库的英语写作自主学习模式构建。《外语电化教学》（6）：44–49，77。
秦丽莉、戴炜栋，2013，二语习得社会文化理论框架下的“生态化”任务型语言教学研究。《外语与外语教学》（2）：41–46。
秦丽莉、戴炜栋、赵永青，2018，再论实践社群理论框架下外语学习自主能力与身份之间的关系。《现代外语》（1）：66–77，146。
秦丽莉、姜文凯、韩悦，2021，信息技术背景下学习者能动性可视化研究（1991–2019）。《外国语文》（2）：117–125。
王艳，2007, 自主学习中的行为与成效研究。《外语与外语教学》（11）：34–37。
徐锦芬，2013，课外合作学习对大学生英语自主学习能力影响的实证研究。《解放军外国语学院学报》（5）：39–43，126–127。
徐锦芬、李高新、刘文波，2021，线上线下融合情境下大学外语教师能力框架构建。《外语界》（4）：11–18。
赵敏，2021，信息时代教师角色扮演动态化探析。《太原学院学报》（2）：99–105。

A Study of Teacher's Self Cognition in the Teaching Practice of Improving Learner's Autonomy

Abstract: This study explores the role of Chinese college English teachers and their self-cognition in the process of improving learner's autonomy. This was achieved by taking a Chinese college English teacher as a case study, in which his teaching practice of fostering learner's autonomy was observed and recorded. The data was collected by interviews and reflective diaries from both the teacher and the students he taught. It is found that teacher's role in improving learners' autonomy mainly involved the design of learning content and the choice of online platform. In addition, teacher's self-cognition of his role was constantly refreshed and moderated in accordance with the advancement of information technology and the changes of the learner's situation.

Key words: learner's autonomy, teacher's role, self-cognition

课程建设

基于数字读写项目的学术英语模块化课程构建与实践

北京大学　张薇*

[提　要]　如何促进大学生结合专业学习与国际学术交流的需要，发展数字时代的英语读写技能，是当前中国大学英语教育改革的一个重要课题。本文通过北京大学学术英语通选课Doing English Digital 的课程构建与实践，提供了一个融教学与评价为一体的、基于数字读写项目的大学学术英语模块化课程的设计实例。

[关键词]　数字读写；项目式学习；模块化课程；学术英语课程

在读写技术发生深刻变革的数字时代，如何促进大学生发展适合现代社会与专业需要的读写技能，达到使学生“在今后的学习、工作和社会交往中能用英语有效地进行交际”的总体教学目的（《大学英语课程要求》，2007），是中国大学英语教育工作者面对的一个重要问题。本文结合笔者十年来的教学实践，阐明北京大学学术英语通选课 Doing English Digital 的课程与评价设计，为以推动中国高等教育国际化为目标的大学英语教学改革（参见蔡基刚，2011；2012；束定芳，2011）提供一个基于数字读写项目的大学学术英语模块化课程

* 张薇，北京大学英语系教授，美国哥伦比亚大学博士。主要研究领域为社会语言学、多语与英语数字素养。Email:today@pku.edu.cn。通信地址：100871 北京大学外国语学院英语系。
本文为国家社会科学基金资助项目“基于网络的大学英语研究性评价模式”的阶段性成果。课题批准号 04CYY012。本文原载于《外语教学理论与实践》2013（2），此次发表略有修改。

设计的具体实例。

1. 数字读写能力

数字时代的中国大学生究竟需要学习什么样的英语读写能力？在互联网刚刚开始发展的20世纪90年代，Gilster（1997）第一次明确提出了数字读写（digital literacy）的概念。他指出，互联网的开放性与包容性改变了传统的交际规则与读写经验：人们不仅可以更加主动地获取自己需要的多种模态的信息，而且可以更加自由地使用文字、图像、声音等多种符号资源表达思想。根据Gilster的定义，数字读写能力主要包括获取、理解与整合数字信息的能力，具体包括网络搜索、超文本阅读、数字信息评判与整合等技能。以评价、判断为主要特征的评判性思维能力（critical thinking）是贯穿所有这些技能的核心（Gilster, 1997：37）。Gilster（1997）的定义明确了数字读写与印刷读写的差异，突显了高层次思维能力在数字读写活动中的重要性，但却忽略了数字读写活动的具体社会情境。

在Street（1984；2001）的读写研究影响下，[①] 新读写研究的重要学者Lankshear & Knobel（2008：5）从社会文化视角强调数字读写活动的社会性。他们认为，数字读写（digital literacies）是多元的，包括无数“通过数字编码文本的制作、接受、传播、交换等形成意义的社会活动与理念”。这里，文本不仅包含文字，同时也包括声音、图像等多种模态。根据这一定义，从使用社交网络到网络购物都属于数字读写活动的范畴。尽管学者们对新读写能力的描述各有侧重，我们可以看出数字读写已逐渐脱离了传统意义上以文字为中心的读写概念，开始用来泛指在新技术环境下使用文字、图像、声音等多种符号资源有效参与数字时代的社会过程的能力。[②]

从多元的数字读写概念出发，在大学英语教育情境下，数字读写能力可以界定为在新技术环境下运用英语及多种符号资源进行有效的研究、交际与建

---

① Street（1984）主张在读写教育与研究中以读写的“意识形态模式”（ideological model of literacy) 取代传统的“中性的”、脱离社会情境的“独立模式”（autonomous model of literacy)。

② 这一定义是对 Halliday 总结的读写（literacy）概念在新技术环境下的延伸。Halliday（2007: 98）在梳理读写概念的演变时指出，读写概念已用来泛指“有效参与社会过程”的能力。

构知识的能力（参见Kress，1999; Shetzer & Warschauer，2000; 张薇，2006，2013）。要使中国大学生有效地参与数字时代的国际学术交流及更广阔的社会生活，我们需要培养学生有效利用各种搜索资源在浩瀚的互联网找到与专业研究相关的信息的能力，培养学生阅读由文字、图像、声音等链接而成的非线性的、多模态的超文本的能力，培养学生评判、筛选可靠的数字信息的能力，培养学生整合多种数字信息并用英语及其他符号资源构建、表述新的知识的能力。我们看到，正在形成的数字读写文化超越了传统的口述与读写的局限性，使人类能够跨越时空界限“创建［传统口述与读写］所没有的表达、传递、储存、翻译信息的方法”（胡壮麟，2004a：349），极大地扩展了人类交流的可能性与交流方式的多样性。要提高学生的数字读写能力，仅仅停留在教学媒介的形式上的改变是不够的。我们需要扩展大学英语教育目标，并从调整后的大学英语教育目标出发，进行相应的大学英语课程与评价设计改革。

下面，我将结合近多年来的教学实践，从“课程目标”“英语数字读写项目”“建构主义网络学习环境”“评价工具”四个方面分别介绍我在北京大学开设近十年的一门旨在发展学生英语数字读写能力的、模块化项目式学术英语课程 Doing English Digital 的课程与评价设计。

2. 课程目标

Doing English Digital的总体学习目标是培养学生结合专业学习的需要，在新技术环境下运用英语及多种符号资源进行有效的研究、交际与建构知识的能力。参照Hill（1998）在William P. Fenn演讲中针对数字时代中国社会的英语使用提出的大学英语教育改革目标，结合北京大学的教学实际，课程的具体学习（评价）目标包括以下四个方面：

- 培养学生从互联网与电子数据库获取相关数字信息的能力
- 培养学生评判搜集到的数字信息的可靠性的能力
- 培养学生整合文字、声音、图像等数字信息的能力
- 培养学生在网络多媒体环境下用口头与书面英语交流研究结果的能力

这一系列学习目标贴近学习者的背景与需求，切合北大的教学实际，具有较强的合理性与可操作性。从北大的资源来看，北大拥有亚洲高等院校中最大

的图书馆与丰富的数字资源，具备展开英语数字读写教学活动的条件。学生除了可以使用互联网资源外，还可以使用北大图书馆种类繁多的电子资源，包括四百多个电子数据库，上万种西文电子期刊及六千余册西文电子图书。此外，网络多媒体教室的普及与电脑机房的扩建也为课程的教学提供了必要的基础设施。

从学习者的背景来看，这门课程的教学对象主要是已完成或免修大学英语基础阶段课程的学生。这些学生英语水平相对较高，具有一定的专业知识与网络使用技能，具备用英语完成基于数字资源的与专业相关的项目的基本技能与知识背景。从学习者的需求来看，作为一流研究型大学的学生，北大本科生往往比较早地投入科研活动。除了完成各类课程论文外，一些优秀学生已开始与导师或国外学者合作撰写英文论文、参加国际学术会议，相当一部分大学生选择毕业后去欧美大学进一步深造。传统大学英语课程的四六级短文写作训练已不能满足学生的需要。学生需要学习利用搜索工具在互联网与电子数据库搜集与专业研究相关的信息，学习评判、整合多种数字信息，学习在网络多媒体环境下用口头与书面英语交流研究结果，学习学术英语交际的基本规范。

3. 英语数字读写项目

基于项目的学习（project-based learning）源于美国著名教育家杜威的“从做中学”（learning by doing）的教育思想。自20世纪70年代以来，基于项目的语言学习与教学引起了国际二语教育界的关注。近十年来，中国英语教育界也开始探索基于项目的英语教学与评价在高校专业英语（如张文忠，2007，2012）与大学英语教学中的应用与实践（如张薇，2003）。

研究项目的具体内容是项目型课程设计的核心。Doing English Digital课程要求每个学生选定一个与本专业相关的课题，利用互联网与数字资源数据库搜集、评判、整合相关的文字与图像等数字信息，并根据研究结果用英语分别完成口头与书面研究报告。课程结束时，每个学生提交一份数字读写项目电子文件夹（digital portfolio），内容包含自我反思、选题脑图、视觉提纲、文献摘要、书面报告、PowerPoint幻灯片及自我评价与组内互评。这个项目的设计蕴含了四个基本原则，分述如下。

3.1 寓英语数字读写能力的学习于有意义的项目活动之中

项目设计把研究报告的完成分解为一系列任务，要求学生在进行与专业相关的英语数字读写项目活动中完成一系列数字读写任务，包括利用网络资源确定选题，搜集与选题相关的网络信息，评判选定的信息的可靠性，使用脑图软件制作融合文字、图像等多种符号资源的选题脑图与研究报告结构图，制作PowerPoint演示稿，用口头与书面英语交流研究结果等。在完成这些任务的过程中，学生会自然地产生学习新的读写技能的需要，从而把外在的课程学习目标转化为内在的学习需要，变“要我学”为“我要学”，增强内部的学习动机，提高学生在学习过程中的自主性与主体地位。

3.2 联系学生的已有经验与背景知识

项目设计要求学生选择与本专业相关的课题进行研究。学生既可以在本专业或交叉学科领域里选题，也可以从各自的专业视角切入，研究社会热点问题。[①] 认知心理学的研究表明，有效的学习情境（context）对于有效的学习至关重要（Anderson，2000）。与学生专业背景相关的研究项目为学生发展英语数字读写能力提供了一个真实的学习与评价情境，有助于学生激活原有的背景知识图式（schema），并在完成基于数字资源的研究报告的过程中，整合、扩展新的知识图式，主动地建构发展英语数字读写能力的意义。

3.3 促进学生发展高层次思维能力

学生的主要研究成果是基于数字资源的、分析性（analytic）或论说性（argumentative）研究报告。分析性或论说性研究报告是学术写作的典型文体，是公认的学术写作甚至职业写作训练的核心（Helms-Park & Stapleton, 2003）。项目设计特别要求学生不能够仅仅停留在对搜集到的数字资源的理解与描述上，而要对多种数字信息进行分析、综合、评价并形成自己的见解，有助于促进评判性与创造性等高层次思维能力的发展。

3.4 多媒体多模态的项目成果交流形式

项目设计要求学生完成十五分钟的PowerPoint口头报告和两千字左右的书面报告，使用PowerPoint口头报告与书面研究报告两种形式交流项目成果。此

① 选题阶段的活动之一是由学生就写作策略及选题思路访谈专业教师。由课程教师与专业教师协同指导学生结合已有经验与背景知识确定研究课题使得项目的实施具有较强的可操作性。

外，课程鼓励学生利用个人网络学习空间制作网络版的研究报告。多媒体多模态的成果交流形式有利于扩展学生的思维（Jonassen，2000）、培养学生利用文字、图像与声音等多种符号资源进行交流的能力，符合中国高等教育当前以书面英语交际为主的专业学习需要及逐步增长的多媒体环境下的口头英语学术交流的需要。

4. 建构主义网络学习环境

要提高学生的英语数字读写能力，一个有效的网络学习环境是课程设计的重要组成部分。然而，目前各高校普遍使用的封闭的、以知识呈现与学习管理为主要功能的标准化网络学习管理系统（Learning Management System）容易强化传统的以知识传递为中心的教学模式（Downes，2006），不利于展开以知识建构为中心的学习活动（Anderson，2005；Dalsgaard，2006）。此外，标准化的统一界面限制了教师的教学创新与学生对于网络学习环境的自主控制（Lankshear，2006）。

为了最大限度地支持学生的自主与协作学习，Doing English Digital的网络学习环境由一组网络教学模块与基于社会性软件的网络学习社区组合而成：网络教学模块的基本功能是为学生完成研究项目的整个过程提供多种支持；基于社会性软件的网络学习社区则为学生开展项目活动与评价活动提供了自主、开放的学习、交流、协作与反思平台。

4.1 网络教学模块

根据英语数字读写研究项目的准备阶段、研究阶段、表达阶段与展示阶段的不同阶段性目标，网络教学模块划分为十一个主题（图1），以一系列任务为主线，把英语数字读写研究项目分解为一条既互相独立又相互关联的任务链，引导学生在完成项目不同阶段任务的过程中，进行多种指向课程学习目标的有意义的活动，并为项目活动提供多种必要的支持。

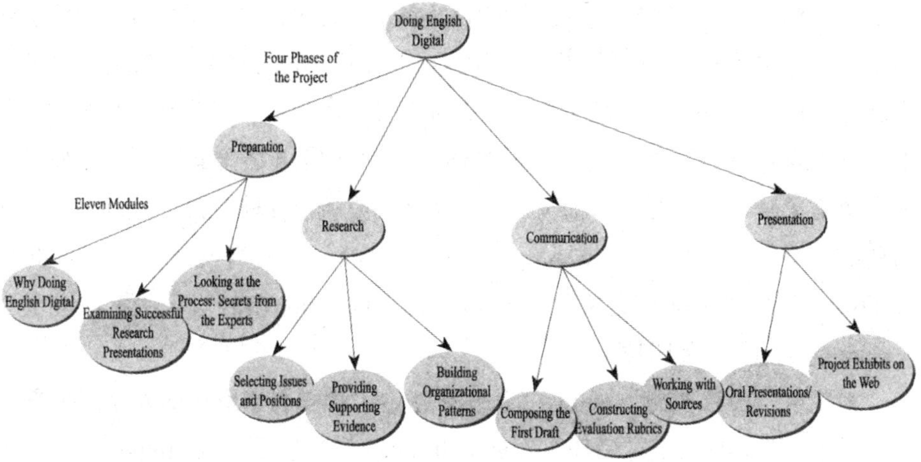

图1　Doing English Digital网络教学模块

模块式教学设计跳出了传统的单一的线性教学顺序，便于学生展开自主性研究活动，也便于教师灵活选择、组合适当的授课内容。[①]对于学生来说，既可以在完成一个模块的任务后进入下一个模块，也可以返回前一个模块继续学习相关技能或修改、补充研究内容。例如，学生常常在完成“组织材料”模块的任务后，需要进一步补充材料。这样就可以很方便地回到“搜集资料”模块，参考相关策略、工具与资源继续搜集资料。对于教师来说，模块的设计使得教师既能够按照研究报告的完成过程有系统地组织教学，又能够根据学生研究报告的进展有针对性地重复或强调某些模块的内容。例如，在实际授课中，“共建评价量规”模块往往贯穿整个教学过程（参见模块站点：http://162.105.138.207/webcourse/advanced_english/modules.htm, 2022-5-1检索）。

每个模块的具体构成主要参照建构主义学习环境模型——“开放学习环境”（Open Learning Environments）设计（Hannafin *et al.,* 1999）。“开放学习环境”模型以学习者的探究活动为中心，包含“使能情境”（enabling contexts）、“资源”（resources）、“工具”（tools）与“支架”（scaffolding）四个设计要素。教师可以根据具体的教学情境，从这四个设计

① 笔者将模块式教学应用于一门具体课程的设计。模块式教学也可用于课程体系的整体设计（参见胡壮麟，2004b）。

要素中选择适当的内容构建学习者的学习环境。其中，“使能情境”指能引导学生开始有意义地探究问题的学习情境。“资源”指支持学习过程的各种信息资源，包括数字多媒体信息或专家、老师、同学等资源。“工具”指学习过程中的各种操作性资源及促进思维的具体手段，如信息处理工具、图形加工工具、交流工具等。“支架”指为学生探究过程提供的各种支持，可以根据支架的功能分为“概念支架”（conceptual scaffolds）、“程序支架”（procedural scaffolds）与“元认知支架”（metacognitive scaffolds）、“策略支架”（strategic scaffolds）四种类型。

参照这一设计模型，Doing English Digital课程教学模块的基本组成部分为“任务”（tasks）、“指南”（guidelines）、“范例”（examples）、“工具”（tools）与“深入阅读”（further readings）。“任务”的主要功能是提供使能情境（enabling context），引导学生围绕抛锚（anchored）于研究项目的任务，进行一系列指向学习目标的活动。“指南”与“范例”则为学生完成相关任务提供了概念、程序、元认知与策略支架等多种学习支架。“深入阅读”为进一步学习提供各种网络资料链接。“工具”提供各种信息搜索、处理工具及相关学习软件的链接。

以模块五“提供支持论据”为例，该模块的学习目标是培养学生评判信息质量的能力。围绕这一目标设计的主要任务是完成一组拟用于研究报告的数字资源摘要。数字资源摘要是书面研究报告的一部分。要完成这个任务，学生需要进行搜索信息、评判信息质量、摘要写作、整合信息等活动。“指南”页面包括搜索策略、数字资源摘要写作步骤等内容，为任务的完成提供了“策略支架”与“程序支架”；“范例”页面提供了往届学生完成的数字资源摘要链接，作为完成文献摘要任务的“概念支架”；“工具”部分提供了完成文献摘要所需要的网络资源、搜索工具及信息质量评价表；“深入阅读”页面则为进一步提高信息搜索与评价技能提供了相关资源链接（图2）。

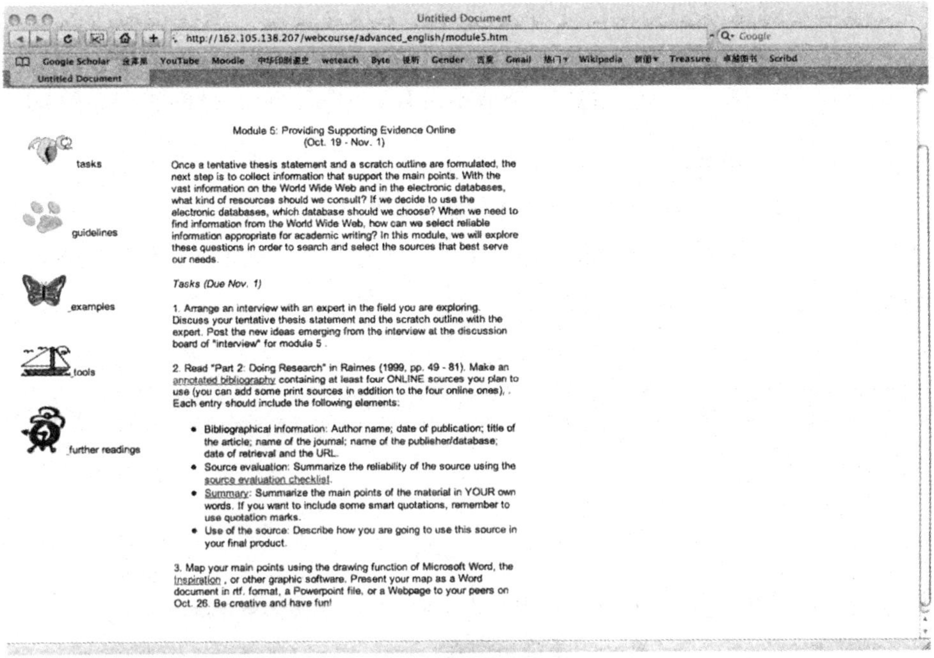

图2　模块五抓图

4.2 网络学习社区

Doing English Digital的网络学习社区架设于基于社会性软件的网络平台。[①]课程要求每个选课学生创建一个独立的个人空间，用来记录、分享、交流、反思从选题到形成研究项目报告的整个过程，并互相链接为一个开放的以发展英语数字读写能力为目标的项目式学习与评价网络学习社区。与目前高校普遍使用的封闭的、标准化网络学习管理系统相比，基于博客、维基等多种个人出版、聚合、协作与交际工具的社会性软件平台能够“使学生在一起学习的同时，对时间、空间、活动、身份与关系保持较多的个人控制”（Anderson，2005：4），便于学生使用文字、图像、声音等多种符号资源进行信息整合与知识建构，具有支持个别化学习（individualized learning）与协作学习的潜力（Anderson，2005；Dalsgaard，2006）。

① 课程先后使用过博客中国、MSN、博雅博客、Google Sites 等免费博客作为课程学习空间。

学生在网络学习空间的主要活动可分为项目活动、交流活动与反思活动。项目活动主要由网络教学模块中的一系列任务组成。例如，项目任务之一为“制作研究报告视觉提纲”，主要目的在于帮助学生学习利用思维脑图软件（如Inspiration软件），使用图像与文字组织整合多种信息的能力。心理系学生“夏雨天空”（网名）根据他的研究问题（“Which factor is stronger in determining intelligence? Nature or nurture?”）在个人空间里用视觉提纲直观地显示出他的信息搜集状况与材料组织方法（图3）：

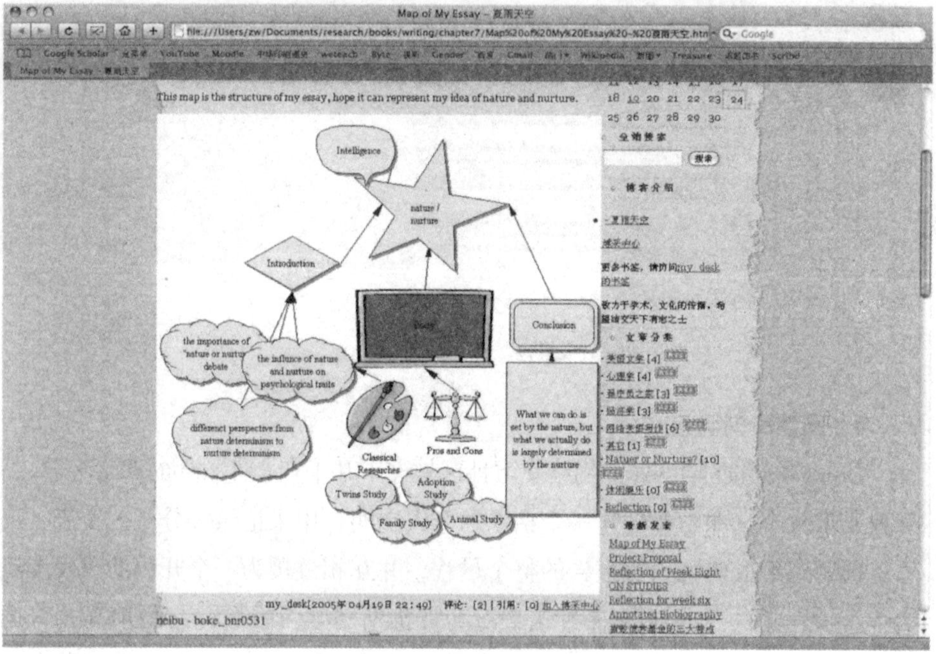

图3　视觉提纲抓图

交流活动主要包括同学之间的互相浏览与反馈建议。例如，“夏雨天空”的小组同伴Celestta（网名）在评论中指出，“夏雨天空”的视觉提纲中引言部分的内容过多，“夏雨天空”接着回复了Celestta的评论。自我反思活动以反思笔记的形式进行。课程要求学生定期在个人空间用中文或英文阶段性地记录研究过程的心得体会。以黄凯同学与徐阳阳同学的反思笔记为例，[①] 在完成研究

① 应黄凯与徐阳阳两位同学的要求使用了他们的真实姓名。

报告初稿的过程中，黄凯同学意识到引言是最难写的部分。通过反思，他发现了引言写作的策略（图4）：

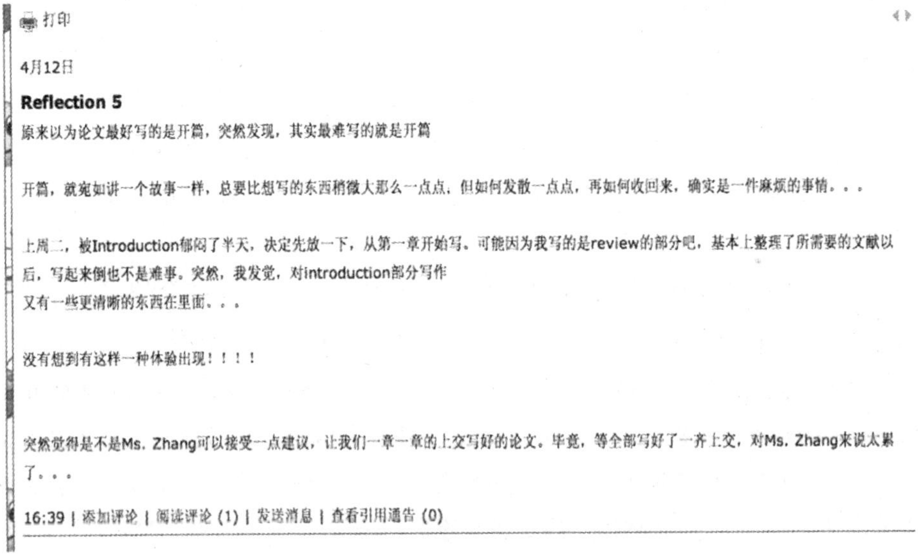
打印

4月12日

Reflection 5

原来以为论文最好写的是开篇，突然发现，其实最难写的就是开篇

开篇，就宛如讲一个故事一样，总要比想写的东西稍微大那么一点点，但如何发散一点点，再如何收回来，确实是一件麻烦的事情。。。

上周二，被Introduction郁闷了半天，决定先放一下，从第一章开始写。可能因为我写的是review的部分吧，基本上整理了所需要的文献以后，写起来倒也不是难事。突然，我发觉，对introduction部分写作
又有一些更清晰的东西在里面。。。

没有想到有这样一种体验出现！！！！

突然觉得是不是Ms. Zhang可以接受一点建议，让我们一章一章的上交写好的论文。毕竟，等全部写好了一齐上交，对Ms. Zhang来说太累了。。。

16:39 | 添加评论 | 阅读评论 (1) | 发送消息 | 查看引用通告 (0)

图4 反思笔记抓图

又如，徐阳阳同学在研究过程中意识到需要重新温习他以前学过的有关相对论的基本概念。在这篇博文之后，一位匿名网友的评论引发了他对这个问题的进一步思考。这些活动有助于提升学生在研究与评价过程中的主体性，扩展学习共同体，促进知识的社会建构与高层次思维能力的发展。

4.3 评价工具

课程使用的学习评价工具包括评价表（checklist）与评价量规（rubric），分别用于阶段性成果与项目最终成果的自我评价、组内互评与教师评价。

评价表包括选题评价表、论点陈述评价表、搜索结果质量评价表与纲要评价表，主要用于对研究过程中重要阶段性成果的非正式评价，不进行等级区分。评价表以问题的形式呈现阶段性成果的评价要点，目的在于使学生明确有效的阶段性成果的特征，并根据评价结果进一步改进、提高。例如，“信息质量评价表”从三个方面引导学生评判搜索到的网络资源的可靠性，帮助学生在搜索过程中逐步形成评判性的思维习惯（habit of mind）（附录1）。

评价量规包括多媒体演示报告评价量规与书面报告评价量规（附录2），是对项目最终成果的评价工具。评价量规包含三个评价维度，由高到低分为Accomplished、Promising、Developing 三级评价等级。借鉴美国国际文凭IB课程（International Baccalaureate Program）中的 Theory of Knowledge（TOK）课程使用的评价量规的设计框架（参见Hill, 1996），同时结合英语数字读写能力这一课程学习目标及对课程主要学习成果——基于数字资源的研究报告——的基本要求，Doing English Digital 的评价量规设计了“内容”（content）、“清晰性”（clarity）与“评判性和创造性思维”（critical/creative thinking）这三个评价维度。

评价量规的设计采取单项评价维度与整体等级评定相结合的评定方式，既能给学生提供具体反馈，又有助于简化评分步骤，提高评价结果的稳定性，是对分析型量规（trait-analytic scoring rubric）与整体型量规（holistic scoring rubric）的合理重组。在具体评定步骤上，评价者可以着重考察研究报告在“内容”“清晰性”与“评判性和创造性思维”这三个评价维度的表现，综合判断后给出反馈意见，并从整体上确定研究报告的等级。

评价量规的使用贯穿了整个教学过程的始终。在项目研究准备阶段，一个重要的评价活动是使用评价量规试评往届学生完成的研究报告并就评价量规的设计提出自己的建议，完成书面研究报告的初稿后，学生使用评价量规进行自评、组内互评等活动。公开、民主的评价量规修订与实施过程有助于学生增强主体意识及对评价量规的拥有感。例如，Yifei同学使用评价量规分别从“content”，“clarity”与“critical/creative thinking” 这三个维度对一篇关于报纸软广告的往届学生研究报告进行了详细的评价。从她在最后一段写的感悟中可以看到，这个评价活动能够帮助学生在项目开始之前就建立明确的学习目标，并能引导学生在使用量规的过程中把评价维度的抽象描述具体化（图5）。

Evaluation on the other research paper--- - zhangyifeif的博客　　09-6-9 10:27

zhangyifeif的博客

日历

« 3月 2005 »

一	二	三	四	五	六	日
	1	2	3	4	5	6
7	8	9	10	11	12	13
14	15	16	17	18	19	20
21	22	23	24	25	26	27
28	29	30	31			

文章归档

2005年2月
2005年3月

文章分类

Reflections [1]
英语作业 [3]

我的链接

english
englishclass
管理入口

XML数据源

2005年 03月08日

21：07 Evaluation on the other research paper---

Evaluation on the other research paper---

Advertisers: the Newspaper Soft Ad Won't Guarantee Good Effect

Finished reading this paper, I felt quite good. It is simple in both sentences and structure, but the view of the writer is represented very well. So I think it is really a good paper for us laypeople of adverting. It seems that all that he said sounds reasonable and we can easily agree with his opinion. Anyway, let's see from the three aspects of the rubric and find out why it is so convictive.

Firstly, the content part. We can see from the article that all of the views are supported well by the evidence either from the references or from the practical research. And the support from the materials seems reasonable, and the especial good point is that he pointed out each derivation of the evidences to make it more credible.

Judged from the clarity, I think the author did a very good job, I like the way he brought forward the question as well as the way he represented his view on it. I think that giving out reasons item by item is a good and clear way to show the argument, and that can be easier accepted by the readers.

On critical thinking, this article has given a good performance. The author gave out both views on the question and there respective reasons, and he had also taken notice of the primary and secondary. It is really a nice. But it seems there are a little more quotative views and few own views. Anyway it is acceptable.

Compared with the first paper evaluated, I think this one is a bit better, though both good ones. Maybe there is some reason on my side because I'm in the same field with the first writer and would be more captious about his view. But getting away from the problem on the agreement of the point of view, I still think the second one is more successful, both from the statement and the argumentation. And I find that they have a strongpoint in common, that is the item-by-item structure.

By reading these two samples, I find that the job in front of me is really a tough one and I have a lot of work to do. Well, anyway, since I have made up my mind to do it well, I'm prepared to face all the difficulties that would come up.

jenniferzyf | 已被浏览4次 1 评论 | 引用(0) | 加入博采中心

the same topic [回复]
I chose this essay too and I sincerely agree with you, how

全站搜索

搜索

博客介绍

Welcome to my blog!

博客统计

文章总数: 4
评论总数: 4
访问总数: 218

最新发表

Evaluation on the other research paper---
Evaluation on the research paper ---
someting on my task for Week 1
Getting Useful Information Online

最新回复

Excellent!
nice but ...
the same topic
Comments

file:///Users/zw/Documents/research/books/writing/chapter%20...20the%20other%20research%20paper---%20-%20zhangyifeif的博客.htm　　第 1 页 (共 2 页)

图5　试评活动抓图

基于建构主义的模块式课程设计与基于社会性软件的网络学习社区为学生开展项目活动与评价活动提供了自主、开放的学习、交流、协作与反思平台。对Doing English Digital的选课学生的焦点小组访谈分析表明（参见Zhang, 2010），课程的网络学习、评价活动促使学生使用多种符号资源积极建构个性化的学习者身份，扩展了依赖于文字资源的学术写作主流传统，为学生的研究与写作过程提供了社会与情感支持，激发了学生的写作动机，尤其增强了学生的元认知策略（包括计划、自我监督、反思等）的使用。

5. 结语

从口述到读写，从印刷读写到数字读写，人类交际模式的发展在数字时代实现了新的整合与历史性的变革。针对数字时代中国社会的需要，本文提供了一个以促进英语数字读写能力发展为目标的大学英语模块化项目式课程设计的具体实例。在课程内容上，Doing English Digital融入了搜索、评析、整合数字信息及运用文字、图像、声音等多模态符号资源进行交流的能力的培养，强调评判性与创造性思维能力，拓展了单一的以培养文字交流能力为主的传统教学内容。在教学设计上，Doing English Digital依据建构主义的学习理论，以英语数字读写研究项目为驱动，构建了由一组网络教学模块与基于社会性软件的网络学习社区组合而成的数字读写学习社区，为学生开展项目活动与评价活动提供了自主、开放的学习、交流、协作与反思平台，改变了传统的课本驱动式的大学英语教学模式，鼓励学生使用多种符号资源积极建构个性化的学习者身份，扩展了依赖于文字资源的学术写作主流传统；在评价设计上，运用评价表与评价量规等评价工具展开的自评、互评、教师评价等多种形式的评价为项目完成的过程与成果提供了稳定、有效、适时的反馈，拓展了目前大学英语教育中较为单一的、测量范式下的大学英语印刷读写评价传统。

20世纪初，教育家陶行知结合中国国情创造性地吸收了杜威的教育哲学，积极推行 “教学做合一” 的教育理念。他指出，“做一个现代人必须取得现代的知识，学会现代的技能，感觉现代的问题，并以现代化的方法发挥我们的力量”（1986，第3 卷：248 页）。要促进数字时代中国大学生英语读写能力的深入发展，推动我国高等教育的国际化，利用现有网络教学模块与自由 、开放、灵活的网络学习社区，展开跨学校、跨地区、跨国家的基于数字读写项目的学术英语合作教学，逐步形成学术英语教学共同体是一个具有战略意义的大学英语教育改革方向。

参考文献

Anderson, J. R. 2000. *Cognitive Psychology and its Implications*. New York: Worth Publishers.

Anderson, T. 2005. Distance learning – Social software's killer ap? Retrieved November 12, 2007 from http://www.unisa.edu.au/odlaaconference/PPDF2s/13%20odlaa%20–%20Anderson.pdf

Dalsgaard, C. 2006. Social software: E-learning beyond learning management systems. *European Journal of Open, Distance and E-learning*. Retrieved January 5, 2007 from http://www.eurodl.org/materials/contrib/2006/Christian_Dalsgaard.htm

Downes, S. Oct. 16, 2006. Learning Networks and Connective Knowledge. Retrieved May 20, 2008 from http://it.coe.uga.edu/itforum/paper92/paper92.html

Gilster, P. 1997. *Digital literacy*. New York: Wiley Computer Publishing.

Hannafin, M., Land. S. & K. Oliver. 1999. Open learning environments: foundations, methods, and models. In C.M. Reigeluth (ed.), *Instructional-Design Theories and Models: A New Paradigm of Instructional Theory*, (Vol. II). Mahwah: Lawrence Erlbaum Associates. 115–140.

Helms-Park, R. & P. Stapleton. 2003. Questioning the importance of individualized voice in undergraduate L2 argumentative writing: An empirical study with pedagogical implications. *Journal of Second Language Writing* 12 (3): 245–265.

Hill, C. 1996. *Exemplar essay project: Theory of knowledge*. Cardiff, Wales: International Baccalaureate.

Hill, C. 1998. English in China: Educating for a global future. Retrieved June 6, 2001, from http://www.columbia.edu/~cah34/EIC/EnglishInChina.html

Jonassen, D. 2000. Mindtools: Affording Multiple Knowledge Representations for Learning. In S.P. Lajoie (ed.), *Computers as Cognitive Tools II: No More Walls: Theory Change, Paradigm Shifts and Their Influence on the Use of Computers for Instructional Purposes*. Mahwah, NJ: Lawrence Erlbaum Associates. 165–196.

Kress, G. 1999. English at the crossroads: Rethinking curricula of communication in the context of the turn to the visual. In Gail E. Hawisher & Cynthia L. Selfe (eds.), *Passions, Pedagogies, and 21st Century Technologies*. Logan: Utah State University Press. 66–88.

Lankshear, C. 2006. Freedom and sharing in the global network society. *ELearning,* 3 (3): 398–412.

Lankshear, C. & M. Knobel. 2008. Digital literacies—concepts, policies and practices. In Colin Lankshear, Michele Knobel and Michael Peters (ed.), *Digital Literacies: Concepts, Policies and Practices*. New York: Peter Lang Publishing, Inc. 1–16.

Shetzer, H., & M. Warschauer. 2000. An electronic literacy approach to networked-based language teaching. In R. Kern (eds.), *Network-based Language Teaching*. Cambridge: Cambridge University Press. 171–185.

Street, B. V. 1984. *Literacy in Theory and Practice*. Cambridge: Cambridge University Press.

Street, B. V. 2001. *Literacy and Development* (ed.), London: Routledge.

Zhang, W. 2010. Blogging for Doing English Digital: Student Evaluations. *Computers and Composition,* 27 (4): 266–283.

蔡基刚，2011，从日本高校大学英语教学看我国外语教学目标调整。《外语教学理论与实践》（3），1–7。

蔡基刚，2012，《中国大学英语教学路在何方》。上海：上海交通大学出版社。

胡壮麟，2004a，口述·读写·超文本—谈语言与感知方式关系的演变。《外语电化教学》（6），2–8。

胡壮麟，2004b，大学英语教学的个性化、协作化、模块化和超文本化—谈《教学要求》的基本理念。《外语教学与研究》（5），345–350。

束定芳，2011，高等教育国际化与大学英语教学的目标和定位——德国高校英语授课学位课程及其启示。《外语教学与研究》（1），137–144，160。

陶行知，1985，《陶行知全集》。湖南：湖南教育出版社。

张文忠，2007，英语专业研究性学习的内涵。《中国大学教学》（10），81–84。

张文忠，2012，本土化依托项目外语教学的“教学”观。《中国大学教学》（4），47–51。

张薇，2006，英语数字素养的研究型评价模式。《外语教学与研究》（2），151–121，161。

张薇，2013，《英语数字素养评价研究》。北京：北京大学出版社。

中华人民共和国教育部高等教育司，2007，《大学英语课程教学要求（试行）》。上海：上海外语教育出版社。

附录1　信息质量评价表（Source Evaluation Checklist)

Author/publisher

- What background information (occupation, education, experiences and other publications) can I find out about the author?
- Is the author an authority in this area? Is the author's name mentioned in other sources?
- With his/her background, is the author qualified to provide information on this topic?
- Is the publisher/database reputable in providing academically reliable information?

Audience/purpose

- Who is the intended audience of the information?
- What is the purpose of the information?

Content

- What makes this source important to my research?
- Are the author's views supported with adequate evidence? Is the evidence credible?
- Have I encountered the author's ideas before? How are these ideas connected? How do they differ?
- Does the author recognize opposing viewpoints and present the information with a control of bias?
- How accurate is the information? Does the author document all the sources in the list of references? Does the list of references show that some serious research has been conducted?
- What is the major type of sources (e.g. Academic, Governmental, Commercial and etc.) the author relies on in providing the information?
- How current are the author's views? Is the information up-to-date?
- Am I going to use the source after this check?

附录2 书面报告评价量规

Levels / Criteria	*Accomplished*	*Promising*	*Developing*
Content	Highly focused controlling ideas	Reasonably focused controlling ideas	Marginally focused controlling ideas
	Highly sufficient support	Reasonably sufficient support	Marginally sufficient support
	Highly credible materials	Reasonably credible materials	Marginally credible materials
Clarity	Highly coherent patterns of organization	Reasonably coherent patterns of organization	Marginally coherent patterns of organization
	Highly consistent control of language	Reasonably consistent control of language	Marginally consistent control of language
	Highly effective use of graphics	Reasonably effective use of graphics	Marginally effective use of graphics
Critical/ Creative Thinking	Highly thoughtful treatment of the topic	Reasonably thoughtful treatment of the topic	Marginally thoughtful treatment of the topic
	Highly active interaction with sources	Reasonably active interaction with sources	Marginally active interaction with sources
	Highly fair-minded evaluation of varied perspectives	Reasonably fair-minded evaluation of varied perspectives	Marginally fair-minded evaluation of varied perspectives

The Design and Implementation of a Project-Based Modular EAP Curriculum

Abstract: One major challenge for college English educators in a digital age is how to expand the traditional English curriculum to include the instruction of digital literacy skills for students from diverse disciplines. This study described the curriculum design and implementation of Doing English Digital, a project-based modular course at Beijing University that integrates the instruction and assessment of English digital literacy skills for academic purposes in a constructivist online learning environment.

Key words: digital literacies; project-based learning; modular curriculum; EAP curriculum

英语综合课程的教学目的、内容与方法

——问题与建议

北京师范大学　程晓堂
陕西师范大学　陈萍萍*

[提　要]　综合课程是高等学校英语课程的核心课程之一，既包括大学英语的综合课程，也包括英语专业的综合英语课。本文结合目前英语综合课程教学中存在的误区和问题，分析英语综合课程的教学目的与内容，以及适用英语综合课程教学的方法，并在此基础上就如何提高英语综合课程的课堂教学效果提出对策和建议。

[关键词]　英语综合课程；教学目的；教学内容；教学方法

1. 引言

英语综合课程是培养大学生英语运用能力以及提高其综合文化素养的主要课程。一直以来，大多数高校都开设英语综合课程。《外国语言文学类教学

* 程晓堂，北京师范大学外国语言文学学院教授。主要研究领域包括语言学、外语教育、外语教师教育。Email:chengxt@bnu.edu.cn。通讯地址：100875 北京师范大学外国语言文学学院。陈萍萍，陕西师范大学外国语学院讲师、北京师范大学博士。主要研究领域为外语教育、语言测试与评估、外语教师教育。Email：chenpingping@snnu.edu.cn。通信地址：710062 陕西省西安市长安南路 199 号陕西师范大学外国语学院。

质量国家标准》（以下简称《国标》）（教育部高等学校教学指导委员会，2018）第5.2.2小节介绍了"专业核心课程"的课程结构，如英语专业核心课程的综合英语、翻译专业核心课程的综合外语、商务英语专业核心课程的综合商务英语等，并明确提出外语类专业应为"具有良好的综合素质"的外语语种专业人才和复合型外语人才制定课程培养目标。英语综合课程的目的和内容也似乎总在变化之中，近40年以来，大学英语教育的定位也经历过若干次变化。《大学英语教学指南（2020版）》（以下简称《指南（2020版）》）（教育部高等学校教学指导委员会，2020）针对大学英语的课程价值、教学目标、课程体系、教学评价、教学方法与手段、教师发展等方面提出了新的要求和发展方向。例如，大学通用英语课程应秉承学科人文性，以培养学生综合文化素质和全面发展为目标；专门用途英语课程则应致力于提升学生的语言综合应用能力和跨文化交际能力等。

作为英语教学的核心课程，英语综合课程也面临教学改革的挑战。如何在迎接新格局、新使命之际构建高效课堂，已成为大学阶段英语教学改革的研究热点问题。本文以英语教学改革这一重要课题为导向，聚焦英语综合课程的教学目的、内容与方法，结合课堂教学实例，探讨英语综合课程的教学目的、教学内容和教学方法的问题及对策。

2. 相关研究回顾

有关大学阶段英语课程及教学改革的研究非常丰富。这些研究涉及的方面包括：英语课程的价值和教学目标（如：王守仁，2016；蔡基刚，2014；胡开宝、谢丽欣，2014）；英语课程体系的建设（如：张文霞，2009；文秋芳，2014；胡杰辉，2014）；英语教学评价（如：任庆梅，2013）；英语教学方法与手段的改进及教师专业发展（如：杨鲁新、高绍芬，2014）；英语教材建设（如：束定芳，2016；程晓堂、赵笑飞，2021）等。但是，根据笔者收集的资料，针对英语具体课程的研究还相对比较缺乏。比如，虽然综合课程是一门重要的课程，但是专门针对该课程的有价值的研究并不充分。

尽管如此，不乏有学者（包括英语教师）就英语综合课程的教学目标定位、课程设置、教学内容及方法等问题进行了积极的思考和探索。例如，胡壮麟（2020）针对综合大学的外语学科分专业设置问题，提出以文学、语言、翻译和文化为基准，自主灵活地开设分层级的外语课程，在教学实践中培养学生文化素养、思辨能力、科技知识和国家意识等。程晓堂（2021）构建了本科英语专业英语教育类课程设置参考框架，在谈及师范院校英语专业培养目标和课程设置问题时指出，培养英语教育人才仍是高校英语专业建设的重中之重，开设“英语+教育”师范特色的课程体系也是势在必行。再如，清华大学外语系秉承大学英语作为语言实践、人文知识、文化素养升华的课程的教学理念，将大学英语综合课程定位为“一门重要的基础性、实践型公共课程”，明确提出“大学英语综合课程的目的是较全面地提高学生的外语综合素质，重点加强学生语言运用能力的培养”（罗立胜等，2006；张文霞，2009）。上海外国语大学为英语专业综合英语课开展“人文化”教改，建构精读+泛读、思辨训练+语言学习的课堂生态（孙璐，2018）。

还有学者辩证地探讨英语综合课程存在的问题。例如，常俊跃等（2013）基于对我国高校英语专业综合课程结构的深入思考，指出硬性开设的分项技能课存在“貌合神离”的局限性，打造凸显校本特色和育人特色的核心课程才是我国高校英语专业体系建设的当务之急；周季鸣等（2008）针对六所高校大学英语教学现状样本进行定量和定性的调查分析，结果显示仍存在教学理念滞后不更新、主题意义探究不深入、语言意识培养不到位、课堂互动不充分等问题，提出因地制宜践行“后方法宏观策略框架”的课程改革迫在眉睫。

还有学者为英语综合课程的改进拟定建设性构想方案。例如，束定芳（2013）基于英语专业综合课程目标设置的问题提出探究语篇、训练思辨、拓宽国际视野和培养跨文化交际能力等综合素质的要求；基于课程设计和教学评估的问题提出语言与内容应通融、方式与活动应务实、定位与评估应多元的诉求；基于教师发展的问题提出有赖于机制改革保驾和自身素养提升的展望。周素玲（2007）认为，大学英语综合课程的教师多以讲授课文为主，再加之学生在句子层面和文章层面的问题，因此开展语篇教学（如主位结构、衔接和连贯等）是帮助培养学生英语语言能力、综合应用能力以及逻辑思维能力的主要途径。丰玉芳、蔡玲（2009）提出建构基于多媒体网络技术的大学英语综合课程研究性课堂教学模式，以提升学生实际运用英语的能力以及创新意识和探究能力。何雪梅、石坚（2012）则从大学英语的教学目的、课程设置以及教学模式三个维度，建议大学英语教学应重视学生综合运用语言的能力和综合文化素养的提高，开设综合语言类基础课程和高端课程。

虽然目前很多高校开设了英语综合课程，但综上所述，关于英语综合课程的教学目的、内容和方法，似乎还没有形成广泛的共识，实际课堂教学还存在一些对课程本体认识的误区和割裂英语综合应用能力的教学现状。任何一场教育改革最终必将通过实际的课堂教学来实现，如果政策改了，课程改了，考试改了，但是课堂教学未改，或者课堂教学未采取具体的措施来实践，那么改革也将难以顺利实现。

3. 英语综合课程教学中存在的问题

大学阶段英语课程的类型大致有以下四类，即综合课程，涵盖听、说、读、写、译等语言技能和词汇、语法、文化等知识的课程；按技能设置的课程，如听说、视听、读写、读译、写译等；具有一定专业倾向的选修课程，如跨文化交际、文学赏析、西方文化、文明史；基于网络的自主学习课程，如网络自学听力课。针对英语综合课程面临的挑战和问题，有些高校进行了英语分级分类课程改革，用不同类型不同级别的课程取代综合课程，以满足学生的不同需求；或使综合课程与分类课程并存，既有综合课程，也有配备分类课程。纵观包括“综合教程”字眼的大学英语系列教材不胜枚举，可见综合课程仍然受到广泛重视。然而，关于英语综合课程的教学目的、内容和方法仍然存在一些亟待解决的问题，这些问题既包括认识上的问题，也包括一线教学实践中的问题。

3.1 教学目的方面的问题

以大学英语综合课程为例。《指南（2020版）》将大学英语的教学目标修订为“培养学生的英语应用能力，增强跨文化交际意识和交际能力，同时发展自主学习能力，提高综合文化素养，培养人文精神和思辨能力，使学生在学习、生活和未来工作中能够恰当有效地使用英语，满足国家、社会、学校和个人发展的需要”。那么，如何实现综合课程“综合”的目的与目标呢?

开设大学英语综合课程和听说课程两门课程的做法比较普遍。但是，这样做容易将培养学生的英语综合应用能力的教学目标割裂开来，造成大学英语综合课程只关注学生读、写、译的技能培养，教师把综合课程上成翻译课或按照应试教育模式只传授语言知识，而听说课的教师主要负责培养学生听力及口语会话能力。这其实就是关于综合课程教学目标认识不清楚的问题，不知道课堂上究竟要做什么，实现什么教学目的。比如，有些教师在导入部分过于拖沓，导致该活动与教学主题不相关。有些教师对教学目标有清楚的认识，但他们设置的教学目标不合理，即知道在做什么，但做的事不合理。有些教师在课堂教学中脱离语境孤立地讲解单词、语言点或重点句型，或教学目的与实际课堂教学活动不吻合，即知道要做什么，但所做非所想，甚至要求学生通过背诵英语课文来提高英语口语能力，或仅以改写句型来提高其写作能力等。

3.2 教学内容方面的问题

笔者曾在小范围内与大学英语教师讨论综合课程的“综合”二字的含义，发现教师对这两个字的理解不尽相同。如果不能准确理解综合课程的本质，就会影响教师对该门课程的认识和课堂教学行为。那么，综合课程的“综合”究竟是指听、说、读、写、译等语言技能的综合，还是指语音、词汇、语法、语篇知识、跨文化知识的综合？是指教学内容的综合还是指教学过程（活动）的综合？是语言与内容的综合还是知识、能力、素质的综合？各种版本的大学英语综合教程的英文名称有的使用了comprehensive一词，有的使用了integrated一词。笔者理解 comprehensive应表示“包罗万象”，即听、说、读、写、译等语言技能和语音、词汇、语法、文化等知识无所不有；而integrated则表示“结合”或“融合”，可能是语言与内容的结合，也可能是语言知识与语言技能的结合。笔者倾向于把“综合”理解为“结合”或“融合”，而不是“包罗万象”。

目前，有关教学内容方面的主要问题有：教学内容碎片化，即听、说、读、写、译等语言技能相互割裂，往往过于强调微技能的训练；语言知识类课程与语言技能课程脱节，忽略语言的使用，如语法（如时态、标点符号的用法）、词汇等语言知识的讲解与听、说、读、写等语言技能课程没有太大的关联性；语言技能类课程知识化，如写作课程主要讲解文体知识、修辞知识等，阅读课程主要讲解阅读技巧等，反而没有帮助学生把握写作和阅读过程的本质；语言技能训练脱离内容，如口语课过于强调怎么说、用什么词句来说，而忽视说什么、为什么说。课堂上机械地操练好词好句的表达方式而不强调说话内容的深度和广度。教学内容上的割裂使得英语综合课程的综合特点未能实现。

以某版本大学英语综合教程（读写部分）的主要教学活动为例，词汇练习在数量上占最大比例（224道大题），讨论活动、写作练习和句子结构占最小比例（均为32道大题）。从综合课程的内容、教学活动等方面来分析，该教材的读写部分综合度出现失衡，词汇和各类语法练习的设置（224道词汇练习+64道翻译练习+32道句子结构=320道）远远超过阅读理解（96道大题）和写作练习（32道大题）的设置。由此可见，综合课程的综合目标在某些版本的教材编写上仍然未能很好地实现，如若再细究课堂教学的落实情况可能也会有所偏离。

3.3 教学方法方面的问题

大学英语综合课程普遍存在的传统教学模式、应试教学现象以及滥用多媒体资源等问题，不仅阻碍大学英语综合课程的教学效果，也影响学生英语综合应用能力的发展。根据笔者的观察，大学英语综合课程教学方法方面的问题主要有：教师讲解知识点过多，课堂互动不够，违背语言习得规律，制约学生长足进步；过于重视语言（包括课文重点词、句、语篇结构等知识点）的教学，忽视课文内容的探讨，对探究课文主题意义不够重视，不利于学生真正参与和积极思考；语言操练过多，真实语言运用不够，课堂上学生缺乏运用语言表达真实思想、再现真实经验的机会和环境；语言技能训练应试化，选用的学习材料是按照考试题型和考试内容编写的，许多教材课后的阅读理解就是参考四、六级考试而编写，目的是训练学生的答题能力而非实际语言运用能力。

以某版本教材的一个单元为例，在第一部分的热身环节，该教材为学生的口语训练设置了小组讨论的活动，以及提供了大量的词汇提示。笔者认为这样的做法反而限制了学生互动的真实性，使得学生将注意力放在词汇的串联而不是思想内容的交流上。某大学英语教材使用两三页的版面像词典一样罗列单词和词组（包括音标、词性、释义），笔者认为提供这样的单词表反而无助于学生养成自学的好习惯，且不论提供这些单词释义的来源的可靠性，单词表的呈现形式容易产生固化的理念和错误的导向。某版本大学英语教材以选择题的形式来设计读后活动（post-reading）。陈则航（2016）指出，在读后阶段，教师应设计活动让学生将所读到的内容与已知的内容或自身的感受建立关联，并在此基础上表述自己的观点或情感。笔者也认为，读后活动应该训练学生结合原文和自身的生活经验和知识，对语篇内容做进一步的阐释和评价，而非仅做选择题。

4. 关于英语综合课程的教学建议

针对前面探讨的问题和误区，笔者对英语综合课程的教学提出以下建议：

4.1 明确综合课程的课堂教学目的与目标

首先，课堂教学的目的要服务于课程目的，但二者不完全等同。课程目的是一门课或者一个阶段课程的目的，与每一节课的教学目的既有关联性但又有区别。因此教师在定位自己授课的教学目的时不能照搬教学大纲的课程目标，要具体化和明确化。其次，要明确课堂教学的目的和目标，并与其他学习环节协同。课堂教学是学习过程的一部分，要与课前课后的学习活动相协调。再次，要明确课堂教学中的教师和学生的职责，分工到位。例如，笔者认为单词和语言点的讲解就并不一定要放在课堂上去做，预习课文和查询单词的任务应在课前及时布置给学生去完成，课堂上不能占用大量时间阅读文章，以便让学生拥有更多的讨论和学习机会。有教师认为，在英语课堂教学中，教师最重要的教学行为是讲解知识和指导学生操练语言，笔者对此持有保留意见。如果该论述为真，诸如下列问题值得大家深入思考：教师应该讲解哪些知识；哪些知识一定要通过教师在课堂上讲解学生才能理解；哪些知识学生在课外就能（应该）学习，如果一定要讲解的话，应该采取什么样的讲解方式；操练对语言学习的作用是毋庸置疑的，但是课堂上的操练与课外操练有何区别；哪些操练活动必须在课堂上完成，哪些操练可以在课外完成等。笔者认为，讲解知识不是教师最主要的职责，即使要讲解，也应该讲解那些学生在一般情况下或者通过自学无法获取和习得的知识，而且新知识也不能完全依靠教师的讲解，更重要的是引导学生主动思考和学习。

4.2 合理安排课堂教学的内容

前面我们讨论了综合课程中的“综合”的含义。综合课程不仅应该涵盖语言技能和语言知识等，还应当把知识的学习和知识的运用结合起来，实现教学过程（活动）的综合和融合。另外，外语教学一向强调语言与内容（language and content）紧密联系，语言是承载知识的媒介，词汇应在语言材料的主题和语境中习得。现在已有大学开始实行基于内容的语言教学（Content-based language instruction）或内容和语言整合学习模式（Content and Language Integrated Learning），而非机械地练习听说读写，或在大学一年级取消精读和泛读课，通过开设诸如美国历史的课程学习阅读和写作。英语综合课程无论是教材编写还是课堂实践都应注重技能与知识的融合、内容与过程的结合。

再以某版本大学英语综合教程的单元板块为例。该板块包括：Starting point，Active reading (1)，Active reading (2)，Talking point，Reading across cultures，Guided writing，和Unit task。笔者认为，这种设计就能较好地体现语言技能（涵盖了口语、阅读和写作）和语言知识（包括语言知识和文化知识等）的融合。虽然究其完整性而言，该单元缺少（视）听技能和词汇、语法等知识的配套训练，但课程的设计无需一味地追求“包罗万象”。单元板块设计应该体现“结合”或“融合”的思想，使各项语言活动围绕材料主题而保持一致。

课堂教学应基于书本，但不局限于书本；围绕语言，但不局限于语言，语言应与内容融合；重视语言知识，但不停留于语言知识；从语言知识、语言意识、语言能力、语言运用等方面设置课堂教学内容。例如，情态动词的讲解应结合语言的实际使用情况进行分析，以（1）He must be on his way. vs. I must be on my way. 和（2）He can’t be married. vs. We can’t be married. 这两组例句来看，每组例句语法结构除主语不同之外完全一样，但must和can’t在每句话中表达的意义却不尽相同，即must在第一组例句的第一句话里表“一定”，在第二句话里表“必须”；can’t在第二组例句的第一句话里表“不可能”，在第二句话里表“不可以”。运用诸如此类的鲜活的例子给学生讲解语法一定会使学生获益良多。教师还应在课堂教学中有意识地补充真实、相关、丰富的语言学习材料，如心理测验卷、音、视频资料（如国家地理、电视节目等），为学生创造学习语言的语境和辅助资源，通过不同的途径将语言知识、主题内容和教学活动进行“综合”。

4.3 改进课堂教学方法，提高教学效果

做任何事都要讲究方法，教师要改进教学方法，同时要引导学生优化学习方法，关键在于增强课堂教学的互动性，提高学生课堂参与程度，实际的课堂教学中教师的讲解不能过多，而且应以互动式的讲解方式让学生参与进来。课堂互动的基础是能引起兴趣的话题，如学习一篇有关婚姻的文章时，在讨论环节以Do you know how your parents met? 为题展开的讨论，就能很好地引发学生的好奇心和参与课堂讨论的驱动力。教师与学生互动，与学生讨论话题，交流思想和情感，不仅能提高学生的课堂参与程度，也能为学生提供运用语言的机会，活跃课堂教学气氛。课堂教学活动围绕一个话题展开，有利于提高课堂教学活动的连贯性，有利于学生集中注意力，有利于学生加深对所学内容的理解。

高效的课堂至少要体现三个“合理”，即在合理的时间（时长和顺序），用合理的方法（教和学的方法），做合理的事情（学习内容）。具体来讲，教师应在教学的各个环节安排好时间的分配和先后顺序，如有些教师在课堂上用过长的时间教授词汇就是不合理的。有些教师为帮助学生读懂课文先讲解语法或操练词汇就是不合理的顺序。合理的顺序应该是在语境中接触语言、感知语言，然后再去学习语言知识。同理，大学生学习语法的方法应在语境中接触语法结构、感知语法意义再去聚焦语法用法。课堂上切忌应试教学，不能用考试的形式代替常规教学，如同不能用体检作为强身健体的方式一样，平时做练习题充其量是让学生熟悉题型，但做题本身不能提高学生的知识和能力，否则有可能造成教师低效地教和学生低效地学。

国外原版教材（Oxford-New Headway-Advanced Student’s Book-Unit 6）选取英国的《太阳报》（*The Sun*）和《独立报》（*The Independent*）为语料，将任务设计成比较这两份真实报纸报道同一案例（英国哈里王子涉嫌吸毒）的异同，旨在采用新闻专题报道的语篇类型，借助标题的字体字号、照片的择选用意、 版面的设置比例、消息的来源真伪等非文字资源和文字资源，识别媒体机构或撰稿人的态度差别及政治偏见，从而培养学生多模态识读能力和思辨意识，为我国语篇知识的教学实践和“思辨性阅读”模式（close reading）的培养提供借鉴。教师在阅读课教学中应引导学生识别这些表达特定意义的语篇知识和语法手段，分析背后隐藏的观点、态度、情感，并判断其真实性、可靠性和公正性，有利于语言能力和思维能力协调发展。

5. 结语

《国标》和《指南（2020版）》作为国家纲领性的质量标准体系和高等

学校英语教学规范，秉承科学的英语教学改革观，以立德树人为首任，修订教学目标、教学过程、教学评估等环节，实现教学内容、教学方法、评价指标的精准化，切实推动人才培养的目标达成（孙有中，2020；何莲珍，2020）。本文探讨了大学阶段英语综合课程的教学目的、内容与方法，旨在构建合理、高效的英语综合课程生态。课程目标、内容、实施和评价共同构成了课程设置的动态系统，而学习者需求则是推动课程设置的中心环节之一（祝珣、马文静，2014），因此，笔者建议后续研究者可在厘清课程设置的困惑和问题之后，关注更多有关不同地域文化、专业技能和认知水平的学生的诉求差异，从深化教材的文本解读、促进学生的学习动机、规范教师的课堂话语、改良教学的评估反馈等方面开展有益探索，以契合《国标》和《指南（2020版）》倡导的高等教育理念，优化课堂效果，提升综合素养，促进我国外语教育事业的全面发展。

参考文献

蔡基刚，2014，从通用英语到学术英语——回归大学英语教学本位。《外语与外语教学》（1）：9–14。

常俊跃、赵永青、赵秀艳，2013，关于我国高校英语专业培养目标、培养要求和核心课程的思考。《外语教学与研究》（6）：933–940。

陈则航，2016，《英语阅读教学与研究》。北京：外语教学与研究出版社。

程晓堂，2021，《国标》背景下英语专业英语教育方向课程设置参考框架。《中国外语》（3）：16-23。

程晓堂、赵笑飞，2021，外语专业语言类教材编写的问题与建议。《山东外语教学》（1）：40–48。

丰玉芳、蔡玲，2009，多媒体网络环境下大学英语综合课程研究性课堂教学模式的构建。《外语与外语教学》（11）：28–31。

何莲珍，2020，新时代大学英语教学的新要求——《大学英语教学指南》修订依据与要点。《外语界》（4）：13–18。

何雪梅、石坚，2012，对大学英语教学改革走向的思考。《东北师大学报（哲学社会科学版）》（1）：92–94，96。

胡杰辉，2014，目标导向的大学英语课程体系研究。《中国外语》（6）：4–9。

胡开宝、谢丽欣，2014，我国大学英语教学的未来发展方向研究。《外语界》（3）：12–19，36。

胡壮麟，2020，对外语学科人才培养的若干认识。《当代外语研究》（1）：5–8。

教育部高等学校教学指导委员会，2018，《普通高等学校本科专业类教学质量国家标准（上）》。北京：高等教育出版社。

教育部高等学校大学外语教学指导委员会，2020，《大学英语教学指南（2020版）》。北京：高等教育出版社。

罗立胜、张文霞、吕中舌、蔡蔚、杨芳，2006，试论大学英语综合课程改革与实践。《中国大学教学》（3）：51–52。

任庆梅，2013，大学英语有效课堂环境构建及评价的理论框架。《外语教学与研究》（5）：732–743，800–801。

束定芳，2013，英语专业综合课目标与教师素质——第三届"外教社杯"全国高校外语教学大赛授课比赛述评。《外语界》（2）：43–49。

束定芳，2016，对接新目标 创建新体系 适应新需求——写在"新目标大学英语系列教材"出版之际。《外语界》（2）：2–8，30。

孙璐，2018，"语言技能"与"人文教育"双璧合一的英语专业教学——基于上海外国语大学英语专业综合英语课的人文化教学改革。《外语教学理论与实践》（2）：65–70，56。

孙有中，2020，贯彻落实《国标》和《指南》，推进一流专业和一流课程建设。《外语界》（3）：2-4。

王守仁，2016，《大学英语教学指南》要点解读。《外语界》（3）：2–10。

文秋芳，2014，大学英语教学中通用英语与专用英语之争：问题与对策。《外语与外语教学》（1）：1–8。

杨鲁新、高绍芬，2014，大学英语阅读教学现状：两名大学英语教师个案研究。《中国外语》（1）：62–68。

张文霞，2009，个性化大学英语综合课程体系的构建与实践。《中国大学教学》（10）：90–93。

周季鸣、吕敏、李桂东、孙经济、陈娜，2008，从"方法"到"后方法"，我们到底还有多远？——宁沪杭六所高校大学英语教学方法调查。《外语界》（5）：52–59。

周素玲，2007，《大学英语综合课程语篇教学研究的认知心理学视角》。上海：上海外国语大学。

祝珣、马文静，2014，课程设置的学习者需求分析——基于大学公共英语课程的研究。《外语界》（6）：48–56。

The Teaching Aims, Content, and Methods of the English Integrated Course: Problems and Suggestions

Abstract: The Integrated Course, such as the one for listening-speaking-reading-writing practice of college English, or the one for English majors, is one of the English core courses of tertiary education in China. The paper examines the misconceptions and problems in the teaching practice of the Integrated Course and discusses the aims, content and methods of the English Integrated Course. The paper also proposes some suggestions on how to enhance the effectiveness of the English Integrated Course.

Keywords: English Integrated Course, teaching aims, teaching content, teaching methods

中国研究生议论文写作中介入语使用特征分析

北京师范大学　孙迎晖

西安市中铁中学　高　倩*

[提　要]　介入语指语篇中使读者参与文本构建的语言手段。基于Hyland的介入语分类框架，本文探讨了中国研究生英语议论文写作中介入语的使用特征。通过对中国某大学非英语专业硕士生45篇议论文（共14465字）的细致分析，发现中国研究生议论文写作中有较强的读者意识，他们能够积极地使用读者介入策略，团结读者，使其接受观点。但也存在不少问题，表现在：介入语选择过于单一，且存在较多使用读者人称标记语，尤其是you/your/yourself的现象，这在一定程度上削弱了文章的客观性；他们少用或者不用其他类别的介入标记语，反映出读者介入策略的运用不够熟练，不能够灵活地借助介入手段实现交际目的。

[关键词]　介入语；读者人称标记语；语篇共建

* 孙迎晖，北京师范大学外文学院教授、博士。研究方向：应用语言学、语篇分析、英语语言教学。Email：sunyinghui@bnu.edu.cn。通信地址：100875 北京师范大学外文学院。

高倩，陕西省西安市中铁中学教师。研究方向：语言学、英语语言教学。Email：gaoqian_available@163.com。通信地址：710000 陕西省西安市中铁中学。

1. 引言

介入语（engagement markers），也称介入标记语，指语篇中用于呈现读者存在、并使读者积极介入文本的一系列外显手段（Hyland, 2005a, 2005b, 2005c）。长期以来，英语写作教学和研究多集中在文章的结构安排、思想内容、准确表达等，忽略了读者参与对于交际效果的意义。近些年来，人们越来越意识到，成功的写作不仅只是作者对文章观点、内容等的单方面传递，还要有读者意识，即要以读者为出发点进行写作（Hedge, 2002）。正如Hyland（2005a）所述，语篇需要通过某些手段，如激励、引导等使接收者有效地参与到语篇中，与语篇信息同步，实现影响、说服接收者的目的。介入语正是邀约读者、使其参与语篇建构的最直接的策略手段。因此，能否巧妙地运用读者介入策略，对有效实现交际目的不可或缺。

对介入语研究最有影响的是Hyland（2001, 2005a, 2005b, 2005c）。通过大量的语料分析，Hyland（2005c）系统考证了介入语的语言资源，从语言表达类别上将读者介入标记语分为五个子类，分别为读者人称标记语（reader references）、共享知识标记语（shared knowledge）、插入语（asides）、指令性标记语（directives）、疑问句（questions），系统地展示了读者介入文本的策略，见表1。“读者人称标记语”包括第一人称代词（如we）、第二人称代词（如you）以及非限定性人称代词（如one）。“共享知识标记语” 指表明与读者共同拥有相关信息或知识内容的语言形式，如as we all know, it is widely acknowledged that, obviously。“插入语”，如by the way, you may notice使作者稍微偏离一下文本信息内容，转向读者视角，从而拉近与读者的距离，促进与读者的有效交流。“指令性标记语”指使用祈使句、表示义务的情态动词或一些句型结构，如note, see, let’s，must, ought, should, have to, need to, it is important等，将读者引入文本中。“疑问句”指通过向读者直接发问的方式，将读者引入对问题的思考，调动读者的参与，例如：What does this mean for a theory of mind? 以上五种类别的介入标记语，或通过与读者直接沟通，或通过吸引读者注意力，或通过与读者建立良好的关系，或引导读者进行思考，鼓励、团结读者参与语篇的构建，更好地实现交际目的。

目前针对语篇中介入策略及效果的研究较少，有些个别研究并不全面，且多集中在期刊论文、学位论文或教材类的学术语篇（如Hyland, 2005c；Hyland & Jiang, 2016等），对于二语（或外语）学习者的介入语使用情况的研究，比较匮乏。

议论文是中国学生英语写作中最常见的体裁。议论文写作中，作者提出自己观点，通过客观分析和逻辑论证，劝说读者接受其观点。因此，优秀的议论文会有意突显读者，通过恰当的介入手段或引导，或使读者参与，与读者建立友好关系，产生共鸣。但研究发现，中国学生英语议论文写作仍存在较大障碍，问题很多，没有达到应有的交际效果（如Petch-Tyson, 1998；Gilquin & Paquot, 2008；文秋芳等，2003；Mei, 2006；潘鸣威、邹申，2010；曹怡鲁，2018等）。中国学生的议论文写作是否有读者意识？若是，使用了何种读者介入策略？其使用有何特征？本文基于Hyland（2005a, 2005b, 2005c）的介入标记语研究分类，以中国某大学非英语专业硕士生的议论文为语料，对其介入标记语的使用特征进行细致分析。具体研究问题是：

（1）中国研究生议论文写作中读者介入标记语的使用情况如何？

（2）五个子类别的介入语使用分别有何特征？

（3）存在哪些问题？

2. 文献综述

人们对介入语的认识和探讨多开始于元话语（metadiscourse）。元话语是语篇互动研究中的重要内容，指用于指明态度、引领读者理解语篇的一系列语言策略，分为引导性元话语和互动性元话语（Hyland，1998, 2005a），介入语是互动性元话语策略之一。在元话语诸多策略中，介入标记语是和读者沟通的最直接手段，其恰当使用对语篇交际目的的实现及写作效果的达成起着重要作用。

早期对介入语的研究常常隐含在元话语研究中，有些研究只涉及介入语的个别类别。例如，Swales等（1998）探究了期刊论文中介入语的一个类别——指令性标记语中祈使句的使用情况，发现，尽管祈使句会潜在地威胁读者的面子，作者仍然会使用一定数目的祈使句，与读者直面交流。Hinkel (2002) 对比分析了本族语作者和非本族语作者（母语分别为汉语、日语、韩语、越南语、印度尼西亚语和阿拉伯语）在学术写作中表达读者存在的方式，发现，非本族语作者更多地使用共享知识标记语和疑问句与读者交流。上述类型的介入语研究促进了人们对语篇交际特征的兴趣，Hyland（2005c）简洁、明了的介入语分析框架（见表1）更是大大促进了人们对介入策略的系统研究。Hyland（2005c）根据其分析框架，系统研究了不同学科（机械工程、电气工程、市场营销、哲学、社会学、应用语言学、物理学和微生物学）期刊论文中介入标记语的使用倾向，结果表明，指令性标记、读者人称标记语和疑问句是最常见的形式，但不同学科之间存在差异。读者人称标记语在软学科中使用最为频繁，而插入语在所有学科中都极少使用。肖婧、胡志清（2015）对比分析了社会科学和自然科学期刊论文中介入标记语的使用异同，发现前者的使用频率高于后者，社会科学类倾向使用读者人称标记语、指令性标记语、疑问句，自然科学类则更多地使用指令性标记语及义务情态动词must、 should。Hyland 和 Jiang（2016）历时分析了四种不同学科（应用语言学、社会学、电气工程和生物学）期刊论文中的介入标记语（从1965年至2015年），发现介入标记语的总体使用有逐渐增加的趋势，但应用语言学和社会学中介入标记语的使用有所减少，电气工程中指令性标记语的频率大大增加。Lafuente-Millán（2014）对比研究了西班牙期刊作者在国内外不同的发表环境中介入标记语的使用，结果表明，西班牙作者即使在国际上发表论文，也倾向过多使用母语文化环境中常用的语言手段，说明虽然作者会选择不同的介入标记语以适应不同的发表环境，但文化差异对介入标记语的选择有影响。Tereza（2017）对比研究了语言学类本科生教材和期刊论文中介入标记语的使用，发现包含读者在内的人称代词we使用最多，但在两种体裁中各有不同的功能。例如，疑问句在期刊论文中的使用更加频繁。Qin 和 Uccelli（2019）对学术文章（正式文体）和个人邮件（非正式文体）进行了对比研究，发现个人邮件中更多地使用加强语和介入标记语，而学术文章中更多地使用代码注释达到与读者交流的目的；模棱语和介入标记语的使用与个人邮件的写作质量之间呈正相关的关系，而与学术文章的质量负相关。以上诸研究表明，不同学科、不同写作语言及体裁，对介入标记语的选择有不同倾向；恰当地使用介入标记语，能够增强语篇的交际效果。

有些研究涉及学生作者学术写作中介入标记语的使用情况。例如，Jiang 和

Ma（2018）发现，博士生学术语篇的介入标记语使用频率明显低于期刊论文中的分布，尤其是疑问句和指令性标记语，他们更喜欢使用包含读者在内的人称代词，一方面积极地与读者建立联盟关系，同时也展示他们谦虚的学术态度。蒋珍（2017）通过对比中国与欧美国家英语语言学硕士学位论文引言部分的介入标记语，发现国内介入标记语的使用总数量低于国外，但中国硕士生共享知识标记语的使用频率较高。

上述介入语研究多集中在学术论文中。一些研究关注学生议论文中作者和读者之间的互动，但多集中在元话语的使用（如，朱玉山等，2013；Lee & Deakin，2016； Ho & Li，2018），例如Ho 和 Li（2018）分析了大一新生限时议论文写作中元话语的使用与作文分数之间的关系，而专门针对学生作者作文中介入标记语的研究还很不足。正如Ryshina-Pankova（2011）所说，议论文写作中作者应学会与读者建立联系，并与读者共同构建论点；Thompson（2001）也认为，灵活地使用语言资源使读者介入语篇中是议论文写作的必要手段。为了更好地提升学生的议论文写作水平，本文以Hyland（2005c）的介入标记语分类为分析框架，对中国学生议论文中介入标记语的使用情况进行研究。

3. 研究设计

3.1 语料

本文选取了45篇中国某大学非英语专业研究生一年级第一学期写作课上撰写的两次观点类英语议论文，每篇字数在300词左右，共计14465词。第一篇作文题目是：

> Most people think being famous is heaven. What do you think of this statement?
> （大多数人认为成名就像天堂一样美好，你有何观点？）

第二篇要求从以下两个题目中任选其一：

> ① What are your arguments for and against living at home/ alone?
> （和家人住在一起或者独自居住，你的看法如何？）
> ② What are your arguments for and against dating agencies?
> （你如何看待婚姻介绍机构？）

3.2 分析框架及步骤

本研究以Hyland（2005a, 2005b, 2005c）的介入标记语分类为分析框架，见表1。

表1　介入标记语的分类

类别	示例
读者人称标记语	第二人称代词，如 you/your/yourself 等 包括读者在内的第一人称代词，如 we 非限定性人称代词，如 one
指令性标记语	祈使动词，如 note 义务情态动词，如 should "It is + 形容词 ..."构式，如 It is essential to...
共享知识标记语	单个词形式，如 obviously 词组或短语形式，如 of course
插入语	插入性说明，如 by the way
疑问句	如 What does being famous mean?

本文首先提取文本中的介入标记语，进行分类，统计不同类别的使用频率，并对其使用特征进行细致分析。

4. 分析结果与讨论

4.1 介入语总体使用情况

分析发现，45篇议论文中（共14465词），介入标记语共出现376次。除插入语外，其他四种类别的介入语均有使用，表2展示了各类介入标记语的使用频数。为了便于分析，本研究使用了每万词的标准化频数处理。

表2　中国研究生议论文中介入标记语使用频率

类别	实际频数	标准化频数（每万词）	百分比
读者人称标记语	311	215.00	82.71%
疑问句	26	17.97	6.92%
共享知识标记语	24	16.59	6.38%
指令性标记语	15	10.37	3.99%
插入语	0	0	0
共计	376	259.93	100%

如表2所示，介入语的使用为每万词259.93次，其中，读者人称标记语占绝大多数，标准频数为每万词215次，占总介入标记语的82.71%，其次分别为疑问句（6.92%）、共享知识标记语（6.38%）及指令性标记语（3.99%），插入语的使用频率为零。说明中国学生写作中能够运用介入语与读者互动，但在类别选择上有一定的倾向。

4.2 介入标记语使用特征

（1）读者人称标记语

读者人称标记语是使读者介入最明显、最直接的标记语，分析发现，三类人称标记语中，第二人称代词（you/your/yourself）使用频率最高，占比63.99%；第一人称代词we/us/our/ourselves，使用频率为36.01%，没有使用非限定人称代词one/one's/oneself。具体数据见表3。

表3　中国研究生议论文中读者人称标记语使用频率

读者人称标记语	实际频数	标准化频数（每万词）	百分比
第二人称代词 you/your/yourself	199	137.57	63.99%
第一人称代词 we/us/our/ourselves	112	77.43	36.01%
非限定人称代词 one/one's/oneself	0	0	0
总计	311	215.00	100%

中国学生使用you等第二人称代词，直面读者，不仅预设了和读者之间的共识，也表明了与读者的亲密关系，如例（1）、例（2）所示：

（1）In fact, you can benefit from the family no matter how old you are, but more people prefer to leave home when they grow up.（事实上，无论你多大，家庭都会为你带来好处，但更多的人选择成年后离开家出去居住。）

（2）Admittedly, life is difficult if your private life is public.（诚然，当你的个人生活公开后，生活也会变得艰难。）

以上两例中，使用you使读者直接介入文本所讨论的内容，无论是家庭亲情还是个人隐私方面，都暗示着和读者之间有共同的理解。

中国学生使用了一定数量的第一人称代词we/us/our/ourselves，将读者包含在自己的同盟之内，表明与读者拥有共同的目标和信念，缩短了与读者之间的距离。如例（3）、例（4）所示：

（3）Moreover, **we** need more private space to stay alone and deal with something by **ourselves**.（此外，我们需要更多的私人空间独自处理自己的事务。）

（4）One of the main reasons is that **we** now have more choices through dating agencies, and **we** want a person who suits us in all aspects.（原因之一是婚姻介绍机构使我们拥有了更多的选择，我们寻找的是各方面都适合的人。）

有时候，作者使用人称代词we等提出假设，团结读者一起思考并做出共同的对策，如例（5）所示：

（5）As far as I am concerned, if **we** have the opportunity to be famous, **we** should seize it in order to have an easy life.（我认为如果有机会成为名人，就应该抓住机会，享受安逸的生活。）

例（6）中，作者总结观点，使用we等第一人称，表明该观点和读者共同持有，暗示读者对该论点的认同，实现了论述的交际目的：

（6）In conclusion, **we** must remind **ourselves** that love is more important than materials when **we** deal with the issue of marriage.（总之，当我们面临婚姻时，必须提醒自己，爱比物质更重要。）

虽然文本中两种人称代词均有使用，但如表3所示， you等第二人称代词的使用频数远远高于we等第一人称代词。选择何种人称代词在一定程度上反映了作者与读者之间的关系和态度（Kuo，1999）。作为表明读者存在的最直接表达， 第二人称代词you等更常用于日常话语情感交流中。有研究表明，you等在口语中的使用次数是正式文体写作中的25倍（Hyland, 2005c），因此在较正式的书面语文体中，不建议过多地使用。较之you，we等包括读者在内的第一人称代词，能够更好地构建共同参与者的身份，同时也保障了文体的客观性。中国研究生较多选择第二人称代词，虽然旨在有意突显读者，达到劝说目的，但由于过多使用，文章缺少了议论文应有的客观、冷静的态度。如例（7）：

（7）Secondly, it has been suggested that living together with **your** parents can improve **your** relationship. But how do **you** deal with the generation gap that is the source of conflicts between **you** and **your** parents? Owing to the greatly different age, **you** may have different, or even conflicting ideas in many ways, so that quarrels would be quite frequent in **your** family, which would make **you** feel uncomfortable.（第二，有人认为和父母住在一起可以加强彼此之间的联系，但是如何处理由于年龄代沟而造成的矛盾呢？由于年龄差距大，很多方面你和父母可能有不同甚至对立的观点，争吵变得频繁，这会让你十分难受。）

例（7）中，为了说服读者接受自己的观点，作者使用you让读者成为假设情景中的主人公，并随作者的思路参与一系列的说理和论证，但整段都使用you，口语化特征明显；由于使用频数过高，句子显得重复累赘。同时，由于you具有的直面读者的特征，这种使用使得语气过于咄咄逼人，给人过于武断的感觉，因此潜在地破坏作者与读者之间的平等关系。

非限定人称代词也是读者人称标记语的常用手段，其使用可以使作者与读者之间的互动保持在一个理性的距离之内（徐昉，2013），因此，较之第一、第二人称代词，非限定人称代词最具有客观性特征。但在本研究中，非限定人称代词的使用频数为零。他们没有使用更具客观性的非限定人称代词，也反映出对议论文论证风格没有很好地理解，对如何通过读者人称介入标记语实现交际目的，还没有完全掌握。

（2）疑问句

本研究中，中国研究生使用了较少数目的疑问句与读者互动（占比6.92%），引出讨论话题，如例（8）所示：

（8）**What** then are the advantages and disadvantages of living at home?（那么，住在家里有哪些优、缺点呢？）

通过提问，作者旨在引导读者对文章主题进行思考，文章因此具有对话性。例（9）中作者通过自问自答的方式，引出论点：

（9）**Why** are we obsessed with fame**?** Presumably it's **because** it's the new religion.（人们为什么痴迷于名声？这可能是一种新信仰。）

作者通过疑问句“Why are we obsessed with fame?”邀请读者一起探索该问题，通过自答方式，引导读者接受自己的观点。

虽然疑问句起到很好的交际效果，但文本中所有的使用都出现在首段的末尾，文章显得模式化，这可能是“范文”的影响所致。

（3）共享知识标记语

共享知识标记语指标明和读者共同拥有知识、观点等的语言资源，通过使用这一手段，将读者置于同一知识结构内，达到与读者的共鸣，如例（10）、（11）：

（10）**Apparently**, celebrities live in the paradise.（显而易见，名人的生活就像住在天堂一般美好。）

（11）**It is universally acknowledged** that celebrities have great popularity and are always admired by most people.（众所周知，名人知名度高，深受大众的喜爱。）

作者通过使用*Apparently, It is universally acknowledged*，将读者置于共同的知识范围，即名人深受观众的喜爱，也为后文论证“成为名人的好处”做铺垫。

（4）指令性介入标记语

指令标记语是作者明确指示读者采取某种行动或按照作者的旨意理解某事件的语言手段（Hyland，2002a）。在本研究中此类标记语使用频率较低，仅占3.99%。表4展示了指令标记语各个子类的使用情况。

表4　中国研究生议论文中指令性标记语使用频率

指令性标记语	实际频数	标准化频数（每万词）	百分比
义务情态助动词	9	6.22	60%
祈使动词	4	2.77	26.67%
“It is + 形容词 ...”	2	1.38	13.33%
总计	15	10.37	100%

如表4所示，中国学生共使用了三种类型的指令性标记语，分别是表达义务的情态助动词、祈使句以及“It is +形容词...”结构，其中，表达义务的情态助动词使用频率最高，如例（12）、例（13）所示：

（12）Even though you are living alone, you **should** go back home and accompany your parents when you have spare time.（尽管你独自居住，闲暇时应该常常回家陪伴父母。）

（13）Obviously, we **must** go to the formal and credible dating agency in order not to be deceived.（很显然，为避免上当受骗，我们必须去正规、可靠的婚介机构。）

两例中分别使用了should、must，从不同程度的责任义务层面与读者进行情感沟通，以达到劝说读者接受该建议的目的。

中国学生也尝试使用祈使动词如let’s等引导读者参与论述，如例（14）所示：

（14）Then, **let**’s find out the advantages and disadvantages of living in that way (alone).（那么，让我们一起探究独自生活的利弊吧。）

此时，读者不仅仅只是信息的接受者，也是语篇内容的构建者。

本研究中只有两处使用“It is + 形容词...”结构，如例（15）：

（15）In conclusion, **it is necessary** for people to live with others.（总之，和他人合住是很有必要的。）

在论证完独自一人居住的弊端之后，作者使用“it is necessary...”呼吁读者应该尽量选择和他人合住。这种使用，达到很好的修辞效果，增加了文章的说服力。“It is + 形容词...”结构内容丰富，例如，可以使用it is obvious that ...明晰观点，但中国学生使用不够。

指令性标记语是读者介入文本的有效策略，但由于本身含有一定强制性以及权威性，这也许是学生较少使用的原因。

5. 结论

本项研究说明，中国研究生议论文写作中能够积极使用不同的介入手段，确保读者能与自己的论点同向、同步，与读者互动中使自己的观点内容更加清楚明了，实现议论文的劝说功能。

Hyland（2005b）认为五个类别的介入标记语功能不尽相同，读者人称标记、插入语、共享知识标记将读者作为自己领域信息或者知识结构的成员，强调共同目标，表明和读者之间的团结性和共识关系；而指令性标记语和疑问句则是引导读者接受自己的观点，具有劝说性质。本研究发现，强调共同目标的介入手段中，读者人称标记语的使用频数占绝大多数，尤其是以第二人称you的使用为主。共享知识标记语的使用比例非常少，没有使用插入语。突显劝说功能的指令性标记语和疑问句，其使用量都较少。以上结果说明，尽管研究生有意强调与读者之间的共识关系，但形式单一；他们不用或者少用其他类型的介入语，反映出中国学生写作中介入标记语的资源不够丰富，运用不够灵活；中国学生存在过多使用读者人称标记语you的现象，也说明对议论文的正式、书面、客观性特征了解不够，导致文章累赘冗余，过于口语化，在一定程度上削弱了文章的说服力。

本研究结果对英语写作教学有启示作用。教师在写作指导中应有意识地培养学生的读者意识，鼓励他们在阅读和写作中关注不同形式的介入策略，同时，针对不同的文体风格，指导学生在写作中积极、恰当地使用不同类别的介入语，与读者进行有效的交流和互动，达到提高写作质量的目的。

参考文献

Gilquin, G. & M. Paquot. 2008. Too chatty: Learner academic writing and register variation. *English Text Construction* 1 (1): 41–61.

Hedge, T. 2002. *Teaching & Learning in the Language Classroom*. Shanghai: Shanghai Foreign Language Education Press.

Hinkel, E. 2002. *Second Language Writers' Text: Linguistic and Rhetorical Features*. New Jersey: Lawrence Erlbaum Associates Publishers.

Ho, V. & C. Li. 2018. The use of metadiscourse and persuasion: An analysis of first year university students' timed argumentative essays. *Journal of English for Academic Purposes* (33): 53–68.

Hyland, K. 1998. Persuasion and context: The pragmatics of academic metadiscourse. *Journal of Pragmatics* 30(4): 437–455.

Hyland, K. 2001. Bringing in the reader: Addressee features in academic articles. *Written Communication* 8 (4): 549–574.

Hyland, K. 2002a. Directives: Power and engagement in academic writing. *Applied Linguistics* 23 (2): 215–239.

Hyland, K. 2002b. What do they mean? Questions in academic writing. *Text & Talk* 22 (4): 529–557.

Hyland, K. 2005a. *Metadiscourse: Exploring Interaction in Writing*. London: Continuum.

Hyland, K. 2005b. Representing readers in writing: Student and expert practices. *Linguistics and Education* 16 (4): 363–377.

Hyland, K. 2005c. Stance and engagement: A model of interaction in academic discourse. *Discourse Studies* 7 (2): 173–191.

Hyland, K., & K. Jiang. 2016. "We must conclude that…": A diachronic study of academic engagement. *Journal of English for Academic Purposes* (24): 29–42.

Jiang, F., & X. Ma. 2018. "As we can see": Reader engagement in Ph. D. candidature confirmation reports. *Journal of English for Academic Purposes* 35: 1–15.

Kuo, C. 1999. The use of personal pronouns: Role relationships in scientific journal articles. *English for Specific Purposes* 18 (2): 121–138.

Lafuente-Millán, E. 2014. Reader engagement across cultures, languages and contexts of publication in business research articles. *International Journal of Applied Linguistics* 24 (2): 201–223.

Lee, J., & L. Deakin. 2016. Interactions in L1 and L2 undergraduate student writing: Interactional metadiscourse in successful and less-successful argumentative essays. *Journal of Second Language* 5: 31–37.

Mei, W. S. 2006. Creating a contrastive rhetorical stance: Investigating the strategy of problematization in students' argumentation. *RELC Journal* 37: 329–353.

Petch-Tyson, S. 1998. Writer/reader visibility in EFL written discourse. In S. Granger (ed.), *Learner English on Computer*. London: Longman. 107–118.

Qin, W., & P. Uccelli. 2019. Metadiscourse: Variation across communicative contexts. *Journal of Pragmatics* 139: 22–39.

Ryshina-Pankova, M. 2011. Developmental changes in the use of interactional resources: Persuading the reader in FL book reviews. *Journal of Second Language Writing* 20: 243–256.

Swales, J. M., Ahmad, U., Chang, Yu-Y., Chavez, D., Dressen, D., & S. Seymour. 1998. Consider this: The role of imperatives in scholarly writing. *Applied Linguistics* 19 (1): 97–121.

Tereza, G. 2017. The role of metadiscourse in genre Analysis: Engagement markers in undergraduate textbooks and research articles. In K. Aijmer & D. Lewis (eds.), *Yearbook of Corpus Linguistics and Pragmatics*. Cham: Springer. 51–76.

Thompson, G. 2001. Interaction in academic writing: learning to argue with the reader. *Applied Linguistics* 22 (1): 58–78.

曹怡鲁，2018，中国大学英语学习者议论文语篇组织结构特征探析。《当代外语研究》（5）：37–42，56。

蒋珍，2017，国内外英语语言学硕士学位论文引言部分介入标记语使用对比研究。《英语教师》（19）：6–10。

潘鸣威、邹申，2010，英语专业高年级学习者写作中读者/作者显现度再探——一项基于语料库的分析。《外语教学》（4）：48–52。

文秋芳、丁言仁、王文宇，2003，中国大学生英语书面语中的口语化倾向——高水平英语学习者语料对比分析。《外语教学与研究》（4）：268–274。

肖婧、胡志清，2015，自然科学和社会科学学术论文的介入标记语对比研究。《外语教育》（00）：93–100。

徐昉，2013，二语学术写作介入标记语的使用与发展特征：语料库视角。《外语与外语教学》（2）：5–10。

朱玉山、王慧慧、罗茜，2013，基于语料库的读者参与手段使用对比研究：以中美大学生英语议论文为例。《现代教育技术》（12）：68–72。

Features of Chinese Postgraduates' Use of Engagement Markers in Their Argumentative Writing

Abstract: Engagement markers refer to some linguistic devices used for readers' involvement in the construction of the text. Using Hyland's engagement categorization framework, this paper explores Chinese non-English major postgraduates' use of engagement markers in their argumentative essays. Through a detailed analysis of 45 argumentative essays (14465 words), this paper reveals that Chinese postgraduate students have reader awareness necessary for their argumentative writing, and with their active use of some engagement markers, the purpose of solidifying the reader and consequently the purpose of persuasion is achieved. However, problems also exist. They have limited varieties in the choice of engagement markers and they tend to overuse one type of engagement marker, the reader reference, especially the second person pronouns *you/your/yourself*, showing that Chinese students are not very skillful in manipulating this strategy for more effective communication.

Key words: engagement markers, reader references, text co-construction

从发音音系学的角度看英语词首/s/后清塞音的语音教学

北京大学　梁波*

[提　要] 通过对比分析英语词首/s/后清塞音与普通话塞音之间的语音特征，可以发现现有三种相关英语发音教学法的错误与不足，并得出两条改善性的教学建议。发音音系学（articulatory phonology）以音姿（articulatory gesture）为音系元素，抽象概括了言语中的发音事件，以言语的内在输入分析为重，有机衔接了言语的抽象概括与具体产出的两个方面，这些优点使得音姿分析（gestural analysis）能够对上述两条改善建议进行甄别筛选，解决其中的操作难题，提出更为合理可行的教学方法。

[关键词] /s/后清塞音；语音教学；音姿；发音音系学

1. 引言

针对英语词首/s/后的清塞音/p、t、k/（以下简称为“/s/后清塞音”）的发音教学问题，目前共有三种观点：（1）需要浊化成为相应的浊塞音/b、d、g/，

---

* 梁波，北京大学外国语学院英语系大学英语教研室副教授、博士。研究方向：英语语音教学、语音学、发音音系学。Email：0006174089@pku.edu.cn。通信地址：100871 北京大学外国语学院外院新楼 541 室。

本文于 2014 年 5 月曾发表在《中国外语教育》（2）：41-48。此次刊印有部分正文删减和脚注补充，包括把“articulatory gesture”汉语译文由“语姿”更改为“音姿”。

（2）是失去了送气特征，而不是浊化，（3）有一定程度的浊化，但是并不完全浊化为浊塞音。下文首先简要梳理与对比/s/后清塞音和普通话塞音的语音特征，接着讨论上述三种观点的错误与不足，然后在对比中找出两条教学建议，最后从发音音系学的视角展开进一步评析，从理论上探寻更为合理可行的教学方法技巧，供教学实践参考。

2. /s/后清塞音和普通话塞音的语音特征概述

综合实验研究的结果和语音教材的论述来看，/s/后清塞音（1）没有振动声带，（2）没有明显的送气现象，（3）具有发音力度大的特征[①]（Davidsen-Nielsen，1969；Klatt，1975；Catford，1977；Yoshioka, *et al.*, 1981；Ohde，1984；Cruttenden，2001）。

表1　英语/s/后清塞音和普通话两组塞音的语音特征对比

细节特征 / 语音类别	发音特征		
	送气现象	声带振动	发音力度
/s/ 后清塞音	不明显	不振动	大
送气组	有	不振动	大
不送气组	无	不振动	小

普通话共有6个塞音音位。根据送气特征上的差异，分为送气组/p^h、t^h、k^h/（“p”“t”“k”）和不送气组/p、t、k /（“b”“d”“g”）（引号内为拼音书写），这两组音位在3个语音特征上各有异同：（1）在除阻后阶段，送气组具有明显的送气现象，而不送气组没有送气现象；（2）在整个持阻阶段，两组都没有振动声带（吴宗济，2004；Niu *et al.*，2007；冉启斌、石锋，2007；王璇、于水源，2008）；（3）送气组是强辅音，不送气组是弱辅音[②]；发音时，前者肌肉紧张，气流爆发力较强，后者肌肉松软，在语流中，尤其是在读

① 有文献对发音力度特征的描述持有怀疑态度和谨慎态度。

② 王理嘉和林焘（1992: 78）对此有不同的描述，认为普通话的 6 个塞音都属于弱辅音，“严格地讲，应该用清化的 [b̥、d̥、g̊] 等等来描写”。但是，王理嘉（2003：74）又改变了观点。另外，相关的声学实验研究未能对普通话塞音的力度特征提供充分的证据，如石锋、廖荣容（1986），吴宗济（2004），和 Niu *et al.*（2007）。

轻音时，往往会浊化，振动声带（赵元任，2002：444；王理嘉，2003：74；曹文，2000：12–15）。表1概括了英语/s/后清塞音和普通话两组塞音的语音特征对比。

3. 在英汉对比中看三种观点的错误与不足

在教学中，浊化观点占据主流（魏由富、周亚伦，2008；王嘉龄，2005；林怀岳，1994），但从表1可以看出，浊化观点在语音细节上是不正确的，因为/s/后清塞音没有声带振动的特点。这正是不送气观点和不完全浊化观点对浊化观点诟病的原因。另一方面，浊塞音/b、d、g/有出现频率大致相当的两种语音实现形式（音位变体）（Berry，2004；参见Flege，1982的研究数据及其对五项相关研究的数据分析），一种是声带不振动的[b̥、d̥、g̊]，另一种是声带振动的[b、d、g]（Catford，1977：112，203；Cruttenden，2001：152）。浊化观点仅仅停留在音系层面上，只说要发为浊塞音/b、d、g/，并未明确语音细节特征，这对教学实践难有帮助。不完全浊化观点也没有讲出更多细致的发音特点，致使“不完全浊化”（如，田寨耕，2004；王国华，2008）和“浊化倾向”（如，殷学侃，2009）等说法亟待澄清，否则无助于外语语音课堂教学。

虽然浊化观点在教学中广为流行，但是目前还仅仅是一个教学理论误区（王嘉龄，2005），学生还没有真正把/s/后的清塞音发成振动声带的浊塞音（李文欣，2008），因为在实际发音中，学生往往用普通话的不送气清声母来替代（林怀岳，1994）。这主要是因为英语词首浊塞音不送气，也常常不振动声带（Berry，2004；Flege，1982），其听感十分雷同于普通话不送气塞音声母，加之两者书写相同，以及普通话不送气塞音被误认为是声带振动的浊音（王嘉龄，2005）。因此，词首/s/后清塞音的“浊化”常常被理解为是要发成普通话中不送气塞音声母。但是林怀岳（1994）也担忧，一旦学生能够正确认识和发好浊音，浊化观点将导致学生犯下实际的语音错误①。

不送气的观点可以说是学界认可的正统观点，得到研究数据的支持，对教学实践具有正确的指导意义。但是除了强调失去送气的特征之外，也没有对/s/

---

① 在后续的相关研究中，本文作者发现浊化观点已经误导大学生犯下了实际的语音错误，相关数据有待日后整理发表。

后清塞音的发音特点有更多的描述，似乎默许用不送气清声母的替代做法（简称为替代做法）（如，林怀岳，1994；王嘉龄，2005）。然而，从表1可以对比得出，这种流行的替代做法也有不足之处，因为/s/后清塞音和不送气组有两处不同：前者的发音力度大，而后者的小；除阻时前者的声带稍开，后者的闭合。由此可见，更为合理的教学建议（简称为建议一）应该是：（1）词首/s/后清塞音可以发成普通话的不送气清声母“b、d、g”；（2）但是在除阻时声门要稍打开，（3）发音力度要大一些。另一方面，/s/后清塞音和送气组也有很相似的表现，如除阻时声带都不振动，都是打开的，发音力度和口内气压都大，不同之处只在于前者无明显送气，后者有送气。由此，我们可以得出另一条教学建议（简称为建议二），即（1）词首/s/后清塞音可以发成普通话的送气清声母“p、t、k”；（2）但是除阻时不能有明显的送气。

虽然建议一和建议二在理论上都能帮助学生正确掌握英语/s/后清塞音的发音，但还有两个重要且相关的实践问题需要解答。其一是具体实施的问题。就建议一而言，就是如何做到稍稍打开声带和发音力度要大一些？就建议二而言，就是如何做到没有明显的送气？其二是操控性的问题，也就是哪一种建议更便于掌握操作？下文尝试从发音音系学的角度来回答这两个问题，并提出更细致的教学建议。

4. 从发音音系学的角度比较教学建议一和二

建议一和二是建立在传统的音系学分析之上的，实施问题也就是音系学或语音学的理论分析如何与语音教学实践相结合的问题，这又和音系分析与语音实现的衔接难题紧密相关，传统的线性和当代其他非线性音系学没能对此提出很好的解决方案，但是发音音系学（Articulatory Phonology）突破了这一难题（Browman & Goldstein，1989：221；Clements，1992：192；Goldstein & Fowler，2003；Studdert-Kennedy & Goldstein, 2003: 240–243），也就为解答上述的两个问题提供了思路。下文首先介绍发音音系学的音系元素（phonological prime），然后介绍发音音系学对/s/后清塞音的分析，最后从中探寻我们需要的答案。

4.1 发音音系学的音系元素——发音姿势（articulatory gesture）

Browman和Goldstein（1986: 223–224）给出一个实例来说明音姿（gesture）的概念。如图1（改编自ibid: 224）所示，在话语[abə]发音过程中，下唇逐渐上抬，向上唇靠拢，达到顶峰位置（接触到上唇）之后，稍有停留，然后向下回落。除了在顶峰位置的短暂停留，下唇在整个过程中一直处于运动之中，在特定时空中留下相应的运动轨迹。下唇在时空上的运动构成了有序的，可重复的，与语言学相关的模式，即双唇阻塞音姿（a bilabial closure gesture）。图1所示的时空运动轨迹只是双唇阻塞音姿展现出的一个具体的例子，在不同的语境和韵律条件下，双唇阻塞音姿会有不同的表现。换言之，双唇阻塞音姿就是对这些不同的时空运动轨迹的抽象概括。

音姿是“对具有内在时长的发音事件的抽象概括”（Browman & Goldstein，1992：155）。

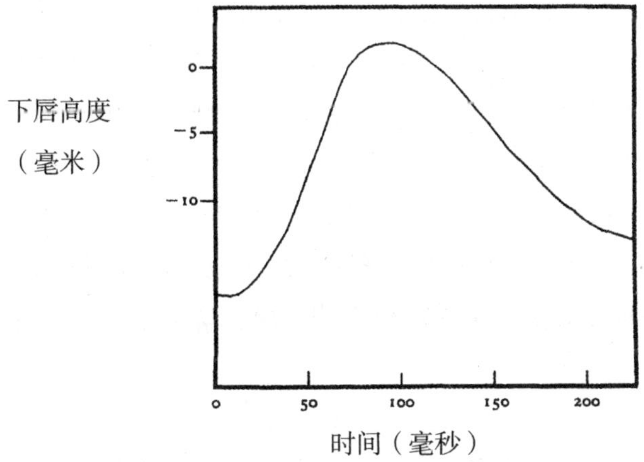

图1　在话语[abə]中，下唇运动轨迹的时空变化

（基于对发音人下唇处的红外发光二极管的跟踪数据）

发音事件是指“在言语发音时发音器官做出的动作，在声道内形成和消除阻碍的运动过程”（Browman & Goldstein，1992：156）。“音姿是一个紧密结合的单元，包含了一组发音器官相互协调运动，在特定的地点形成特定程度的阻碍。”(Browman & Goldstein, 1989：222）。

音姿由相关的声道变量（tract variables）和发音器官来界定，不同声道变量描述声道阻碍的不同维度[①]。唇部音姿涉及2个声道变量（唇突度，LP：lip protrusion；唇开度，LA：lip aperture）和3个发音器官（上唇、下唇和下颌）；舌尖音姿涉及2个声带变量（舌尖阻碍点，TTCL：tongue tip constriction location；舌尖阻碍度，TTCD：tongue tip constriction degree）和3个发音器官（舌尖、舌身和下颌）；声门音姿涉及1个声道变量（声门开度，GLO：glottal aperture）和1个发音器官（声门，glottis）。

4.2 音段和音姿的关系

音段是静态的，不具有内在的时长，只描述声学参量（acoustic parameters）和（或）发音配置（articulatory configurations），而不同发音配置之间的动态转换则不受重视，属于次要的地位；音姿是动态的，描述特定时空内的发音动作轨迹，具有内在的时长，并借此实现音姿之间的协调，组成更高层次的音系结构（Browman & Goldstein，1985，1992）。

音段仅是一个记录语言的便利工具，在语音学和音系学中不再具有理论地位（Browman & Goldstein，1990：418–419）；而音姿既是动作单元（units of action），也是信息单元（units of information）。作为动作单元，音姿体现的是一个神经运动的动力系统，协调多个发音器官和肌肉的相互配合，形成独特的声道阻碍；作为信息单元，音姿可以用来区分话语，比如某个音姿是否出现，或者音姿在阻碍点和阻碍度上的差异等（Browman & Goldstein，2000：25）。音姿把音系分析和言语实现有机整合到一起，解决了音系学与语音学的衔接难题。

音姿处于音段之下，音段往往是由两个或多个音姿相互协调而成，属于更高一层的稳定的音系结构；在不同的语境和韵律条件下，同一音段的音姿之间的具体协调形式可以不同，这也是传统音系学中的音位变体在发音音系学中的解释（Browman & Goldstein，1992；Kingston & Cohen，1992）。如音段/b/是由双唇阻塞音姿（以下简称为双唇音姿）和声门闭合音姿[②]协调组成；音段/p/是由声门开合音姿与双唇音姿协调组成，前者的最大开度点

---

① 本文的音姿界定和分类基于 Browman 和 Goldstein（1992），下文仅介绍与本文分析相关的 3 种音姿。

② 声带闭合音姿是说话时声带常处的发音姿势，一般不用说明，如 Browman 和 Goldstein（1986）把音段 /b/ 分析成只含有双唇阻塞音姿。但因和后文分析有关，故在行文中提到该音姿。

与后者的除阻点重合；音段/s/是由声门开合音姿和舌尖齿龈狭缝（critical）音姿（以下简称为舌尖音姿）协调组成，前者的最大开度点与后者的中间点重合（Browman & Goldstein，1986：227）。可以看出，音姿具有内在的相互依赖性，在一定时空上出现不同程度的重叠（overlapping）（Best & Hallé，2010：111）。

音姿分析重在描述音姿之间的相互协调模式，传统的音段分析则描述音姿协调所产生的结果，如声学效果和声道形状等。也就是说，音姿分析是针对言语生成中内在的输入环节，而音段分析则针对外在的输出环节（Browman & Goldstein，1992：163），对言语的测量只是记录了音姿之间协调配合的结果，而非音姿本身；言语连续性就是以音姿协调配合为基础的（Studdert-Kennedy & Goldstein，2003：242）。

4.3 节首/sp/的音姿分析

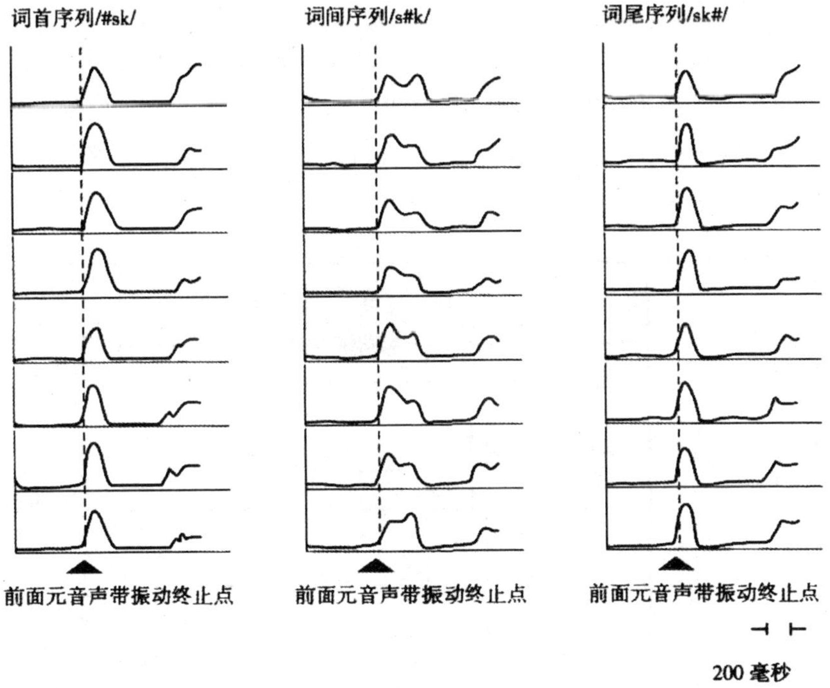

图2　发词首、词间和词尾/sk/序列时的声门开闭模式（各8次）

根据传统的音段分析，辅音丛/sp/是从音段/s/转换到音段/p/，那么其中就会有2个声门开合音姿，但Yoshioka *et al.*（1981）通过肌电测量、光电声门测量和光纤内窥等手段发现，词首/sk/只表现出1次声门开启和闭合的过程（参见图2，改编自ibid:1617），并且开度最大点与/s/的中间点重合。图2显示的是8组词首、词间和词尾/sk/序列的光电声门测量结果，图中的虚线大致对应/s/的起点。可以看出，词首和词尾/sk/只有1次声门开合过程，而词间的/s#k/出现了2次。结合Yoshioka *et al.*（1981）和其他相关实验研究的发现，Browman和Goldstein（1986：227）得出如下结论：英语音节节首最多有1个声门开合音姿；出于空气动力学的原因，声门的开启和闭合是一个连贯的过程，最大开度不能持续，所以英语不会出现音节节首[sp^h]或[sb]，也就不存在/sp/与/sb/的对立。

图3（改编自Browman和Goldstein［2000：28］）是基于话语“cuff spayed”的微型X光束发音数据（X-ray microbeam data），上层显示/speɪd/的波形图，中层显示舌尖与齿龈狭缝的开度变化，底层显示上下唇的开度变化，阴影部分表示舌尖音姿和双唇音姿的目标时段（后者就是/p/的成阻时段）。图3左边的粗实线[①]表明，舌尖音姿的中间点和双唇音姿的开启点是重合的，即是说，当/s/发到一半的时候，/p/的下唇上抬运动才开始，而不是如线性的音段分析所暗示的那样，发完/s/音之后才开始发/p/音。传统的音位分析过于拘泥于线性的、静态的分析，因而对/s/和/p/之间的协同发音（coarticulation）无法做出很好的解释和预测（如，Goldstein & Fowler，2003：163）。

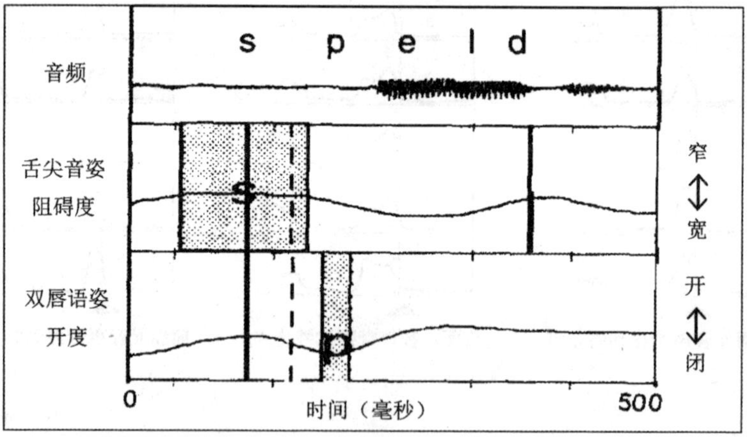

图3　英语词首/sp/中舌尖音姿和双唇音姿的协调模式

① 这条粗实线是为了方便本文的分析而新加上的；图中的虚线和右侧的实线是原图自带的，分别代表的 /sp/ 的中间点和 /d/ 的成阻起点。

综上所述，对节首/sp/的音姿分析得出：节首/sp/由舌尖音姿、声门开合音姿和双唇音姿组成，其中舌尖音姿的中间点与声门开合音姿的最大开度点重合，也与双唇音姿的开启点重合。可以看出，当/s/发到一半时，双唇音姿的下唇才开始运动，等到除阻点出现时，声门快要接近闭合状态了。这解释了为什么发现节首/sp/在宽带语图上会出现少量的送气乱纹（参见Klatt，1975），和为什么节首/sp/的声门在除阻时是稍打开的（参见Catford，1977：114）。

4.4 从音姿的角度讨论词首/s/后清塞音的教学建议一和二

上节对节首/sp/的音姿分析也适用于节首/st/和/sk/。我们可以综合得出：音姿分析把词首/s/及其之后的清塞音看作一个音节节首（/sp, st, sk/）来进行整体分析，每个节首是由3个音姿（包括舌尖音姿、声门开合音姿和另一个口腔阻塞音姿）所组成的一个稳定的音系结构，其稳定性就基于这3个音姿在时空上动态的稳定协调模式：（1）舌尖音姿的中间点与声门开合音姿的最大开度点重合；（2）舌尖音姿的中间点与阻塞音姿的开启点重合；（3）阻塞音姿的开启点与声门开合音姿的最大开度点重合。

从上述音姿分析来看，建议一（1）让学生用普通话的不送气清塞音替代是不可取的，因为不送气清塞音含有声门闭合音姿，这是/s/+清塞音的节首所不需要的，也和应有的声门开合音姿相冲突，学生难以实现建议一（2）中对除阻时声门稍稍打开的要求。建议一是以传统的音段分析为基础的，只看到了言语的输出部分，即音姿协调所产生的不送气的声学结果和除阻时声门稍开的声道形状，但没有看到言语的输入部分及其作用，即音姿的协调模式将最终导致声门开合音姿与闭合音姿无法兼容。如果要想调解声门开合与闭合音姿之间的冲突，这两个音姿在时空上需要分开一些；也就是说，等开合音姿完成后再启动闭合音姿。但是这样做结果是让/s/和清塞音各属于不同的音节，也就打破了节首的稳定结构。加之汉语母语不存在辅音丛节首的负迁移干扰，学生极有可能犯下上述发音错误。

再者，建议一（3）要求学生做到发音力度要大一些，这有些强人所难，毕竟发音力度的大小不好体会与把控。相比较而言，建议二（1）让学生用普通话的送气清塞音替代，这显得更易于掌控一些，因为送气清塞音具有发音力度大的特点，在正迁移作用下，学生不用刻意去体会，也容易把握。

而且更为重要的是，建议二（2）不会向/s/+清塞音的节首强加一个不需要且不兼容的声门闭合音姿。当然，建议二（1）会强加一个额外的开合音姿，但是从理论上讲，协调2个同质的开合音姿远比调解2个有冲突的异质音姿要容易得多。在英语母语习得中，儿童就先用送气的清塞音替代/s/+清塞音的节首发音[①]，然后才获得正确发音的（Bond & Wilson，1980）。这告诉我们，建议二（1）是合理可取的，符合音系习得的普遍发展过程。

诚然，结合建议二（1）来看，建议二（2）（“除阻时不能有明显的送气”）是一个很大的操控难题。但是根据音姿协调模式（2），即舌尖音姿的中间点与阻塞音姿的开启点重合，建议二（2）可以修改为：“当/s/音发到一半时，就要开始发清塞音”。建议二（2）以言语生成的输出环节为基础，仅仅注意到了音姿协调所带来的无明显送气的声学结果，而修改后的建议则以言语生成的输入环节为基础，符合内在的音姿协调规则。从关注言语生成的外在输出环节转向重视内在输入环节，这正是其能够改善操控性的关键所在，也是提升其合理性的重要原因，即学生在掌握该建议的做法之后，自然就会做到除阻时没有明显的送气。

综合上述讨论，建议一带有不合理的因素，实施难度很大，不适用于教学实践；在音姿分析的指导下，建议二经过适当的修正之后，提高了操控性，满足教学实践的需求。修正之后的教学新建议可具体表述如下：“可以在心理上想着把词首/s/后清塞音发成普通话的送气清声母，但是当/s/音发到一半时，就要开始发清声母”。[②]

5. 结语

对部分相关文献与研究的梳理可以得出/s/后清塞音的语音特征：无明显的送气、声带不振动和发音力度大。进一步的英汉相关语音细节对比分析揭示出浊化观点的细节错误，不完全浊化观点的模糊之处，以及不送气观点的不足所在。从语音特征的比较中产生出两条具体的教学建议，发音音系学的音姿分析

---

① Donegan 和 Stampe（1979）指出，儿童也会在 /s/ 和清塞音之间添加多余的音，如把“school”读作 /sɨkul/，在 /s/ 与 /k/ 之间添加一个多余的元音 /ɨ/（转引自 Bond & Wilson, 1980: 151）。

② 在后续的相关研究实验中，本文作者发现上述音姿发音技巧存有误差，应当更正为“当一听到 /s/ 音时，就要开始发清声母”，更正后的音姿发音技巧提升了合理性和可操控性，其有效性也得到了实验数据分析结果的支持，详情有待日后整理发表。

帮助解答了如何在教学实践中甄别筛选和具体实施的难题，最终在理论上提出更为合理可行的教学建议。诚然，这种理论上的合理可行性还应该在教学实践中去进一步地检验，开展相关的后续教学实验研究。

作为发音音系学的音系元素，音姿抽象概括了言语中的发音事件，在时空上具有动态活力，在语境中能相互协调。作为动作单元，音姿形成独特的声道阻碍，体现了言语的内在输入；又作为信息单元，音姿可以用来区分话语，实现音系分析和言语实现之间的有机整合，解决两者的衔接难题。发音音系学能对言语生成进行内在的输入分析，也能有机衔接音系上的抽象概括和语音上的具体实现，这两点就足以让语音教学研究与实践获益匪浅。

参考文献

Berry, J. 2004. Control of short lag VOT (voice-onset time) for voiced English stops. *Journal of Acoustic Society of America* 115(5): 2465.

Best, C. T & P. A. Hallé. 2010. Perception of initial obstruent voicing is influenced by gestural organization. *Journal of Phonetics* 38: 109–126.

Bond, Z. S. & H. F. Wilson. 1980. /s/ plus stop clusters in children's speech. *Phonetica* 37: 149–158.

Browman, C. P. & L. Goldstein. 1985. Dynamic Modeling of Phonetic Structure. *Phonetic Linguistics* 35–53.

Browman, C. P. & L. Goldstein. 1986. Towards an articulatory phonology. *Phonology Yearbook* 3: 219–252.

Browman, C. P. & L. Goldstein. 1989. Articulatory gestures as phonological units. *Phonology* 6: 201–251.

Browman, C. P. & L. Goldstein. 1990. Representation and reality: physical systems and phonological structure. *Journal of Phonetics* 18: 411–424.

Browman, C. P. & L. Goldstein. 1992. Articulatory phonology: An overview. *Phonetica* 45: 140–155.

Browman, C. P. & L. Goldstein. 2000. Competing constraints on intergestural coordination and self-organization of phonological structures. *Bulletin de la Communication Parlee* 5: 25–34.

Catford, J. C. 1977. *Fundamental Problems in Phonetics*. Edinburgh: Edinburgh University Press.

Clements, G. N. 1992. Phonological primes: Features or gestures? *Phonetica* 49, 181–193.

Cruttenden, A. 2001. *Gimson's Pronunciation of English*. Sixth edition. Beijing: Foreign Language Teaching and Research Press.

Davidsen-Nielsen, N. 1969. English stops after initial /s/. *English Studies* 50: 321–339.

Flege, J. 1982. Laryngeal timing and phonation onset in utterance-initial English stops. *Journal of Phonetics* 10: 177–192.

Goldstein, L. & C. Fowler. 2003. Articulatory Phonology: A phonology for public language use. In Schiller, N.O. & Meyer, A.S. (eds.), *Phonetics and Phonology in Language Comprehension and Production*. Mouton de Gruyter. 159–207.

Kinston, J. & A. H. Cohen. 1992. Extending articulatory phonology. *Phonetica* 49: 194-204.

Klatt, D. H. 1975. Voice onset time, frication and aspiration in word-initial consonant clusters. *Journal of Speech and Hearing Research* 18: 686–706.

Niu, Haijun, Badin Pierre, Pu Fang, Li Deyu & Yubo Fan. 2007. Aerodynamic and acoustic characteristics of Mandarin aspirated and unaspirated stops. In Xiao Guozheng *et al.* (eds.), *Chinese Computing Technologies and Related Linguistic Issues: Proceedings of 7th International Conference on Chinese Computing*. Beijing: Publishing House of Electronics Industry. 609–614.

Ohde, R. N. 1984. Fundamental frequency as an acoustic correlate of stop consonant voicing. *Journal of Acoustic Society of America* 75(1): 224–230.

Studdert-Kennedy, M. & L. Goldstein. 2003. Launching Language: The Gestural Origin of Discrete Infinity. In Morten Christiansen and Simon Kirby(eds.), *Language Evolution*, Oxford: University Press. 235–254.

Yoshioka, H., A. Löfqvist, & H. Hirose. 1981. Laryngeal adjustments in the production of consonant clusters and geminates in American English. *Journal of the Acoustical Society of America* 70(6): 1615–1623.

曹文，2001，《汉语发音与纠音》。北京：北京大学出版社。

李文欣，2008，英语学习者在学习“/s/”后清塞音送气情况时遇到的问题。《第八届中国语音学学术会议暨庆贺吴宗济先生百岁华诞语音科学前沿问题国际研讨会论文集》，中国北京。

林怀岳，1994，从音位学角度看所谓“清音浊化”提法的错误。《广西师院学报》（4）：82–86。

冉启斌、石锋，2007，普通话单音节中爆发音的VOT分析。《南开语言学刊》（2）：21–31，154。

石锋、廖荣容，1986，中美学生汉语塞音时值对比分析。《语言教学与研究》（4）：67–83。

田寨耕，2004，英语清音浊化现象的普遍性。《成都大学学报（社会科学版）》（3）：93–96。

王国华，2008，也谈英语清塞音浊化问题。《吉林省教育学院学报》（6）：102–103。

王嘉龄，2005，英语语音教学的一个误区。《中国外语》（2）：48–49。

王理嘉，2003，《汉语拼音运动与汉民族标准语》。北京：语文出版社。

林焘、王理嘉，1992，《语音学教程》。北京：北京大学出版社。

王璇、于水源，2008，汉语塞音的送气特性与其VOT关系的实验分析。《第八届中国语音学学术会议暨庆贺吴宗济先生百岁华诞语音科学前沿问题国际研讨会论文集》中国北京。

魏由富、周亚伦，2008，中美学生对以英语音素S开头的塞音的感知对比研究。《外语教学理论与实践》（1）：13–18，3。

吴宗济，2004，普通话辅音不送气/送气区别的实验研究。载吴宗济（著），《吴宗济语言学论文集》。北京：商务印书馆。

殷学侃，2009，美国英语“清音浊化”的声学分析。《四川教育学院学报》（9）：109–111。

赵元任，2002，中国方言当中爆发音的种类。载赵元任（著），《赵元任语言学论文集》。北京：商务印书馆。

The Pedagogy of Word–Initial English Voiceless Stops after /s/: An Articulatory Gestural Perspective

Abstract: A contrast of the phonetic features between word-initial English voiceless stops after /s/ and Mandarin stops reveals the inaccuracy and inadequacy of the three current pedagogical practices towards the foresaid English targets, and arrives in accordance at two suggestions of improvement. With articulatory gestures as phonological primes and as abstract characterizations of articulatory events, articulatory phonology focuses on the intrinsic input of articulatory events, and leads to an organic integration between phonological representation and phonetic realization. These merits enable a gestural analysis to evaluate convincingly the two above-mentioned pedagogical suggestions, to overcome practical difficulties, and to offer an even more feasible and more appropriate instruction to Chinese learners of English.

Keywords: voiceless stops after /s/, pronunciation teaching, articulatory gesture, articulatory phonology

语用学

当代语用学的多面性及其符号学维度

清华大学　封宗信*

[提　要]　当代语用学的理论来源、研究对象、研究方法和学科发展路径都具有多面性。它既是语言学的一个分支学科，又是一门独立学科和一个跨学科研究领域；它既是理论、范式、方法和视角，也是影响了许多其他学科的理论、范式、方法和视角。当代语用学的多面性植根于当代语言学和语言科学与其他相关学科之间的复杂关系，也源于当代符号学的多面性。“实用维度”是莫里斯符号学的三个维度之一，而当代语用学包括至少三个符号学维度：科学工具维度、元符号/元语言学维度、社会符号学维度。

[关键词]　语用学；莫里斯符号学；索绪尔符号学；社会符号学；语义学

1. 引言

语用学是当代语言学里一个“飞速发展的领域”“分支学科”和“独立学科”（Huang, 2007: 1–3）；它是“研究语言使用的科学”（Haberland & Mey, 1977: 1）和语言学的“新视角”（同上：5），也是语言学的新“范式”（Mey 2001: 4）；它是哲学、社会学、人类学等学科的语言学视角，也是研究语言使

* 封宗信，清华大学外国语言文学系长聘教授、博士生导师。研究方向：语言学理论、语用学、文体学等。Email: zxfeng@tsinghua.edu.cn。通信地址：100084 清华大学外国语言文学系。

本文原发表于《外语教学与研究》2017年9月第49卷第5期。此处有修改和数据更新。

用行为的“认知、社会、文化视角”（Verschueren, 1999: 7）；它是一个跨学科研究领域，也是一个“跨学科视角”（Cummings, 2005）；它有理论和方法，也影响许多其他学科的理论和方法；它有研究对象，也是被研究的对象。当代语用学理论层出不穷，成果日新月异，但学科层面的一些问题至今没有理清。Levinson（1983）指出，语用学是语义理论的一个必然部分；如果说语用学在逻辑上优先于语义学，那么，一个普通语言学理论必须把语用学作为其组成部分或一个层面，才能称得上是完整的集成理论。如果顺应句法学和语义学的定义方式，把语用学定义为对语言使用的研究，就没法说明从事语用学的人在真正做什么（同上：5–6）。语用学关心什么，是原则而不是定义；通过指称非语言的原因去解释语言结构的问题，没法把语用学与心理语言学和社会语言学相区分（同上：6–7）。语用学定义问题的核心是：这一术语涵盖了语言结构的语境依赖问题和语言使用与理解的原则，而这些原则与语言结构几乎没有关系，也很难二者兼顾。Ariel（2012: 23）指出，语用学至今没有一个明晰且为多数语用学家公认的定义，有两大障碍使然。第一，学者希望把大量标准同时融合在一起，调用的标准越多，区分得似乎越准确；第二，学者希望给语法和语用更明确的分工，因而言语行为、言外之意、礼貌、功能句法完全属于语用范畴，一致性和论元结构完全属于语法范畴，语义学家和语用学家在预设和指示词上进行拉锯战。但不幸的是，以上两种目标都难以实现。多重标准导致多重冲突，语法和语用的定义都难以自圆其说。

“语用学”源于美国实用主义哲学家和符号学家莫里斯（Morris, 1938: 6）提出的“实用学”（pragmatics），是为研究符号过程的“实用维度”提出的一个符号学分支学科。这是莫里斯参照“实用主义”（pragmatism）造的一个新词（同上：29），也是个符号学术语（同上: 30）。莫里斯符号学包括义学、句学和用学三个维度的研究，而当代语言学除了语义学、句法学、语用学，还有音系学、形态学等许多分支学科。符号学是“符号的普遍理论”（同上：5），也是科学；既是科学里的一门科学，又是“所有科学的一个工具”（同上：56）。结构主义语言学家索绪尔（Saussure, 1916/1959: 16）认为符号学是社会心理学和普通心理学的一部分，也是一门“普通科学”，语言学是这门尚未确立的科学的一部分，而结构主义符号学家巴特（Barthes, 1964/1967: 11）根据索绪尔的语言学理论对当代符号学的巨大贡献指出，符号学反倒是语言学的一部分。在符号学与语言学的复杂关系下，语用学家与符号学家少有共识（Parret, 1983: 1）。甚至语用学内部也有分歧：有的语用学家尊莫里斯为“语用学之父”（Verschueren, 1999: 6），有的认为他只是个语言学家，仅仅为语用学提供了一个名称（Chapman, 2011: 46）。许多语用学著作以莫里斯为源，但大多只用他的经典定义（Mey, 2001: 4）。有的根本不提莫里斯，而以索绪尔为本。有的彻底否定符号学，认为现代符号学既成功又失败，一方面是符号学教学和研究的一派繁荣，另一方面是其理论缺陷和无法解释语言交际的困境（Sperber & Wilson, 1986: 7–8）。

在由“实用学”发展到“语用学”的过程中，有哲学的语言学转向、日常语言哲学和生成语义学的奠基、语言学的研究范式转向和许多其他学科的语用转向。当代语用学的发展历程之复杂，理论和方法之多，学科涉及面之广，学派间争议之大，为当代符号学外的其他学科所少有。本文拟在语用学与符号学的复杂关系下探讨语用学的多面性及其符号学维度。

2. 语用学的多面性

语用学有宏观与微观研究之分（Mey, 2001）、“经典”与“现代”之分（Chapman, 2011），也有理论与视角之争（Verschueren, 1999: 2），视角与学科之争（Haberland & Mey, 1977: 5）。当代语用学的多面性几乎是全方位的，在学科术语、理论来源、研究方法、研究对象和研究领域等方面都纷繁多元。

哲学家卡纳普（Carnap, 1938: 2）也给莫里斯的“实用学”下过定义，突出了这一术语的“语”用学内涵。但卡纳普和莫里斯的pragmatics都有多重意义：既指学科（与语义学相对），也指把语言作为研究对象的特征（与语义特征相对），也指描写语言特征的元语言（与语义描写相对）（Levinson, 1983: 3）。Haberland & Mey（1977）提出了“语言实用学”（linguistic pragmatics），但不愿意承认与莫里斯有关[①]。Levinson（1983）沿用了至少10次，强调“语”用学。Haberland & Mey（1977）指出，“语言实用学”可以称作“语言使用的科学”。但他们的界定表明，两者还是有区别的。从“语言的具体使

① Haberland & Mey（1977: 2）指出，linguistic pragmatics 与史上叫做 pragmatics 的概念没有直接关系，但也不否认与之有关系。不过，他们不愿意与任何某个历史上的学派捆绑在一起。同一时期，美国语言学家 Sadock（1974, 1977）也用过这一术语，与他们的所指不同。

用”（语言的实际使用和语言的使用者）和“语言学的具体实践”这两个外部视角去看，是前者；从对制约语言使用的“条件”进行研究的内部视角去看，则是后者。Mey（1979）提出了“实用语言学”（pragmalinguistics）。Leech（1983: 11）也用了这一术语，作为“普通语用学”下与“社会语用学”（sociopragmatics）相对的一个分支学科。Barbaresi（2009）的“形态语用学”（morphopragmatics）和Silva-Corvalán（1989）研究文体风格的“语用文体学”（pragmastylistics）也许与以上两人的术语创新有关。

纽约的学术出版社（Academic Press）自1972年来出版了三十多卷《句法学与语义学》文集，其中第九卷（Cole, 1978）的副标题“语用学”，第三卷（Cole & Morgan, 1975）的副标题“言语行为”和第十一卷（Oh & Dinneen, 1979）的副标题“预设”足以说明经典语用学的特质。Lecercle（1999: 33–34）指出，把对阐释的分析看成一个过程和结果，就进入语用学和言语行为领域。意向与意义之间的距离，是阐释的具体领域。语用学研究语言的使用，包括与语言结构和话语语境相关的语言交际。它覆盖的许多研究课题属于当代语言学领域，但从不同视角看，又属于不同的学科，如哲学、逻辑学、语言学、传播学、社会学、人类学、心理学、认知科学。经典语用学的主要理论是英国分析哲学家Austin（1962）、Grice（1957, 1975）、Searle（1969, 1975）的“日常语言使用”研究①，但在很多年里没有得到语言学家的注意。Mey（2001: 7–8）认为，语言学家出于越界的顾虑才不敢涉猎。职业句法学家和语义学家有自己的研究方式和方法，不大愿意让别人告诉他们该怎么做语言学。有些语用学家认为语用学是对语言使用的普遍研究，有些认为是语言交际研究，有些认为是通过语言的交际功能去研究语言的一种方法。即使在核心问题上有共识的语用学家，他们的研究方法和目的也不尽相同。

当代语用学的多面性，也许是所有学科和领域之最。有什么视角和方法的语言学研究，就有什么名称的语用学研究。分门别类的语用学有：普通语用学、理论语用学、形式语用学、历史语用学、历时语用学、对比语用学、词汇语用学、语篇语用学、法律语用学、认知语用学、发展语用学、实验语用学、变异语用学、批评语用学、跨文化语用学等，甚至还有研究性别的女性主义语

---

① 美国语言学家 Lakoff（1969）和 Ross（1970）等在生成语义学框架下对预设、施为、适当条件等的研究也属于经典语用学理论。

用学（Christie, 2000）和研究交际中语用混乱的临床语用学（Cummings, 2009; 2017）。包括文学和文化研究在内的不同学科分支和领域的视角，几乎都成了语用学的相关学科和跨学科和领域。

20世纪80年代以来以“The Pragmatics of ...”为题的专著和文集数不胜数，既有对语言学领域其他分支学科的语用研究，也有以其他学科为对象的语用研究；既有学科层面的，也有具体领域具体问题层面的。有研究篇章的语用学（van Dijk, 1977; 1981），也有研究语篇内部的回指、衔接、连贯等的语用学，也有研究新闻语篇、政治话语、幽默话语等的语用学，还有专门研究具体人的语言使用的，如研究总统语言的语用学（Wilson, 2015）。从以交际和社会互动为对象的交际语用学（如 Habermas, 1998; 2001）到专门研究各类交际问题的语用学，几乎无所不包，如以礼貌（Leech, 2014）、请求与致歉（Blum-Kulka *et al.*, 2011）、文体（Hickey, 1989）、翻译（Hickey, 1998）为题的语用学，甚至还有以数学教学为题的语用学（Rowland, 1999）等。

以“Pragmatics and ...”为题的专著和文集也举不胜举，大都是语用学与其他学科或研究对象的交叉研究，如语用学与哲学、符号学、语言学、心理学等，语用学与语法、语篇、语言教学等，以及语用学与认知、社会、法律、博弈论、优选论等的专著和文集都已出版。语用学甚至被用到非语言交际研究领域（如Wharton, 2009）。随着研究方法的不断科学化，新手段和新工具的不断出现，语用学与其他学科的融合越来越多，有时候很难分清是语用学的一个分支学科还是语用学视角下别的学科。例如，语料库语用学是语用学和语料库语言学结合的一个新发展，但Aijmer & Rühlemann（2015）也称其为“语料库–语用研究”（corpus-pragmatic research），既不是新理论也不是新学科。语用学的界面也越来越多。《语用学手册》（Horn & Ward, 2006）里列举了语用学与语法的互动、语用学与论元结构、语义学、语言哲学、词汇/词库、语调、语言习得、计算语言学等的界面研究。《剑桥语用学手册》（Allan & Jaszczolt, 2012）里还收录了语用学与语言变化、韵律学、信息结构等界面研究。

语用学本身也是研究对象，如语用学史、语用学的进化等，还可以是理论和方法，如阅读的语用学（pragmatics of reading）等（见 Mey, 2009），也指具体学者的理论和方法，如弗雷格语用学（Horn, 2007）、（新）格莱斯语用学（Horn, 2005; Mey, 2009）；还指可以传授的知识和获得的能力（Bates,

1976）、语言教学中的理论和方法（Kasper & Rose, 2001），也可指教学内容，如语言与文化的接口（Ishihara & Cohen, 2010）等。

语用学也是研究范式和视角。语用学是语言学的"实用转向"，即从理论语法（尤其是句法）范式到语言使用者范式的转移（Mey, 2001: 4）。语言研究有语言结构描写和语言使用描写，语用学家之所为是语法学家之不能为。语用学不同于哲学、社会学、人类学与语言学，既是这些学科的"语言学视角"，也是语言学的新视角——"语用视角"（同上：8–9），既从实用角度研究语言的功能，又为语言学解决老问题提供了新的办法（同上：11）。Cummings（2005）的《语用学》以"一个多学科视角"为副标题，内容包括语用学的多学科本质、意义理论（包括推理模式、心理语言学模式和社会学模式）、关联理论、语用学与心智、哈贝马斯与语用学、人工智能与语用学、语言病理学与语用学。他在最后一章"多学科的语用学"里，讨论了"其他学科与语用学"和"语用学与其他学科"的双向关系，并最后指出，语用学的多学科概念，其真正的威力在于能够超越学科界限，不断重新界定语用研究（pragmatic inquiry）的范围（同上：312）。

荷兰本杰明出版公司1986年以来在Pragmatics & Beyond新旧两个跨学科语言研究系列里共出版了385本专著和文集。1980—1986年出版的55本，涵盖"话语研究、语用学、语义学、社会语言学与方言学"。1988—2022年（3月）出版的330本，其中有语用学与各种学科的并置、融合和交叉，以学科面广、理论和方法多样为特色，囊括了跨学科语言研究领域的所有内容。当代语用学正在以"毫无学科边界设定"[①]的语言使用研究图景更新着我们对"语"用之学的认知。

3. 语用学的符号学渊源

许多语用学教科书（如 Levinson, 1983；Huang, 2007; 2014）、文集（如 Davis, 1992）和工具书（如 Allan & Jaszczolt, 2012; Huang, 2012，2017）以 Morris（1938）的实用学为"语用学"之源。莫里斯在"符号过程的维度与平面"一节里写道，从符号过程的三重关系里的三个要素（符号载体、所指、

① 详见 https://benjamins.com/#catalog/books/pbns/main (2022-5-1 检索).

解释者）出发，既可以研究符号与其所指的事物之间的关系，也可以研究符号与其解释者之间的关系。第一种关系是符号过程的意义维度，第二种关系是符号过程的实用维度。他把研究这两种关系的学科命名为“义学”和“用学”。他接着指出，符号与符号之间存在着关系，即使没有真实的关系也有潜在的关系，所以要区分出符号过程的第三种相关关系：句学维度，并命名为“句学”。莫里斯提出的义学、用学和句学都是符号学的分支学科。恰如他的syntactics不是现代语言学里涵盖所有语言结构（包括音系结构和句子结构）的syntax（Allot, 2010: 184），他的pragmatics也不是当代语用学。句法是语法里最重要的一部分，但由于不同语言的词形变化情况不同，词法也是一个近乎独立的部分（Robins, 1964: 223）。Morris（1938）全文没有正式用过“语法”“词法”等语言学术语。他认为语言学领域从逻辑学视角出发做了不少工作，但常常是无意识而为，且有不少混乱；而逻辑学家自远古时期就关注推理，这涉及研究语言内部符号一些组合之间的关系（同上：13）。他还进而强调道，形式逻辑学家与语法学家的区别仅仅在于他对句子类型和语言科学里有效的转换规则更感兴趣，要对整个句学领域做充分探索，也离不开语法学家和科学以外的领域相辅（同上：21）。

莫里斯的实用学对语用学的影响在于，它为20世纪60、70年代包罗万象的语言研究（如人际交流的精神病理学研究和符号系统进化研究）提供了宽泛的术语，引发了有别于研究普遍符号系统的语言符号学（linguistic semiotics），也为欧洲大陆包括社会语言学、心理语言学等诸多学科的语言学研究所普遍使用（Levinson, 1983: 2），同时也是分析哲学视野下的语言实用学普遍使用的一个狭义术语。许多引莫里斯为语用学之源的著作在符号学对语用学的实质性贡献上语焉不详，就不难解释。Mey（2001: 4–5）在“语用学界说”中指出，现代交际理论关心的“信息”和“语言使用者”与莫里斯的符号学概念有所不同。传统语言学关注语言使用者产出的成分和结构，而语用学关注使用语言的人，对语言产出过程和人感兴趣。

Chapman（2011）从未提到过莫里斯的符号学。他在“语用学史”的专章中，第一部分介绍“结构主义”并把索绪尔的符号学作为重要内容。他指出，索绪尔强调语言的结构系统性，如他所愿，结构主义传统下的符号学研究包括的不只是语言，还有其他符号和人类行为的系统和形式。在语言学领域，索绪尔对“言语”（*parole*）的看法和对个体说话者的重视，让我们不能不把他奉为“现代语用学的直系祖先”，没有“之一”。他指出索绪尔没有区分语言意义与语境意义，同时也并不认为莫里斯是哲学家或符号学家，而是结构主义传统下的“语言学家”，仅仅出于把语言领域的学科分得更细，才把“语用学”引入语言学（Chapman, 2011: 45–46）。这一论断过于简单，忽视了莫里斯符号学的科学精神。但他彰显索绪尔符号学理论在语用学史上的地位，倒不是无中生有。Leech（1983: 6）的《语用学原理》里只提到过一次莫里斯对意义研究的语义与语用之分。他对语义学和语用学关系的看法不同：“语义学与语用学是互补并相互联系的研究领域。把这两者分开的看法在主观上容易接受，但难以用客观方法证明”。他提出了三种区分：语义主义（语义学里的语用学）、语用主义（语用学里的语义学）、互补主义（语义学与语用学互补，但各自都是独立的研究领域），并用大量篇幅引述和讨论索绪尔的语言学思想，尤其是语言符号任意性理论（同上：25）和索绪尔、弗斯、韩礼德把语言看做社会现象的观点（同上：54）。

符号学分索绪尔传统下的欧洲大陆学派和皮尔斯与莫里斯传统下的英美学派，名称不一，且各自有许多别名（见Huang, 2012）。许多文献把semiology解释为semiotics的一个分支。Huang（2012）写道：semiology是研究“社会生活中符号的作用”的一门一般科学；semiotics是研究“符号、信号（signals）及其使用的一门一般科学”。这两个词条下都有完全相同的一句话：“包括语用学在内的语言学是这门一般科学的一部分”。

皮尔斯创建的符号学是“逻辑学”的别名（见 Peirce, 1994: CP 2.227）。他多次提到过语言学，并指出语言学是一门“广博的科学”，可细分为词语言学（Word Linguistics）和语法（同上: CP 1.200）。他从未谈过符号学与语言学之间的关系，只把语言学与社会学、技术（包括美术）、宗教、民俗学一道归入人种学（Ethnology）或人类文化学（同上：CP 1.264），也把语言学与人类学、社会科学一道归入心理科学（psychical sciences）（同上：CP 6.2）。莫里斯从符号过程的三重关系出发，为语言学提供了哲学、逻辑学、符号学理念。索绪尔创建的符号学是一个有关符号理论的构想，旨在“研究符号的本质及符号之间的法则”并“明确界定语言学的地位”（Saussure, 1916/1959: 15–16）。他认为，符号学是一门“一般科学”，语言学是它的一个分支。在他的影响下，以巴特和格雷马斯为代表的欧洲符号学派注重研究符号之间的关系及符号在特定语篇里产生意义的方式。巴特认为，把符号学视作语言学的一部分，就能更清楚地看到当前人类学、社会学、心理分析及文体学中围绕意义概念进行的所有研究是一致的（Barthes, 1964/1967: 11）。

符号学与语言学的复杂关系，导致语用学的地位非常微妙。莫里斯的符号学构想为现代语言学提供了范式性构架。索绪尔的《普通语言学教程》里只有“句法”，但他的符号意义理论与后来才出现的语义学和语用学不无关系。Levinson（1983）采用英美语言学和哲学框架，只在“语用学的范围”一章的脚注里（同上：14）提到过索绪尔。Leech（1983）把索绪尔的语言符号论由词汇层上升到语法层。他指出，索绪尔的“任意性”等于“规约性”，因为语言学范畴和规则不能从语言以外的现实中推测出来。语法规则也如此，但语言的使用有变体（如祈使句可省略主语而丝毫不受影响，因为我们可以推测出谁是主语），需要“语用理据”描写和解释（同上：25）。Levinson（2000: 118）后来指出，索绪尔的许多语义对立概念在语用学中同样重要。Verschueren（1999）的《语用学》重视莫里斯，但也不漠视索绪尔的贡献。他赞同Thibault（1997）的观点，认为有必要回到索绪尔的源头，去发掘被其后的语言学所忽视的相关语用学思想。21世纪出版的几本《语用学手册》（如Horn & Ward, 2006；Allan & Jaszczolt, 2012；Huang, 2017）都在不同程度地肯定索绪尔的符号学思想与语用学的关系。

语用学家对索绪尔和莫里斯的不同偏重和取舍，源于符号学家的偏重和取舍。有的著作如《符号学词典》（Martin & Ringham, 2000）重视索绪尔，彻底忽略莫里斯；有的走向另一个极端。虽然《符号学史》（Eschbach & Trabant, 1983）和四卷本《符号学》文集（Gottdiener *et al*., 2003）等文献尊索绪尔为符号学的奠基人，排在叶姆斯列夫、雅各布森、皮尔斯、莫里斯之前，但英国语义学和符号学家Ogden & Richards（1923: 5–6）早就对索绪尔的符号论做出了负面评价。半个世纪后，Walther（1974）在《符号学基石》一书中的“序”里断言，索绪尔传统下的法国结构主义符号学研究对构建符号的一般理论“毫无用处”，在“符号学史纵览”一章中对索绪尔一带而过。Krampen（1987: 61–62）在《符号学经典》里专文为索绪尔鸣不平：布龙菲尔德、霍凯特、威尔斯、乔姆斯基等美国语言学家无一不承认索绪尔对现代语言学的杰出贡献，但有些符号学家却拿仅仅是一个项目（project）的皮尔斯符号学来轻看索绪尔。他还指出，在还原索绪尔的真实语言学理论过程中，新的程序和方法本身就有许多从事"语用语言学"的学者可以参考的东西。他把符号使用（sign use）等同于言语使用（speech use），认为这种"语用学"对意义的研究是语言学的一个方向（同上：62）。

索绪尔重视表意符号（以语言符号为主）在符号系统里的意义，莫里斯重视所有表意符号（包括语言符号）的逻辑学意义。他们的相同之处是，都把符号学看做科学和理论。当代符号学的发展大大超出了他们当初的设想，内容包罗万象，特质和属性复杂，符号学家的看法也众说纷纭：行动、思潮、项目、领域、学科、元学科（metadiscipline）、学说（doctrine）、理论、科学，有视之为"时尚"的，也有视之为"革命"的（参见Nöth, 1990: 4）。当代语用学在与符号学的衍生、共生、分野、互动的发展过程中，既不是符号学，也不完全是语言学，而是吸收了符号学科学理念的一个具有独立学科性质的跨学科多面体。

4. 语用学的符号学维度

Morris的符号学有三个符号过程维度，实用学研究的"实用维度"只是其一。本文认为，当代语用学有至少以下三个符号学维度。

（1）作为科学和科学工具的语用学。Morris（1938: 2）指出，符号学与科学（the sciences）的关系是一种"双重关系"：既是诸多科学中的一门科学，又是所有科学的一个工具。科学的符号学，其意义在于把科学整合起来，为任意一门专业的符号科学提供基础。每一门科学都要用符号，也要用符号手段表达其研究结果，因此，符号学必须提供相关符号和研究所需要的原则。

当代语用学是一门语言学性质的科学，也是与其他科学领域交叉和互动的科学。它把语言学和语言科学这一领域语用学视角下的各种研究整合起来，并为其他学科提供理论、视角和方法。虽然语用学的学科属性多元，也与话语分析、应用语言学等学科并列，但它提供的语言意义解释，有时候是其他学科做不到的（Mey, 2001: 12）。

（2）作为元符号学和元语言学的语用学。Morris还指出，以符号学为工具研究科学的科学是元科学（metascience）；符号学必须使用指示符号的元符号（metasign）。他把广义符号学里的所有术语都看成“符号学术语”，包括“实用学”（Morris, 1938: 8）。他把“解释者”“解释项”“规约”“查证”“理解”等都看做实用学术语，认为“符号”“语言”“真值”“知识”等很多严格的符号学术语都有重要的实用成分（同上：29–30）。语用学术语里，不少是新词或旧词新意，如言语行为、施为、言后行为、会话含义、合作原则等。“语用学”本身也是个语用学术语，离开语义学和句法学无法单独界定。Allott（2010）编写的《语用学关键术语》中收录了三百多条，包括“符号学”“语义学”“句法学”等。

莫里斯区分了纯符号学与描写符号学（Morris, 1938: 9），这也是元符号学（metasemiotics）与符号学之别。Silverstein（1976）在语言人类学领域提出的元语用学（metapragmatics），是对语言的语用结构进行描写的学科，与描写语义语法结构的元语义学原理相似（同上：48）。Mey（2001）专章讨论了“元语用学”，主要依据是Caffi（1994）的元语用学研究。他不承认莫里斯对语用学的贡献，因此没注意到莫里斯的元符号学理念对元语用学的启发。但他提出应该对语用学这一学科本身及其研究目的和方法进行“元语用学思考”（同上：178）的重要性，揭示了语用学的一个重要符号学维度。

莫里斯指出，讨论科学语言的语言是元语言（Morris, 1938: 9，22）。他后来强调，符号学能“为语言学提供元语言”并催生一门以符号学理论为基础的科学——语言学（Morris, 1946: 221）。现代逻辑学和语言学都区分了对象语言和元语言（Tarski, 1936/2002），这一事实使语言学分为语言学和元语言学，更重要的是“元语言”的使用有metalingual和metalinguistic两个层次之别（封宗信, 2005）。Leech（1983）在“含义”“命题”“准则”等语用学术语之上提出了“元含义”（meta-implicature）、“元命题”（meta-proposition）、“元准则”（meta-maxim），包括描写过程中的“元语法”性质、礼貌的“元语言”问题、说话者使用的“元语言策略”等，用于元理论探讨。依赖于元语言的理论与元理论，也是当代语用学的另一个符号学维度。

（3）作为社会符号学的语用学。社会符号学是当代符号学的一个重要分支，是在索绪尔的符号学理论上发展起来的，研究人在设计和解释符号意义过程中的社会维度。Leech（1983）提出的社会语用学，其实是在韩礼德

（Halliday, 1978）“语言是社会符号”的理论影响下，明确了语用学的另一个符号学维度。韩礼德对语言交际的“情境语境”有深入分析，并注意到了话语与环境有直接的“语用关系”，认为语用性质的语言是表示行动（action）的语言，有其社会功能（同上: 29–32）。他在功能语法里（Halliday & Matthiessen, 2014: 38）把语用性修辞范畴与信息性、说教性、告诫性范畴等放在并列地位，看做具体语境下的语篇（话语）有意义的范畴之一。韩礼德一直把自己的语言学理论称作“语法”和“语法理论”，与莫里斯符号学的三分法不同。功能语言学理论有三个组成部分：概念功能、人际功能、语篇功能，分别关心信息内容、信息交换、信息结构。社会符号视角下从意义潜势到体现过程中，系统选择就是意义。韩礼德认为，体现与实例化本身就涉及语用学问题（Halliday, 1996: 30）。语法在建构符号学关系，是对经验的原型过程之一的建模（同上: 31）。

Thibault（1997: 335）指出，研究语言使用的“语用学”与“系统”观点并不对立。他指出，语用学是以组合关系为基础的话语语义学，没考虑到具体意义选择的语义潜势所处的聚合（系统）网络。以特定语境或“语用”标准把篇章与其所处的系统割裂开来，就没法说明一个具体篇章是系统里许多可能的理论体现之一（同上：14）。他还指出，单个话语的语用与符号形式（semiotic form）的系统性相关，语言形式的语义与话语的语境语用意义不能割裂。他认为，由于依赖语境的社会意义正是通过系统中的选择来实现的，“具体话语符号的语义学就是语用学”（同上：153）。Wierzbicka（1991）对经典语用学理论提出了挑战，把自己的语用学研究称为“人际互动语义学”。社会符号学视角下的语义学，尤其话语和篇章语义学，是当代语用学的一个重要组成部分。因此，社会符号学也是当代语用学的一个重要符号学维度。

5. 结语

语用学是一门具有多个维度的学科和语言科学领域，因此才能成为影响许多相邻学科的范式、视角、理论和方法。当代语用学的多面性与符号学的许多特质有关。符号学关注任何可以被当成符号的东西（Eco, 1976: 7），也关注语言学和语言科学领域任何有意义的东西。莫里斯的符号学是对实用主义、经验主义和逻辑实证主义三个哲学流派的归纳。他1934年提出符号（symbol）的三类关系（与人、与物、与其他符号），1938年才在符号（sign）理论框架下提出用学、义学和句学。索绪尔的符号学是现代语言学的直接理论基础，但在1959年后才在英语世界里产生广泛影响。虽然索绪尔没有提出语用学，但他的符号学思想具有语用符号学（pragmasemiotic）性质，是20世纪60年代末以来沿着巴特传统发展的符号学一直使用的话语研究的一个方法（Sturrock, 2003: 41）。

经典语用学比莫里斯符号学框架里的“实用学”范围小很多（Levinson, 1983: 2），但当代语用学要比Haberland & Mey（1977）提出的“语言实用学”宽泛很多。当代语用学是在符号科学、语言科学、语言哲学、语言学及相关学科的复杂关系中发展和壮大起来的，已由“当代语言学”里一个飞速发展的领域（Huang, 2007: 1）成为“当代语言学和语言哲学”里最有生机和发展最快的领域之一（Huang, 2014: 1）。它能发展成为一门领先的科学，核心在于其多面性和科学的符号学维度。

参考文献

Aijmer, M. & C. Rühlemann. (eds.). 2015. *Corpus Pragmatics: A Handbook*. Cambridge: Cambridge University Press.

Allan, K. & K. Jaszczolt. (eds.). 2012. *The Cambridge Handbook of Pragmatics*. Cambridge: Cambridge University Press.

Allott, N. 2010. *Key Terms in Pragmatics*. London: Continuum.

Ariel, M. 2012. Research paradigms in pragmatics. In K. Allan & K. Jaszczolt. (eds.). *The Cambridge Handbook of Pragmatics*. Cambridge: Cambridge University Press. 23–45.

Austin, J. 1962. *How to Do Things with Words*. Oxford: Clarendon.

Barbaresi, L. 2009. Morphopragmatics. In J. Mey (ed.), *Concise Encyclopedia of Pragmatics*. Amsterdam: Elsevier. 649–652.

Barthes, R. 1964/1967. *Elements of Semiology*. New York: Hill and Wang.

Bates, E. 1976. *Language and Context: The Acquisition of Pragmatics*. New York: Academic Press.

Blum-Kulka, S., House, J. & G. Kasper. (eds.). 2011. *Cross-Cultural Pragmatics: Requests and Apologies*. Norwood, NJ: Ablex.

Caffi, C. 1994. Metapragmatics. In R. Asher & J. Simpson. (eds.). *Encyclopedia of Language and Linguistics*. Oxford: Pergamon. 2461–2465.

Carnap, R. 1938. *Foundations of Logic and Mathematics*. Chicago: The University of Chicago Press.

Chapman, S. 2011. *Pragmatics*. Basingstoke: Palgrave Macmillan.

Christie, C. 2000. *Gender and Language: Towards a Feminist Pragmatics*. Edinburgh: Edinburgh University Press.

Cole, P. (ed.). 1978. *Syntax and Semantics 9: Pragmatics*. New York: Academic Press.

Cole, P. & J. Morgan. (eds.). 1975. *Syntax and Semantics 3: Speech Acts*. New York: Academic Press.

Cummings, L. 2005. *Pragmatics: A Multidisciplinary Perspective*. Edinburgh: Edinburgh University Press.

Cummings, L. 2009. *Clinical Pragmatics*. Cambridge: Cambridge University Press.

Cummings, L. (ed.). 2017. *Research in Clinical Pragmatics*. Basel: Springer.

Davis, A. (ed.). 1992. *Pragmatics: A Reader*. Oxford: Oxford University Press.

Eco, U. 1976. *A Theory of Semiotics*. Bloomington, IN: Indiana University Press.

Eschbach, A. & J. Trabant. (eds.). 1983. *History of Semiotics*. Amsterdam: John Benjamins.

Gottdiener, M., Boklund-Lagopoulou, K. & A. Lagopoulos. (eds.). 2003. *Semiotics*. London: Sage.

Grice, H. 1957. Meaning. *Philosophical Review* 66: 377–388.

Grice, H. 1975. Logic and conversation. In P. Cole & J. Morgan (eds.). *Syntax and Semantics 3: Speech Act*. New York: Academic press, 41–58.

Haberland, H. & J. Mey. 1977. Linguistics and pragmatics. *Journal of Pragmatics* 1: 1–12.

Habermas, J. 1998. *On the Pragmatics of Communication*. Cambridge, MA: The MIT Press.

Habermas, J. 2001. *On the Pragmatics of Social Interaction*. Cambridge, MA: The MIT Press.

Halliday, M. A. K. 1978. *Language as Social Semiotic: The Social Interpretation of Language and Meaning*. London: Edward Arnold.

Halliday, M. A. K. 1996. On grammar and grammatics. In R. Hasan, C. Cloran & D. G. Butt (eds.). *Functional Descriptions: Theory in Practice*. Amsterdam: John Benjamins. 1–38

Halliday, M. A. K. & C.M.I.M. Matthiessen. 2014. *Halliday's Introduction to Functional Grammar* (4th ed.). London: Routledge.

Hickey, L. (ed.). 1989. *The Pragmatics of Style*. London: Routledge.

Hickey, L. (ed.). 1998. *The Pragmatics of Translation*. Clevedon: Multilingual Matters.

Horn, L. 2005. Current issues in Neo-Gricean pragmatics. *Intercultural Pragmatics* 2: 191–204.

Horn, L. 2007. Toward a Fregean pragmatics. In I. Kecskes & L. Horn (eds.), *Explorations in Pragmatics: Linguistic, Cognitive, and Intercultural Aspects*. Berlin: Mouton de Gruyter. 39–69.

Horn, L. & G. Ward. (eds.). 2006. *The Handbook of Pragmatics*. Oxford: Blackwell.

Huang, Y. 2007. *Pragmatics*. Oxford: Oxford University Press.

Huang, Y. 2012. *The Oxford Dictionary of Pragmatics*. Oxford: Oxford University Press.

Huang, Y. 2014. *Pragmatics* (2nd ed.). Oxford: Oxford University Press.

Huang, Y. (ed.). 2017. *The Oxford Handbook of Pragmatics*. Oxford: Oxford University Press.

Ishihara, N. & A. Cohen. 2010. *Teaching and Learning Pragmatics*. London: Longman.

Kasper, G. & K. Rose. 2001. Pragmatics in language teaching. In K. Rose & G. Kasper (eds.). *Pragmatics in Language Teaching*. Cambridge: Cambridge University Press. 1–11.

Krampen, M. 1987. Ferdinand de Saussure and the development of semiology. In M. Krampen, K. Oehler, R. Posner, T. Sebeok & T. Uexküll (eds.). *Classics of Semiotics*. New York: Springer. 59–88.

Lakoff, G. 1969. Presupposition and relative well-formedness. In W. Todd (ed.). *Studies in Philosophical Linguistics* (Series 1). Evanston, IL: Great Expectations. Reprinted in: D. Steinberg & L. Jakobovics (eds.). 1971. *Semantics: An Interdisciplinary Reader in Philosophy, Linguistics, and Psychology*. Cambridge: Cambridge University Press. 329–340.

Lecercle, J. 1999. *Interpretation as Pragmatics*. Basingstoke: Macmillan.

Leech, G. 1983. *Principles of Pragmatics*. London: Longman.

Leech, G. 2014. *The Pragmatics of Politeness*. Oxford: Oxford University Press.

Levinson, S. 1983. *Pragmatics*. Cambridge: Cambridge University Press.

Levinson, S. 2000. *Presumptive Meanings: The Theory of Generalized Conversational Implicature*. Cambridge, MA: The MIT Press.

Martin, B. & F. Ringham. (eds.). 2000. *Dictionary of Semiotics*. London: Cassel.

Mey, J. (ed.). 1979. *Pragmalinguistics: Theory and Practice*. The Hague: Mouton.

Mey, J. 2001. *Pragmatics: An Introduction* (2nd ed.). Oxford: Blackwell.

Mey, J. (ed.). 2009. *Concise Encyclopedia of Pragmatics* (2nd ed.). Amsterdam: Elsevier.

Morris, C. 1938. *Foundations of the Theory of Signs*. Chicago: The University of Chicago Press.

Morris, C. 1946. *Signs, Language and Behavior*. New York: Prentice-Hall.

Nöth, W. (ed.). 1990. *Handbook of Semiotics*. Bloomington, IN: Indiana University Press.

Ogden, C. & I. Richards. 1923. *The Meaning of Meaning*. London: Harcourt Brace Jovanovich..

Oh, C. & D. Dinneen. (eds.). 1979. *Syntax and Semantics 11: Presupposition*. New York: Academic Press.

Parret, H. 1983. *Semiotics and Pragmatics*. Amsterdam: John Benjamins.

Peirce, C. 1994. *The Collected Papers of Charles Sanders Peirce*. London: Continuum.

Robins, R. 1964. *General Linguistics*. London: Longman.

Ross, J. 1970. On declarative sentences. In R. Jacobs & P. Rosenbaum (eds.). *Readings in English Transformational Grammar*. Waltham, MA: Ginn. 222–272.

Rowland, T. 1999. *The Pragmatics of Mathematics Education*. London: Falmer Press.

Sadock, J. 1974. *Toward a Linguistic Theory of Speech Acts*. New York: Academic Press.

Sadock, J. 1977. Aspects of linguistic pragmatics. In A. Rogers, R. Wall & J. Murphy (eds.). *Proceedings of the Texas Conference on Performatives, Presuppositions and Implicatures*. Arlington, VA: Center for Applied Linguistics. 67–78.

Saussure, F. 1916/1959. *Course in General Linguistics*. New York: The Philosophical Library.

Searle, J. 1969. *Speech Acts: An Essay in the Philosophy of Language*. Cambridge: Cambridge University Press.

Searle, J. 1975. What is a speech act?. In P. Cole & J. Morgan (eds.). *Syntax and Semantics 3: Speech Acts*. New York: Academic Press. 59–82.

Silva-Corvalán, C. 1989. The pragmastylistics of hypothetical discourse. In L. Hickey (eds.).

The Pragmatics of Style. London: Routledge. 87–105.

Silverstein, M. 1976. Shifters, linguistic categories, and cultural description. In K. Basso & H. Selby (eds.). *Meaning in Anthropology*. Albuquerque, NM: University of New Mexico Press. 11–55.

Sperber, D. & D. Wilson. 1986/1995. *Relevance: Communication and Cognition*. Oxford: Blackwell.

Sturrock, J. 2003. *Structuralism* (2nd ed.). Oxford: Blackwell.

Tarski, A. 1936/2002. On the concept of following logically. *History and Philosophy of Logic* 23: 155–196.

Thibault, P. 1991. *Social Semiotics as Praxis*. Minneapolis, MN: University of Minnesota Press.

Thibault, P. 1997. *Re-reading Saussure: The Dynamics of Signs in Social Life*. London: Routledge.

van Dijk, T. 1977. *Text and Context: Explorations in the Semantics and Pragmatics of Discourse*. The Hague: Mouton.

van Dijk, T. 1981. *Studies in the Pragmatics of Discourse*. The Hague: Mouton.

Verschueren, J. 1999. *Understanding Pragmatics*. London: Arnold.

Verschueren, J., Östman, J. Blommaert, J. & C. Bulcaen. (eds.). 2002. *Handbook of Pragmatics*. Amsterdam: John Benjamins.

Walther, E. 1974. *Allgemeine Zeichenlehre: Einführung in die Grundlagen der Semiotik*. Stuttgart: Deutsche Verlags-Anstalt.

Wharton, T. 2009. *Pragmatics and Non-Verbal Communication*. Cambridge: Cambridge University Press.

Wierzbicka, A. 1991. *Cross-cultural Pragmatics: The Semantics of Human Interaction*. Berlin: Mouton de Gruyter.

Wilson, J. 2015. *Talking with the President: The Pragmatics of Presidential Language*. Oxford: Oxford University Press.

封宗信，2005，语言学的元语言及其研究现状。《外语教学与研究》（6）：403–410。

The Multi-Facetedness of Contemporary Pragmatics and Its Semiotic Dimensions

Abstract: Pragmatics is characterized with multi-facetedness in terms of its sources of theory, objects of study, methods of inquiry and routes of development. It is a branch of contemporary linguistics, an independent discipline and an interdisciplinary field of study; it is a set of theories, a paradigm, an approach and a perspective, and it has influenced theories, paradigms, approaches and perspectives of many other disciplines. The multi-facetedness of contemporary pragmatics is rooted in the complex relations between contemporary linguistics, language science and related disciplines, and above all, in the multi-facetedness of contemporary semiotics. While "the pragmatic dimension" is one of the three dimensions in the Morrisian semiotic framework, contemporary pragmatics has at least three semiotic dimensions: the scientific-instrumental, the metasemiotic/metalinguistic and the social semiotic.

Keywords: pragmatics, Morrisian semiotics, Saussurean semiology, social semiotics, semantics

语料库语言学

守正创新与基础研究

——来自“英语用法知识库”建设的启示

清华大学　杨永林*

[提　要]　英语习惯用法的学习，一直是中国英语学习者的难点痛点。问题集中表现在费时费力、效率低下这一点上。传统的教学方法提倡机械性操练；新兴的构式语法提倡“形式、语义、功能”三位一体的意义加工模式；新生的数字化教学平台提倡多样化的训练。实际上，对于中国学生而言，英语习惯用法之难，主要体现在搭配性、多义性、应用性三个方面。针对这三个方面的问题，我们结合“英语用法知识库”的建设工作，认为缓解的措施有三条，首先，只有从基础研究入手，才能触及问题的本质；其次，应当对广义的英语教学提供一种资源化的方案；最后，基于在线学习的智能化手段，也是必不可少的技术支撑。

[关键词]　英语教学；习惯用法；问题所在；破解方法；知识库建设

---

*　杨永林，清华大学人文学院外文系教授、博导。研究方向：社会语言学、应用语言学、语言技术、标志译写。Email：ylyang@mail.tsinghua.edu.cn。通信地址：100084 清华大学外文系。

1. 引言

2019年初春，时任教育部高教司司长吴岩在第四届全国高等学校外语教育改革与发展高端论坛上，作了题目为“新使命 大格局 新文科 大外语”的报告。根据这一纲领性报告的精神，结合为期八年的“英语用法知识库”（An English Usage Corpus）建设工作，我们愿与各位在守正创新的框架之下，探讨基础研究对于英语教学的反拨作用。

所谓守正，就是要通过基础研究来加强英语本体研究；所谓创新，就是要在拓宽领域、与时俱进的同时，着重解决一线教学“急难愁盼”的问题。而如何提升习惯用法学习的实效性，为新形势下外语学科的“守正创新”，提供了一种新思路。

2. 问题

众所周知，习惯用法一直是英语教学中的老大难问题，不但难教，更是难学。从教学方面而言，除了逐条翻译讲解之外，没有其他可选项；从学习方面来说，除了反复操练之外，也无更好的办法。长此以往，逐步形成了一种普遍默认的看法：英语习惯用法的学习，没有规律可言，只能死记硬背。

造成这一瓶颈现象的原因有多种，以下我们主要从搭配性（collocationality）、多义性（polysemicity）、应用性（applicability）三个方面入手，进一步突显其内在的特殊性和外在的表象性，使问题的讨论更有针对性，解决的方法更有靶向性。

英语的习惯用法（usage），作为一种构式（construction），主要有短语和习语（phrases and idioms）两种表现形式。其间的差别为：短语结构相对灵活；成分可以替换；允许变体形式；可有语法变化。习语结构相对固定；成分不可替换；鲜有变体形式；少有语法变化。如果是短语动词，还要加上一条区别特征：除了动词和小品词之外，其他成分多变。

为了论述的方便，本文采用国外构式研究中通行的做法，除非必要，对于构式、习语、短语三种表述，一般不作具体区分。实际上，随着构式语法研究的深入，构式的概念与范畴不断外延，早已超出了传统意义上的短语习语——

相关研究表明，英语里表示广义的短语习语结构的说法，目前有50种之多（Wray，2002: 9）。如何准确命名这种语言现象本身，已经成为一个新的学术研究焦点。

2.1 搭配性的问题

早在二百多年前，词典大家 Samuel Johnson（1755）就曾注意到一种有趣的现象：英语本族语人常用小品词来修饰动词的意义，而这种用法对于外国人而言很难理解。例如，to come off 脱手；to fall on 攻击；to escape by a fetch 设计逃脱；to fall off 脱离；to apostatize 变节；break off 中断……这种用法数目海量，其中有些似乎脱离了本义，且毫无规则可言，根本无法理清其词义演变的过程。（There is another kind of composition more frequent in our language than perhaps in any other, from which arises to foreigners the greatest difficulty. We modify the signification of many verbs by a particle subjoined; as *to come off, to escape by a fetch*; *to fall on, to attack*; *to fall off, to apostatize*; *to break off, to stop abruptly* ... with innumerable expressions of the same kind, of which some appear wildly irregular, being so far distant from the sense of the simple words, that no sagacity will be able to trace the steps by which they arrived at the present use.）

最近几年，构式研究在二语和外语领域，取得了迅速的发展，有助于解决上述问题。这一点尤其体现在短语动词的搭配性方面：英语常见动词 do、come、go、get、have、make、take 等，同小品词 up、on、out、off 等搭配组合，即可构成海量固定说法。例如，在四六级词表中，动词 + up 构成的短语，有150余条，占短语总数的8%，其中大多数都可以用“up = 完全、彻底”的语义模式去解读。例如 beat up 痛打；burn up 烧毁；buy up 买断；clean up 打扫干净；clear up 痊愈；cut up 切碎；do up 绑紧；dry up 擦干；end up 结束；finish up 做完；fix up 修好；lap up 喝光；line up 排好队；lock up 锁好；mix up 混匀；pay up 付清；roll up 卷紧；save up 存好；sell up 售罄；sew up 缝好；shoot up 击毁；soak up 湿透；tear up 撕碎；tie up 系紧；use up 用完；wash up 洗净；wrap up 包好；zip up 拉好拉链。

同理，在“英语用法知识库”收录的2万多词条中，带有“up”的短语词条就有600余条，占到了词条总数的3%左右。由此可见，掌握搭配性的规律是学好英语习惯用法的关键所在。

2.2 多义性的问题

习惯用法的多义性，以短语动词为例，涉及两个方面的问题：首先，从内部构成而言，构成海量习惯用法的常用动词和小品词，本身就有多义性的特点，在不同的搭配组合中，有着不同的语义表现；其次，组合而成的习惯用法也往往表现出多义性的特点，有时甚至出现兼具正反二义的现象。

首先，以动词take为例，在下列词条中，表示不同的含义：

（1）**take things easy**

悠着点；多保重；别紧张；别操劳；少操劳（习语，随和体，零起点短语，也说 take it easy，**take 是"看待、对待、处理"**，easy 是"从容、随和、宽容、安心的、悠着点"，things 和 it 都表示泛指，用于构成习语）

My doctor advised me to take things easy. 医生建议我别太操劳。

（2）**take** something **amiss**

误解；见怪；误会；理解岔了；因为……生气；由于……错怪；因为……见怪；在乎；在意（习语，拓展短语高级，英式英语，也说 take something the wrong way，**take 是"理解"**，amiss 和 the wrong way都是"出错、不恰当"）

If I don't call her, she may take it amiss. 我要不打电话，她会见怪的。

（3）**take** someone or something **apart**

拆卸；撕碎；打败；击败；蹂躏；抨击；剖析；挑剔（短语动词，随和体，四六级短语，也说take apart someone or something，**take 是"拆开、击败、处理"**，apart是"成零碎"）

He has a sharp eye and will take your excuses apart. 他眼睛尖，会看穿你的借口。

（4）**take a notion**

忽然想做；一时兴起；心血来潮；突发奇想；突然有想法（习语，旧语，拓展短语中级，也说 have a notion to do something 或 take it into your head，**take 是"产生、形成"**，a notion 是"意图、念头"）

He had a notion to visit us. 他一时兴起，突然来访。

（5）**take a powder**

突然离开；匆忙离开；逃走；溜走；闪人；滚开（习语，俚语，拓展短语高级，美式英语，可能源于医院，也说 take a runout powder，**take 是"服用"**，

a power 和 a runout powder 都是腹泻“药粉”，服用之后就要去厕所，引申为匆忙离开）

Whenever there is a problem, he’ll take a powder. 一有麻烦，他就闪人。

其次，如下列内容所示，组合而成的习惯用法不但本身多义，有时甚至出现兼具正反二义的现象

（1）**a terrible drinker**

酒量差；酒量很差；不能喝；酒量不行；酒量很小；不会喝酒；酒量很大；喝酒很凶；很能喝酒（一词多义，零起点短语，比较 a terrible smoker 不会抽烟，也说 a light drinker 酒量不行、a heavy drinker 酒量很大，terrible 是“很差、很蹩脚、厉害的”，兼具正反二义，a drinker 是“饮酒人”）

He is a terrible drinker. 不会喝酒 / 喝酒很凶。

（2）**payback time**

回报的时候；收获时候；回敬的时候；遭报应的时候；报复的时候；秋后算账的时候；时机一到，一切都报（一词多义，拓展短语初级，payback 是“回报、报复”，time 是“时候、时刻”，兼具正反二义）

It is payback time for everything you did. 到了回报的时候 / 报应来了。

（3）**be trustful**

可信任；可信赖；充满信任；可靠的；容易轻信别人；没有疑心（一词多义，拓展短语中级，也说 be trusting，be 是“处于……状态”，trustful 和 trusting都是“可信任、容易轻信的”，兼具正反二义）

Do you think they are trustful? 你觉得他们可靠吗 / 可以信任吗?

（4）**a face that would stop a clock**

奇丑无比；长相丑陋；面目可憎；长得歪瓜裂枣；面目清秀；面容秀丽（一词多义，拓展短语高级，比喻说法，兼具正反二义，但常含贬义，a face 既可以指人的“面庞”，也可以指钟表的“表面”，that would stop a clock 是“能让钟表停止”）

She saw a face that would stop a clock. 看到一张奇丑无比的面孔 / 十分清秀的脸面。

（5）**return the compliment**

照样回敬；回敬问候；以德报德；以牙还牙；冤冤相报；还以颜色（一

词多义，拓展短语高级，也说 return someone's compliment 或 return the favor，return是“回报、报答”，the compliment 和 the favor 分别是“赞美、敬意、恩惠、善意”，兼具相反二义，既可表示以德报德，也可表示以牙还牙）

What else can we do but return the compliment? 除了照样回敬，还能怎样？

显而易见，要解决多义性问题，只有从基础研究入手，解决了“字词句”层面的问题，才能达到“既见树木，又见森林”的立体化理解，为习惯用法的使用铺平道路。

2.3 应用性的问题

另一方面，习惯用法实际使用数量的多寡，是区分本族人和学习者的一个分水岭。英语里，这种界限更是明显。国外文本分析数据结果表明，英语里习惯用法的使用频率极高：口语中高达58.6%；书面语也有52.3%（Erman & Warren, 2000, cf. Conklin & Carrol, 2021）。为了验证这一点，我们分析了美国前总统 Trump 的胜选讲演、其女 Ivanka 的助选讲演，以及英国前首相 May 题为 My vision for a country that works for everyone 的三篇讲演文本，得出的几组数据，同国外文本分析的结果大致相同。

如表1内容所示，构式在英美人士演讲体裁文本中出现的频率极高：每1.14个句子就有一条习惯用法；每14.7个单词就有一条习惯用法。这组数据还不包括重复使用的短语习语和短语名词，如果把这两项也计入，其比例还要更高。

表 1　本族人演讲文本中构式出现频率

演讲人	句子总数	单词总数	平均句长	构式总数	句子构式之比	单词构式之比
Trump	160	1 642	10.26	105	1.52: 1	15.6 : 1
Ivanka	93	1 463	15.73	98	0.95: 1	14.9 : 1
May	26	481	18.50	41	0.63: 1	11.7 : 1
总计	279	3 586	12.85	244	1.14: 1	14.7 : 1

为了比较不同体裁之中，本族人与中国学生在英语构式使用上的差异，我们还专门邀请了美国新闻学教授Paul Adams，分别按照信函、议论文、记叙文三种体裁，撰写出了三篇英语短文，以便进行进一步的分析比较。

如表2内容所示，构式在英美日常作文文本中出现的频率更高，几乎达到了无习惯用法不成句，无固定搭配不成文的地步：每0.67个句子就有一条短语习语；每8.19个单词就有一条短语习语。同理，这组数据也不包括重复使用的短语习语和短语名词，如果把这两项也计入，其比例还要更高。

表 2　本族人主题作文中构式出现频率

体裁	句子总数	单词总数	平均句长	构式总数	句子构式之比	单词构式之比
信函	9	118	13.11	14	0.64: 1	8.43 : 1
议论文	43	519	12.06	66	0.65: 1	7.86 : 1
记叙文	37	422	11.40	51	0.73: 1	8.27 : 1
总计	89	1 059	12.19	131	0.67: 1	8.19 : 1

与此形成鲜明对比的是，尽管学了多年英语，我国大学生的口头笔下，使用习惯用法的机会都不多。一篇150字左右的英语作文中，能有3–5个短语习语用得正确得体，就已经很不错了。造成这种巨大反差的一个重要原因，就是因为这方面的知识，中国学生一般都是靠囫囵吞枣式的死记硬背来获得的。在日常口头和书面交流中，因为心里没有把握，很多情况下都采用了回避策略（avoidance strategy），改用其他简单熟悉的说法来代替，很少主动选择习惯用法来表达（杨永林、丁韬，2018）。由此产生的问题有两个：中式思维的痕迹明显，语句显得生硬缺少变化；逐字硬译的现象常见，出现语法错误的概率上升。

3. 解法

改革开放以来，我国在英语教学与研究方面，取得了前所未有的成绩，为量大面广的大学英语提供了理论、方法、教学资源等多方面的支持。但是，在英语本体研究，特别是“字词句”层面的基础研究上，并没有取得可与之媲美的成就与辉煌。造成这种现象的原因有多种，除了教学过程中排斥形式化训练之外，其中一个很重要的因素就是因为基础研究周期长，项目申报难，不易出成果，所以很少有人问津。一个显而易见的事实是，缺少了基础研究，我们的英语教学改革就会成为无源之水，缺少可持续发展的动力。基于这种认识，我们通过“英语用法知识库”的建设项目，针对英语教学中的难点与痛点，对广义的英语习惯用法进行了为期八年的研究，取得了一些初步的成就，愿与大家分享。

3.1 加强基础研究

如前所述，对于中国学生而言，英语习惯用法之难，主要体现在搭配性、多义性、应用性三个方面。这三个方面的问题，只有从基础研究入手，才能触及问题的本质，找到合理的解法。而“英语用法知识库”的建设工作，本身即体现出对于这三个问题的回应。

首先，为了保证知识库在时代性和覆盖率方面的要求，我们结合实际教学需求，从英美新闻、电视节目、影视作品中，收集了海量地道说法，又从这些语料中，精选出2万余条习惯用法，形成了知识库的基本元素构成；其次，通过英美辞书、在线词典的查询，为所收集例句中的习惯说法，配上中文解释；再次，借助于各类大型英汉词典、权威在线词典，通过“括号加注”的方式，为所收录的词条配上比较完备的搭配性和多义性的解释说明，使得学习者通过这些解释说明，即可获得对于习惯用法进行自然解读的基本要素。此外，为了保证词条内容的科学性，我们还邀请了美国教授，对所有词条内容进行了审核。由此构成了“英语用法知识库”的基本内容。

3.2 引入括号加注

传统词典，不论原文还是英汉，不论综合性词典还是惯用法词典，对于短语习语词条的体例安排，不外是由“词条、释义、例句”三个部分组成。英语教材也基本上采用这种方法，通过词表形式来实现短语习语词条的解释。这种编排方法的好处是，简洁明了，条目清晰；这种方法的缺点是，既无法体现词条之间的搭配性关系，更无法表明词条内部成分的多义性现象。换言之，在这种情况之下，除非有教师在课堂上的详细讲解，否则学习者只能通过死记硬背的方法来学习各种习惯用法。

针对这个问题，结合“英语用法知识库”构建的需要，我们在传统的做法上，引入了括号加注的新元素，以期对习惯用法的搭配性和多义性有更多的描述和解释空间。与此同时，为了便于分层次教学，我们对所收录的词条，也加上了分级分类的标签。以下，分别从不同等级水平的短语习语中，随机选取出六个词条，以显示词条结构与内容的安排体例：

（1）**talk up**

吹捧；夸大；过分夸奖；炒作；哄抬价格（短语动词，零起点短语，也说talk someone or something up，talk 是“把……说得”，up 是“夸张、往好处

说”，引申为吹捧）

He talked the candidate up. 极力推举那位候选人。

（2）**take** something **up**

拿起；吸收；收进长度；从事；开始做；开始学；开始进入；继续下去；接受；采用；占用；买光（短语动词，四六级短语，也说 take up something，take 是“拿、吸收、开始、学、接受、占用、买下”，up 是“起来、完全、彻底”）

She took up IT after college. 大学毕业后，进入了IT领域。

I took up their offer. 接受了对方的报价。

He’s going to take up English writing. 开始学习英语写作。

（3）**make free with** someone or something

剥削；利用；白用；大手大脚；擅自使用；随意使用；随意改动；过分随便；过分亲昵；动手动脚；表示无礼；对……不礼貌；放肆（习语，四八级短语，也说 be free with someone or something 或 take liberties with someone or something，make free、be free 和 take liberties 都是“不受控制、擅自、放肆”，with是“对于”）

His wife suspected him of making free with his secretary. 太太怀疑他和秘书过于亲近。

Professors shouldn’t make free with their students. 教授不应该白用学生。

Luke is always making free with women. 卢克对女性总是很放肆。

（4）**give** someone **lip**

跟大人顶嘴；言语粗鲁；说话无礼（习语，拓展短语中级，也说 give some lip，give 是“给予、做出”，lip 是“唐突无礼的话语”，复数 lips 表示“亲吻”，如give her lips亲吻她）

Don’t be giving me lip. 说话不得无礼。

（5）**flip your lid**

发火；大怒；狂怒；发脾气；气炸了；怒气难忍；戾气太重；怒不可遏；勃然大怒；暴跳如雷；气急败坏；气得发疯（习语，随和体，拓展短语高级，比喻说法，可能源于19世纪工业革命中蒸汽机动力的普遍使用或蒸汽掀起茶壶盖的生活常识，也说 blow your top、blow your lid 或 blow your stack，blow 和

flip 分别是“吹动、掀起”，your top、your lid 和 your stack 分别是“顶盖、盖子、烟囱”，引申为发脾气、火气难忍）

She’ll flip her lid if you say it again. 再提此事，她会跟你急的。

（6）**carry the can**

背黑锅；承担责任；代人受过；承受指责；替人背黑锅；吃力不讨好；费力落埋怨（习语，拓展短语中级，英式英语，也说 carry the can for someone 或 take the can back，美式英语用 take the rap for someone or something，源于军队生活，carry 是“拿取、搬运”，can 是“啤酒罐、饮料桶”，新兵在领取啤酒饮料时，难免泼洒溢出，受到老兵的苛责，引申为吃力不讨好）

I won’t carry the can for your mistakes. 我可不愿替你背黑锅。

从词条内部信息的组织形式上来看，不同于传统习惯用法“词条短、释义短、例句长”的金字塔图式结构，“英语用法知识库”的词条形成了“词条短、释义长、例句短”橄榄型图式。由此可见，括号加注的方式为短语习语的用法，提供了充分的解释和标记空间。

3.3 自然解读之法

如上所述，在英语习惯用法词条的加工上，由于采用了括号加注的技术路线，使得英语习惯用法的解释，不再仅限于“词条、释义、例句”这样一种“三部曲”的结构安排，而是在提供充分的结构信息和语义解释的基础上，使得学习者在习惯用法的学习过程中，“既见树木，又见森林”，为海量习惯用法的自然解读，提供一种可选方法（杨永林、丁韬，2018）。

自然解读之法，又称之为顺位解读方法，是通过习惯用法关键词的靶向语义标注，再辅以基本的语法/用法知识，引导学习者按照习惯用法内部语言成分的自然顺序，正确理解其含义的一种学习方法。自然解读方法，同传统的理论和方法相比，有五个方面的特点。

（1）传统的理论和方法，因为无法解释习惯用法中，“$1+1\neq2$”的语义外延现象，所以把习惯用法的理解与加工，看作是囫囵吞枣式的死记硬背。自然解读法采用“$1_{lm}+1_{lm}=2_{cm}$”的表达式，认为“总体含义”（下标字母cm = construction meaning）是“局部含义”（下标字母lm = local meaning）的顺位叠加。

（2）在自然解读公式中，关键词的数量，通过数字1的叠加来表示：一个构式如果有三个关键词，则可扩展为“$1_{lm}+1_{lm}+1_{lm}=3_{cm}$”，其余类推，体现出了语法、词汇、语义的一体化/连续体的特征。

（3）自然解读法，注重习惯用法的基础性研究与资源建设。通过“字词句”层面的靶向性标注信息，使得习惯用法的理解同其他语言结构的解读一样，是线性的、自然的、组合式的。

（4）自然解读法体现了认知语言学的教学理念，鼓励学习者去探究词语的搭配模式，知晓习语的本义用法，了解一词多义的关联性（Boers, 2013: 219）。

（5）自然解读法有教学法意义上的创新性，语义相关的构式可采用先分好类别，再组合教授的原则来进行（Ellis, *et al.*, 2016: 300）。

例如，squeeze your brains、rake your brains、beat your brains out 这一组习语，通过“$1_{lm}+1_{lm}=2_{cm}$”的公式推导，可对惯用法内部的关键词进行靶向语义标注：squeeze 是“挤压”、rake 是“搜耙”、beat 是“搜索”、brains 是“智力”、out 是“彻底”。有了这些标注信息，学习者通过语义频谱的延伸和扩展，即能顺理成章地获得“绞尽脑汁、搜肠刮肚、想方设法”的正解了。

又如，在 fire away、drink away、hammer away 一组短语中，如果知道了小品词 away 的局部含义是“持续不断”，即可通过自然解读之法，明白 fire away 的意思是“不断提问”、drink away 是“喝了一杯又一杯”、hammer away 则是“用锤子不断敲打”。同理，在加工三词短语 hammer away at 之时，只需套用扩展公式“$1_{lm}+1_{lm}+1_{lm}=3_{cm}$”，把 hammer 看作是“敲打”，把 away 理解为“持续不断”，把 at 理解为“尝试”（an “attempted” action）（Levin, 1993: 42），然后按照顺位解读的逻辑，自然就会形成“一锤一锤地敲打着”的正解。

由此可见，自然解读之法，首先破解了习惯用法理解中流行已久的囫囵吞枣式的死记硬背魔咒，其次阐明了“$1+1\neq2$”公式中语义外延的机理，再次强化了字词句层面的基本功，其结果是有助于提高学习效果，加深理解力，用好用活习惯用法（杨永林、丁韬，2018）。

3.4 引入智能化手段

2020年以来，因受全球新冠疫情的影响，各大教育机构都不可避免地开始注重在线教育的重要性。在这种情势之下，基于在线学习的智能化手段，已经成为新兴网络教学平台开发中，必不可少的技术支撑元素。结合广义的英语教学，如何在习惯用法在线平台上，引入智能化的手段，则是一个无法回避的问题。而短语习语词库的建立，又是实现智能化学习的首要必备条件。为此，我们构建了“英语用法知识库”。

在建设汉语信息处理基础设施时，俞士汶先生（2021）曾有过精辟的见解：“模型可以借鉴，算法可以学习，系统构建经验可以吸取，唯有自然语言处理系统不可或缺的中文语言知识库是不可能假手于人的。”我们在“英语用法知识库”的建设中，也充分认识到这一点：短语习语词条的编排可以借鉴，算法可以采用微软的Smart Sense，词库的构建也可以模仿，唯独词条的“括号加注”部分的解释，只有基于常年外语教学和研究经验而不可得——因为中国学生英语学习的难点与痛点正在于此。

结合“星空英语”平台项目，通过技术手段，我们基于“英语用法知识库”所提供的全息信息，研制出了“英语写作小助手”，方便学习者的使用。如图1内容所示，在写作过程中，碰到所要表达的意思，只要输入中文，即可呼出写作小助手，自动获取相应的英语短语习语表达，为智能化的教学提供了有力的支持。

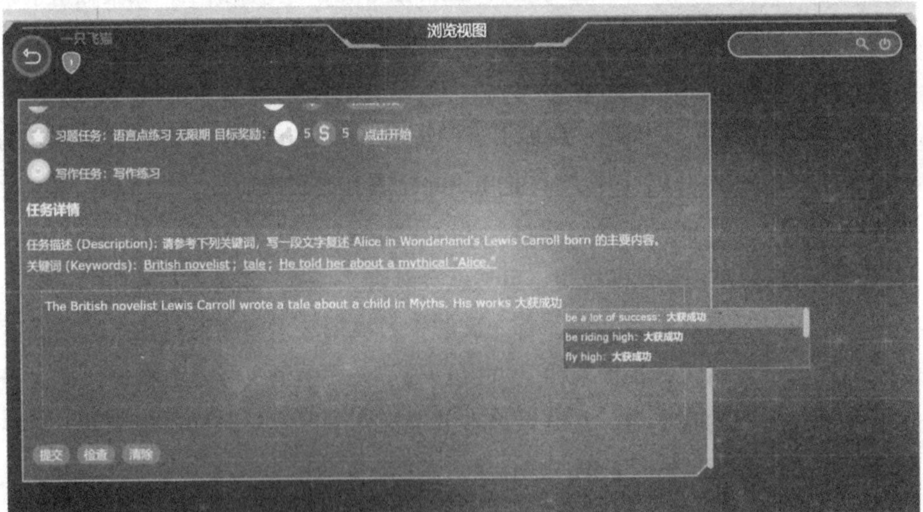

图1 英语写作小助手

同理，如图2内容所示，“英语用法知识库”内含的各类用法信息，也为短语习语配套练习的编制、评改、反馈，提供了更为多元化、智能化的选择。

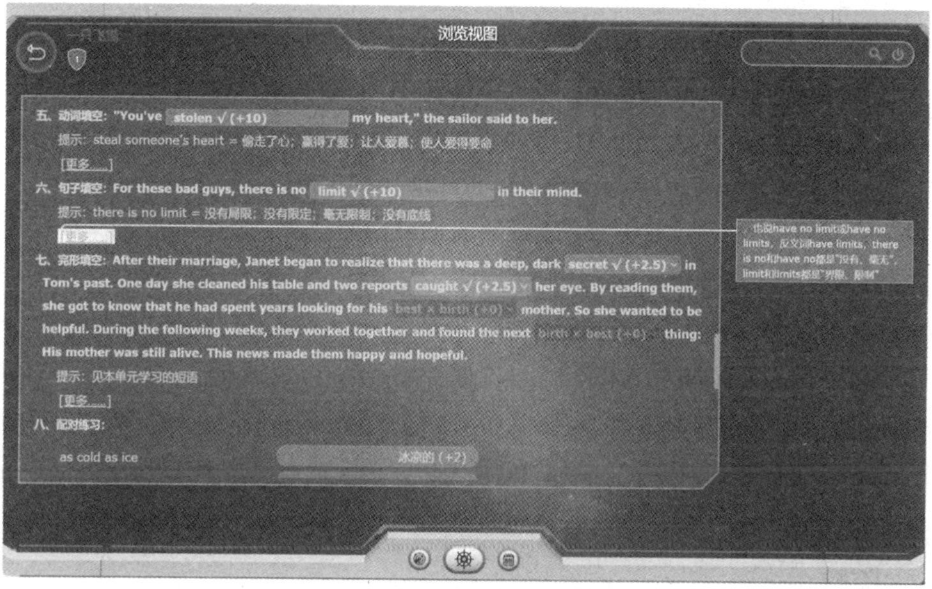

图2 做题反馈

4. 结语

当前，新文科建设成为了高校新一轮教学改革的一个亮点。在这种情势之下，如何守正创新，是外语学科所面临的一个重大问题。基于以上讨论，我们认为，从英语教学研究的角度出发，在创新引领的标杆之下，一定要加强英语本体的基础研究，才能百尺竿头更进一步。这是因为：

首先，英语教学研究，属于应用学科的范畴，而应用学科的一大特点，就是源于基础研究的厚土而成长起来的。其次，英语学习从本质上讲，是一种“费时费力、兴趣索然”的语言实践过程。而基于“字词句”层面的基础研究，有助于我们了解英语学习的本质问题，为缓解外语教学实效性低下的问题，提供一种新的思路。最后，参照国外相关研究，我们认为新兴的构式语法研究，为英语教学的基础研究提供了一种有益的切入视角，值得借鉴与重视。

参考文献

Boers, F. 2013. Cognitive Linguistic approaches to teaching vocabulary: Assessment and integration. *Language Teaching* 46: 208–224.

Conklin, K. & G. Carrol. 2021. Words go together like "bread and butter": The rapid, automatic acquisition of lexical patterns. *Applied Linguistics* 42: 492–513.

Ellis, N.C., Römer, U. & M.B. O' Donnell. 2016. Usage-based approaches to language acquisition. *Language Learning* 66, Supplement 1: 23–358.

Erman, B. & B. Warren. 2000. The idiom principle and the open choice principle. *Text* 20: 29–62.

Johnson, S. 1755. *A Dictionary of the English Language*. J. Knapton, C. Hitch & L, Hawes, A Millar *et al.*: London.

Levin, B. 1993. *English Verb Classes and Alternations: A Preliminary Investigation*. Chicago and London: University of Chicago Press.

Wray, A. 2002. *Formulaic Language and the Lexicon*. Cambridge: Cambridge University Press.

杨永林、丁韬，2018，英语短语习语，能否自然解读？。《中国外语》（1）：87–95。

俞士汶，助力汉语走入信息时代，北大新闻网。https://news.pku.edu.cn/ztwz111/jdbnzt/jdbndyfc/cc437fa93b64465cb263e89c6804aa4a.htm (2021-05-05检索)

Essential Innovation and Basic Research: A Report from the Development of An English Usage Corpus

Abstract: English usage has formed a big challenge for English learners in China. Time consumption and low efficiency are identified as two major problems in this case. Different methods have been adopted to deal with the problems. Traditional approach encourages more mechanic training, construction approach calls for a holistic model to process lexis, grammar, and semantics, and digital teaching approach offers more choices in training practice. As far as learners are concerned, real difficulties lie in three aspects, namely, collocationality, polysemicity, and applicability. Our work in developing An English Usage Corpus has shed additional light on the issue discussed. Basic research, teaching resources and intelligent software are three factors for quality teaching and efficient learning of English usage in general.

Keywords: English teaching, usage, problems, solutions, corpus development

翻译学

翻译能力模型

北京语言大学　王振亚*

[提　要] 本文探讨翻译能力模型。根据这个模型，在翻译活动中起作用的能力成分可以分为翻译子能力和翻译相关能力。在严格意义上，翻译能力由翻译子能力构成。与翻译能力部分重合的翻译相关能力不宜视为翻译能力的构成成分，但对其在翻译活动中的作用要予以承认和肯定。

[关键词] 翻译能力；翻译子能力；翻译相关能力

随着我国与国际社会的交流快速发展，产生了对翻译人才的大量需求。文化交往、科学技术交流、商贸往来、政治外交活动都需要翻译人才的参与。我国的很多高校都建立了翻译学院或翻译系以应对这一需求。我国外语类院校和综合类高校的翻译专业、外语专业是培养翻译人才的主力军。非外语专业外语教育也是培养翻译人才的重要力量。外语专业的学生学习过许多语言类课程；非外语专业的大学生则有专业知识的优势。在我国的外语教育环境中，师生有共同的母语。因此，我国的外语教育具备培养翻译能力的条件。翻译专业的学生无疑受到过更多的翻译训练，但他们一般也要学习一定数量的翻译理论课程。这些翻译理论课程不一定服务于翻译能力的培养，而主要是服务于专业知识结构建设。这意味着翻译专业的学生不仅要发展翻译能力，还要发展翻译专

* 王振亚，北京语言大学教授。1988—1991年师从胡壮麟教授，在北京大学攻读博士学位。研究方向：应用语言学、文化语言学、功能语言学。Email: wangzhenya1969@sina.com. 通信地址：100083北京市海淀区学院路15号北京语言大学外国语学部。

业知识，包括翻译研究能力。

翻译能力是翻译教育(包括外语专业与非外语专业外语教育中的翻译教育)的核心概念之一。我们对于翻译能力的理解决定翻译教学的理念与方法。翻译能力习得是翻译习得研究的重要课题。翻译能力观是设计翻译能力测试的理论依据。翻译能力也是功能主义翻译运用测试 (王振亚，2011；2012a：328) 中的重要概念，毕竟翻译能力是制约翻译运用行为的主要因素。另外，翻译能力观也是设计分析型翻译运用测试评分量表的重要依据。简言之，无论从事翻译教学或翻译教学研究，从事翻译能力习得研究，还是从事翻译测试的开发与研究，都要求对翻译能力有正确的理解。

国外翻译教育界提出过很多翻译能力模型，大多也都被介绍到国内。本文将在这些翻译能力模型所提供的重要参考信息的基础上尝试构建一个不同的翻译能力模型。同时，本文也包含对现有的翻译模型的评价。

1. 一些翻译能力模型

从20世纪90年代起，翻译能力成为翻译教育界探讨的热门话题之一（Risku, 2005；Ressureccio *et al.*, 2008）。国外学者使用了不同的术语来指示该概念：translation abilities or skills（翻译能力或技能）、transfer competence（转换能力）、translation performance（翻译运用）、translational competence（翻译的能力）、translator's competence（翻译者的能力）等（Ressurecciocio *et al.*, 2008），但最常用的是translation competence（翻译能力）。

相关学者几乎一致地认为，翻译能力是一个复合体，包含一系列的知识与技能。Neubert（2000：4–5）认为要定义翻译能力，首先要考虑要求译员具备的能力受一系列语境因素的制约，如：复合性（complexity）、异质性（heterogeneity）和近似性（approximate）。译员不可能掌握自己工作范围内全部学科的所有方面，但需要习得一种能力，来获得相关学科的概念，帮助自己理解来自不同语言、文化背景的专业人士。因为译员的知识与能力的这种近似性特征，其翻译能力总是处于非限定性（non-finite）状态。他们在不断吸取新知识，使自己具备创造性（creative）能力。为获得理想的翻译结果，译员还需要意识到翻译情景（situationality）的复杂性，能够根据复现的或新的情景调整自己，具备适应真实性（historicity）翻译情景的能力。

Neubert（2000：4–10）认为翻译能力有5个参数，包括：语言能力（language competence）、语篇能力（textual competence）、学科能力（subject competence）、文化能力（cultural competence）和转换能力（transfer competence）。

近二十年里出现了很多翻译能力的定义，大同小异。例如，Schaffer（2000：146–148）认为翻译能力包含语言能力（linguistic competence）、文化能力（cultural competence）、语篇能力（textual competence）、领域能力（domain competence）、研究能力（research competence）和转换能力。

Orozco（2000：200）认为翻译能力由下列能力因素构成：转换能力（transfer competence）、两种语言的交际能力（communicative competence of the two languages）、超语言能力（extra-linguistic competence）、工具职业能力（instrumental professional competence）、心理—生理能力（psychophysiological competence）和策略能力（strategic competence）。

Kelly（2005：145–148）认为翻译能力包含7个子能力：交际和语篇能力（communicative and textual competence），即理解和分析各类语篇的能力、文化能力（cultural competence）、主题能力（subject competence）、职业工具能力（professional-instrumental competence）、心理—生理能力（psycho-physiological competence）、人际能力（interpersonal competence）和策略能力（strategic competence）。

一个更为完整、论述得更清楚、影响力更大的翻译能力模型是西班牙的PACTE（Process of Acquisition of Translation Competence and Evaluations）小组提供的（2003：48–51；2005：612–615）。该小组的研究工作集中在定义翻译能力上。他们认为翻译能力有4个区别性特征：（1）翻译是专业知识，不是所有的双语者都能具备翻译能力。（2）翻译能力是程序性知识（procedural knowledge），而不是说明性知识（declarative knowledge）。（3）翻译能力由一套子知识构成。（4）翻译能力中的策略能力很重要，这和所有程序性知识一样。PACTE小组的翻译能力模型（见图1）包含5个子能力和1个心理—生理成分：

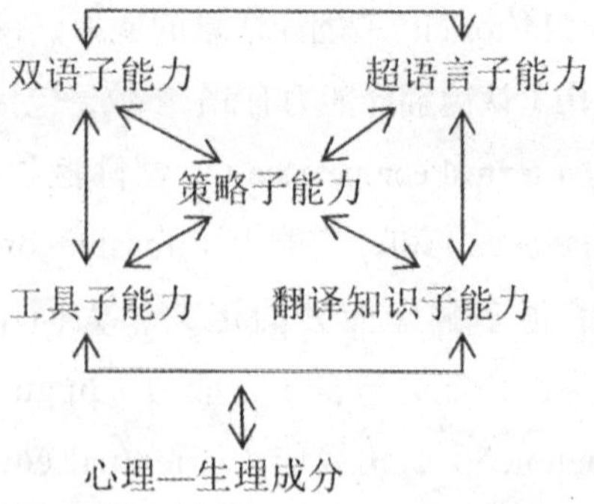

图1　PACTE小组的翻译能力模型

其中双语子能力包括双语交际所要求的知识与技能，由语言理解和生成能力构成。语法能力、语篇能力、施为能力、社会语言能力都是双语子能力的构成成分。超语言子能力由百科、主题和文化知识构成。翻译知识是指导翻译的原则知识，包括翻译的过程、方法、程序等。工具子能力是作为职业翻译所要求的利用文献来源和信息技术等方面的知识。策略子能力整合所有其他子能力，是最重要的子能力。它解决翻译问题，保证翻译过程的效率，根据翻译的目的和目标听众的特征完成从源语篇到目的语篇的转换过程。

王振亚（2012b: 43–47）提出了一个包括语言能力、知识结构、使用能力、转换能力和心理—生理机制五个成分的翻译模型。

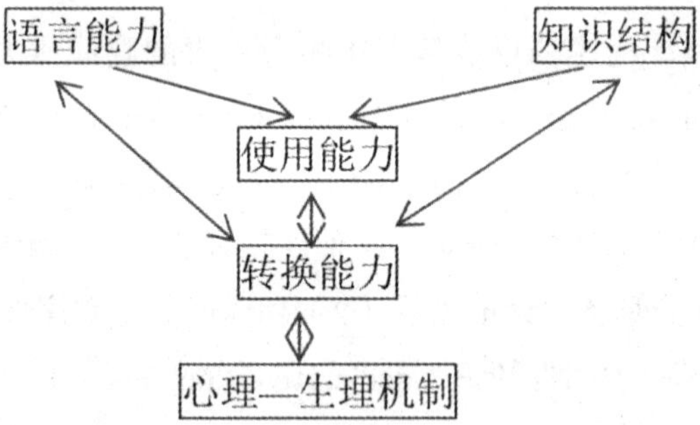

图2　王振亚的翻译能力模型

这里的语言能力指翻译所涉及的源语言和目标语言的能力。知识结构指社会文化知识和有关真实世界的知识。使用能力模型就是Bachman（1990:

70–72）交际语言能力模型中的策略能力子模型，是一个心理语言学模型。

转换能力涉及三个互动的成分：源语言理解能力、源语言和目标语言之间的转换能力和目标语言生成能力。

心理—生理机制指听、说、读、写活动涉及的心理、神经、生理机制，包括发音器官、手、耳、目、神经、大脑等。

2. 区分翻译子能力和翻译相关能力

上述翻译能力模型有一个共性：在翻译能力下识别出一系列相关成分，或明或暗地按子能力处理。当我们仔细考察这些成分与翻译能力之间、彼此之间的关系时，却发现这些成分可以分为两大类，各有不同的特征、领域、研究人员、获得方式。我们在这里将其分别称作翻译子能力和翻译相关能力。例如，Kelly（2005：145–148）认为翻译能力包含7个子能力：交际和语篇能力（即理解和分析各类语篇的能力）文化能力、主题能力、职业工具能力、心理—生理能力、人际能力和策略能力。其中交际和语篇能力、心理—生理能力、策略能力可以视为翻译的子能力。在正常的翻译活动中，这三个子能力在任何情况下（无论是外显的或隐含的）都不可或缺，甚至是单独用于翻译活动和语言交际活动。翻译不能脱离语言进行。为翻译目的研究语言、语篇、交际都是正常之举。虽然翻译工作者不是语言、语篇、交际研究的主力军，却是生力军。而且，这个能力成分主要在翻译（或语言）教育中获得。

翻译活动和语言活动一样，都离不开心理—生理机制。虽然翻译活动和语言活动不是这些心理—生理机制唯一的应用领域，却是少数非常重要的应用领域（另一个非常重要，甚至是更重要的，应用领域是生存）。心理—生理机制包括发音器官，发音器官的重要功能是发音，但发音器官更重要的功能是吃、喝、呼吸。心理—生理能力也是在翻译（或语言）学习中获得。

翻译活动离不开翻译策略的使用，翻译策略研究是翻译研究不可分割的一部分，而通常翻译策略的研究者均为翻译工作者。同样，翻译策略能力的培养也是翻译教育的直接目标之一。

这些翻译能力成分具有下列特征：

（1）是翻译能力的下一级成分

（2）仅或主要服务于翻译活动或语言活动

（3）相关领域的研究者以翻译工作者和语言研究者为主

（4）通常通过翻译教育与培训或语言学习获得

（5）通常是翻译测试的测量对象或主要测量对象

但Kelly（2005：145–148 ）的翻译能力模型中的另外四个成分：文化能力、主题能力、职业工具能力、人际能力的情况则不同。首先，他们不是翻译活动或语言交际活动单独需要的能力，甚至他们的主要应用领域不是翻译和语言交际。另外，在相关领域的研究者中翻译和语言研究者不是主体，甚至人数寥寥无几。这些能力不是通过翻译教育或语言学习获得，而是通过一般教育或社会实践获得。例如，翻译和语言交际需要文化能力，但是一个人群的生存、不同人群的互动、了解人类或其中的某个人群的历史及生存环境都需要文化能力。研究文化的主体是人类学家、社会学家、民俗学家，甚至是历史学家、哲学家，而不是翻译工作者或语言研究者，尽管有翻译学者研究翻译中的文化，也有语言学者从文化的角度研究语言，或从语言的角度研究文化。翻译教育不是文化能力的唯一源泉，甚至不是主要源泉。因为多种人类活动要求文化能力，而研究文化的学者中翻译学者只占一小部分，而且是非核心部分，称文化能力为翻译能力的子能力是不恰当的。但文化能力无疑与翻译能力密切相关，因此文化能力是翻译能力的相关能力。

主题能力指主题知识或学科知识。做翻译工作不可以没有相关主题知识或学科知识，但需要相关主题知识的绝不仅仅是翻译工作者，而且主题知识和学科知识不是为翻译活动而产生的。主题知识和学科知识学者的人数要大大超过翻译工作者。翻译工作者几乎肯定不会对主题知识和学科知识的发展做出任何重要贡献。翻译工作者的主题知识和学科知识主要通过社会实际和一般教育途径获得。主题能力可以说包含了整个人类知识和经验。肯定不是所有人都能接受整个人类知识与经验是翻译能力的下一级单位。当然也不是所有人都能接受通过牛顿、爱因斯坦等物理学家的研究工作产生的物理学知识是翻译能力的下一级单位的一部分。因此主题能力宜看作翻译相关能力，而非翻译子能力。

职业工具能力主要指用现代信息技术存贮和搜索相关信息的能力。首先，翻译活动先于这些现代信息技术出现。另外，这些现代技术不止服务于翻译活动，而是服务于更为广泛的人类活动，包括写作、商务、政务、外交等等。我们甚至可以说要找到一个现代信息技术没有用武之地的领域有难度。再有，开发和为翻译工作者传授这些现代信息技术的基本不是翻译工作者。因此，职业工具能力同样适于被看作翻译相关能力，而不是翻译子能力。

人际能力指理解他人并与他人交流的能力。显然正常人都需要这一能力，而不仅仅是翻译工作者。另外，人际能力是在广泛的社会活动中获得的，很少有翻译教育活动专门以培养人际能力为目的。但人际能力确实在翻译活动中起重要作用，毕竟翻译是给没有共享语言的双方架设交际的桥梁。

在Kelly（2005：145–148）的翻译能力模型中，文化能力、主题能力、职业工具能力、人际能力对翻译工作很重要（甚至极其重要），但不具备翻译子能力的特征，不适合与翻译子能力等同视之，等同名之。在本文这些能力成分被视为名为翻译能力的相关能力。建立一个翻译能力模型应该区分翻译能力的子能力和翻译能力的相关能力，这样我们才会了解翻译能力模型中的成分与翻译能力之间的关系，以及这些成分之间的关系。

3. 修订后的翻译能力模型

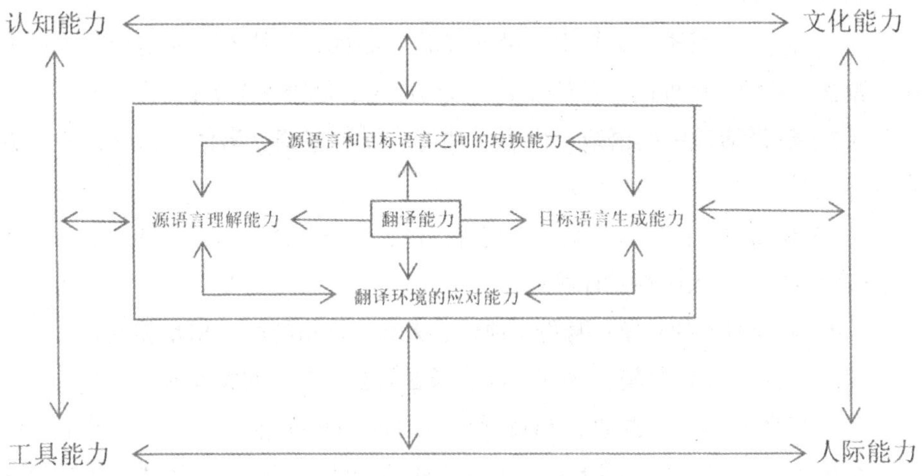

图3　修订后的翻译能力模型

图3所示，翻译能力有四个子能力：源语言理解能力、源语言和目标语言之间的转换能力、目标语言生成能力、翻译环境的应对能力。严格地说，这四个能力成分构成翻译能力（图3的内环区域）。以培养这四个能力为目标的课程构

成翻译教育的核心课程。普通翻译能力测试也以这四个能力（特别是前三个）为目标或主要目标。实际上，不同的翻译能力模型对这四个能力（特别是前三个）的处理方式大同小异，其间的差异主要是视角或切入点的差异，而非主要内容差异。本文中采用的是程序性视角，即从翻译程序来探讨翻译子能力及其间的关系。

这四个能力成分之间是互动的关系。翻译中的源语言理解策略和语言使用能力中的语言理解策略很接近，但并不相同。这里的语言理解毕竟是以翻译为目标的。比如，翻译报刊新闻标题、诗词、戏剧可能要求译者对源语篇语音特征的关注；全文翻译和摘译所要求的对源语篇的理解也不尽相同。

转换策略包括：语音/语符转换、词汇转换、句子结构转换、语篇结构转换等。这样的转换要遵循语义对等原则、功能对等原则、文体对等原则等。

转换能力中的目标语言生成能力和使用能力中的语言生成能力的差别在于前者是与转换能力融合了的能力。两者你中有我，我中有你。

源语言理解能力、源语言和目标语言之间的转换能力、目标语言生成能力都受多种因素共同影响。下文中翻译情景中所述的因素都可能影响翻译行为。

情景范畴包括如下因素：

（1）译者：翻译理论知识、翻译经验、信息处理技术、性格特征（如抑制、紧张、冲动、内外向、自信等）、人际能力、健康状况等；

（2）翻译活动中的语篇：内容、功能、交际基调、语体、话语方式、方音等；

（3）翻译任务：口译、笔译、交替传译、同声传译、全译、摘译、文学翻译、事物性翻译、人际性翻译等；

（4）翻译服务的对象：身份、地位、人数、性格特征、相互关系等；

（5）翻译活动的环境：物理环境、译者与服务对象的关系等。

源语言理解能力、源语言和目标语言之间的转换能力、目标语言生成能力、翻译环境的应对能力都不是纯语言的或纯翻译的。这些翻译能力成分和翻译能力的相关成分（图3的外环部分）不间断互动。这里认知能力指人类知识和经验。文化能力指文化信息总汇。工具能力指运用现代信息技术存储、搜索相关信息。人际能力指理解翻译与服务对象、服务对象之间的关系。翻译相关能力和翻译子能力之间有空间上的差异，并没有重要性上的差异。没有翻译相关能力同样没有翻译。翻译相关能力主要从一般教育或社会活动中获得，在普通翻译能力测试中翻译相关能力也不常设为外显的测量目标。没有高的教育水平同样很难成为高水平的翻译工作者。翻译学习者通常为文科背景者，为其开设现代信息技术课程也是常见之举。

翻译相关能力与翻译能力是部分重合关系。在严格意义上，这些与翻译能力部分重合的能力不宜视为翻译子能力，尽管他们在翻译活动中起重要作用。翻译是一个复杂的过程。翻译相关能力的种类很多。上述翻译情景中的条目很多都可以列入翻译相关能力名下。实际上还有更多条目可以列入。翻译相关能力和翻译能力之间的部分重合关系很难量化。因此在讨论翻译相关能力时，翻译相关能力的选择很大程度上依赖经验和直觉，有任意性。

4. 结语

本文提出的翻译能力模型区别于其他翻译能力模型之处在于其区分了翻译子能力和翻译相关能力，认为严格意义上的翻译能力仅由其子能力构成，翻译相关能力虽然在翻译活动中起重要作用，却不能与翻译子能力等同。翻译子能力和翻译相关能力这两类翻译能力的关联成分与翻译能力之间的关系有系统差别。翻译子能力和翻译能力之间是纵向关系，即翻译子能力是翻译能力的下一级单位，翻译能力覆盖翻译子能力。而翻译相关能力和翻译能力之间是非纵向关系，翻译能力和翻译相关能力是部分重合关系，翻译能力不能覆盖翻译相关能力。翻译子能力和翻译能力之间是单向关系，即翻译子能力仅或主要服务于翻译活动或语言活动，而翻译相关能力和翻译能力是非单向关系，翻译活动只是翻译相关能力的服务领域之一，在很多情况下甚至不是主要的服务领域。翻译工作者在翻译子能力和翻译相关能力的对应研究领域扮演不同的角色。翻译工作者是翻译子能力的对应研究领域的参与者，是翻译相关能力对应的研究领域的成果的消费者。翻译子能力主要通过翻译教育与培训或语言学习获得，因此翻译培养计划的核心课程以培养翻译子能力为主。翻译相关能力主要通过普通教育和社会实践获得，因此总的教育水平和社会实践水平也是决定翻译水平的重要因素。翻译子能力和翻译相关能力之间的关系是互动关系。通常，只有在翻译子能力和翻译相关能力互动顺畅时，翻译活动才会顺畅。

参考文献

Bachman, L. 1990. *Fundamental Considerations in Language Testing*. Oxford: Oxford University Press.

Kelly, D. 2005. *A Handbook for Translator Trainers: Translation Practices Explained Series*. Manchester: St. Jerome.

Neubert, A. 2000. Competence ln language, in languages, and in translation. In Schaffer, C. & B. Adah (eds.). *Developing Translation Competence*. Amsterdam: John Benjamins. 3–18.

Orozco, J. 2000, Building a measuring instrument for the acquisition of translation competence in trainee translators, In Schaffer, C. & B. Adab (eds.). *Developing Translation Competence*. Amsterdam /Philadelphia: John Benjamins. 199–214.

PACTE. 2003. Building a translation competence model, In Alves, F (ed.). *Triangulating Translation: Perspectives in Process Oriented Research*. Amsterdam/Philadelphia: John Banjamins. 43–66.

PACTE. 2005. Investigating translation competence：Conceptual and methodological issues. *Meta* 50: 609– 618.

Ressureccio, V., P. Piono & I. Izquierdo. 2008. The acquisition of translation competence through textual genre [OL]. Translation Journal [2012-02-13). http:// translation journal. Net /journal /46competence. Html.

Risku, H. 2005. Review of Developing Translation Competence [OL]. [2012-02-13]. http:// www.cpra.com.cn/ Html/Article/33020050518002925. Html.

Schaffer, C. 2000. Running before walking? Designing a translation programme at the undergraduate level. In Schaffer, C. & B. Adab (eds.). *Developing Translation Competence*. Amsterdam/Philadelphia: John Benjamins. 143–156.

王振亚，2011，功能主义翻译运用测试的开发程序。北京语言大学外国语学院工作论文。

王振亚，2012a，功能主义翻译运用测试模型。钱军，《语言研究与外语教学》。北京：高等教育出版社。326–335。

王振亚，2012b，翻译能力新探。《当代外语研究》（3）：43–47，160。

A Model of Translation Competence

Abstract: A model of translation competence is presented in this article. With this model those competencies that play a part in translation and interpreting are classified into two categories: components of translation competence and translation related competencies. Strictly, translation competence is composed of components of translation competence alone. Those translation related competencies that partially overlap with translation competence may not be considered the formative elements of translation competence, though the role they play in translation and interpreting should be recognized and acknowledged.

Keywords: translation competence; components of translation competence; translation related competencies

文体学

语言与文学的接面关系研究

清华大学　刘世生*

[提　要] 本文探讨语言与文学之间的接面关系。首先，文学语体与非文学语体的差别，在很大程度上取决于语言形式的前景化，即语言的语法结构、音位结构、词汇语义结构、语相特征等方面突出的或者说是前景化的用法。其次，非文学语体与文学语体的差别还在于本义的语言用法与比喻的语言用法。根据语篇体裁和分析目的的不同，分析文学语体可从词汇层面、句法层面、词义结构方式、语境因素、比喻用法、原文改写等角度入手，这些方法也同样可以用来分析非文学语体中的文学特点。

[关键词] 文学语体；非文学语体；语言形式前景化；比喻用法

1. 关于文学语体

文学语体一般指小说、诗歌、戏剧、散文中使用的语言。非文学语体则指除此之外的领域使用的语言，例如日常用语、新闻、体育、广告、娱乐、商务、科技、艺术、教育、法律、军事、航空航天、医药卫生、时事政治、社会交往、国际关系等。众所周知，文学语体中充盈着非文学语言，非文学语体中也经常有文学语言的用法，二者之间并没有截然不同的区分。然而，人们似乎一说到文学语体就感到它有许多与非文学语体不同的特点，似乎有一种所谓的

---

* 刘世生，清华大学外文系教授，博士生导师。研究方向：功能语言学、文体学、英语教育。Email：liushish@mail.tsinghua.edu.cn。通信地址：100083 清华大学外文系。
本文原载《外语研究》2005 年第 1 期。

“文学品味”把二者区分开来。但若进一步谈谈这种确切的“不同”或曰“文学品味”是什么，则又会感到一头雾水，不知所云，正如季羡林先生所言，不谈挺清楚，一谈就糊涂。所以，至于文学语体的特点究竟是什么，事实上并无定论。笔者根据阅读James Joyce 的小说《尤利西斯》（*Ulysses*）及其他作者的一些作品的经验，暂且认为，文学语体的诸多特点之一是其文字游戏（the play of words）特点。这种特点主要体现在两个方面：一是违反语言常规的前景化（foregrounding）用法，主要侧重形式；二是语言的比喻用法（figurative usage），主要侧重意义。

2. 语言形式的前景化

文学语体与非文学语体的差别，在很大程度上取决于语言的语法结构、语音结构、词汇语义结构、语相特征等方面突出的或者说是前景化的用法。请看下面的英文例子所表现的语法结构前景化。

（1）The red-haired woman, smiling, waving to the disappearing shore. She left the landlord; she left innumerable other lights o'passing love in towns and cities and theatres and railway stations all over the world. But God she did not leave.（Thornborrow & Wareing, 1998）

例（1）的最后一句“But God she did not leave”就是语法结构方面的一种前景化用法，在此表达了小说中“红发女人”鲜明的人生哲学：上帝是绝对高于一切世俗生活的。其倒装句法起到了强化意义、总括全局的高潮效果。如果改用“But she did not leave God”这样的常规句法，虽然其基本意义没有改变，但表达效果则大为减弱。

汉语中同样有许多前景化的用法，请看下面的中文例子所表现的语音结构前景化。

（2）远看石头大，近看大石头；
石头果然大，果然大石头。
大步跨过去，又怕跌跟头；

也罢，也罢，干脆绕着走。（民俗打油诗）

例（2）巧妙地运用了前景化的语音结构安排，取得了幽默的听觉效果。如果说“有大石头，绕着走”，传达的基本信息与例（2）是一样的。但例（2）却具有幽默的听觉效果，能够使人哈哈大笑；具有形象的视觉效果，能够使人联想到一幅栩栩如生的图像：画中人醉眼蒙眬，跌跌撞撞，姿态令人发笑不已。可以看出，语言除了具有向人传达信息的基本功能之外，还具有使人愉悦的娱乐功能。第一种功能依靠语言常规的/标准的/背景化的用法来实现，第二种功能则是依靠语言非常规的/变异的/前景化的用法来实现；这种“前景化的用法”常见于文学领域。但这二者之间是紧密相连，互为依存的。二者之间的界面（接面、接口）是文体学研究的兴趣所在。

不同语言中的前景化用法有一定的共性，请看下面的英语原文及其中译文所表现的语义结构前景化。

（3）The reverend Dr. Salmon: tinned salmon. Well tinned in there. Wouldn't live in it if they paid me.（Joyce, *Ulysses*, Ch. 8）

可敬的萨文博士：罐头三文鱼。封在那里头严实着呢。可不愿意住在那里头，倒贴我钱也不愿。（金隄译，2001：251）

这是小说《尤利西斯》第八章中主人公布卢姆意识流中的节选，他正走过三一学院前院长Dr. Salmon 的住所，院长的名字Salmon 使他联想到一种相同名字的鱼Salmon，院长封闭的住所使他联想到密封的Salmon鱼罐头。金隄的译文恰到好处地译出了作者James Joyce 要传递的核心信息以及附带表达的文字游戏的幽默效果，这种语义结构前景化的表达效果在英语原文与汉语译文中都非常真实地再现了主人公布卢姆触景生情、有感而发的意境。①

语相前景化也是文学语言中常见的用法，请看下面的英语原文及其中译文例子。

（4）All kinds of places are good for ads. That quack doctor for the clap

① 当然，如果译者水平欠佳，译文的表达效果则会大打折扣。例如，有一种译法把Dr. Salmon 译为“大马哈博士”把tinned salmon 译为“罐头大马哈鱼”；这样的译文不但失去了英语原文中语义结构前景化产生的幽默意境，而且产生了多余的中文有但英文没有的贬义效果。

used to be stuck up in all the greenhouses. Never see it now. Strictly confidential. Dr Hy Franks. Didn't cost him a red like Maginni the dancing master self advertisement. Got fellows to stick them up or stick them up himself for that matter on the q. t. running in to loosen a button. Fly by night. Just the place too. **POST NO BILLS. POST 110 PILLS.** (不准招贴。不住招贴。（金隄译，2001：235）) Some chap with a dose burning him.（Joyce, *Ulysses*, Ch. 8）...

例（4）也是《尤利西斯》主人公布卢姆意识流中的节选。原文倒数第二、三句“**POST NO BILLS. POST 110 PILLS.**”是布卢姆曾在公厕中见到的广告。按照上下文推测，原本应当是“**POST NO BILLS. POST NO BILLS.**”（不准招贴 不准招贴）。好事者把第二句中“NO”的N擦掉了一个笔画，NO就变成了110，把“BILLS”中的B擦掉了一个笔画，BILLS（广告招贴）就变成了PILLS（药丸）。如果直译的话，中译文可能会是不伦不类，令人一头雾水：“不准招贴，寄来一百一十粒药丸。”（**POST NO BILLS. POST 110PILLS.**）但金隄的传神译文与英语原文同样惟妙惟肖，第二句中的中文汉字“准”被擦掉几个笔画则变成了“住”，“不准招贴”就变成了“不住招贴”。译文成为：“不准招贴 不住招贴”。此种文字游戏在现实生活中比比皆是，中西古今，概莫能外。这样的语相前景化起到了独特的表达效果。

3. 本义的语言与比喻的语言

我们以tree（树）为例。其本义是指一种有（树）干、枝杈、（树）皮和叶子的高大植物。但在a family tree（家谱）中，tree指的就不是“有（树）干、枝杈、（树）皮和叶子的高大植物”，而是指动物（包括人类）的家族谱系。这种意义是tree的比喻义。Tree指植物形体的本义与指动物家族谱系的比喻义有一定的相似特征，从图形来看，家族谱系图与树的外貌形体看起来很相似：二者都有一种有机生长的过程，所以我们使用同一个词（tree）来指这两种不同的事物。文学语体习惯运用词的这种比喻意义，明喻、暗喻、提喻、转喻、拟人、双关等都是常见的比喻手法（Thornborrow & Wareing，1998）。美国黑人文学名著《根》（*Roots*，Alex Haley，1976）堪称是运用比喻手法的范例。

Roots（根）形象地代表了黑人种族的真正祖先。莎士比亚的著名比喻“世界是个舞台”更是脍炙人口：

（5）All the world’s a stage
And all men and women merely players:
They have their exits and their entrances;
And one man in his time plays many parts,
His acts being seven ages. At first the infant,
Mewling and puking in the nurse’s arms.
And then the whining school-boy, with his satchel
And shining morning face, creeping like snail
Unwilling to school. And then the lover,
Sighing like furnace, with a woeful ballad
Made to his mistress’s eyebrow. Then a soldier,
Full of strange oaths and bearded like the pard,
Jealous in honour, sudden and quick in quarrel,
Seeking the bubble reputation
Even in the cannon’ s mouth. And then the justice,
In fair round belly with good capon lined,
With eyes severe and beard of formal cut,
Full of wise saws and modern instances;
And so he plays his part. The sixth age shifts
Into the lean and slipper’d pantaloon,
With spectacles on nose and pouch on side,
His youthful hose, well saved, a world too wide
For his shrunk shank; and his big manly voice,
Turning again toward childish treble, pipes
And whistles in his sound. Last scene of all,
That ends this strange eventful history,
Is second childishness and mere oblivion,

Sans teeth, sans eyes, sans taste, sans every thing.

(*As You Like It*, ACT II, SC VII)

莎士比亚在其喜剧《如愿》第二幕第七景中把整个世界比喻为一座舞台，世间的男人女人都是舞台上的演员，他们有上台的时候，也有下台的时候。一个人的一生就像舞台上的情节，共分七个阶段，他分别扮演七个不同的角色：婴孩、学童、情人、军人、法官、老朽、返老顽童。每个角色都有不同特点，婴孩在保姆怀里号啼呕吐，学童哭喊不愿上学，情人叹息多愁善感，军人看重名誉极好争斗，法官装腔作势旁征博引，老朽瘦弱无力唧唧哀鸣，返老顽童看破红尘忘怀一切。莎翁真是洞察世界的万古哲人，他的神来之笔仅用27行半的篇幅就把人生世事万象勾勒得活灵活现惟妙惟肖。梁实秋的译本恰到好处地再现了莎翁的意境。文学语言的这种比喻手法既具有高度的概括性、抽象性，又非常地形象、逼真，既使读者充满联想，又使读者如身临其境。比喻的语言之魅力，由此可见一斑。

4. 文学语体的分析

4.1 分析文学语体的常用方法

根据语篇的体裁和分析目的的不同，下面的一些方法有助于分析语言中的文学品位。

（1）当词汇层面上出现前景化时，可采用形态分析法分析词的新组合。（2）当句法层面上出现前景化时，可利用词类（如名词、动词、形容词等）知识分析非常规的或“标记性”的词序或句法组合。（3）在句法层面上，除了分析句子结构外，还可以寻找不同类型的短语（如名词短语、动词短语等）组合模式，这种模式往往使语言更趋于文学化。（4）在了解语言系统的基础上，控制某一范围内语法项的组合规则，就易于从语言“日常的”、非文学的用法中辨认出“变异的”“标记性的”或文学性的结构，从而使自己的分析更有话可说。（5）如果面对语篇难以确定该从何处着手分析，可以试着将之改写。通过比较原文和改写后的篇章，就能评价原文的正式或非正式程度，以及它对读者的感染力。改写语篇也是辨认原文中其他重要特征的好方法。（6）词义的结构方式是怎样的？比如，有无词义重叠或词义空白现象？有无反义词、同义词、下义词和上义词现象？是诙谐方式还是常规方式？（7）语境对你理解语篇有多重要？有不同背景知识的读者会对同一语篇有不同的理解吗？（8）某个词或短语的字面意义在此处适用吗？如果不适用，就要分析语言的比喻用法。看是否有明喻、暗喻、提喻和转喻、拟人、双关等。（9）语言的比喻用法可以使抽象的概念具体化，使神秘的或可怕的事物变得平常或不可怕，或者使日常的事物变得美好和不寻常（Thornborrow & Wareing，1998）。

4.2 非文学语体中的文学特点分析：新闻语体的一个例子

（6）Hundreds of Harvard students walked out of their classes at 12：30 p. m. today to demonstrate their opposition to the war on Iraq. The rally was part of a nationwide action on college campuses. Gathering at the historic John Harvard Statue and filling the Old Yard back to Massachusetts Hall, students faculty, staff, and community members heard speeches and chanted "No war on Iraq! Bill of Rights, take it back!" ［1］

"We refuse to stand by idly while unnecessary slaughter and destruction is committed in our name," Matthew Skomarovsky'03, a member of the Harvard Initiative for Peace and Justice (HIPJ), which sponsored the walkout, said in a speech. HIPJ estimated the crowd at more than 1, 200. Other speakers were faculty members Brian Palmer, lecturer on the Modern West in the Study of Religion, Tim McCarthy'93, lecturer in History and Literature, and English Professor Elaine Scarry; and students Lexy Vanier'05, Rita Hamad'03, and Mike Getlin'05, who was accepted to the Marine Officer Candidate School. ［2］

"Yesterday, I withdrew my application from the Marine Corps after having asked myself some questions I could not answer," Getlin told the cheering crowd, which included high school students from Cambridge Rindge and Latin and Belmont High. Crowd members held a variety of signs including "Peace is the only protection," "Harvard students say no to war," and "Regime change begins at home." ［3］

"I had to come out hereto voice my shock that we as a country have proceeded this way," said Michael O ' Neill'03, putting the finishing touches on a sign that said "Shocked but not awed." [4]

Following the demonstration at Harvard, protesters marched down Massachusetts Avenue toward the Massachusetts Institute of Technology in a column that stretched several blocks. Passing cars honked their support as the protesters chanted "Support our troops, ring them home" and from some Somerville High School students with a sense of humor, "Somahville says wah is nevah the ansah." Along the route, small groups of counter-protesters waved flags and shouted their opposition. [5] (from *The Harvard University Gazette* March 20, 2003)

美国对伊战争于2003年3月20日爆发，当日即在美国各地引起强烈反响，哈佛大学校园内也爆发了集会游行事件。例（6）选自2003年3月20日发表的网络版《哈佛大学报》（*The Harvard University Gazette*，该校的新闻公报,每周四出版）对此事件的报道。

第5段中的倒数第二句话"Somahville says wah is nevah the ansah"，拼写很不规范，显然是一个很明显的语相前景化例子。从新闻文字稿的阅读效果来看，这种语相的前景化起到了很好的吸引读者眼球的作用。其规范的拼写法有可能是：Somerville says war is never the answer.

我们不妨把二者的读音相比较，看其读音有何差异，能够对听众产生什么样的不同的特殊听觉效果。

节奏前景化：/ / x x / x / / x / /

读音前景化：[sʌmAvil sez w A iz nevA Δi AnsA]

语 相 前 景 化 ：Somahville says wah is nevah the ansah

常规节奏：/ x x x / x / x x / x

常规读音：[sʌm↔vil sez w□：iz nev ↔ Δi Ans ↔]

常规语相：Somerville says war is never the answer

可以看出，这同时也是一个很好的语音前景化的例子。喊口号的人利用了节奏和读音的前景化来表达最佳的音响呼应效果。节奏前景化是通过增加重音来实现的。如果用"/"表示重读音节"x"表示弱读音节，我们看到，常规写法的读音中只有四个重读音节，而前景化写法的读音中增添了三个重读音节，总数达到了七个。读音的前景化是通过增加开口元音来实现的。常规写法的读音中只有一个开口元音［A］，而前景化写法的读音中则有五个开口元音［A］；常规写法读音中的圆唇音［□：］和中元音［↔］在前景化写法的读音中都变异成为开口元音［A］，以便于加强声音的强度与力度。试比较一下两种不同拼写法的读音效果，我们可以感觉到，这种前景化的读音朗朗上口，节奏感特别强，便于大声呼喊，示威人群以此来大力提高口号的响亮程度，突出强调了自己反对战争的愤怒态度。

参考文献

Bex, T, Burke, M. & P. Stockwell 2000. *Contextualized Stylistics: In Honour of Peter Verdonk*. Amsterdam: Rodopi.

Birch, D. & M. O'Toole. 1988. *Functions of Style*. London: George Allen & Unwin.

Bradford, R. 1997. *Stylistics*. London: Routledge.

Carter, R. & P. Simpson 1989. *Language, Discourse and Literature: An Introductory Reader in Discourse Stylistics*. London: Unwin Hyman.

Chatman, S. 2001. Parody and style. *Poetics Today* 22(1): 25-39.

Corbett, E. P. J. & R. J. Connors. 1999. *Classical Rhetoric for the Modern Student*. Oxford: Oxford University Press.

Douthwaite, J. 2000. *Towards a Linguistic Theory of Foregrounding*. Torino: Edizioni dell' Orso.

Engell, J. 2002. *Elements of Rhetoric*. Cambridge: Harvard University Coursebook.

Fowler, R. 1996. *Linguistic Criticism*. Oxford: Oxford University Press.

Grosser, W., *et al.* 1995. *Style: Literary and Non-Literary-Contemporary Trends in Cultural Stylistics*. New York and Salzburg: The Edwin Mellen Press.

Haley, A. 1976. *Roots: The Sage of an American Family.* Garden City: Doubleday.

Jin, Di. 2003. *Literary Translation: Quest for Artistic Integrity*. Manchester: St. Jerome Publishing.

Joyce, J. 1918/1934. *Ulysses*. New York: Random House.

Liu, Shisheng. 2003. Reviewing *Literary Translation: Quest for Artistic Integrity. Perspectives* 11(3): 225-229.

Raeh, D. 1998. *The Language of Newspapers*. London: Routledge.

Shakespeare, W. 1951. *The Complete Works of Shakespeare*. Ed. by Hardin Craig. Chicago: Scott, Foresman and Company.

Short, M. 1996. *Exploring the Language of Poems, Plays and Prose*. Harlow: Longman.

Thornborrow, J. & S. Wareing. 1998. *Patterns in Language*. London: Routledge.

Toolan, M. 1998. *Language in Literature: An introduction to Stylistics*. London: Arnold.

Weber, J. J. 1996. *The Stylistics Reader: From Roman Jakobson to the Present*. London: Arnold.

Wright, L. & J. Hope. 1996. *Stylistics: A Practical Coursebook*. London: Routledge.

常耀信，1990，《美国文学简史》。天津：南开大学出版社。

刘世生，2002，文学文体学：理论与方法，《外语教学与研究》（3）：194-197。

（英）威廉·莎士比亚，1995，梁实秋译，《莎士比亚全集》。呼伦贝尔：内蒙古文化出版社。

（爱尔兰）詹姆斯·乔伊斯，1994/2001，金隄译，《尤利西斯》。北京：人民文学出版社。

A Study on the Interface Between Language and Literature

Abstract: This paper discusses the interface between language and literature. First of all, the difference between literary style and non-literary style depends to a large extent on the foregrounding of language forms, such as the grammatical structure, phonemic structure, lexical semantic structure, and graphological features. Secondly, the difference between the above two kinds of styles lies in the different usage of literal meaning and metaphorical meaning. According to different types of discourses and analytical purposes, the analysis of literary style can be carried out from the perspectives of vocabulary, syntax, semantic structure, contextual factors, metaphorical usage, and rewriting of the original language. These methods can also be used to analyze the characteristics of non-literary discourses.

Key words: literary style; non-literary style; foregrounding of language forms; metaphorical usage of language

语言哲学

思想与语言、语言二重性、差别与“区-分”以及语言创造性

——海德格尔与索绪尔的对话

北京交通大学　叶起昌*

[提　要]　本文指出索绪尔与海德格尔语言观中下述异同点：在思想和语言的关系问题上两者的差异仅在于不同的论证角度；对语言的二重性思考两者分类相似且海德格尔的语言哲学观继承和发展了三H理论；索绪尔的差别系统缺乏海德格尔“区-分”中的一分为二与合二为一的统一层面；在语言的创造性问题上索绪尔未考虑组合和聚合关系两者何者为先的问题，而海德格尔注重“诗意的栖居”。两者争论的焦点可归结为，语言研究是提供关于语言的知识还是在语言中取得一种经验，本文同时也指出了这种对话能够带来的必要反思。

[关键词]　二重性；差别；区-分；世界；诗意栖居

---

*　叶起昌，北京交通大学教授。研究方向：话语分析、语言哲学等。Email:yqcguist@163.com。通讯地址：350001福州鼓楼区颐海花园C3-906信箱。
文原载《外语学刊》2010（3）：1-6。这里略作修改和补充。

1. 引言

海德格尔认为，当代语言学理论众多，成绩卓著，但这些理论却未能触及语言的本质而仅仅只是描述关于语言现象的某个特征。论证这种观点正确与否的最便捷途径莫过于将海德格尔的语言哲学和索绪尔的语言观进行比较，倾听其对话，追寻其异同点和运思轨迹。两者能够相提并论的最主要原因在于：作为一门新兴人文科学奠基者的索绪尔不可能不具备深刻的思想，而海德格尔恰恰是试图以哲学语言观替代传统认识论的开创者；所有的思想必须拥有二项对立，索绪尔与海德格尔两者的思维模式正是整体性引领下的二分建构；两者对话平台则建立在他们都把语言视为系统或网络体系的基础上。本文关涉的主题限制在下述四个方面：思想与语言、语言二重性的思考、“差别”与“区-分”概念对比和语言创造性问题。

2. 思想与语言

索绪尔（CLG[①]，112–113）设想：思想在语言之前如同无形的星云；同样，声音也不更为固定，它只不过是“一种可塑的物质，本身又可分成不同的部分，为思想提供所需要的能指……在语言里，我们不能使声音离开思想，也不能使思想离开声音”。因而，语言“是观念与声音的组合地带；是形式（form）而非实质(substance)”。

海德格尔（Heidegger，1975：192）反对将说话等同于发声器官和听觉器官的活动。他指出，以观念与发声器官的关系取代思想与语言的关系，仅仅是将“上手的东西”（ready to hand）还原为“现成在手的东西”（present at hand）。然而，现成在手的东西只能以与上手的东西的先在关系为前提才是可接近的。“现成在手的东西”要是不在“用具整体性”（“equipmental totality”）中就不成其为“现成在手的东西”，如钢笔只有在与墨汁、纸张、书桌等相关联的情况下，才成其为“笔”，才拥有自身的位置。工具的可用性早已预设了某种它可以为之的东西：钢笔是用来书写的工具。也正是在这个意义上，海德格尔（Heidegger，1979 / 1985: 263–264）批评当代语言学研究只涉

---

① CLG 指索绪尔的《普通语言学教程》，见本文“参考文献”部分。

及“现成在手的东西”，对“上手的东西”只是一提而过。而语言仅有作为“此在”（Dasein）存在的可能性才是可理解。“此在”指人的存在被筹划在一个动态和能被显示的视界或开放性中，人的本质就是朝着这种开放性的。因而思想与语言同属“存在”，“语言是存在之家”，思必然是存在之思。

海德格尔强调，语言并不遵从“发声”（sounding）到“意义”（meaning）到“观念”（opinion）再到“意味着什么”（what is meant）的顺序；而是，“发声和观念和意义在本质上同样始源，它们都建基在存在自身的本质之中。作为‘大地’（the earth）与‘世界’(the world)之间‘争执’（strife）的‘发声’在发生时早已预设了‘争执’和‘澄明之境’（the clearing）。同样，‘意义’和‘观念’并不是语言的最终成分，而是在语词未知的形而上学的‘前景性’（fore-groundedness）中，同属于‘存在’”（Heidegger, 1999/2004:45）。

“大地”（后来也称为“物”）与“世界”指艺术作品的两个基本特征：艺术作品开启的世界的现实性和锁闭的大地的物性（Heidegger,1993：173），这两者之间的张力形成“争执”。争执表现艺术，艺术是真理的到来和生发。但真理的到来和生发要求空间或处所，即“澄明之境”。便于比较，这里需要将艺术作品也视为符号，语言学在索绪尔眼里不正是符号学的一个分支吗？

通过重新阐释Logos（言语、说话、理性或思维）、altheia（显示、解蔽）等古希腊语词，海德格尔认为，尽管语言、理性、上帝、思想等指不同的事物，但应该视为同一回事且在同一层面，因为它们要求相同的认识论，它们共同的本质都在于让存在显示。思想与语言之间不存在一前一后的关系，思想不可能没有语言，思想仅能通过语言；语言也不在思想之前，语言是通过思想的，两者具有相同的始源和本质。

如上述，索绪尔与海德格尔在思想和语言的关系问题上观点相似，但索绪尔不是从追溯Logos的原初含义入手，而是以“语言”概念替代Logos，从而论证言语与理性同属于语言。

他们在这方面的共同点还表现在，思想不能独立于语言，语言不再是理性、上帝和思想等的外衣。前提则是两位思想家都不赞成语言机体说（the organicist conception of language）（CLG,4-5; Heidegger,1998:248–249），语言是传统（索绪尔）或给予（the given），而非有机体。

3. 语言的二重性思考

索绪尔的“形式”和“实质”两概念在随后的论述中分别被称为“语言”和“言语”。该二分对子由原来的“语言（能力）”（Langage）/“语言”（langue）/“言语”（parole）三分对子削减而来。

“语言（能力）”指人类语言的普遍现象，与人的发音器官紧密相关，是人拥有发声说话的能力（la faculté du langage）。如果没有被赋予来自外界的、社会属性的和具体的“语言”，个体和抽象的语言（能力）便无法实现。语言完全独立于个体，它并非个体的创造，而是预设了“集体性”（collectivity）（Saussure,1993:8）。“言语”则属言说的实践层面，是个体的说话行为（CLG, 13）。

对应于上述划分，海德格尔区分了“语言”（Sprache）和“话语”（Sprechen或Rede）。不过，海德格尔认为，在语言和话语之上，还有一种更抽象、更实在、更本真的“道说”（die Sage）。何为“道说”？“道说”一词由“die Zeige”(指示、显示)而来。道说通过“显示”而“说”，道说是“显示、让显现、让看和听”（Heidegger,1993：408–409）。

道说是语言（天道、逻各斯）本身在说；而话语是人用语言说，实际上是语言通过人在说。在道说中，存在将自身显现出来，成为“此在”。“语言作为静寂之音而说”（Heidegger,1975: 207）表达的正是存在本身的这种说。

相比之下，在上述两种思维中可以对等的概念只有“言语”与“话语”。但遗憾的是索绪尔在他的理论中却无力顾及“言语”，而海德格尔则详细地论述了话语（叶起昌，2007a）。

两者谈到的“语言”在诸多方面是不一致的，这在以下的对话中将得到进一步说明。

语言（能力）与道说则根本不在相同的层面。这里产生的问题是，为什么索绪尔的理论可以缺少海德格尔意义上的道说层面？索绪尔自己在对语言起源问题的看法中就已经给予了回答：“事实上任何社会，现在或过去，都只知道语言是从前代继承来的产物而照样加以接受。因此，语言起源的问题并不像人们一般认为的那么重要。它甚至不是一个值得提出的问题。语言学的唯一的真正的对象是一种已经构成的语言的正常的、有规律的生命”（CLG，71-

72）[①]。故而人是符号的继承者和拥有者。

根据海德格尔的观点，索绪尔断然拒绝语言起源问题意味着他的理论不再涉及语言的本质，因为从哲学上追问语言的起源问题就是探讨语言的本质。与索绪尔相反，海德格尔认为，不是人拥有语言，而是“语词”(海德格尔在后期著作中常以“语词”称呼“语言”)拥有人（叶起昌，2008），语言的本质就是语言自身，不是人的能力所能及的。要走向语言的本质就必须“把作为语言（即道说）的语言（即语言本质）带向语言（即有声表达的语词）”（Heidegger, 1993：418）。因而人充当着语言和真理的承载者和守护者。

在理论渊源上，索绪尔与海德格尔是否受到相同流派的影响?

洪堡特（Humboldt, 1988）早在一个世纪前就对语言的诸多方面，包括思想与语言的关系，表达了与索绪尔相似的看法，因而有的学者认为索绪尔重“语言”轻“言语”就是赫尔德和洪堡特与20世纪结构主义理论之间存在着重要历史关系的佐证（Taylor, 1985:10），但前者是否直接影响过后者在学界目前尚无定论（Robin, 1997：224)。海德格尔继承和发展“哈曼—赫尔德—洪堡特（三H）理论”则是不争的事实（Heidegger, 1999/2004；Lafont,1999，2000; 叶起昌，2007b）。这突出地表现为下述几个方面。其一，海德格尔（Heidegger, 1927/1996：112）应用过洪堡特语言学的实例来阐释其最主要的概念“此在”，并且海德格尔100卷全集中的第85卷[《论语言的本质》（Heidegger, 1999/2004）]从赫尔德的论文入手全文论述语言问题；其二，以海德格尔（1993：402）之见，洪堡特规定了迄今为止的整个语言科学和语言哲学；其三，海德格尔致力于以三H的理论来阐释本体论差异,以语言哲学观完全替代认识论。这无疑也构成从语言学视角探索海德格尔自身思想的必经之道。

4.“差别”与“区–分”

作为网络体系（language grid）的语言模式要是建立在单维度的语言变项之上就不成其为网络，因为网络要求至少两个的变项。于是，索绪尔将语言符号

① 索绪尔在这点上显然受巴黎语言学传统的影响。巴黎语言学会在1865年成立之际就在章程第二款中明确规定不接受任何研究语言起源和与创建普世语言相关的论文（Lock & Peters. eds.1996）。索绪尔本人于1876年加入该学会（卡勒，1976/1989：161）。

一分为二: 能指与所指, 从单一维度中创造出两个维度。语言能够被看作是一个“差别”(**difference**)系统正是建立在此之上。

能指与所指两变项形成语言网络。网络由不同的符号构成，任何符号均拥有能指(声音—图像)与所指(概念)两个要素。在系统中最重要的关系是能指之间的关系，这种关系创造“价值”，正是“价值”才生成语言的差别系统，在语言中仅有“差别”。差别概念的重要性在于，语词重要的不仅仅是声音而是能使某一语词区别于所有其他语词的语音差别，因为差别表达意义。语言系统依赖于差别概念，其中一个语言单位在系统内之所以拥有价值在于它不是系统内的其他单位。

控制符号的规则有二：“任意性”和“线性”。能指与所指沿着各自的轴线分别居于任意但又特殊的位置。“任意性”说明，在语言里当所指和能指分开来考虑时，“只有没有积极要素的差别”(CLG，120)，符号仅是它周边的其他符号所不是的东西。从这个视角来看，语言没有中心与边缘之分。而从符号的整体去考察，“线性”则表示语言秩序里积极的因素(CLG，120)，因为通过特定位置，每个能指或所指获得了与其他能指与所指相区别的否定差异，并体现为价值。特定能指与特定所指的结合在语言网络中不妨理解为“节点”。节点之所以是激活的，原因在于语言为说这门语言的人提供了这个节点或符号，即该节点在他们的语言中可作为一个语词来接受。这种配对是任意的，且建立在传统之上，传统由此决定哪个节点是激活或不可激活的。

在海德格尔的理论中，语言可视为先行被规定了领域的“关系网络”(Heidegger, 1993:398)。为阐释该网络，海德格尔不断变换术语，但含义却大致相同，如争执、分裂(rift)、草图(Abriss)、剖面图(Aufriss)、轮廓(Umriss)、平面图(Grundriss)等。在这个网络中运作着“区–分”(Unter-Schied: dif-ference)。

那么，什么是“区-分”呢?

与索绪尔的能指和所指相对应的是前述的“大地(或‘物’)”与“世界”或“上手的东西”与“现成在手的东西”。物与世界必须是在某个维度或领域内，否则，物与世界就不是其所是。这个区域或维度就是“区-分”。区-分构成“物”与“世界”之间关系的前提，“物实现世界，世界赐予物”(Heidegger, 1975：202)。

无疑，索绪尔的任意性和线性，积极与消极等术语在海德格尔的论述中不可能有对等成分，仅余二分的思维模式，而且这种模式也不再是传统主客体认识论。但这并不意味着海德格尔的理论没有相关的论述，而是说海德格尔用不同的概念并且从本体论现象学的角度来阐释相同的语言现象。

海德格尔首先提醒我们，“区-分”既不是区别也不是关系（Heidegger, 1975：203），从而否定了索绪尔提倡的从静态角度来审视语言的可能性，维度也因此不再是某个各种事物居于其中的独自现存的领域，因为区-分并不是不同事物的种类概念。区-分是在世界和物本身的范围内衡量世界和物：“区-分之衡量才开启出世界与物的分与合。这种开启乃是区-分测出两者之本质的尺度”（Heidegger, 1975:203）。意思是说，区-分作为衡量物与世界的尺度不是人赋予的，是物与世界自身的“亲密性”。

亲密性也不是常理意义上的亲密无间，恰恰相反，区-分就指物与世界两者的“中间”（Mitte）：

“在这个‘中间’中两者才是一体的。因为一体，两者才是亲密的（intimate）。两者之‘中间’就是亲密性（Innigkeit）……世界与物的亲密性绝不是融合。唯当亲密的东西，即世界与物，完全分离并且保持分离之际，才有亲密性起支配作用”（Heidegger, 1975:202）。

物与世界的对立统一由区-分来决定。区-分保持物与世界合二为一，因为物与世界向着并通过这个“中间”才相互贯通一体；同时区-分又将物与世界一分为二，因为唯有分离者才有亲密性可言。区-分实现物与世界的分与合的并存统一。

物与世界又具有什么样的本质呢？海德格尔回答：物物化，世界世界化。

海德格尔（Heidegger, 1975：174）考证，古德语词“物”（thing或dinc）原意为“聚集”。在此聚集中，物成其本质，就是物物化（Das Ding dingt）。在“物物化”中，“物”是其所是地存在着，从而“物实现世界”。“世界”在他随后的论述中更具体地体现为“天、地、人、神”四重性。

“物化之际，物居留统一的四方，即大地、天空、诸神与终有一死者，让它们居留于在它们的从自身而来的统一的四重整体的统一性中”（Heidegger, 1975：179）。四方中的每一方都以自己的方式映衬着其余三方的现身本质，在这种映衬中，“世界世界化了”，即“世界赐予物”。

在海德格尔的阐释中，物与世界拥有合二为一和一分为二的统一；而在索绪尔的论述中，能指与所指不是一分为二就是合二为一，缺乏这二者的统一层面。

“物物化”和“世界世界化”诠释了道说本身的运作和展开。海德格尔所指的语言是一种前科学、前逻辑的语言，只有追溯到这个基础层面，才有可能道说世界和物。在他看来，作为派生自上述语言的西方形而上学和科学的语言，无疑也包括索绪尔，是“说”不出这种“存在”的，因为后者处在以人为中心的主客体认识论模式之中。

5. 语言创造性问题

每个个体不能随意激活或钝化（deactivate）本族语网络中的节点。说话者如果仅能通过听其他人之说来体验与说语言，那么，这种说充其量只是重复别人所说。要是情况果真如此，作为符号的新语词又是如何进入语言的，语言又是如何产生新概念的？索绪尔与海德格尔无法回避这个问题。

在索绪尔的模式中，特定的能指和所指能够组成符号进入语言体系依靠两种结合方式：组合和聚合关系；前者为新语词提供不同的位置，后者为各种新隐喻的产生创造空间。语词从原先的名词位置转换为动词位置则是组合关系的典型事例之一，如We greyhounded to Toronto（我们搭乘Greyhound巴士抵达多伦多。）（Greyhound作为名词指北美最大的长途汽车公司）。而聚合关系可以突破前者的线性制约，甚至不必拘泥于原有的分类体系，如以“蛇”指“人”。这两种结合方式“都会导致所指和能指关系的转移”（CLG，75）。索绪尔在这里并没有指出组合和聚合关系两者之间的关系。语言学领域对隐喻的研究多少证实了语言在本质上是隐喻的，因而聚合关系构成组合关系的基础。海德格尔也持这种观点。

海德格尔又是如何论证语言的创造性呢？作为“存在之家”的语言允许人创造性地存在吗？

海德格尔（Heidegger, 1998:274）说过：语言同时既是存在的家也是人之本质的寓所。依他的看法，倾听语言之说的人们能在现存的语词戛然而止时知觉新语词，人们以说话的方式回应先前沉默的东西，从而展开对世界的知觉，因为语词与概念、语言与思维等对子是捆绑在一起而生存的。于是，解答了人怎样才能做到正确地倾听语言也就是回答了语言创造性问题。

“终有一死的人（mortals）从区-分而来被召唤入区-分之中，他们的说话方式乃是回应”（Heidegger, 1975:209）。“人从区-分而来”实际上等同于“生之阵痛”（the pain of birth），它形象地抽绘与母体的分裂。“被召唤入区-分之中”就是被召唤入“生之区-分”（dif-ference of birth）。上述过程无疑可看作是符号化过程（semiosis）或海德格尔意义上的“澄明”，也就是同时将符号分裂为能指与所指，并伴随着两者结合为新符号的可能性过程。那“召唤”又意味着什么？召唤是区-分的寂静之说，是“存在”在召唤，人之所以能创造性地说是因为听从了这种召唤。“倾听从区-分之指令那里获取它带入发声的词语之中的东西。这种既倾听又获取的说话就是回应”（Heidegger, 1975:209）。人以既获取又应答的方式，回应于语言。回应将获取的新“语词”带到分音节的“说”中（“分音节的说”即海德格尔的“话语”）。“存在”通过语言的寂静之音向我们说，语言的首要本质就在于它是“存在”之道，因为“存在”以语言为我们提供本真的栖居之所。海德格尔认为诗（海德格尔用“诗”来指“本真话语”；除诗之外，本真话语还包括建国、牺牲、艺术和思想）是典型的创造性地存在的语言，所以本真的栖居也就是“诗意的栖居”。

如果从索绪尔的组合和聚合关系来看，这里的“诗意的栖居”无疑涵盖两者，并且聚合关系先于组合关系。

6. 结语

在语言哲学观上，索绪尔通常被认为属于“心灵主义”（mentalism）（Harris, 2003:155）。以主体性哲学为基础的心灵主义认为，物理的或身体的东西可以用心的东西来解释，并且后者在真正的意义上存在。依此并对19世纪语言学成果做出综合和反思的基础上，索绪尔创立了结构主义语言学的信条：作为结构的语言先于说这门语言的个体，个体是在一种共同文化中被培养成说这种先在语言。

海德格尔并不反对上述信条。作为反理性主义者，他认为心灵主义的思维模式必须以本体论的“此在”为基础。语言是世界解蔽，“存在”通过语言与我们说话，所以语言的首要本质是“存在”的语词，坚持意义决定指称的整体论。

两者最大的分歧在于，研究语言是提供关于语言的知识还是在语言中取得一种经验。索绪尔选择了前者，海德格尔坚持后者。索绪尔说过：语言研究依赖于观察它的角度（CLG，8）。在主客体的运思框架中，从交流与表达的角度，并以逻辑和自然科学的方法为指导，就可以对语言进行各个层次的分析。当代语言学研究更多是朝着这个方向发展的。海德格尔（1986 / 2004：147）批判性地指出：这种“元语言学”的技术形而上学正在把一切语言普遍地转变为单一地运转的全球性信息工具。它的研究仅仅提供大量关于语言的知识，却忽视了语言先于人为的逻辑和自然科学的事实，也不再思考逻辑和科学的背后还有一个更为深层的基础：存在的现身情境以及存在的真理（the attunement of being and its truth）（Heidegger, 1999/2004:35）。因此这类不与本体论相联系的研究是无法理解语言本质的，并且对语言做任何形式的还原都无法取代在语言中取得一种经验，谈不上体现人们知觉被语言遮蔽又揭示的世界的展开过程。

上述对话的主要目的在于正确理解两者的理论，正是“理解”才构成两者可以相互对话的前提。

本文认为，以海德格尔的话来说，索绪尔的理论一方面可理解为是语言学理论自身的一种“区-分”，即它是历史和比较语言学的转换和扩张。语言学从这个一分为二的断裂中收获了更多的“一分为二”，更多的“元语言学”制作，如雅各布逊、乔姆斯基、韩礼德。另一方面，这类研究成果丰硕，分支众多，进入其中如同步入可肆意挑选工具的工具房，而不像是处在“在语言中真的有人的此在的本真居所”。

同样，海德格尔自身的理论也可视为是哲学领域中的一种“区-分”，它是胡塞尔先验现象学的一分为二，随后则是更多的“分裂”：伽达默尔、德里达、布迪厄、哈贝马斯等。

由此带来更进一步的反思。以索绪尔为发端的当代语言学和以海德格尔为起始的后现代哲学之间的对话无疑还构成一种“区-分”。这种对话不管是对理解和应用语言学理论还是领悟和贯通哲学思辨都是必不可少的，因为它不仅为相关的研究找到立足点或“归属”，而且也启发人们思考语言的本质在当代语言学研究中应该占据什么位置。要使这两者对话成功，就不能将人为的“实用性”“可操作性”“规范化”等横亘在这个“区-分”之间，否则就不存在对话了。

参考文献

Harris, Roy. 2003. *Saussure and His Interpreters* (2nd ed). Edinburgh: Edinburgh University Press.

Heidegger, Martin. 1979 / 1985. *History of the Concept of Time*. Bloomington: Indiana University Press.

Heidegger, Martin. 1993. In David Farrell Krell (eds.). *Basic Writings: from Being and Time* (1927) *to The Task of Thinking* (1964). London: Routledge.

Heidegger, Martin. 1975. *Poetry, Language, Thought*. New York: Harper & Row Publishers, Inc.

Heidegger, Martin. 1998. *Pathmarks*. In Willima McNeill (eds.). Cambridge, UK: Cambridge University Press.

Heidegger, Martin. 1999 / 2004. *On the Essence of Language: The Metaphysics of Language and the Essencing of the Word Concerning Herder*'s *Treatise On the Origin of Language*. New York: State University of New York Press.

Heidegger, Martin. 1927 / 1996. *Being and Time*. Albany: State University of New York Press.

Humboldt, W. V. 1988. *On Language: The Diversity of Human Language–Structure and Its Influence on the Mental Development of Mankind*. Cambridge, Cambridgeshire / New York: Cambridge University Press.

Lafont, Cristina. 1999. *The Linguistic Turn in Hermeneutic Philosophy*. Cambridge, Massachusetts / London: The MIT Press.

Lafont, Cristina. 2000. *Heidegger, Language, and World-disclosure*. Cambridge, UK: Cambridge University Press.

Lock, Andrew & Charles R. Peters. (eds.). 1996. *Handbook of Human Symbolic Evolution*. Oxford: Clarendon Press.

Robins, R.H. 1997. *A Short History of Linguistics (4th ed)*. Essex: Addison Wesley Longman Limited.

Saussure, de Ferdinand.1955. *Course in General Linguistics.* In Charles Bally and Albert Sechehaye (eds.). In collaboration with Albert Riedlinger. New York / Toronto / London: McGraw-Hill Book company.

Saussure, de Ferdinand. 1993. *Saussure's Third Course of Lectures on General Linguistics* (1910—1911). In Eisuke Komatsu(eds.), Oxford / New York / Seoul / Tokyo: Pergmon Press.

Taylor, Charles. 1985. *Philosophy and the Human Sciences.* Cambridge: Cambridge University Press.

（德）马丁·海德格尔，孙周兴（译），1986/2004，《在通向语言的途中》。北京：商务印书馆。

（美）乔纳森·卡勒，张景智（译），刘润清（校），1976/1989，《索绪尔》。北京：中国社会科学出版社。

叶起昌，2007a，"话语"概念的海德格尔式阐释。《外国语（上海外国语大学学报）》（3）：53–59。

叶起昌，2007b，重思真理、时间和话语——海德格尔语言观解读。《外语学刊》（5）：13–18。

叶起昌，2008，"人拥有语言"与"语词拥有人"——海德格尔论赫尔德。《外语学刊》（2）：27–31。

On the Relations Between Thought and Language, the Duality of Language, the Comparison Between Difference and Dif-ference, and the Creativity of Ianguage

——A Dialogue Between Heidegger and Saussure

Abstract: The paper highlights the following different and similar aspects between Saussure's and Heidegger's conceptions of language. In terms of the relation of thought and language the disagreement between Saussure and Heidegger appears only in their perspectives. Upon the duality of language, they possess the parallel classifications and Heidegger's conception of language originated from the Hamann-Herder-Humbodt tradition. In contrast to Heidegger's conception of dif-ference, Saussure's system of difference lacks the unity of both the division of one sign into the signifier and signified and the combination of the two into one. Saussure fails in accounting for the priority of the associative relation over the syntagmatic one while Heidegger emphasizes “poetic dwelling”. The above differences lead to the fundamental gap between Saussure and Heidegger concerning the question whether the study of language is to provide the knowledge about language or to dwell in the house of Being. The paper also marks out the necessary reflections brought about by this dialogue.

Key words: duality; difference; dif-ference; world; poetic dwelling

语言学史

古希腊的语言研究

北京大学　姜望琪*

[提　要] 本文探讨古希腊时期的语言研究成果。主要包括三方面内容：（1）柏拉图在名称起源和句子成分方面对语言研究的贡献；（2）亚里士多德在前人基础上提出的改动和发展；（3）第一部希腊语法《语法术》的主要内容。

[关键词] 古希腊；柏拉图；亚里士多德；语法术

1. 引言

人类研究语言的历史相当长，可以说人类自从有能力思考，就开始思考语言了。《圣经》“太初有道，道与神同在”的说法是一个佐证。这里的“道”在希腊语是logos（逻各斯），在英语是Word。

不过，真正的语言研究起始古希腊的哲学家。例如，赫拉克利特（约前535—前475）开始明确研究logos。他主张事物是变化的，“人不能两次踏入同一条河流”。他用logos表示这种变化的规律，但这个词同时表示“说话”“语言”（汪子嵩等，2014［第一卷］：371–376）。巴门尼德（约前515—前450）反对赫拉克利特的流变说，主张研究流变表象背后的不变的“存在”。他甚至提出，只有存在可以被思想、被表述，只有存在才有真实的名称（同上：508）。

* 姜望琪，北京大学外国语学院外国语言学及应用语言学研究所教授、硕士。研究方向：语用学、系统功能语法、英汉对比及翻译等。Email：jgwgq@pku.edu.cn。通信地址：100871 北京大学外国语学院外国语言学及应用语言学研究所。

差不多同一时期，中国也有哲人讨论过语言问题，如孔子（前551—前479）提出“名不正则言不顺，言不顺则事不成，……”他主张正名，以维护当时的礼乐制度，也涉及了名实关系（袁行霈等，2006：363）。老子（？）[①]提出了“道可道，非常道；名可名，非常名”的著名论断（汪奠基，1979：159）。

但是，现存语言研究专论的第一人是柏拉图。因此，本文将重点探讨柏拉图在这方面的贡献。然后，我们将论及亚里士多德提出的改动和发展。最后，我们介绍第一部希腊语法《语法术》的主要内容。

2. 柏拉图的贡献

柏拉图（前427—前347）对语言研究的贡献，主要表现在两个方面。第一，他专门讨论过语言的起源和本质。只是当时人们认为，语言的功能是命名，所以被叫做“名称”的起源和本质。第二，他首先把句子分成了名词和动词。

2.1《克拉底鲁篇》

柏拉图讨论语言问题的专著是《克拉底鲁篇》（*Cratylus*），这是他中期偏早的一篇对话。重点讨论了名称是自然天生的，还是人为约定的。该对话由两部分组成：前五分之四是苏格拉底跟赫谟根尼（Hermogenes）的对话，后五分之一是苏格拉底跟克拉底鲁的对话。

第一部分对话可以分成4个话题：（1）名称有正确性吗？（2）名称的正确性来自何处？（3）词源学可靠吗？（4）模仿理论可行吗？

由于赫谟根尼认为，名字[②]是人起的，我们想让奴隶叫什么名字，就可以叫什么名字，苏格拉底就从名称的正确性入手。苏格拉底问赫谟根尼，如果我可以任意命名，那么，我可以把人叫做“马”，把马叫做“人”吗？赫谟根尼回答“可以”。[③]苏格拉底接着问，那么，名称有真假吗？这时候，赫谟根尼陷入

---

① 老子的生卒年代不详，一般认为和孔子同时而略早。

② “名称”和“名字”在希腊语是同一个词，我们感觉指人时“名字”更符合汉语习惯，所以改动了一下。

③ 这是一个陷阱。由于当时人不区分专名和通名，苏格拉底把赫谟根尼的观点应用于通名，使其陷入窘境。

了自相矛盾。一方面他不能否认有真假，另一方面不同人可能给同一事物起不同的名称，而按照他的观点，这些名称都应该为真。由于他不能自圆其说，赫谟根尼不得不后退一步，承认名称有真假之分。

由此，对话进入第二阶段——什么决定名称的正确性？是人，还是事物的本质？这时，苏格拉底明确提到了普罗泰戈拉的观点“人是万物的尺度”。[①]我们应该采用普罗泰戈拉的观点，相信名称的正确性因人而异，还是事物有固定的本质，它决定名称的正确性？赫谟根尼感觉他不能接受真理因人而异，但是，他也不理解事物的本质怎么决定其名称。然后，苏格拉底花了4页的篇幅，讨论了动作是一种事物，说话是一种动作，名称是分别事物的工具。并比较了名称跟梭子，梭子要完成其任务必须有一定的形状，名称要完成自己的任务也必须有一定的形式。

同时，苏格拉底还一反常态，断言命名是一项重要工作，不是任何人都有能力承担的。只有那些对名称有专门研究的人才能用字母、音节表达意义。[②]

赫谟根尼仍然不信服，要求苏格拉底详细说明。于是，对话进入第三阶段，讨论名称的起源，即词源学，能否证明名称的正确性。这是该对话中最长的一部分，占二分之一篇幅。换言之，苏格拉底有一半时间是在跟赫谟根尼讨论词义的起源。探究词的本义是当时希腊学界非常流行的癖好，他们都倾向于认为，词语的早期意义才是它们的真实意义。但是，苏格拉底的论证显得随意性很强，似乎信手拈来。例如，希腊语的“英雄”这个词，其阿提卡方言拼作heros，爱奥尼亚方言拼作hero，苏格拉底据此认为它是源于“爱”（eros）这个词，理由是英雄是神与人结合的产物。同时，他又说另一种可能是，它源于

---

① 许国璋似乎用“惟人参之”解释“人是万物的尺度”。他（2015 [1988]：38）说，“对于本文讨论的词与物的关系问题，刘勰一句话为我们破除了所谓自然联系的说法。不，不是这样，一切都是人为的——‘惟人参之’。”

② 柏拉图区分“知识”和“意见”。“意见”人人都有，“知识”却只有少数人才有。命名这种重要工作需要专门的知识，所以，他理所当然地坚持只有专家才有资格命名。索绪尔似乎知道柏拉图的观点，所以在《普通语言学教程》里有一段类似的话，“语言是一个系统。在这方面，它不是完全任意的，因为系统具有一定的合理性。但是，恰恰由于这个原因，普通人没有能力随意改动它。语言系统是一个复杂机制，不经过思考是不能掌握其运行的。即使天天使用它的说话人都可能对此非常无知。对语言的任何改动都需要专门家、语法学家、逻辑学家等的参与。”不过，接下来索绪尔就杀了个回马枪。他说“但是，历史证明专家们对语言事务的干预都是徒劳无益的。”（Saussure, 1983: 73）

“提问”（erotan），其阿提卡方言拼作eirein，又表示“说话”，其爱奥尼亚方言则拼作legein[①]，也可表示“说话”，理由是英雄都是能说会道的。但从现代词源学角度看，这种结论是站不住的。据现代学者考证，希腊语的“英雄”跟“爱”“提问”“说话”都没有关系，而是源于古印欧语词根sērōus，表示“力量、强大”的意思。[②]苏格拉底的这种随意性令很多人怀疑其严肃性，似乎他不是在论证名称的正确性，而是在用归谬法嘲笑这种词源学。[③]

所以，苏格拉底建议探讨其他证明名称正确性的方法。他说如果我们没有语言，就像聋哑人，我们怎么表达自己的意思呢？是不是会用身势模仿要表达的意义？因此，该对话进入最后阶段，讨论名称的正确性是否来自模仿。他提出，我们不仅有身势模仿，也有语音模仿。例如，希腊语字母ρ，读作rho，舌头活动很大，所以适合用于表示运动的词。字母o则适合表达圆形的意思。他认为，模仿论是一种好理论，除非克拉底鲁有其他更好的理论。

这时，克拉底鲁上场，对话进入第二部分。由于克拉底鲁认为，“赫谟根尼”（Hermogenes）不该是他们朋友的名字，苏格拉底就问他，“赫谟根尼”是个错误的名字，还是根本不是名字？克拉底鲁说根本不是名字，是名字就得是正确的。面对这种回答，苏格拉底问他承不承认名称是一回事，被命名的事物是一回事？名称是对被命名者的模仿？克拉底鲁回答，是的。那么，图像（对形象的模仿）可能有对错，为什么名称（对事物的模仿）就不能有对错呢？克拉底鲁不得不承认，名称也可能有对错。

然后，苏格拉底推翻了先前的模仿理论及相似原则。按照那种理论，希腊语的字母ρ和σ/ς应该表示不一样的意思，可是阿提卡方言的σκληροτης (sklerotes)（硬）在埃雷特里亚方言里却拼作σκληροτηρ (skleroter)。难道r和s相似，可以模仿同样的事物？克拉底鲁说，是的。苏格拉底又问，字母λ被认为表达光滑、柔软的意思，怎么能用在“硬”这个词里？克拉底鲁说，λ不应该用在这里，应该用ρ。但是，苏格拉底问，用现在的发音，你能理解吗？克拉底鲁回答，可以，但那是因为习惯。苏格拉底接着问，你所谓的“习惯”跟“约定”有什么不同吗？这样，苏格拉底就证明了，习惯是比相似性更重要的原则。

---

① 英语的lexis跟其有渊源关系。

② 参阅姚小平（2011：18）。

③ 参阅Harris & Taylor (1997：9)。

最后，苏格拉底探讨了怎么认识事物的问题。他否定了通过名称来了解事物这种途径，因为名称跟其所命名的事物不一定相似。更何况，最初的命名者在没有名称的情况下怎么认识事物？由此，柏拉图提出了他关于“相论”①的最初设想。

总之，柏拉图在《克拉底鲁篇》里比较详细地讨论了两种名称起源理论，指出了它们各自的问题。②可能因为苏格拉底大部分时间是在跟赫谟根尼讨论，批驳他的观点，有些人认为，柏拉图本人倾向于克拉底鲁的观点。③这是一种误解。

2.2 名词、动词之分

柏拉图的第二个重要贡献是提出了所谓的“句子由名词和动词组成”这种论点。柏拉图第一次提到这种区分是在《克拉底鲁篇》。在讲到Zeus的词源时，苏格拉底说，它像一个句子，由两部分组成：Zēna和Dia。④在后面跟克拉底鲁的对话中，他又说句子是由动词和名词合成的。但是，更详细的讨论见诸《智者篇》（*Sophist*）。

《智者篇》是柏拉图晚期的一篇对话。在该对话中，主讲者是来自爱利亚（Elea）的客人。另外三位参与者是苏格拉底、塞奥多罗（Theodorus）和泰阿泰德（Theaetetus）。但苏格拉底和塞奥多罗开场不久就退出了，所以，实际上这只是来客跟泰阿泰德两人的对话。

该对话的核心是界定智者是什么样的人，中间掺杂了关于存在和非存在的讨论。直到大约最后的五分之一处，才开始提到语言。慢慢地，他们讨论了名称（因为动词可以看作动作的名称，这个“名称”是广义的）是不是都能连在一起使用？名称是不是有不同的类别？

这时，来客说，存在物有两种语音表达形式：一种叫做名词，另一种叫动词。泰阿泰德不是很明白，来客就接着解释说，跟动作有关的可以叫动词，表示动作者的叫名词。句子从来都不是只有名词，也不是只有动词的。光有

---

① 英文Theory of Ideas。柏拉图用的希腊语是τδεα或ειδος，其含义有form的意思。中文有时译作“理念论”，容易导致误解。所以，我们采用汪子嵩等（2014）（第二卷）的译名。

② 参阅Pfeiffer (1968：63)。

③ 如陈平（2020：3）。

④ 实际上，Zeus是主格，Zēna是诗歌中用的宾格形式，Dia是日常所用的宾格形式。

走、跑、睡这样表示动作的词不能组成句子。同样，光有狮、鹿、马这样的名称也不构成句子，它们只提到了实施动作的动物。它们只有跟表示动作或无动作，存在或不存在的词合到一起，才是合适的，才能构成句子。例如，A man learns。当有人说了这样的话，他才做出了陈述，叙述了某种情况。他不是只给出了名称，他把动词和名词结合了起来。这是为什么我们说，他说话了。我们把这种组合叫做句子。

来客还说，一个句子要成为句子，就必须有主语；没有主语，它就不是句子。为了测试泰阿泰德是否理解他的意思，他问在Theaetetus sits这个句子中，什么是主语？这个句子在谈论什么？泰阿泰德回答，很明显这个句子是关于我的，我是其主语。在Theaetetus, with whom I am now talking, flies这个句子中，泰阿泰德说，这个句子也是关于我的，我是其主语。

问题是，上述翻译、解释是柏拉图的原意吗？Fowler在第一次使用“动词”“名词”后加了注释，他说“在柏拉图时代，语言科学的各个分支都还年轻。通用意义上的词语必须被用在专门意义上。所以，这里的onoma和rhema被用作语法术语，表示‘名词’和‘动词’，尽管在其他场合，柏拉图把它们用在日常意义上。”（Plato, 1921: 432–433）。

Onoma 和 rhema的日常意义是什么呢？Onoma的日常意义是“名称”，rhema 是“所说的话”，有时候还可以是“话题”。更重要的是，柏拉图没有说明他的onoma 和 rhema到底是单词，还是短语。而日常意义上的rhema是两者都可以的，如，κατα ρημα（rhema）表示“逐词”；但它也可以表示短语，跟onoma相对。

至于subject这个译法更可疑，希腊语的“主语”是hypokeimenon，是亚里士多德在《范畴篇》里提出的，况且是在逻辑学的含义上，而柏拉图在这里用的却是tinos einai，直译是something。所以，我们根据Fowler的“A sentence, if it is to be a sentence, must have a subject; without a subject it is impossible”译成的“一个句子要成为句子，就必须有主语；没有主语，它就不是句子”的原句，Cobb（1990: 106）译作“It is necessary that whenever there is speech, the speech be of something; it is impossible for it not to be of something”（凡有话语，都必定有所谓；没有所谓，就不可能有话语）。

出于这些考虑，Robert Robins在他的《语言学简史》里指出，“把希腊语法理论这个阶段的ónoma和rhēma译作名词和动词可能是误导人的”（1979：27）。Peter Matthews则把柏拉图的观点表达为“一个句子至少包含一个名词（用现代术语，即主语）和一个动词（用另一个后代术语，即述说前者的）”（1994：28）。他（同上：26–27）还把mérē lógou译作“句子成分”（parts/elements of a sentence），而不是通常的“词性”（parts of speech）。Rudolf Pfeiffer明确指出，柏拉图在《克拉底鲁篇》和《智者篇》里用到的onoma表示“事物的名称”，rhema表示“关于前者所说的话”。它们既不是后来语法上的名词和动词，也不是亚里士多德意义上的逻辑主词和谓词（Pfeiffer，1968：59–60）。M. A. K. Halliday走得更远。他认为柏拉图把logos分成onoma和rhema是在分析语篇单位。柏拉图的分类基础是意义，是语义功能，因为他说一个表示动作者，一个表示动作。Halliday还说，柏拉图的意思是“语篇必须有**所谓**；所以名词表达‘语篇的话题’。柏拉图没有为这个功能命名；Jowett把它译作‘主语’，但是，这不是后来导致主谓语分析的亚里士多德意义上的主语；它其实是现代语言学的‘主位’”（discourse must be **about** something; so the noun also functions as “what the discourse is about”. Plato does not label this function; Jowett translates using the term “subject”, but it is not subject in the later Aristotelian sense, from which we get subject-predicate analysis; it is rather what in modern linguistics is called “theme”）（Halliday, [1977] 2003: 97）。

我们认为，Halliday的说法是有道理的。就柏拉图的本意，他是要把语言（logos）分成更小的单位。即使如柏拉图所说，他是在讨论最小的logos，即“句子”，onoma和rhema也是句子成分，而不是词类。更何况，当时还没有“主语”的概念，有的只是“话题”“动作者”。所以，即使在“句子成分”意义上，它们也是句子的“语义”成分，而不是“句法”成分。

3. 亚里士多德的改动和发展

亚里士多德（前384—前322）是百科全书式学者，其研究领域涉及众多学科。他是柏拉图的学生，继承了柏拉图的一些观点，但是，改动、发展更不少。他的名言是：吾爱吾师，吾更爱真理。

在语言问题上，亚里士多德的改动和发展主要表现在三个方面。第一，亚里士多德明确把语言看作符号，跟其所反映的现实不是一回事。他在《论解释》里说，“语音是内心感受的符号，书写则是语音的符号”（Aristotelis, 1949: 16a3–4）。此前，虽然有人（如柏拉图）有时候也区分语言跟现实，名称跟被命名的事物，但是没有人像亚里士多德这样前后一贯，而且他们没有“符号”这个概念。

第二，关于名称的本质，亚里士多德持坚定的人为约定派立场。他指出，“之所以说‘是约定俗成的’，是因为没有名称是自然天生的，它只有成为符号才能起如此作用。即使是不清晰的声音（如野兽的咆哮）也能表达点意思，但是，它们都不是名称”（同上：16a26–28）。换言之，在亚里士多德看来，既然是符号，其声音跟所指事物之间的关系就必然是约定俗成的，没有其他的可能性。

第三，亚里士多德增加了两个mérē lógou[①]（parts of the sentence）。他感觉，柏拉图把句子分成名词和动词的做法过于粗疏，不能覆盖句子的所有成分。所以在《修辞学》第三卷，他提出了syndesmoi（字面直译“韧带”），涵盖其他所有成分。在《诗学》第20章，他又把有屈折变化的syndesmoi分出来，称为arthron（字面直译“关节”）。[②]这样，syndesmoi相当于后世的连词等，arthron则包括后世的冠词和代词。

4.《语法术》

《语法术》（*Technē Grammatikē*）一般认为是狄奥尼修斯·色拉克斯（Dionysius Thrax，约前170–前90)在公元前100年完成的第一部希腊语法。

狄奥尼修斯首先是一位荷马学者。他的老师Aristarchus（约前216–前144）曾任亚历山大图书馆馆长，是荷马研究科学方法的开创者。当时的学者意识到荷马等希腊经典所用的语言与日常口语有很大差异，不加注释已很难看懂。因此，他们研究语法的目的就是为了准确解读经典。[③]

---

① Halliday (2003 [1977]: 98) 猜想这个说法本身源自亚里士多德，虽然他当时没有把它用作专门术语。

② 参阅 Pfeiffer, 1968: 76–77。

③ 参阅 Pfeiffer, 1968: 266–267。

从学术流派的角度，狄奥尼修斯属于亚历山大城派。他们继承亚里士多德传统，认为语言是规则的，坚持采用“类推”的方法。活跃在帕加马城的学者则继承了斯多葛派的观点，认为语言是不规则的，致力于发现例外。但是，《语法术》也吸收了斯多葛派的成果，如，比较自觉地以形态为根据区分词类。

现存据说是该书第一版的《语法术》包括25小节，总长15页，不足3,000词。[①]狄奥尼修斯在第1小节对语法进行了界定：“语法是关于诗人和散文家通常用法的实用研究。它有六个组成部分：第一，注重韵律特征的朗读技术；第二，解读时注意作品中的文学词语的含义；第三，为深奥词语和历史事件作简明注解；第四，发现词源；第五，详细总结类推规律；第六，评判诗歌，这是语法中最崇高的部分”（转引自Kemp, 1987: 172）。

第2至第11小节讨论了朗读时要注意的问题，如重音、停顿、元音、辅音、长音节、短音节等。第12至第25小节详细讨论了名词、动词、分词、冠词、代词、前置词、副词、连词8大词类。其中，“词”被界定为“恰当合成的句子的最小的部分”；“句子”是“散文[和诗歌][②]中表达完整思想的单词组合”（同上：176）。这些论点为传统语法奠定了基础。

不过，这本语法的重点是形态学，并没有后世所谓的语法的核心——句法。

参考文献

Aristotelis. 1949. *Categoriae et Liber de Interpretatione*. In Minio-Paluello, L.(eds.), Oxford: Oxford University Press.

Cobb, William S. 1990. *Plato*'s *Sophist*. Maryland: Rowman & Littlefield Publishers, Inc.

Halliday, M. A. K. 1977. Ideas about language. Reprinted in *Collected Works of M. A. K. Halliday*. 2003. Vol. 3, 92–115.

Harris, R. & T. J. Taylor. 1997. *Landmarks in Linguistic Thought I: The Western Tradition*

① Uhlig 1883 年的版本把 25 小节缩合成了 20 小节，原来的第 4、5 小节缩合成了第 4 小节，第 12、13 小节缩合成了第 11 小节，第 16、17、18 小节缩合成了第 14 小节，第 21、22 小节缩合成了第 17 小节。

② 方括号中的字是英译者所加。

from Socrates to Saussure(2nd ed). London: Routledge.

Kemp, A. 1987. The Tekhnē Grammatikē of Dionysius Thrax. In Taylor, D. J. (eds.). *The History of Linguistics in the Classical Period*. Amsterdam：John Benjamins. 169–189.

Matthews, P. H. 1994. Greek and Latin Linguistics. In Giulio Lepschy (eds.). *History of Linguistics*. Vol II. London: Longman.

Pfeiffer, L. 1968. *History of Classical Scholarship*. Oxford: Oxford University Press.

Plato, 1921. *Sophist*. Cambridge, Mass.: Harvard University Press.

Plato, 1926. *Cratylus*. Cambridge, Mass.: Harvard University Press.

Robins, R. H. 1979. *A Short History of Linguistics(2nd ed)*. London: Longman.

Saussure, de F. 1983. *Course in General Linguistics*. London: Gerald Duckworth & Co. Ltd.

Uhlig, G. (ed.) 1883. *Dionysii Thracis Ars Grammatica*. Leipzig: Teubner.

陈平，2020，理论语言学、语言交叉学科与应用研究：观察与思考。《当代修辞学》（5）：1–18。

汪奠基，1979，《中国逻辑思想史》。上海：上海人民出版社。

汪子嵩、范明生、陈村富、姚介厚，2014，《希腊哲学史》（第一卷、第二卷）。北京：人民出版社。

许国璋，1988，语言符号的任意性问题——语言哲学的探索。收录于《许国璋文集：语言学卷》，2015：20–40。北京：外语教学与研究出版社。

袁行霈、严文明、张传玺、楼余烈（主编），严文明（本卷主编）、李零（本卷副主编），2006，《中华文明史》（第一卷）。北京：北京大学出版社。

姚小平，2011，《西方语言学史》。北京：外语教学与研究出版社。

Language Studies in Ancient Greece

Abstract: This paper investigates the achievements in language studies in ancient Greece. There are three parts: (1) The contributions made by Plato concerning the origin and nature of names and the different parts of a sentence; (2) The revisions and developments by Aristotle on the basis of his predecessors; (3) the main contents of the first Greek grammar *Techne Grammatike*.

Keywords: ancient Greece, Plato, Aristotle, *Techne Grammatike*

Vilém Mathesius与Henry Sweet

——布拉格学派研究

北京大学　钱军*

[提　要]　自Sweet（1898）以来，词序研究一直是英语语言学的一个重要区域。第二次世界大战前的布拉格学派对此有卓越的贡献（Mathesius, 1929, 1939; Trnka, 1930; Trávníček, 1937, 1939），但由于时势、语言等因素，鲜为人知。第二次世界大战后，由于学派成员的译介和传承（Vachek, 1964, 1983, 2016; Daneš, 1974; Dušková, 1999, 2015; Sgall, 2006; Firbas, 2007, 2010—2021），学派的相关思想逐渐被世人认识，尤其是功能句子观（FSP）理论在世界范围内引起关注。本文把Mathesius提出的四项词序原则与Sweet的相关思想进行比较，探究他们的联系以及启示。

[关键词]　词序；语法原则；强调原则；功能句子观原则；节奏原则；语言学史

1. 引言

---

*　钱军，北京大学英语系教授，博士。研究方向：英语语言学、语言学史。Email：junqian@pku.edu.cn。通信地址：100871北京大学英语系。

本文属于国家社科基金重大项目“现代斯拉夫文论经典汉译与大家名说研究”(17ZDA282)的阶段性成果。

1936年，布拉格语言学小组成立十周年。为此，Mathesius发表了一篇论文，题为《布拉格语言学小组的十年》。他在文中指出，读大学的时候就对语言的共时观更感兴趣。在这方面，自己是 Georg von der Gabelentz（1840—1893）、Philip Wegener（1848—1916）、Henry Sweet（1845—1912）、Otto Jespersen（1860—1943）等人的学生。

Sweet是英语语言学的奠基人，Jespersen 是英语语言学大家。两人都是现代语言学的先驱者。他们身后的英语学者几乎无一例外受到他们的影响。

Mathesius的自述表明，他的语言共时观并不是源自 Saussure（1916; Leška *et al.*, 1987; Čermák, 1996），而是来自德国（Wegener, 1885; Gabelentz, 1891），来自英语语言学的内部传统，来自捷克本土的思想源流（Masaryk, 1887; Mathesius, 1911/1964:32; Kovtun, 1990）。另一方面，在Mathesius和Sweet 的著作中，似乎缺乏关于共时概念的、类似于Saussure那样的基于普通语言学的阐述。因此，如果要探究他们两个人之间的联系，相对可行的方法是观察他们在各自著作中的相似和不同。

就构建英语语法的科学体系而言，Mathesius的代表作是《普通语言学基础上的当代英语功能分析》（2008），Sweet的代表作是两卷本《新英语语法》（1892—1898），这为比较提供了基本的文本。虽然全面的比较非一篇论文可及，但可以选择一个点，进行相对系统的比较。

本文把词序研究作为比较的点，这是因为：第一，词序研究贯穿了Mathesius的语言学研究（Mathesius, 1907, 1929, 1939, 1941, 1942; Liu, 2013），[①] 功能句子观（FSP）思想即源自词序研究。第二，词序研究在Sweet的句法研究中占有突出位置。他的《句法》开篇即论述词序，这与经典参考语法（亦称描写语法）的处理迥然不同（比较 Poutsma, 1928; Curme, 1931; Kruisinga, 1931—1932; Jespersen, 2014）。以下，我们围绕Mathesius提出的词序原则进行比较。

2. 词序原则

① Mathesius, 1939，1941 中译文收入王福祥、白春仁编，1989，《话语语言学论文集》，10–17，18–37。Mathesius, 1929 中译文收入《语言学研究》（28）：222–228。

Mathesius（1941，2008）基于语言对比，提出词序的四项基本原则（语法原则、强调原则、功能句子观原则、节奏原则）以及这些词序原则在英语和捷语当中的等级体系。

Sweet（1898）在语法第二卷《句法》第一章《词序》涉及词序的一般原则，主要包括强调原则、便利原则、语法原则。

2.1 语法原则

语法原则（the grammatical principle）指句子成分的位置由其语法功能决定，语法功能指句子成分充当句子的主谓宾等。比如，在无标记情形下，英语主语在谓语动词前，宾语在谓语动词后。换言之，主谓宾在句子中有与之对应的位置。不过，英语词序也往往赋予一个句子成分某一特定的语法功能，比较：The mother/daughter loves the daughter/mother.

名词mother、daughter并没有主格与宾格形式的区别。在现代英语，名词的主格和宾格已经丧失了格标记，古英语名词借助词尾变化来表示的格（语法关系）已经逐步演变为通过词序和介词来表达。这种变化布拉格学派称之为“语言的疗救性变化”（the therapeutic changes in languages, Vachek, 2016:21）。这就是为什么在现代英语，SVO 只有两种变体（SVO, OSV），而在词尾变化丰富的现代俄语有六种变体。

可见，现代英语的词序具有赋予名词格的功能。一个名词是作主语还是作宾语，这取决于它们出现在谓语动词的前面或后面。因此，Mathesius（1941）提出两个概念，语法词序和语法化词序。语法词序（the grammatical word order）指词或词组在句子中的位置由它们的语法功能确定；语法化的词序 (the grammaticalized word order) 指词或词组在句子中的语法功能是由它们在句子中的位置决定的。英语词序不仅是语法词序，而且是语法化了的词序。

关于语法原则，Sweet（1898:4）认为，“常规词序是语法（句法）词序，用以表示词与词之间的关系。屈折变化越少，这种功能就变得越为重要”。在《简明英语历史语法》（Sweet, 1892:1）当中，他认为，古英语是完整的词尾变化（full endings），中古英语是弱化的词尾变化（levelled endings），现代英语是消失的词尾变化（lost endings）。结合他对英语史的论述，可以推断，他深知现代英语词序的语法功能。

即便是屈折变化丰富的语言，也遵循“句法词序的一般原则”（Sweet,

1898:4）。Jakobson（1990:156–157）曾经举例说明，SVO在俄语里有六种变体，只有 SVO是无标记的词序，其余都是有标记的词序。Jakobson 认为，在俄语里，SVO在文体上是中性的，其他五种词序对于母语是俄语的人而言，强调点不同。SVO也是俄罗斯儿童首先使用的唯一词序。即便是在俄语中，如果名词主语和名词宾语没有形态区别，也必须使用SO的词序（即主语要在宾语前面）：Mat' ljubit doč'（Mother loves daughter），如果两个名词换位，意思就成了 Daughter loves mother.

2.2 强调原则

强调原则指一个句子成分出于强调目的被置于一个特殊的位置（有标记词序）。比如，英语中被强调的成分一般放置于句首位置，[1] 而捷语中被强调的成分一般放置于句尾或者句子倒数第二位置。英语的这种排序与句子音调曲线（contour）有关。英语句子一般以非重读音节开始。被强调的句子成分一般带有重音，将其置于句首，就打破了句子语音布局的常态，容易引起关注，比如，Right you are.

Mathesius 没有详细展示各种句子成分（主谓宾定状等）在强调原则的作用下位置如何变化，他的举例仅限于表语、宾语、状语成分前置于句首。有别于他熟知的经典的描写语法（Poutsma, 1928; Kruisinga, 1931—1932; Jespersen, 2014），他无意于详尽的事实描述，但由此也带来若干问题：

第一，英语的无标记词序是主语位于句首，那么如何通过词序变化来强调主语？只提句首是强调位置，无法回答这一问题。事实是，强调主语的位置在句尾（钱军，2021），但一般伴随有两个条件：（1）谓语动词是不及物动词；（2）动词的词义表示出现（appearance）或者存在（existence），例如，Then came a deep, strong sob. (Charlotte Brontë, *Jane Eyre*, Vol.3, Ch.1)

第二，表示强调的形容词可以后置于它修饰的名词（N+A），此时该形容词不出现在句首，例如，novels proper and novels improper (Sweet, 1898:8)。

---

① 比较 Sweet (1898:3) 的观点："凸显一个词最普通的方法就是把它置于其他词的前面——如果可能，置于句首。"从 Sweet 的举例来看，对应于英语 SVO 的拉丁语词序是 SOV（无标记词序），如果要强调宾语，词序就是 OSV（有标记词序）。关于拉丁语词序与强调的关系问题，见 Greene, 1908; Preble, 1909。从现代语言学角度讨论拉丁语词序，见 Devine & Stephens, 2006。

第三，与形容词定语类似，状语的位置极为复杂，一般需要通过副词的语义分类探究各类状语的语法位置和强调位置。以频率副词为例，其语法位置通常是句中位置（如We have often seen him.），而其强调位置可能在句尾（如 We have seen him often. Close, 1975:32）。

可见，对于强调原则的讨论，一方面需要至少提及句首和句尾都是可以表示强调的位置，另一方面，对于如何通过词序强调定语和状语，需要基于实际语料的更多的阐释。

Mathesius（1936, 2008:163–165）认识到了“强调”的复杂性，尝试区分“加强”（strengthening）与“强调”（emphasis）。“加强”影响的是词义，“强调”关联的是词义的语境功能。虽然他认为必须区分这两个范畴，但同时也承认，两者经常交织在一起。在那部对Mathesius产生重要影响的著作中，Weil（1844:11）提及，Rudolf Stürenburg 在研究拉丁语词序的时候，提出四种强调（“une accentuation grammaticale, une accentuation logique, une accentuation emphatique, et une quatrième enfin qui provident d’une émotion réprimée à dessei”）。显然，Mathesius 摈弃了Stürenburg的思路。

关于强调原则，Sweet（1898:3）认为，位置强调（position-emphasis）是一条一般性原则。把一个词置于其始料不及的位置就可以彰显该词。比如一个词的通常位置是句首或句中，将其置于句尾就可以强调该词。在《句法》第一章第二节《一般原则》，Sweet对于词序原则的概述相对比较精炼，在其后对具体语言现象的描述中，对于强调原则多有提及。

需要注意的是，Sweet（1898:3–4）认为，强调原则常常会导致不便。比如，aliud iter habēmus nūllum.（Other road we have no. We have no other road.）一方面，否定词nūllum远离了中心词；另一方面，否定词nūllum彻底颠覆了前面三个词的意义，造成“双重不便”。

2.3 功能句子观原则

功能句子观原则是基于对实际交际情景的考虑，说话人对于新旧信息的排序做出不同的安排。这种安排既考虑句内信息的分布，也考虑句子之间的衔接，还考虑听话者对于信息的加工处理（钱军，1998, 2001, 2002; Nong, 2018）。

Mathesius 提出的功能句法分析，把句子视为包含陈述基础和陈述核心两个部分，根据这两者的排序，可以有主观词序、客观词序。他对开篇句的类型以及句子衔接进行分析，提出了句子衔接的若干类型。所有这些思想都得到了传承和发展（Daneš, 1964, 1974; Dušková, 1999, 2015; Sgall, 2006; Firbas, 2007, 2010—2021）。

Sweet（1898:3）注意到，说者对于听者的考虑会影响说者话语的词序。比如，否定词一般会颠倒中心词（head-word）的意义，将否定词置于中心词之前，可以方便听者的大脑（the hearer's mind）对于意义的颠倒做好充分的准备。①

在Mathesius 探究的四项词序原则当中，对后世影响最大的是功能句子观原则，且影响不限于功能语言学。Daneš（1987:25–26）认为，转换生成语言学"看起来受到过功能句子观思想的影响"：

> 诸如话题，述题，心理主语，心理谓语，重音等术语 1965 年首次边缘性地出现在Chomsky的《句法理论的若干方面》。考虑到这一点，我觉得应该让Chomsky注意功能句子观理论并且问他几个问题。我的主要想法是，既然话题—述题结构由语调核心的位置（以及词序）系统地表示，那么很明显，这种意义的信息与"表层结构"直接联系。但是这种状况与Chomsky《句法理论的若干方面》的基本思想相矛盾。Chomsky的基本思想是句子的语义解释由句子的深层结构决定，与语音成分（语调显然属于语音成分）没有直接联系。于是我在信里（1966年2月）问Chomsky，有鉴于这些事实，他是否同意我的结论，生成描写"标准理论"的整个体系需要重建。但是在他的回信（1966年5月）里，Chomsky还是认为，他不认为有必要修改《句法理论的若干方面》提出的体系。他假定在基础部分（base）有一种语法运作，这种语法运作把有标记的"话题"与一些适当的短语联系在一起，因而语义解释可以参考深层结构的这个方面，转换规则和音系（phonological）规则最终会提供语音实现（phonetic realization）。Chomsky的结论是："的确，话题—述题的组织结构在表层

---

① Jespersen（2014, Vol.7:58–59）提出的"听者视点"（the hearer's point of view）与 Sweet 的想法一脉相承。听者视点是 Jespersen 设想的一条英语词序原则，大意是：在交际过程中，听者需要及早知道他听到的是肯定、否定、疑问、还是愿望。听者视点可以归入功能句子观原则。

结构体现出来，但是不能由此得出结论，认为话题—述题的解释由表层结构的某些特征决定。”尽管如此，对这些（以及其他相关现象）的进一步研究却使Chomsky修改了他 1966 年的观点。这些研究体现在Chomsky的论文《深层结构，表层结构与语义解释》里，1969 年首次发表。他指出并且详细论述了“预设”（presupposition）和“焦点”（focus）的概念（大致相当于“已知”信息和“新”信息，“焦点”与“语调核心”的位置相关），最终得出了下面具有深远影响的结论，也暗示着重新建构了他的语法理论：

“我们知道，根本就没有理由认为表层特征在决定语义解释方面不起作用，早先提出的 那些思考表明，事实上表层特征的确起作用。”

（但是他的参考书目却缺少了布拉格学者们具有启发性的著作）

2.4 节奏原则

关于节奏对于词序的影响，[①] Mathesius（2008:155–156）的论据有两个：

论据一，引语后面小句的主谓排序，例如The weather will change, said father/he said. 在他看来，画线处的句子成分是按照节奏重量（rhythmical weight）来排序的（从左往右节奏重量依次递增）：代词主语 → 限定动词（谓语）→名词主语。不过，依据实际语料，比如《傲慢与偏见》《简・爱》，插入小句也有限定动词+代词主语（VS）、名词主语+限定动词（SV）的情形。归根结底，这条排序规则也许只是一种潜势（potentiality, Mathesius, 1911）或者概率大小的问题。

Sweet (1898:20) 在1812小节讨论了相同的结构：yes, said the boy | yes, said he, I will. 他认为，例句当中的主谓倒置（VS）是出于连接（connective）的需要。注意：有别于Mathesius，Sweet 的例句已经表明，代词主语可以出现在限定动词后面。

论据二，英语短语动词（phrasal verbs）当中宾语的位置。比如，took it off/

---

① 节奏对于词序的影响，在 Mathesius 之前就有学者关注，比如 Passy (1906:37–38) 对法语副词位置的分析（Il a parlé longtemps. Il a bien parlé.），他认为，如果副词 bien 置于动词之后（Il a parlé bien.），会导致相继出现两个重读的词，将其置于谓语动词之前，就可以避免这种情况。至于节奏原则在英语的体现，Fijn van Draat (1910, 1912) 的核心思想就是避免两个带重读的词相继出现。

took off the hat. 他认为，如果宾语是代词，置于谓语动词与副词之间。如果宾语是名词，置于副词之后。究其成因，他推测，名词宾语节奏重，如果置于谓语动词与副词之间，会使副词远离动词，而代词宾语节奏轻，置于动词与副词之间，不会产生这个问题。

在讨论词序相对重量原则的时候，Jespersen（2014, Vol.7:57）恰巧也举了短语动词的例子：take it off | take off your hat，以此证明，相对比较轻的成分可以置于中心附近，相对比较重的成分置于更边缘的位置。这似乎也支持Mathesius 的观点。

Mathesius 的讨论存在两个问题：

第一，他没有解释副词远离动词会导致什么问题。

Sweet（1898:20）在1843小节专门讨论了短语动词，认为动词后面的宾语和副词的位置有时不能确定（指名词宾语可以出现在动词后面或者副词后面），但是一般的趋势是把宾语放在动词后面。原因似乎是，如果副词置于名词宾语的前面，可能会把副词误解为前置词。换言之，原因在于说者考虑到听者的理解。如是，则是功能句子观在起作用。

第二，他没有提及一个事实，名词宾语也可以出现在副词之前，比如took the hat off. 因此，节奏原则不足以充分解释短语动词中名词宾语的位置。

布拉格学派成员Vachek（Mathesius, 2008:189，注释111）从功能句子观角度看待此问题，认为名词宾语是置于动词之后，还是置于副词之后，取决于名词宾语和副词各自的交际动态值。这是颇为有理的。①

总体而言，Mathesius对词序节奏原则的探究具有启示，只是略显缺乏操作层面上的指导意义。这一方面是因为节奏原则在英语词序原则体系中地位最弱小，另一方面是因为节奏与词序的关系很难把握。纵观英语词序研究史，在句子层面的节奏研究寥寥无几（Western, 1908; Fijn van Draat, 1910, 1912; Schlüter,

① Leech（2006:38）则是从句尾承重角度考虑短语动词中的名词宾语。他认为，如果名词宾语不长，可以有两种词序，或置于动词后，或置于副词后：We'll have to put the meeting off ~ We'll have to put off the meeting. 如果名词宾语很长，置于动词后，有违句尾承重的原则。Leech 提及，句尾承重与句尾焦点（end focus）密切相关。关于英语短语动词的详细探究，见 Bolinger, 1971。

2005），[①] 在短语层面也只是对成对词（binomials）的语音结构归纳出若干排序规则而已（Cooper & Ross, 1975）。

Sweet（1877, 1906）是语音学家、语法学家，他讨论词序，没有提及节奏原则，这有别于同为语音学家（Jespersen, 1913, 2014, Vol.1）、语法学家的Jespersen（2014, Vol.7:58）。这有可能是因为节奏原则的作用有限，也有可能是因为对于秉持重音四级说（the four degrees of stress）的Sweet（1892:228, 1898:28）而言，词序与节奏的关系复杂，一时无法明辨。

2.5 词序原则的相互关系

上述四项词序原则的相互关系表现在几个方面：

第一，这些词序原则在不同的语言当中作用不同。比如，语法原则在英语中更为重要，而功能句子观原则在捷语中更为重要（Mathesius, 2008:154）。

第二，词序本身是数个原则相互作用的结果。一个词序的背后可能有数个原则同时在起作用。例如，In vain have I struggled.（Jane Austen, *Pride and Prejudice*, Ch. 34）[②] 语法原则决定了该句谓语的位置，[③] Mathesius 的功能句子观原则、Sweet的强调原则（或者便利原则）决定了in vain 前置于句首。

第三，词序原则之间可能存在一定程度的冲突。比如英语词序SVO，如果功能句子观需要S作为述位成分，就会与词序的语法原则冲突（英语只有SVO, OSV）。Mathesius（2008:157）认为，英语可以通过被动式解决这个矛盾。Sweet（1898:2）则把这种矛盾以及矛盾的化解概括为：即便是词序相对固定的语言，也有许多手段来回避"常规词序"（指语法词序）的制约。比如强调主语，英语有强调句式 it is... that ...；强调谓语动词，英语可以借助于短语动词结构或者轻动词结构（Renský, 1964）。

---

① Jespersen（2014, Vol.7:58）认为，Fijn van Draat 的主要问题在于只考虑了两级重音（two degrees of stress, 1–4），忽视了在 1–4 之间存在 2、3 的可能性。Jespersen 这种四级重音的思想可以追溯到 Sweet（1892:228, 1898:28）。

② 引文依据版本，伦敦黄道带出版社，1978:147。古腾堡项目 (Project Gutenberg) 收录有《傲慢与偏见》英文电子版，该句显示为 In vain I have struggled. 详见 http://www.gutenberg.org/ebooks/(2022-8-10 检索)。

③ Jespersen（2014, Vol.7:59）认为，传统（tradition）是决定词序的一个重要因素。谓语动词占据句中第二位置（V2-Constraint）是日耳曼语的句法特征，可以视为一条语法原则（现代英语并不严格遵守这条规则），更多讨论见 Haider & Prinzhorn , 1986。

3. 小结

从研究内容上看，Mathesius 涉及语法、强调、功能句子观、节奏等四项原则；Sweet 涉及语法、强调、便利等原则，但是在具体讨论中，Sweet 也涉及功能句子观。

从研究重点上看，Mathesius偏重功能句子观原则，并以此深刻影响了布拉格学派的句法研究（Daneš, 1974; Dušková, 1999, 2015; Sgall, 2006; Firbas, 2007, 2010—2021）。Sweet 落墨较多的是语法和强调。

从研究方法上看，Mathesius倾向于语言之间的共时比较（英语、捷语等；Vachek, 1980），而且往往是在语篇层面上（Vachek, 1994; 胡壮麟，1994; 姜望琪，2011）。Sweet 侧重英语内部的历史比较（古英语与现代英语），这也与《新英语语法》的书名——*A New English Grammar, Logical and Historical*——相吻合。

参考文献

Bolinger, D. 1971. *The Phrasal Verbs in English*. Cambridge, Mass.: Harvard University Press.

Čermák, F. 1996. Ferdinand de Saussure and the Prague School of Linguistics. *Prague Linguistic Circle Papers* 2: 59–72.

Close, R. A. 1975. *A Reference Grammar for Students of English*. London: Longman.

Cooper, W. & J. R. Ross. 1975. World Order. In Robin E. Grossman *et al.* (eds.). *Papers from the Parasession on Functionalism*. Chicago: Chicago Linguistic Society. 63 –111.

Curme, G. 1931. *Syntax*. Boston: D. C. Heath and Company.

Daneš, F. 1964. A three-level approach to syntax. *Travaux Linguistiques de Prague* 1:225–240.

Daneš, F. 1974. *Papers on Functional Sentence Perspective*. Prague: Academia.

Daneš, F. 1987. On Prague School functionalism in linguistics. In R. Dirven and V. Fried. (eds.). *Functionalism in Linguistics*. Amsterdam: John Benjamins. 3–38.

Devine, A. M. & Laurence D. Stephens. 2006. *Latin Word Order: Structured Meaning and Information*. Oxford: Oxford University Press.

Dušková, L. 1999. *Studies in the English Language*, Part 1 and 2. Prague: Karolinum –

Charles University Press.

Dušková, L. 2015. *From Syntax to Text: The Janus Face of Functional Sentence Perspective.* Prague: Karolinum – Charles University Press.

Fijn van Draat, P. 1910. *Rhythm in English Prose*. Heidelberg: Carl Winter.

Fijn van Draat, P. 1912. Rhythm in English prose: The adjective. *Anglia* 36 (1): 1–58.

Firbas, J. 2007. *Functional Sentence Perspective in Written and Spoken Communication.* Beijing: World Publishing Corporation.

Firbas, J. 2010—2021. *Collected Works of Jan Firbas*. 5 vols. Brno: Masarky University Press.

Gabelentz, G. 1891. *Die Sprachwissenschaft: Ihre Aufgaben, Methoden und bisherigen Ergebnisse*. Leipzig: T. O. Weigel Nachfolger.

Greene, J. 1908. How far does the word-order in Latin indicate the proper emphasis? *The Classical Weekly* 2 (2): 10–13.

Haider, H. & M. Prinzhorn. (eds.). 1986. *Verb Second Phenomena in Germanic Languages.* Dordrecht: Foris Publications.

Jakobson, R. 1990. *On Language.* Cambridge, Mass.: Harvard University Press.

Jespersen, O. 1913. *Lehrbuch der Phonetik.* 2. Aufl. Leipzig: B. G. Teubner.

Jespersen, O. 2014. *A Modern English Grammar on Historical Principles.*7 vols. Beijing: World Publishing Corporation.

Kovtun, G. J. 1990. *The Spirit of Thomas G. Masaryk (1850—1937): An Anthology.* London: Palgrave Macmillan.

Kruisinga, E. 1931—1932. *A Handbook of Present-Day English.* Part II, English Accidence and Syntax, 3 vols. Groningen: P. Noordhoff.

Leech, G. 2006. *A Glossary of English Grammar.* Edinburgh: Edinburgh University Press.

Leška, O., J. Nekvapil & O. Šoltys. 1987. Ferdinand de Saussure and the Prague Linguistic Circle. *Philologica Pragensia* 30 (2): 77–109.

Liu, Xiaoxia. 2013. *Vilém Mathesius' Thoughts on Word Order: Toward a Linguistic Historiography*. Prague: Bronx.

Masaryk, T. 1887. *Versuch einer concreten Logik: Classification und Organisation der*

Wissenschaften. Wien: C. Konegen.

Mathesius, V. 1907. Studie k dějinám anglického slovosledu. *Věstnik České Akademie* 16: 261–275.

Mathesius, V. 1911. On the Potentiality of the Phenomena of Language. In Vachek, J. (ed.). *A Prague School Reader in Linguistics*. Bloomington: Indiana University Press. 1–32.

Mathesius, V. 1929. Zur Satzperspektive im modernen Englisch. *Archiv für das Studium der neueren Sprachen und Literaturen*. 155: 202–210.

Mathesius, V. 1936. Deset let Pražského lingvistického kroužku. *Slovo a Slovesnost* 2. In Vachek, Josef (ed.). *The Linguistic School of Prague*. Beijing: World Publishing Corporation. 137–151.

Mathesius, V. 1936. Verstärkung und Emphase. In *Mélanges de linguistique offerts* à *Charles Bally*. In Vachek, J. (ed.). *A Prague School Reader in Linguistics*. Bloomington: Indiana University Press. 426–432.

Mathesius, V. 1939. O tak zvaném aktuálnim členěni věty. *Slovo a slovesnos* 5: 171–174.

Mathesius, V. 1941. Základní funkce pořádku slov v češtině. *Slovo a slovesnos* 7: 169–180.

Mathesius, V. 1942. Ze srovnavacich studii slovoslednych. *Časopis pro moderni filologii* 28: 181–190, 302–307.

Mathesius, V. 2008. *A Functional Analysis of Present-Day English on a General Linguistic Basis*. Beijing: World Publishing Corporation.

Nong, Xi. 2018. *Reconceptualization of Vilém Mathesius' Aktuální členění větné: A Historiographical Study Based on Czech Writings*. Beijing: Peking University Thesis.

Passy, Paul. 1906. *Petite Phonétique Comparée des Principales Langues Européennes*. Leipzig: B. G. Teubner.

Poutsma, H. 1928. *A Grammar of Late Modern English, for the Use of Continental, Especially Dutch, Students*. Part I The Sentence. First Half The Elements of the Sentence. (2nd ed). Groningen: P. Noordhoff.

Preble, H. 1909. Latin word-order in its relations to emphasis. *The Classical Weekly* 2(17): 130–134.

Renský, M. 1964. English Verbo-Nominal Phrases: Some Structural and Stylistic Aspects.

Travaux Linguistiques de Prague 1: 289–299.

Saussure, F. 1916. *Cours de linguistique générale*. Paris: Payot.

Schlüter, J. 2005. *Rhythmic Grammar: The Influence of Rhythm on Grammatical Variation and Change in English*. Berlin: Walter de Gruyter.

Sgall, P. 2006. *Language in its Multifarious Aspects*. Charles University in Prague: The Karolinum Press.

Sweet, H. 1877. *A Handbook of Phonetics*. Oxford: The Clarendon Press.

Sweet, H. 1892. *A Short Historical English Grammar*. Oxford: The Clarendon Press.

Sweet, H. 1892. *A New English Grammar, Logical and Historical. Part I Introduction, Phonology, and Accidence*. Oxford: The Clarendon Press.

Sweet, H. 1898. *A New English Grammar, Logical and Historical. Part II — Syntax*. Oxford: The Clarendon Press.

Sweet, H. 1906. *A Primer of Phonetics*. Oxford: The Clarendon Press.

Trávníček, F. 1937. Základy československého slovosledu. *Slovo a slovesnost* 3: 78–86.

Trávníček, F. 1939. Slovosled při důrazu. *Slovo a slovesnost* 5: 131–144.

Trnka, B. 1930. *On the Syntax of the English Verb from Caxon to Dryden. Travaux du Cercle Linguistique de Prague* 3.

Vachek, J. (ed.) 1964. *A Prague School Reader in Linguistics*. Bloomington: Indiana University Press.

Vachek, Josef. 1980. Vilém Mathesius as Forerunner of Contrastive Linguistic Studies. *Papers and Studies in Contrastive Linguistics* (Poznan) 11: 5–16.

Vachek, J. (ed.) 1983. *Praguiana: Some Basic and Less Known Aspects of the Prague Linguistic School*. Prague: Academia.

Vachek, J. 1994. Vilém Mathesius as One of the Forerunners of Modern Textological Research. In Čmejrková, Světla and František Šticha (eds.), *The Syntax of Sentence and Text: A Festschrift for František Daneš*. Amsterdam: John Benjamins. 67–71.

Vachek, J. 2016. *The Linguistic School of Prague*. Beijing: World Publishing Corporation.

Wegener, Ph. 1885. *Untersuchungen über die Grundfragen des Sprachlebens*. Halle: Max Niemeyer.

Weil, H. 1844. *De l'ordre des mots dans les langues anciennes comparées aux langues* modernes. Paris: Joubert.

Western, A. 1908. *On Sentence-Rhythm and Word-Order in Modern English*. Christiania: J. Dybwad.

胡壮麟，1994，《语篇的衔接与连贯》。上海：上海外语教育出版社。

姜望琪，2011，《语篇语言学研究》。北京：北京大学出版社。

钱军，1998，《结构功能语言学——布拉格学派》。长春：吉林教育出版社。

钱军，2001. Towards a History of Linguistic Ideas: A Note on Jan Firbas and the Prague School. *The Prague Bulletin of Mathematical Linguistics* 76:5–12.

钱军，2002，句子的实际切分——语言学思想史笔记。《语言学研究》（1）: 8–20。

钱军，2021，《英语结构入门》。北京：商务印书馆。

王福祥、白春仁编，1989，《话语语言学论文集》。北京：外语教学与研究出版社。

Vilém Mathesius and Henry Sweet:

A Study of the Prague School

Abstract: Since Henry Sweet (1898) word order has been an area of intensive study in English linguistics. The pre-war Prague School（Mathesius, 1929, 1939; Trnka, 1930; Trávníček, 1937, 1939）made remarkable contribution to this area, which was largely unknown due to various factors. This situation has been changed due to the effort from the post-war Prague School members (Vachek, 1964, 1983, 2016; Daneš, 1974; Dušková, 1999, 2015; Sgall, 2006; Firbas, 2007, 2010-2021) and the School's relevant ideas, FSP in particular, have come to be understood. This paper compares Mathesius with Sweet in terms of their ideas of word order principles so as to explore their relations and to search for their inspiration.

Keywords: word order, grammatical principle, emphatic principle, FSP principle, rhythmical principle, history of linguistics